人力资源管理系列丛书

绩效考核与薪酬管理

张 霞 编 著

武 欢 参 编

西安电子科技大学出版社

内 容 简 介

本书主要突出了对绩效考核与薪酬管理重点理论知识的介绍，涉及绩效考核、薪酬管理、特殊群体绩效考核与薪酬管理三部分内容。其中，绩效考核部分重点介绍绩效考核量表设计、绩效考核指标设计和绩效考核方法选择；薪酬管理则侧重于薪酬体系、薪酬水平、薪酬结构和绩效薪酬四个方面的薪酬决策；第三部分则分别介绍了销售人员、研发人员、团队以及企业经营者四类特殊群体的绩效考核办法以及薪酬设计。

本书采用章节要点做提示、思考题做概括总结、章首阅读资料做正向案例引导、章末案例分析做负面案例强调、章中知识链接做补充的形式，为学生铺就了点、线、面相结合的知识学习脉络，具有较高的应用性和可操作性。

本书内容重点突出，理论阐述清晰详尽，资料案例丰富，可作为高等学校劳动与社会保障、人力资源管理、劳动关系专业学生的教材，也可作为其他专业学生及各类管理人员的自学和培训教材。

图书在版编目(CIP)数据

绩效考核与薪酬管理/张霞编著. —西安：西安电子科技大学出版社，2019.6(2024.2 重印)
ISBN 978 - 7 - 5606 - 5261 - 0

Ⅰ. ①绩… Ⅱ. ①张… Ⅲ. ①企业管理—人力资源管理 ②企业管理—工资管理 Ⅳ.
①F272.92

中国版本图书馆 CIP 数据核字(2019)第 037443 号

责任编辑 阎 彬 刘玉芳
出版发行 西安电子科技大学出版社(西安市太白南路 2 号)
电 话 (029)88202421 88201467 邮 编 710071
网 址 www.xduph.com 电子邮箱 xdupfxb001@163.com
经 销 新华书店
印刷单位 陕西博文印务有限责任公司
版 次 2019 年 6 月第 1 版 2024 年 2 月第 2 次印刷
开 本 787 毫米×1092 毫米 1/16 印张 19.5
字 数 459 千字
定 价 45.00 元
ISBN 978 - 7 - 5606 - 5261 - 0/F

XDUP 5563001 - 2

* * * * * 如有印装问题可调换 * * * * *

序

人力资源管理引入我国已有二十多年，对我国的改革开放、经济社会发展起到了推动作用。我国正在从人口大国向人力资源大国、人力资源强国迈进，以人为中心的管理理念已成为实施人力资源管理的基础，合理地配置、利用、开发人力资源，科学地激发人力资源的贡献，是人力资源管理的核心，也是最终的目标。我国改革开放四十年，经济增长方式的转变、人口结构的变化、社会的发展、农村劳动力的转移、知识型员工队伍的扩大、国际上人才竞争的加剧等，迫使企业管理和社会管理在创新中不得不面对人力资源管理提出的新的问题。尤其是我国人口结构面临老龄化趋势，无论是国家宏观层面上的人力资源管理政策，还是企业、政府、事业单位微观层面上的人力资源管理策略，都面临新的挑战。

面对新的问题与挑战，对人力资源管理的重视从关注个体到关注群体，从关注企业到关注政府、事业单位，从关注效率到关注公平。如何更好地实现人力资源与组织战略、组织成长的适应、匹配和一致，是值得我们关注与研究的问题。彭罗斯曲线的基本原理告诉我们："企业现存的人力资源既刺激了扩张，也限制了扩张的速度。即使通过收购和兼并获得的成长也无法逃脱利用现有的管理资源的投入维持组织的一致性所带来的约束。"可见，无论组织如何变化，人力资源管理始终处于关键地位。

人力资源管理学科兴起和发展于西方发达国家，是改革开放以来引入我国的一门新兴管理学科。如何在引进、借鉴的基础上，紧密结合中国经济发展、企业管理和社会文化背景，实现集成创新和引进消化吸收再创新，是我国人力资源管理领域所面临的一项重大课题。为了适应人力资源管理教育和培训的新需要，我们在长期的研究、教学和管理实践的基础上，通过大量的调查研究，组织相关人员编写了这套人力资源管理专业系列教材。该系列教材由人力资源管理六大模块、五个核心内容构成，即由五个分册组成，分别是《新编人力资源管理概论》《工作分析与职位评价》《招聘与人员测评》《培训开发与职业生涯管理》《绩效考核与薪酬管理》。该系列教材的作者都是来自高等院校长期从事人力资源管理教学和研究的专业教师，在人力资源管理理论与方法上有一定的研究和积累，在人力资源管理的咨询、教学和企业培训方面有着丰富的经验，这为编写这套富有特色的丛书提供了有利的条件和基础。这套丛书具有以下几方面的特色：

一是体系的系统性和重点性相结合。本套丛书的整体策划和分册的设计基本涵盖了这门学科的整个框架，具有系统性；同时，各分册的选题和体例设计中，注重突出人力资源管理学科的核心内容，力求使人力资源管理各个核心模块内容系统、原理准确、重点突出、方法和技术实用，并且技能性和可操作性强。

二是原理的一般性与本土实践经验的提炼相结合，突出原创性。人力资源管理作为一门国内外公认的管理学科，它自身基本原理的一般性、共同认可性在编写中必须准确地反映；同时，在案例编写中选择我国背景下的人力资源管理案例，能够体现我国社会和企业的人力资源管理实际，更具有现实感。

三是知识性与实践感、趣味性相结合。本套教材运用统计学知识、测量学知识、数理工具进行人力资源管理的量化分析，注重量化工具的运用和分析能力的培养。同时，在教材中穿插人力资源模拟实训内容和管理游戏内容，提升了学习的实践感和趣味性。

四是体例设计上体现了新的风格。在编写中，我们在各章中按照问题引导、材料阅读思考、原理与方法工具介绍、思考题和案例讨论的顺序进行体例设计。在案例选择上尽可能新颖、典型，使读者在阅读中循着提出问题、分析问题、解决问题、案例讨论、总结反思的逻辑过程，做到理论和实际相结合、原理与案例相结合、传授知识和培养技能相结合、讲授与讨论相结合，以此达到学习目标与实践效果的统一。

本套丛书是西安电子科技大学教材立项项目，西安电子科技大学经济与管理学院教授王林雪任总主编，杜跃平教授任顾问，他们对丛书的选题和体例安排提出了总体要求与设想，在经过编辑委员会成员讨论通过后，由分册主编负责组织编写。初稿完成后，总主编对各分册书稿进行了审查、修改、定稿。

人力资源管理学科是一门逐渐走向成熟的学科，许多方面还处于研究和不断完善之中，如何结合我国的实际进行应用和发展，是值得深入研究的问题。作者在对某些问题的长期思考和研究中已经形成了自己的看法和成果积累，在写作中也有选择性地在内容中有所体现，希望与读者共同分享和思考，共同促进人力资源管理的发展。

王林雪

2019 年 1 月

人力资源管理系列丛书

丛书编写委员会

顾　　问　杜跃平
总　主　编　王林雪
编　　委　杜跃平　宁艳丽　张卫莉
　　　　　邵　芳　方　雯　张　霞

目　　录

1

第 1 章　绩效管理

本章要点
◇ 绩效内涵
◇ 绩效影响因素
◇ 绩效管理与绩效考核
◇ 绩效管理系统

▶**阅读资料**

最近看到新闻，美国电商巨头亚马逊公司的市值在 2018 年已经增加了 2600 亿美元，是目前仅次于苹果公司的全球市值第二大公司。是什么原因能够让亚马逊突飞猛进，超过沃尔玛，直逼苹果？外界众说纷纭。下面，HR 人力资源管理案例网从员工绩效管理这一角度，对亚马逊进行了简单的介绍，看看该公司是如何进行绩效管理的，希望大家能从中获得有益的启发和收获。

2013 年，美国薪酬调查公司 PayScale 透露，在财富世界 500 强企业名单中亚马逊的员工保留率（employee retention rates）是最低的。2015 年，美国《纽约时报》的两位记者Jordan Kantor 和 David Streitfeld 通过采访发现，亚马逊内部的反馈文化也许是造成这种现象的原因之一。亚马逊鼓励员工可以直接向上级经理反馈对于同事工作的评价，不论这种评价是正面的还是负面的，而作为经理要对于反馈员工的身份予以保密。这样的反馈系统工具也被应用于亚马逊的绩效管理体系之中，这个工具叫做" Anytime Feedback Tool"，几乎每周或每月都要进行一次类似的反馈。曾有报道，有的亚马逊员工能收到 50～60 页打印出来的反馈数据。这里面就牵涉每名员工都要对一系列的指标数据承担责任。到了年底，亚马逊进行组织层级绩效考核后，会有一份名单递交给董事会，名单分别列出了表现最好以及绩效最差的员工，用名次来决定奖励和解雇的政策。实际上，亚马逊这样设计的目的就是想让每个员工突破自己的极限，为企业做出最大的贡献，因此亚马逊以高绩效、高挑战而闻名于世一点也不让人觉得惊奇。但是这样的做法也引起了员工诸多的批评和不满，因为员工更需要得到帮助和提升，而不是不停地去应付批评，解释自己的表现数据为什么不佳，从而浪费大量的时间影响了工作，甚至可能面临的是直接被开除。

因此，在绩效管理上，亚马逊需要进行变革。2016 年，亚马逊也像西雅图的另外一家科技巨头企业微软一样，放弃了年终员工绩效评级排名，取而代之的是在 2017 年推行一项名叫"Pivot"的项目计划。该计划主要针对的就是那些绩效表现差强人意的员工。

根据 Pivot 计划，制定绩效改进计划的员工有三种选择：① 拿到一笔遣散费后，自动离职；② 在接下来的数个月中，通过完成经理所设定的一些绩效目标来证明自己对于公司还有价值；③ 进行一次视频"审判"会议，参与的成员包括员工自己、同行（和该员工从事类似工作岗位的全球同事）以及上级经理，会议的风格类似于法庭，与会成员有点像陪审团，以决定该员工是否真的需要参与 Pivot 计划。

　　由此看出，进入 Pivot 计划对于员工来说就是一件非常糟糕的事情。更多想留在亚马逊的员工会选择第二项。这样的绩效管理方法可以说是一种创新，但是否既能提高员工绩效水平，同时也能降低员工不满意的程度，还有待进一步的观察。

——资料来源：HR 案例网 http：//www.hrsee.com/？id＝709

　　松下幸之助曾说，不管有无制度，经营上总是要经常对人进行考核；如果缺少对业绩、能力的制度性考核，我们只能依赖一线监督者的意见做出人事安排，稍有疏忽就会出现不公平、不公正，导致员工不满，损害士气和效率等。因此，有经验的经营者都会采用人事考核制度，努力对员工的能力和业绩做出客观而公平的评价。绩效考核就是采用科学的手段对员工的能力、行为和结果进行评价的过程。绩效考核是约束员工的有效手段，同时也是激励员工的有效措施。绩效考核是企业绩效管理系统中的一个重要环节，其根本目的在于提高员工绩效，进而提升企业绩效。

1.1　绩　　效

1.1.1　绩效的含义

　　根据《牛津高阶英汉双解词典》的解释，绩效指的是"执行、履行、表现、成绩"。

1. 绩效的界定

　　古希腊大哲学家亚里士多德曾经说过，世界上最困难的事莫过于下定义了。绩效的定义正好就验证了这句话。时至今日，理论界对绩效这一概念的内涵仍然存在较大的分歧。Bates 和 Holton 在 1995 年的研究中就曾指出，"绩效是一个多维建构，观察和测量的角度不同，其结果也会不同"。因此我们从不同学科领域和流程角度来认识绩效，也将得出不同的绩效内涵。

　　1）学科角度

　　（1）管理学角度。

　　绩效是组织期望的结果，是组织为实现其目标而展现在不同层面上的有效输出，它包括个人绩效、部门（团队）绩效和组织绩效。尽管个人绩效、部门绩效和组织绩效有所差异，但是三者又密切相关。部门绩效和组织绩效是通过个人绩效实现的，离开个人绩效，也就无所谓部门绩效和组织绩效了。从绩效评价的角度看，脱离了部门绩效和组织绩效的个人绩效评价是毫无意义的，个人绩效需要通过部门绩效和组织绩效来实现。因此，组织绩效管理的最终落脚点在于对员工个人绩效的管理。

　　（2）经济学角度。

　　绩效与薪酬是员工和组织之间的对等承诺关系。绩效是员工对组织的承诺，而薪酬是组织对员工所做出的承诺。一个人进入组织，必须对组织所要求的绩效做出承诺，这是进入组织的前提条件；当员工完成了对组织的承诺时，组织就以相应的薪酬实现其对员工的承诺。这种对等承诺关系的本质，体现了等价交换的原则，而这一原则正是市场经济运行的基本规则。

（3）社会学角度。

绩效意味着每一个社会成员按照社会分工确定的角色所承担的那一份职责，人们间的相互协作构成整个社会，完成本人绩效是个人作为社会一员的义务。

2）流程角度

从流程角度来看，对应价值创造的投入、生产和产出三大流程，学术界对绩效的理解主要有三种观点：以结果论成败的结果说，认为绩效是工作结果；以过程为导向的行为说，认为绩效是个体行为；第三种观点则认为绩效既包含行为也包含结果，即行为结果说（也称"综合论"）。

（1）结果说。

结果说认为绩效即结果（即结果绩效）。结果绩效的构成主要包括数量、质量、效果、公平和顾客满意度等方面的要素。以结果来衡量组织成员的绩效，其指标简单、具体，操作性强，如生产量、销售量、次品率、净资产收益等，在考核时更容易保持客观性。结果说的重要代表人物伯纳丁（H.J.Bernardin,1984）在理论上强化了这一概念，他明确指出绩效可以定义为：在特定的时间内、由特定的工作职能或活动所创造的产出的记录或工作的结果。伯纳丁等人认为，对于绩效管理来说，采用以结果为核心的方法更为可取，因为它是从顾客的角度出发的。绩效是工作任务的完成、目标的实现以及所达到的结果或产出。

（2）行为说。

行为说认为绩效并非产出或结果，而是对过程重要性给予了更多的强调。对行为绩效结构模型研究的开创者是 Katz 和 Kahn，在 1978 年，他们提出了行为绩效的三维分类法和五种行为绩效类型。而真正对行为绩效的范围的拓展始于 Organ，在大量实证研究的基础上，Organ 等人于 1983 年创造性地提出了组织公民行为理论（Organizational Citizenship Behavior，OCB），Brief 和 Motowidlo 在 OCB 的基础上于 1986 年提出了超组织行为理论（Prosocial Organizational Behavior，POB）。该理论提出了四组主要绩效行为：以任务为导向的行为；维护人际关系；非工作行为（如缺勤、酗酒和吸毒）；破坏性/危险行为（如违反安全规定、怠工）。显然，最后两类包括的是那些应该避免的消极行为（负绩效）。坎贝尔（Campbell，1990）等的定义：绩效可以被视为行为的同义词（即行为绩效或工作绩效），它是人们实际采取的行动，而且这种行动可以被他人观察到。根据这一定义，绩效应该只包括那些与组织目标有关的，并且是可以根据个人的能力（亦即所做贡献的程度）进行评估（衡量）的行动或行为。

（3）行为结果说。

尽管在研究中存在结果说和行为说的分歧，但是，人们越来越认识到采用两重性逻辑的必要性，即将绩效理解为结果和行为的统一体，其中，行为是达到绩效结果的条件之一。这一观点在学者 Brum brach(1988)给绩效下的定义中得到了很好的体现，他认为绩效指行为和结果。行为由从事工作的人表现出来，将工作任务付诸实施。行为不仅仅是结果的工具，行为本身也是结果，是为完成工作任务所付出的脑力和体力的结果，并且能与结果分开进行判断。Coleman 和 Borman 于 2000 年提出了一个综合 OCB、POB 和 CP（关系绩效）等公民绩效概念的三维结构模型。该模型把公民行为绩效分成个人支持、组织支持和富有责任感的主动性等三个维度，但这一模型并没有将结果绩效包含在内。国内研究者杨杰、方俐洛和凌文铨（2001）等人认为绩效可以定义为某个个体或组织在某个时间范围内以某种方式实行的某种结果绩效，是时间、方式和结果的结合体，从而提出了绩效的三维结构模型。在这一综合模型中，方式维绩效与行为绩效的含义类似；而时间维绩效表明的是个人和组织绩效在时间刻度上可能产生的各种变化。

2. 绩效的含义

尽管从不同学科角度和流程角度对绩效的内涵有多种认识，但从人力资源管理学和绩效管理学角度，我们对绩效内涵需要给予统一界定。绩效（performance）是指通过个体或群体的工作行为和态度表现出来的工作效率和结果，是直接成绩和最终效益的统一体，也可称为工作业绩、成效等。绩效的构成要素包括两个方面：

（1）工作效率，即行为绩效与过程绩效，其关注的是工作的当期绩效。

（2）工作效果，即潜在绩效，未来的绩效由潜在绩效反映，潜在绩效能有效决定员工未来的表现，相较于工作效率而言更具有深远意义。

1.1.2　绩效的特性

绩效具有以下特性。

1. 多因性

绩效的高低受到多种因素的影响和制约。除却员工能力水平、技能高低、性格、意愿主观因素之外，员工绩效还受到工作性质、工作内容、工作责任等工作相关因素，以及企业管理制度、企业文化、职位晋升、绩效管理、薪酬管理等企业内部因素的影响，员工绩效好坏可能还将受到来自企业外部如政治、经济、社会、技术等环境因素变化的制约。因此，员工绩效结果是多种因素综合形成的结果。管理者面对某一员工绩效结果时，不能片面地推测其成因，进而盲目采取干预措施，而应对绩效结果成因进行深入调查，然后有针对性地采取相应对策。

2. 多维性

尽管工作绩效是工作结果的总称，但它表现在多个维度上。因此需从多个维度、多个方面去分析与考评。例如，一名工人的绩效，除了产量指标完成情况外，质量、原材料消耗、能耗、出勤，甚至团结、服从、纪律等方面，都需综合考虑，逐一评估，而且各个维度可能权重不等、考评侧重点有所不同。

3. 动态性

由于工作绩效只是一段时间内工作情况的反映，因此，员工的绩效是会变化的。随着时间的推移，绩效差的可能改进转好，绩效好的也可能退步变差，所以管理者切不可凭一时印象，以僵化的观点看待下级的绩效。

1.1.3　绩效的类型

1. 组织绩效

组织绩效是指组织在某一时期内组织任务完成的数量、质量、效率及盈利情况。组织绩效的实现应在个人绩效实现的基础上，但是个人绩效的实现并不一定保证组织是有绩效的。如果组织的绩效按一定的逻辑关系被层层分解到每一个工作岗位以及每一个人，只要每一个人达成了组织的要求，组织的绩效就实现了。组织绩效面向整个企业的任务和目标。企业的使命在企业制订战略计划时被确定或者被修改，一般来讲，企业的使命是要向外部客户提供一定的产品或者服务，这些成果一般使用数量、质量、时间和成本这样一些词汇来描述。例如：年销售环比增长 20%，利润率提升 30%，市场占有率比上一年度提高 15%，成本下降 10% 等。组织绩效反映的是企业组织最终的经营管理成果。

2．部门绩效（团队绩效）

团队绩效是指团队实现预定目标的实际结果，主要包括三个方面：① 团队生产的产量（数量、质量、速度、顾客满意度等）；② 团队对其成员的影响（结果）；③ 提高团队工作能力，以便将来更有效地工作。团队绩效反映了部门（团队）工作项目完成的情况。

3．个人绩效

员工个人绩效管理是最受关注的一个领域，一般包括员工绩效计划、绩效指导、绩效评估、结果运用（培训和发展、激励）方面的内容。个人绩效管理集中于怎样促使员工努力工作以达到其工作岗位的要求。个人绩效反映了企业员工个人行为和态度及工作业绩。

1.1.4 绩效的影响因素模型

1．三因素模型

绩效的高低受到多种客观因素的影响和制约，主要包括能力、激励、环境三种因素，它可以用以下公式来表示：

$$P = f(A, M, E)$$

其中，P（performance）表示绩效，A（ability）表示能力，M（motivation）表示激励，E（environment）表示环境。

能力指员工工作的技巧和水平，它是保证其绩效优良的重要手段，能力的高低取决于个人的天赋、智商、教育和培训等。其中，培训不仅能够提高其技能，还能对达到目标的期限要求及对目标实施的抱负树立自信心，从而增强对员工的激励强度。

激励指提高员工的工作积极性的各类手段，需要根据员工的需求层次、个性、感知和价值观等个人特点来设计。有效的激励是员工努力工作的心理基础。员工在谋生、安全和稳定、友谊与温暖、尊重与荣誉、自为与自主以及实现自身潜能等诸层次的需要方面，各有其独特的强度组合，需要组织调查摸底，具体分析，对症下药予以激发。

环境指影响绩效的外部因素，如领导支持、工作环境、规章制度、组织文化等。另外，社会的经济和政治情况、劳动力市场状况等外部因素也会对绩效产生间接影响。

2．四因素模型

绩效具有多因性，其优劣不可能取决于单一因素，而是受制于主、客观等多种因素。SOME 模型论述了绩效的四种因素对绩效的作用关系，定义了绩效与这四种要素的函数关系：

$$P = f(S, O, M, E)$$

其中：

S——技能（skill）。用技能来泛指一切可以影响绩效的员工自身的特征和素质，如天赋、智力、经历、教育与培训。

O——机遇（opportunity）。机遇指影响员工技能发挥和工作行为、态度等的随机因素，如工作岗位调配、工作任务分配、工作关系获取等都具有一定的偶然性。

M——激励（motivation）。绩效＝能力×激励。激励决定员工工作意愿，工作意愿决定员工工作动力和工作积极性，进而影响到员工工作绩效。这里的激励主要指员工所感知的激励程度，取决于企业的激励力度和员工的个体特征。面对同样的激励措施，能力相同的员工由于需要结构不同、个性不一样和价值观差异，感受到的激励程度不同，从而做出的绩效贡献存在明显差异。

E——环境(environment)。影响员工绩效的环境因素包括直接环境和间接环境两类因素。间接环境主要指间接对员工绩效产生影响的政策、社会、技术、经济、文化、法律等相关外部因素；直接环境则指与员工绩效直接相关的如工作环境、任务性质、工作设计质量、工作领导作风、组织结构、工资、培训等企业内部因素。

3. 五因素模型

诺伊在《人力资源管理：赢得竞争优势》一书中提出影响员工绩效的五个因素，分别为员工个人特征、投入、产出、结果与反馈。

员工个人特征要素，指一切影响员工绩效的个人特征要素，如员工知识、技能、工作态度、教育、培训、工作经历等。个人特征要素是众多绩效影响因素中员工唯一可控的要素。

投入要素，主要指员工在绩效产生过程中所获取的相关支持，既包括在投入流程中对工作所需的人、财、物、信息和技术等的资源要素支持，也包括在行为过程中对工作方式和方法的指导支持，对沟通和合作的氛围创建支持等。

产出要素，主要指为特定任务和工作所设定的工作绩效目标高低和适合度。工作绩效目标制定应该具有激励性、挑战性和动态性，绩效目标太高将挫伤员工工作积极性和动力，反之，则对员工缺乏挑战性，同样造成员工工作动力缺乏。因此，依据绩效目标所制定的绩效标准的合理性还会对员工绩效评价结果产生影响。标准过高，将造成相当多员工绩效评价结果偏低，对员工工作行为和结果产生负激励，从而进一步打击员工下一期工作积极性。

结果要素，指企业针对员工工作产出所做出的激励承诺和制定的激励制度。制度对员工行为具有将有力的引导甚至是诱导作用，因此，有效的激励制度将能有效地改善员工工作态度，提高员工工作积极性，并进而作用于员工工作行为，带来企业所期望的绩效结果。

反馈要素，是指员工工作信息反馈及时、准确和充分的程度。员工及时获知自身有关工作方式、工作结果以及领导对自身工作满意程度等绩效信息的需求，有研究表明，员工如果能及时、准确和充分地获取相关信息，将有利于绩效提高，这主要取决于企业反馈机制创建和完善的程度以及绩效沟通和反馈的操作有效性。

1.2 绩 效 考 核

1.2.1 绩效考核的含义

绩效考核(Performance Apprise, PA)是指应用科学的方法、程序和一定的指标体系，定期对企业员工的行为过程和行为结果进行考核和评价，是测定员工有效工作程度的一种行为。

在许多企业中，往往存在着正式的和非正式的绩效考核。非正式的绩效考核是由个人(管理者或员工)思考评定的，只能用于引导员工的行为。正式的绩效考核是由组织制定一整套规范、系统评价体系，并由组织定期进行考核，用来规范员工的行为。

1.2.2 绩效考核的分类

1. 按绩效考核的性质分类

按照绩效考核的性质，绩效考核可分为客观考核和主观考核。主观考核是指主要由考核者的主观判断对被考核者进行的考核评价，具有经济省时的优点，缺点是随意性较大。客观考核是指以客观标准对员工进行的考核评价，此种方法不受考核者主观因素的影响，客观性强，但也有重视工作成果，忽视工作行为的局限性。

2. 按绩效考核的指标导向分类

按照绩效考核的指标，绩效考核可分为员工特征导向型、行为导向型、结果导向型。员工特征导向型是将员工的行为素质、员工偏好等作为考核的指标，员工特征导向型被广泛应用于职业的安排以及岗位的调整，如纵向的晋升或横向的调岗；行为导向型是指将员工的行为标准作为指标进行考核，行为导向型有利于改善员工工作行为，制订行为流程；结果导向型是将员工的工作结果或效果作为考核指标，作为薪酬调整、奖金发放等关系员工实质性利益调整的依据。

当企业进行绩效考核时，可以将其中的一种指标作为主要考核要素，也可三者同时体现在考评表中，依据不同的权重来获取不同的信息。

3. 按绩效考核的主体分类

按照绩效考核主体，绩效考核可划分为上级考核、专业机构人员考核、专门小组、下级考核、自我评价、相互评估、外部评价等。传统的绩效考核只有上级考核一种方式，这就使得考核结果极具主观性，现代企业多采取 360 度考核方式，并采取匿名制形式进行考核，避免了员工考核中常出现的主观因素。

4. 按绩效考核的形式分类

按照绩效考核的形式，绩效考核可划分为口头考核与书面考核、直接考核和间接考核、个别考核与集体考核。

5. 按绩效考核的时间分类

按照绩效考核的时间，绩效考核可分为日常考核与定期考核。日常考核是指对被考评者的出勤情况、产量和质量实绩、平时的工作行为所作的经常性考评。定期考核是指按照一定的固定周期所进行的考评，如年度考评、季度考评等。

1.2.3 绩效考核的功能与作用

1. 绩效考核的功能

（1）管理功能。绩效考核是人力资源管理中的一项重要职能，在人力资源管理中扮演着极其重要的角色，有助于企业对人力资源进行计划、组织、领导、激励和控制。

（2）激励功能。绩效考核对员工有直接和间接的激励功能，通过绩效考核结果，企业可以发现员工的能力、素质、工作过程和最终结果所存在的不同，从而体现员工的直接激励作用；此外，绩效考核结果的差异性，直接影响到薪酬、奖金调整以及员工职位晋升等方面，从而间接发挥着激励功能。

（3）学习功能。绩效考核结果可以帮助企业和员工认清自身绩效现状，发现自身绩效优劣，进而分析原因，总结经验，不断改进自身行为，达到提高组织和个人绩效的目的。

（4）导向功能。绩效考核的导向功能最为明确，绩效考核指标告诉员工应该做什么，绩效考核指标权重告诉员工做这些事应该怎么分配精力和时间，绩效考核标准告诉员工做这些事应该做到什么程度。

（5）监控功能。绩效考核对组织和员工都能起到监控功能，对企业来说，企业绩效由部门绩效和个人绩效予以保障，个人和部门绩效考核结果是企业绩效完成情况的监督和保障。对员工而言，绩效考核通过设计素质、能力、行为和结果等员工不同行为过程考核指标，从而发挥有效监控功能。

2. 绩效考核的作用

绩效考核作为企业人力资源管理过程中重要的一个环节，与其他人力资源管理各项职能有着紧密联系，对其他人力资源管理各项职能有效运行均能起到一定推动作用。

（1）增强企业工作分析和设计有效性。通过绩效考核结果分析，可以进一步发现影响员工工作绩效考核结果的工作时间、内容、负荷等方面所存在的问题，帮助企业进行工作再分析和再设计。

（2）有助于企业进行明确的人力资源规划。通过绩效考核结果分析，可以发现企业目标、部门目标和个人目标的实现程度，从而进一步分析组织在员工数量、素质和能力结构等供给是否能满足企业相关需求，从而为企业作出准确人力资源规划提供依据。

（3）增加甄选标准的有效性，保证雇佣到合适的员工。企业通过对现有员工进行绩效考核，筛选出绩效优秀员工，进而总结概括这些员工所具有的共同素质、能力、心理、行为等共同特征，并依据这些特征设计甄选标准，从而提升企业甄选标准的有效性，为企业有效招聘提供准确依据。

（4）有助于企业合理配置人员。通过绩效考核，企业可以更加了解员工能力、知识、个性、兴趣爱好以及职业生涯规划，从而对员工进行更为合理的分配，有助于实现人-岗匹配，能-岗匹配。

（5）为企业合理有效培训提供依据。发现企业中存在的问题，检查诊断组织问题，改进组织的人力资源管理工作；帮助员工改进工作，为员工提供满足其工作所需的个性化培训或提高其技能、知识和能力。

（6）有效进行薪资和人员变动管理，是人事决策（包括员工的任用、升迁、轮调、辞退）的重要依据，考核的结果可以作为公正合理的待遇和奖惩的依据。

因此可以认为，员工绩效考核是组织人力资源管理工作的重要基础，涉及组织管理的方方面面。

1.3　绩　效　管　理

1.3.1　绩效管理的含义

如何有效地调动员工的积极性和创造潜能，持续地提高他们的绩效水平，是人力资源管理的核心目标。西方曾经出现过许多针对绩效管理（Performance Management）的研究，特别是在20世纪80年代后期和90年代诞生了许多关于绩效管理的不同观点。

按照其管理对象的差异，绩效管理可分为三类，分别为组织绩效管理、员工绩效管理、组织和员工绩效一起管理的组织体系。

绩效管理视为组织绩效管理体系的观点认为,绩效管理由绩效计划、绩效改进和绩效考察三个过程构成,其核心在于通过组织结构、技术、经营程序等手段确定组织战略并加以实施。

绩效管理是管理员工绩效的一种体系,将绩效管理视为一个循环过程,强调管理者和被管理者的沟通与共同参与。

第三类观点是前两类的结合,认为绩效管理是对组织和员工的行为与结果共同管理的一个系统。这类观点将员工和组织视为一个整体,组织目标实现离不开员工努力,员工的利益满足也必须建立在组织发展的基础上。从而将绩效管理视为员工和管理者双向互动式的沟通过程。

本书认同第三类观点,认为绩效管理是将组织和员工管理相结合的,一个完整、动态、循环的系统过程,并最终认为绩效管理是为了实现组织的目标,通过制订绩效计划,定期对企业员工工作行为和工作结果进行评估与反馈,实施激励与调控,并改善员工工作绩效,进而提高企业组织绩效的管理过程。

1.3.2 绩效管理的必要性

绩效管理是组织使命、战略和目标的层层分解,通过这个分解过程将整体目标分成单位目标,通过对单位目标的监控和改进实现整体的目标。

首先,绩效管理是防止员工绩效不佳和提高工作绩效的有利工具。这是绩效管理最核心的目的,绩效管理的各个环节都是围绕这个目的来进行的。因此,绩效管理不仅要针对工作中存在问题的员工,而且更重要的是着眼于提高现有的绩效水平,从而促使组织目标得以顺利实现。

其次,绩效管理还特别强调沟通辅导和员工能力的提高。绩效管理强调通过沟通辅导的过程以实现它的开发目的,绩效管理不是迫使员工工作的棍棒,也不是权利的炫耀。事实上,各种方式的沟通辅导贯穿于整个绩效管理系统之中,因此,绩效管理非常强调各级管理者的人力资源管理责任。为了实现有效的绩效管理,人力资源管理部门必须使他们的绩效管理系统得到从各级管理者到普通员工所有人的认同和支持。

最后,绩效管理是一个过程,包括若干环节。我们通过这个系统在一定周期中的运行,实现绩效管理的各个目标。绩效管理不仅强调绩效的结果,更重视达成绩效目标的过程,强调通过控制整个周期的员工的绩效情况来达到绩效管理的目的。

绩效管理对企业、管理者和员工的工作正常进行都具有极强的必要性。

1. 从企业角度看

绩效管理通过绩效目标的设定与绩效计划的过程,将企业目标分解到各个业务单元以及个人;通过团队和个人的绩效目标的监控过程以及对绩效结果的评估,可以有效了解各个环节上的工作产出,及时发现问题并予以解决;绩效考核的结果可以为人员调配和培训发展提供信息。

2. 从管理者角度看

绩效管理有利于组织目标的传达和分解;通过绩效管理传达对员工的工作期望,以及各项工作的衡量标准;绩效管理过程中可能会暴露许多问题,从而使管理者可以了解信息,如工作计划和项目执行情况、员工状况，并从中及时发现问题并纠正绩效偏差。

3. 从员工角度看

绩效管理通过做什么、为什么、结果是什么来明确自己的绩效责任与目标；根据组织要求、目标必须达成的理由来参与目标、计划的制订；寻求上司的支持（例如：责权）与所需资源（例如：费用、工具、渠道等）；及时获取评价、指导与认同；获取解释的机会，进而解释原因，消除误解。

1.3.3 绩效管理系统模型

绩效管理是指各级管理者和员工为了达到组织目标共同参与的绩效计划制订、绩效沟通辅导、绩效考核评价、绩效结果应用以及绩效目标提升的持续循环过程。我们通过研究影响绩效的主要因素及其发挥作用的机制，可以构建出绩效管理系统模型。

绩效管理系统模型包括绩效计划、绩效实施、绩效考核、绩效反馈和绩效改进五个过程。这五个过程是在不断循环中绩效管理的目的（如图 1.1 所示）。其中，绩效计划是管理者和员工共同制订计划、沟通绩效的过程，这里的主体有两个，即管理者和员工。绩效实施是员工绩效考核的实施过程，为了保证绩效实施的效果不出现大的偏差，在绩效计划和绩效实施中间要进行绩效监控。绩效考核是整个系统的核心部分，也是本课程的主要部分。绩效反馈又称绩效面谈，是管理者和员工针对绩效评估结果，结合员工自身进行面对面的交流与讨论的活动。绩效改进则是分析员工绩效考核结果，找出存在的问题并运用改进工具进行变革的过程。

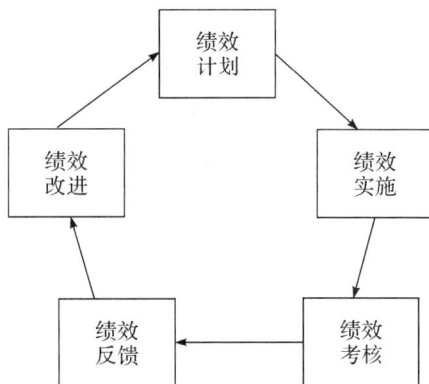

图 1.1 绩效管理系统

由此可见，绩效管理和绩效考核两者相互联系但又有明显区别，具体区别见表 1.1。绩效管理是管理者为确保员工的工作活动和产出与组织目标保持一致而实施的管理过程，通过比较会发现，两者的区别体现在目的和过程两个方面。

表 1.1 绩效管理和绩效考核的区别表

绩 效 管 理	绩 效 考 核
• 一个完整的管理过程	• 管理过程中的局部环节和手段
• 侧重于信息沟通与绩效提高	• 侧重于判断和评估
• 伴随管理活动的全过程	• 只出现在特定的时期
• 事先的沟通与承诺	• 事后的评价

首先是在目的上，一些组织并不满足于单纯的绩效考核信息在管理决策中的应用，除了单纯的考核目的之外，这些组织通过绩效管理系统帮助员工管理他们的绩效，提高他们的工作能力，改进他们的工作绩效，从而实现组织的战略目标。

其次是在过程上，绩效考核是绩效管理过程中非常重要和关键的一个环节。一是只有通过绩效考核这个环节，才能将客观的绩效水平转变形成完整的绩效信息，为改进个人和组织绩效提供管理决策依据；二是绩效管理的关键决策都围绕绩效考核展开，包括考核什么内容，多长时间考核一次，谁来考核，怎么进行考核，考核结果如何应用，这些决策贯穿绩效管理过程的不同环节，但都是围绕绩效考核进行的；三是绩效考核环节技术性非常强，需要专门人员进行系统设计，更需要在管理实践中把握。

综上所述，绩效管理绝不仅仅是绩效考核，绩效考核只是绩效管理这个工具箱里的一件工具。绩效管理离不开绩效考核，并且绩效考核也应该与绩效管理的其他地方紧密联系。我们必须将绩效考核纳入绩效管理制度之中，才能够对绩效进行有效的监控和管理，从而实现绩效管理的目标。

1. 绩效计划

1）绩效计划的定义

绩效计划是一个确定组织对员工的绩效期望并得到员工认可的过程，绩效计划必须清楚地说明期望员工达到的结果以及为达到该结果所期望员工表现出来的行为和技能。

绩效计划书是用于指导员工行为的一份计划书，简单地说，绩效计划包括两个方面的内容：做什么和如何做。

2）绩效计划的特点

第一，绩效计划的主体是管理者与被管理者。在绩效计划阶段，绩效计划的制订是管理者与被管理者双方之间的事，其他任何人都无法包办代替，绩效计划要想发挥应有的作用，首先必须符合组织的目标，其次还必须为员工所认可，具有心理挑战性，这样才能激发员工的工作积极性，保证组织目标的实现。离开了管理者与被管理者间的双向沟通，对被管理者来说，绩效目标就成为一个外在的、强制的负担，难以发挥对员工的激励与牵引作用。

第二，绩效计划是关于工作目标和标准的契约。绩效计划里详细界定被管理者在本绩效管理周期内的工作目标是什么，每项工作完成的期限是什么时候，每项工作要达到什么样的结果，如何判断员工是否取得了成功，评判的标准是什么，工作目标和结果的重要性如何等各项信息。

第三，绩效计划是一个双向沟通的过程。绩效计划是管理者和被管理者双向沟通的过程。管理者要向被管理者解释和说明在下一个考核周期内组织的目标是什么，部门或团队所承担的任务是什么，希望被管理者完成的工作任务是什么，被管理者所承担的工作任务应达到什么标准，各项任务应在什么期限前完成，被管理者在开展工作的过程中有何权限与资源。被管理者需要说明自己对未来绩效周期内的目标工作的认识，有哪些不理解或不清楚之处，自己准备如何完成这些工作目标，完成工作过程中可能会遇到的困难，需要组织及相关岗位提供哪些资源和支持。

第四，绩效计划特别重视员工的参与和承诺。社会心理学关于态度改变的研究表明，当人们参加了某项决策的制订过程时，与没有参与这一过程相比较，他们倾向于更加坚持这一决策，面临不同的立场挑战时也不会轻易放弃原来的立场，参与程度越大，态度改变的可能性越小。

除参与程度外，影响态度改变的另一重要因素是承诺程度，即是否对某一观点和立场公开表明了自己的态度，人们有一种维护自我形象一致性的需要，遵守自己的承诺有助于维护自我形象的一致性，否则容易产生心理失衡。

3）绩效目标的设定

第一，设定绩效目标的 SMART 原则。

绩效目标设定必须遵循 SMART 原则。

S(Specific)是明确具体的，即各项绩效目标要明确描述出员工在每一工作职责下所需完成的具体任务，应避免模糊不清的目标；

M(Measurable)是可衡量的，意思是指各项绩效目标应尽可能地量化，要有定量数据，比如数量、质量、时间等，从而可以客观地衡量；

A(Attainable)可实现的，绩效目标必须是"要经过一定努力"能够实现的，过高、过低的目标都是不合适的；

R(Relevant)相关的，绩效目标必须是与组织战略目标相关的，是组织战略目标的层层分解的结果，有助于组织战略目标的实现；

T(Time－bound)受时间和资源的限制，没有时限要求的目标几乎跟没有制订目标没什么区别。

第二，绩效目标的来源。

（1）来源于公司战略目标或部门目标。企业战略目标的落实，往往是按照组织架构，自上而下的层层分解。因此，在制订绩效目标时，尤其要关注企业的战略目标、部门目标，确保员工的绩效目标来源于其部门或团队的绩效目标，部门或团队的绩效目标来源于部门或团队所承担的组织目标的分解。只有这样，才能保证每个员工按照企业要求的方向去努力，企业目标才能得到落实。

（2）来源于部门及岗位职责。岗位职责具体描述了一个部门或团队或岗位在企业中所发挥的作用或扮演的角色，即这一部门或团队或岗位对组织作出什么样的贡献。一般来说，岗位的职责依附于相对稳定的岗位，不易发生变化。

（3）来源于内外部客户的需要。根据组织内的业务流程关系，如果一个部门或岗位提供产品或服务，则后一个部门或岗位就是前一个的客户。所以在现代企业中，客户不仅仅指企业外部的客户，在企业内部，只要不同岗位间构成了交换产品或服务的关系，接受产品或服务的一方就是提供者的客户，这就是所谓的内部客户。客户对这些产品和服务的满意度是衡量部门或岗位的重要标准，因此，在设定绩效目标时，一定要兼顾到内部和外部客户的需求，只有这样，设定的目标才能实现预期的结果。

（4）绩效改进的要求。上期考核提出的绩效改进要求，以及工作中存在的突出问题，需要在本期绩效目标制订时加以考虑。

第三，绩效目标的类型。

（1）结果导向的目标。结果导向的目标是员工在一定条件下必须达到的阶段性结果，组织的具体业务部门（如生产部门与销售部门）的绩效目标以定量指标为主，如销售部门的绩效目标：2017 年底，在预算范围内市场份额提高 5%；2018 年度客户满意度要达到 95%；上半年销售额为 8000 万元人民币，回款额为 5600 万元人民币；新增客户 560 个；客户流失率低于 10%；客户回访率为 30% 以上。

（2）行为导向的目标。行为导向的目标是员工在工作岗位上必须表现出来的工作行为，对于职能部门或岗位来讲，他们没有具体的生产任务与销售任务，所从事的工作主要是一些日常的事务性工作，因此很难制订具体的量化指标，根据这些部门或岗位的基本工作职责,确定这些部门或岗位在工作中必须表现出的关键行为,制订行为化的评价指标,解决绩效评价中的评价标准难以客观化的难题。

(3) 短期目标与长期目标。根据完成绩效目标所需要的时间的长短,绩效目标可分为短期绩效目标与长期绩效目标。短期绩效目标可在几个星期或几个月内完成,一般不跨年度,而长期绩效目标一般为 3～5 年,甚至更长的时间,它对应的是绩效规划。短期目标应是通过员工努力能够达到的目标,不可定得过高,如果目标很难实现,会打击整个团队的自信心与士气;同时短期目标也可以经常修订,因为有的短期目标未必合理。短期目标是为长期目标而定的,最终目标是长期目标。

(4) 组织目标与个体目标。绩效目标有不同的层面,组织绩效目标是指包括企业的、部门的、团队的一种集体绩效目标,而个体绩效目标是指落实到员工个体的目标。组织绩效目标一般层层分解为个体绩效目标,个体目标构成组织目标,两者互为一体。

(5) 常规(维持)目标与创新目标。常规(维持)绩效目标是指帮助员工把绩效维持在目前可接受的水平上,是最低标准;创新目标一般是指为特定工作需要而设立的绩效目标,目的是激发创造力、新思维,或者鼓励采取新方法或新思路,大多是一种探索性的绩效目标。

4) 绩效计划沟通的操作过程

绩效计划的制订过程是管理者和被管理者共同就绩效目标和标准等内容达成共识的过程,需要不断沟通、讨论进而最终确认,具体过程如图 1.2 所示。

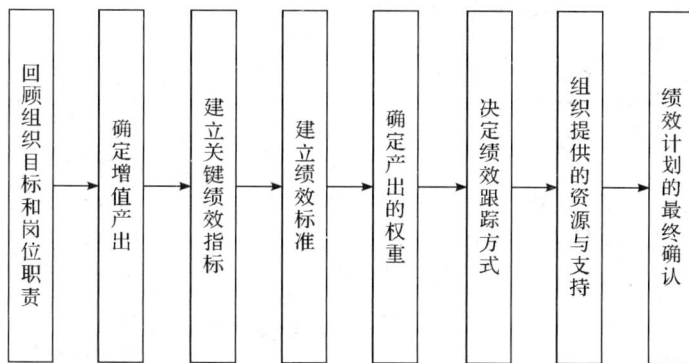

图 1.2　绩效计划制订过程

(1) 回顾组织目标和岗位职责。这一阶段,管理者需要向被管理者阐明本考核期内,组织工作目标是什么,和被管理者商讨确定员工在本绩效期内要完成的工作目标是什么,员工应该在什么时候完成这些工作目标,员工在本绩效期内的工作职责是什么,这一阶段实际是确定员工应做什么(本职工作以内)。

(2) 确定增值产出。在明确了员工应做什么之后,应该具体与员工讨论为了保障组织最终目标的实现,在考虑到员工个体能力差异的情况下,每个考核对象有哪些日常性工作任务,有哪些专项工作任务,这些任务的增值产出是什么,员工在工作过程中应表现出什么样的典型工作行为,这一阶段仍在确定员工应做什么(增值产出)。

(3) 建立关键绩效指标。这一阶段,在确定了员工做什么之后,依据员工工作任务内容轻重缓急,设计绩效考核指标,尤其是关键绩效考核指标,关键绩效指标体现对组织目标有增值作用的绩效指标，这一步骤是明确考核什么。

（4）建立绩效标准。这一阶段，考核指标确定之后，要明确对每个考核指标订立考核标准，提出明确绩效要求。标准应尽量定量化，对难于建立定量化指标的工作，采用行为锚定法建立可观察、可度量的行为系列，以此作为绩效评估的标准。这一步骤是拟定考核的项目具体要求是什么。

（5）确定产出的权重。员工不同工作任务和不同的工作产出对企业贡献大小不一，其困难程度和需要员工付出的努力程度也大有不同，需要区别待之，这一步骤是明确哪些工作任务和结果更重要。

（6）决定绩效跟踪方式。这一阶段需要明确为了保障绩效计划的顺利实现，需要收集哪些信息，需要收集多少？什么时候收集？谁去收集？向谁汇报？即确定绩效信息的获取与沟通渠道。

（7）组织提供的资源与支持。这一阶段需要确认在绩效计划实施过程中，员工可能有哪些顾虑，有何具体困难，需组织提供什么帮助与支持，以便提前清楚绩效计划实施的障碍。

（8）绩效计划的最终确认。在所有内容和事项都确立之后，最终需要确定下属工作计划（安排）的要点，准备计划任务书，管理者和被管理者相互沟通并共同确认计划任务书（如表 1.2 所示），并备份。

表 1.2　绩效计划表

职位名称：人力资源经理助理		任职者签名：				上级管理者签名：	
计划适用于：2017 年 6 月 1 日至 2018 年 6 月 1 日							
工作要项	目的	重要性	权重	潜在障碍	绩效目标	可能的业绩评价指标	行动计划
协助人力资源经理对各部门进行业务评估；为公司制定战略规划	为经理节约时间	节约成本，提高工作效率	25%	实施过程中不能得到各部门的有效支持	在一个季度内能准确地将对各部门进行绩效考核的结果整理完毕	在以前的半年时间内缩短两个月时间对每一个部门进行详尽的绩效考核及调查	6 月至 8 月进行基本情况考核；9 月份总结并进行详尽了解
起草报告	提高工作效率	有序的工作计划及总结有助于提高工作效率	20%	许多目标没有被明确分工	及时准确地完成对各部门人员规划的起草报告	上级的满意度，报告的准确性和及时性	起草报告的时间由以前的平均 5 小时缩短为 3 个半小时
人际关系的协调	使各项工作更顺畅	调节上下级关系，使信息及时得到反馈，缓和公司气氛，增强员工士气，提高积极性	15%	员工不满上级的决策，致使影响工作积极性，上下级之间交流不够	让员工可以感受到公司如同家庭般温暖，上级像兄长，同事像亲人	员工能感受到上级对下级的关心及支持，同时也能积极支持公司所做的任何决定	国庆放假及各个节假日期间上级发送祝福短信，12 月举行元旦文艺汇演，上下级合作演出并发放奖品以资鼓励

2. 绩效实施

绩效的实施就是管理员工的绩效，其主要功能就是确保员工能够按照绩效计划中所设定的目标，在规定的时期内顺利完成工作任务。管理员工的绩效可以采用的形式有辅导、咨询和监控。辅导是指通过让员工学习来改善员工的知识、行为和技能；咨询是指帮助员工克服工作中的障碍，达到预期的绩效标准；监控是指通过管理者的自我审视和回顾绩效进展，并作出绩效判断，不断地调整和修正计划或行为，绩效实施过程中的重要工作就是持续绩效沟通和绩效信息的收集。

1）持续绩效沟通

持续的绩效沟通是指管理者与员工一起讨论有关工作进展情况、潜在障碍和问题、解决问题的可能措施以及管理者帮助员工的方式等信息的过程，其重要性在于在困难发生前识别和指出困难的能力。沟通不良会使管理者与员工之间产生各种各样的摩擦，使绩效管理成为员工与管理者之间不断争执的话题。

第一，持续绩效沟通的目的。管理人员与员工进行持续绩效沟通的目的主要如下：

（1）可及时对绩效计划进行调整。在绩效计划阶段内，虽然管理者与被管理者之间通过双向沟通，制订了具体工作目标和确定了实现目标的途径、方法和步骤，但管理者也不能高枕无忧地等待员工的绩效自动产生。因为在今天的工作环境中，随着竞争的加剧，影响员工绩效的因素的数量以及这些因素的变化速度都在明显增加，在急剧变化的环境中，绩效管理周期开始时所制订的绩效计划，很可能随着环境的变化而变得不切合实际，甚至根本无法实现。在绩效实施与辅导过程中，进行持续的绩效沟通的第一个目的就是根据环境中各因素的变化，及时对原计划进行调整。比如，在 2003 年，突如其来的"非典"使很多工作进入无序状态，很多公司制订的生产计划、销售目标均无法完成；在 2008 年年底，一场席卷全球的金融危机使得许多企业停止了大量采购活动，许多业务目标也被迫进行了大规模的调整。

（2）可为员工提供及时的帮助。在绩效管理过程中，不论绩效计划阶段制订的工作目标如何具体、工作方案如何详细，由于工作环境的日趋复杂化，在制订绩效计划时很难准确地预测到绩效实施过程中可能遇到的所有困难和障碍，工作过程中往往会出现未曾预料的新情况和新问题。而在员工实现其绩效过程中不断进行沟通，就能及时给员工提供必要的帮助和支持。

（3）绩效沟通是一种重要的激励手段。著名的霍桑实验证明，每个人都有一种受关注和被认可的需要，这种需要得不到满足会严重挫伤员工的士气。在绩效实施与辅导过程中，管理者与员工间的沟通，恰恰能满足员工的这种需要。特别是当员工在工作过程中遭受挫折和失败，或感到巨大工作压力时，管理者的关心和支持会使员工备受鼓舞。

（4）员工渴望及时得到工作结果的反馈。一般来说，员工都希望在工作过程中能及时得到关于自己绩效的反馈信息，以便不断地改进自己的绩效和提高自己的能力。通过沟通，员工可以及时地了解到自己哪方面干的比较好，哪些方面没有达到上级的期望和要求。因此，这种反馈既是对员工出色工作的肯定，其本身对员工就会产生极大的激励作用，同时也能使绩效不佳的员工及时了解和发现自己工作中存在的缺点和不足之处，以便及时采取改进措施。

第二，持续绩效沟通的内容。

（1）对管理者而言，他们需要得到有关下属员工工作情况的各种信息，以帮助他们更好地协调下属员工的工作。当下属员工工作中出现问题时，管理者应该及时掌握情况，以避免不必要的麻烦和浪费。另外，他们还需要了解工作的进展情况，以便在必要的时候向上级汇报，如果不能掌握最新的情况，管理者可能会面临许多不必要的麻烦。在一些情况下，管理者还应该有意地收集一些绩效考核和绩效反馈时需要的信息，这些信息将帮助管理者更好地履行他们在绩效考核中担负的职责。

（2）员工也需要有关信息。通过与管理者之间的绩效沟通，员工可以了解到自己的表现获得了什么样的评价，以便保持工作积极性，并且更好地改进工作。另外，员工还需要通过这种沟通了解管理者是否知道自己在工作中遇到的各种问题，并从中获得有关如何解决问题的信息。当工作发生变化时，员工能够通过绩效沟通了解自己下一步应该做什么，或者应该着重去做什么。总之，这些信息应该能够帮助员工更好地完成他们的工作，应对工作中遇到的各种变化和问题。

2）绩效信息的收集

现代管理学大师德鲁克在《21世纪的管理挑战》中所说的"信息的挑战"，是指想要衡量绩效，企业主管要有一整套诊断工具，包括基本信息、生产率信息、竞争优势信息以及与稀有资源有关的信息。在绩效实施阶段，管理者收集和记录数据，实际上就是在做这样的工作。一方面，持续不断地收集信息，特别是记录员工在实现绩效目标过程中的关键事件，是为了保证绩效评价时有明确的依据，避免出现传统的绩效考核过程中根据主观臆断或对绩效表现的回忆来评价员工绩效的现象，确保考核结果的公正及可信度；另一方面，更重要的是，通过持续地收集信息，记录关键事件，有助于员工诊断绩效，进而通过绩效实施、绩效考核和绩效反馈过程中的有效沟通达到改进绩效的目的。

第一，绩效信息收集的目的。

（1）提供绩效评价的事实依据。绩效评价结果的判定需要以事实依据作为支撑，尽管初期确定的工作目标或任务可以反映一些问题，但不足以证明员工完全按照规程、制度进行操作。工作过程中收集或记录的数据，就可以作为对员工绩效进行评价的依据，也可以作为晋升、加薪等人事决策的依据。

（2）提供改进绩效的事实依据。绩效管理的目的是改进和提高员工的绩效和解决问题。但要解决问题必须了解两件事情，即存在什么问题和是什么原因引起了这个问题。假设主管人员笼统地对员工讲"你沟通能力欠缺，需要改进"，员工可能不会在意，更不清楚如何改进。

（3）发现绩效问题和优秀绩效的原因。对绩效信息的记录和收集可以使我们积累一定的关键事件。通过这些信息或关键事件，可以帮助我们发现优秀绩效背后的原因，然后利用这些信息帮助其他员工提高绩效；或者可以发现绩效不良背后的原因，这样有助于对症下药，改进绩效。

（4）劳动争议中的重要证据。保留详实的员工绩效表现记录，也是为了在发生劳动争议时企业有足够的事实依据。这些记录一方面可以保护企业的利益，另一方面也可以保护当事员工的利益。

第二，绩效信息收集的内容。

（1）信息收集不可能将员工所有的绩效表现都记录下来，应该确保所收集的信息与关键业绩指标密切联系。根据信息来源不同，信息可以分为来自业绩记录的信息（如工作目标或工作任务完成情况的信息）、管理者观察到的信息（如工作绩效优异或低下的突出行为表现）以及来自其他人评价的信息（如客户反馈的积极或消极信息）等。

（2）为了使绩效数据收集制度化，可以由人力资源部门汇总各部门应该提供的考核指标信息，提交给相关部门；在绩效期末，相关部门应及时提供相关信息，保证绩效考核的顺利进行。

第三，收集绩效信息的方法。信息收集的方法和记录是绩效管理的一项基础工作，这项工作的好坏对绩效管理的效果具有非常重要的影响。收集绩效信息的方法有工作记录法、定期抽查法、检查扣分法、关键事件记录法等。

（1）工作记录法是对于生产、销售、服务有关方面数量、质量、时限等指标，按照规定由相关人员填写原始记录单，并定期进行汇总统计，获得绩效考核的有关信息。

（2）定期抽查法是为了保证上述信息的真实有效性，管理者可以对上述信息进行抽查，保证记录的真实性。

（3）检查扣分法是针对关键业绩指标中出现错误进行扣分事项，对有关工作进行检查，发现一次错误记录一次，以便为考核期末绩效考核提供原始信息。

（4）关键事件记录法是针对员工特别突出或异常失误的情况进行记录。关键事件的记录有助于管理者对员工的突出业绩进行及时的激励，对员工存在的问题进行及时的反馈和纠偏。

第四，绩效收集信息中应注意的问题。

（1）员工应该参与信息收集的过程。绩效管理的主要目的是为了提高员工的工作绩效，绩效管理是管理者和员工的共同责任，因此员工应该自己收集相关绩效信息或者参与相关信息的收集过程。员工参与信息的收集过程，一方面可以及时对工作进行调整，有利于绩效目标的完成；另一方面管理者依据员工参与收集的信息与员工进行沟通时，员工会容易接受这些事实。

对于某些信息，可以由员工自己收集记录，最后报管理者抽查审核；还有一些信息是管理者发现并掌握的，例如工作出现差错等信息，这时管理者应及时将这些信息向相关员工进行通报，这样一方面可以对员工的工作及时进行辅导、纠正，另一方面绩效期末员工也易于接受这些绩效信息。

（2）收集信息要有目的。信息收集是一项耗时、费力的工作，要占用大量的人力、物力和时间，因此一定要搜集那些对绩效管理非常有必要的信息。有些过程信息可以不去关注，而直接关注最终结果；有些重要的过程信息，可以用关键事件记录法来记录；对于重要的结果信息，一定要如实记录。信息收集可以针对关键业绩指标中的相关内容，组织相关人员进行记录、收集。

（3）抽查是核对信息真实性的好办法。很多信息是员工自己记录的，而且管理者也没有太多的时间、精力来做信息的记录与收集工作，因此员工在做工作记录或收集绩效信息时往往会有选择地记录和收集信息，甚至会提供虚假信息。制约员工这种行为倾向的好办法就是抽查，对抽查中发现的故意提供虚假信息的行为，要进行严厉的惩罚。

（4）信息记录应把事实与推测区分开来。应该记录事实的绩效信息，而不应记录对事实的推测。通过观察可以记录员工的行为，但行为背后的动机和原因往往是推测的，很可能是不可靠的。例如，员工近期工作经常迟到、早退，而且效率低下，不能按期完成任务，上述内容就是事实记录；但是如果记录员工积极性降低、业务水平不高就是简单推测，因为很可能是其他原因例如家中出现变故等，而导致工作绩效低下的。

下面是两个与关键事件记录法有关的案例，案例 1 为积极的关键事件，案例 2 为消极的关键事件。

案例 1：一个积极的关键事件

王林是一家公司的销售员，李志光是他的老板。一天，李志光路过王林座位的时候，正巧他在打电话。李注意到王正在给买了产品的客户打电话，询问客户使用产品的情况："您觉得用起来怎么样啊？""您觉得我们的产品还有哪些需要改进的方面吗？""除了我们的产品，您还用过其他品牌的产品吗？他们在哪些方面比我们好？"并且看到王认真地记录下客户的意见。过了几天，一份整理完好的客户意见调查报告就呈现在李的办公桌上。李发现，王详细地对客户使用产品的意见进行了总结和归类，并且有自己的分析意见，这些意见对于产品的改进很有帮助。

案例 2：一个消极的关键事件

赵爽将一份打印精美的月度报告交给了高经理。高经理非常认真地阅读了这份报告，他对报告中的一些数据感到有些怀疑，于是就重新计算了一下，果然发现有错误。高经理忽然想到赵爽的报告与林垒的报告用的是同样的模版，于是他拿出了林垒的报告与其对照了一下，结果发现赵爽的报告中有些数据由于粗心没有被替换掉，用的还是林垒原来的数据，这样就导致了数据的错误。

3. 绩效考核

绩效考核是我们所熟悉的一个词汇。在不同的组织中，我们都在进行着绩效考核。有时候它可能只是走走过场，有时它又变得非常重要，晋升、奖金、出国培训都与它联系在一起。绩效考核仅仅被视为人力资源管理的一个工具，通常被认为仅仅是人力资源部的人应该考虑和应该做的事情，而没有把它视为整个管理过程的一个有效的工具。而人力资源部门在进行绩效考核的过程中也是左右为难，既想把真正有效的绩效结果评估出来，同时又面临着巨大的压力，因为绩效考核会引起争执、纠纷、抱怨，所以直线经理和员工们对这种评估都抱有一种抵触的心理，不愿意花费时间去做这件事请。这样一来，人力资源部就显得一厢情愿、势单力薄，虽在实践中大力推行，但往往事与愿违，收到的效果并不理想。

绩效考核是绩效管理的主体部分，在制订绩效计划的基础上再制订出一个健全合理的考核方案并有效实施绩效考评，考核方案主要包括考核内容、考核方法、考核程序、考核组织者、考核人与被考核人，以及考核结果的统计处理等。

（1）明确绩效考核目的。企业在不同时期开展绩效考核的目的有所不同，有时为了确定培训对象与内容，有时为了确定岗位晋升人选，更多时候是为员工薪资变动和奖励惩罚决策提供依据。考核目的不同，考核对象、考核指标及其权重、考核标准以及考核方法和考核主体都将存在较大差异，因此，开展绩效考核，首要任务就是明确每次绩效考核的目的。例如，企业为评定职称进行的考核，对象是专业技术人员；而评选先进、决定提薪奖励的考核，则往往在全体员工的范围内进行。

（2）选定绩效考核对象。在绩效考核目的明确之后，就可以选定绩效考核范围及具体

（2）"BEST"法则。

BEST 法则又叫"刹车"原理，是指在管理者指出问题所在，并描述了问题所带来的后果之后，在征询员工的想法的时候，管理者就不要打断员工了，适时地"刹车"，然后，以聆听者的姿态，听取员工的想法，让员工充分发表自己的见解，发挥员工的积极性，鼓励员工自己寻求解决办法。最后，管理者再做点评总结即可。

B——Behavior description（描述行为）

E——Express consequence（表达后果）

S——Solicit input（征求意见）

T——Talk about positive outcomes（着眼未来）

"BEST"法则应用

某公司市场部的小周经常在制作标书时候犯错误，这时候，主管就可以用 BEST 法则对他的绩效进行反馈：

B：小周，8 月 6 日，你制作的标书，报价又出现了错误，单价和总价不对应，这已经是你第二次在这个方面出错了。

E：你的工作失误，使销售员的工作非常被动，给客户留下了很不好的印象，这可能会影响到我们的中标及后面的客户关系。

S：小周，你怎么看待这个问题？准备采取什么措施改进？

小周：我准备……

T：很好，我同意你的改进意见，希望在以后的时间里，你能做到你说的那些措施。

5. 绩效改进

绩效改进是绩效管理过程中一个重要的环节。传统绩效考核的目的是通过对员工的工作业绩进行考核，将考核结果作为确定员工薪酬、奖惩、晋升或降级的标准，而现代绩效管理的目的不限于此，员工能力的不断提高以及绩效的持续改进才是其根本目的，所以，绩效改进工作的成功与否，是绩效管理过程能否发挥效用的关键。

1）绩效改进流程

绩效改进需要遵循一定的操作流程。首先，分析员工绩效考核结果，找出所在问题；其次，进行绩效诊断和分析；再次，组建绩效改进部门，选择绩效改进工具和实施绩效改进方案，进行变革管理；最后，对绩效改进结果做出评估。

第一，分析员工绩效考核结果。这是绩效改进过程的第一步，也是绩效改进最基本的环节。

通过分析考核结果，找出绩效不佳的员工和关键绩效问题，关键绩效问题是通过对比实际绩效情况和期望的绩效状况之间的差距而得出的。期望的绩效水平可以参照同等条件下同行业内具有一流水平企业所达到的绩效加以确定，实际绩效则是由组织成员现有的能力和组织现有的总体竞争力决定的。绩效问题并不是客观问题，而是由主观原因造成的。

第二，绩效诊断和分析。针对关键的绩效问题，在充分考虑绩效不好的员工和企业现有资源的基础上大致确定绩效改进方向和重点，为制订绩效改进方案做好准备，此时确定的并不是具体的绩效改进方案。

第三，组建绩效改进部门。在条件允许的情况下，企业应组建专门的绩效改进部门来负责具体的绩效改进工作,可以根据绩效改进的需求来确定部门的人员结构、数量、组建方式等。

第四,选择绩效改进工具。波多里奇卓越绩效标准、六西格玛管理、ISO 管理体系和标杆超越可以看做是绩效改进的主要工具,在选择绩效工具时,并不是选这个或选那个的问题,而是选一个、两个或三个的问题。

第五,选择和实施绩效改进方案。一旦明确了差距,选择了合理的工具,问题似乎就可以迎刃而解了,但实践表明,绩效问题往往有多重原因,需要集中措施同时进行改进,事实上,几种改进方法结合在一起的确能获得较好的效果。

大体来说,绩效改进方案包括四种类型,如图 1.3 所示,企业应根据具体的使用环境进行选择。

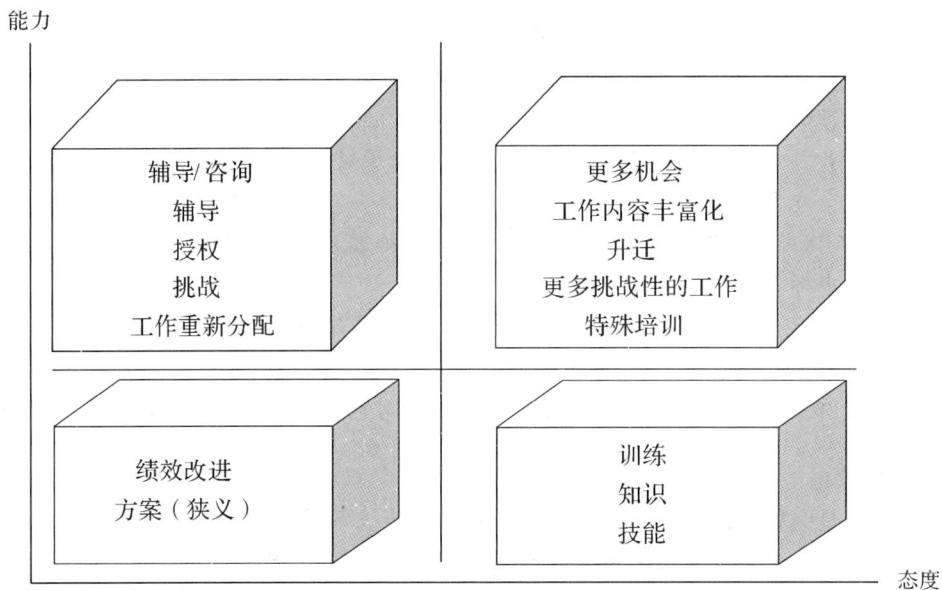

图 1.3　绩效改进方案

但无论采取何种措施,以下的原则是不能违背的:① 时机很重要,应及早指出,及早处理;② 应进行彻底及客观的调查;③ 给予员工改善的机会和劝告;④ 以正式文件的形式确定下来;⑤ 应在采取行动之前,与高层管理者和人力资源顾问进行协商。

第六,进行变革管理。选择了正确的绩效改进方案,并不意味着成功在即,企业变革实践证明,变革的失败更多是由于实施不力所致的,而非方案不优。改革方案成功的关键是对变革过程的管理,改进必然会遇到阻力,阻力或是来源于利益的冲突,或是来源于旧观念和行为习惯等。在设计改进方案时就需要考虑到其执行过程中可能遇到的障碍,并事前想好对策,一般而言,管理者的支持、充分的宣传和沟通、严谨的步骤是保证绩效改进成功的重要因素。

第七,绩效改进结果评估。在绩效改进方案实施后,并不是说任务就完成了,结果评估就是对绩效改进结果进行评价,以确定是否实现了减少绩效差距的目标。以下是绩效结果评估的四个维度。

维度 1,反应。公司中对绩效改进活动反应如何?客户和供应商的反应如何?

维度 2,学习或能力。实施绩效改进后,员工掌握了哪些以前不会的知识或技能。

维度 3，行为。改进活动是否对工作方式产生了所希望的影响？员工是否在工作中开始运用新技能、新工具和新程序？

维度 4，结果。改进活动对绩效差距的影响是什么？差距的缩小与经营行为是否具有正向相关关系？

评价结果将反馈到组织观察和分析过程中，从而开始新的循环，总之，企业可以将分散、孤立的绩效改进环节等加以整合，在各种影响因素的动态联系中，把握影响个人或组织绩效的因素，从而制订出全面有效的改进策略，并使其科学化，以实现组织绩效迅速提高的目标。

2）绩效改进工具

第一，卓越绩效标准。卓越绩效标准是当前国际上广泛认同的一种组织综合绩效管理的有效方法和工具，卓越绩效模式建立在一组相互关联的核心价值观和原则的基础上，其特征是强调质量对组织绩效的增值和贡献，以顾客为中心的理念，强调重视组织文化的作用，强调坚持可持续发展的原则，强调组织的社会责任。

第二，六西格玛管理。六西格玛（6σ）概念于 1986 年由摩托罗拉公司的比尔·史密斯提出，此概念属于品质管理范畴，西格玛（Σ，σ）是希腊字母，这是统计学里的一个单位，表示与平均值的标准偏差。六西格玛管理旨在生产过程中降低产品及流程的缺陷次数，防止产品变异，提升品质。

第三，标杆超越。标杆超越是指通过不断寻找和研究有助于本集团战略实现需要的其他优秀集团（或企业）或集团内部优秀企业的有利实践，以此为标杆，将本集团的产品、服务和管理等方面的实际情况与这些标杆进行定量化评价和比较，分析这些标杆企业达到优秀水平的原因或条件，结合自身实际加以创造性地学习、借鉴并选取改进的最优策略，从而赶超标杆企业或创造高绩效的不断循环提高的过程。根据定义，可以将标杆超越分解为以下几个主要内容：标杆超越中的标杆是指有利实践，但不一定是最佳实践或最优标准；标杆超越中的标杆有很大的选择余地，企业可在广阔的全球视野寻找其基准点；该方法是一种直接的、片断式的、渐近的管理方法；该方法尤其注重不断地比较和衡量。

1.3.4　绩效管理效果影响因素

绩效管理有效性具有多因性，受整个绩效评价过程多种因素的影响，主要包括绩效评价系统设计质量、绩效沟通顺畅度和绩效评价管理误差发生率三大方面因素。

1. 绩效评价系统设计质量

绩效管理有效性受绩效评价系统设计质量高低的客观性因素的影响。绩效评价系统设计质量则取决于绩效评价系统客观性、区分度、权重赋予合理性、赋值合理性四个方面因素。

（1）绩效评价系统设计客观性。不同的绩效评价主体，在不同时间、不同地点用同一张绩效考核表对同一个考核对象进行绩效考核，考核结果如果相同或相近，则说明系统设计具有较高的客观性。客观性较高的绩效评价系统能降低绩效评价过程中主观性的发生，进而提高绩效评价有效性。只要系统设计中能清楚界定考核指标的内涵，明确考核标准，详细区分考核赋值方法，就能很好地提高绩效评价系统的客观性。

（2）绩效评价系统区分度。区分度是指考核系统或结果对绩效的区分程度，区分度过低则不能达到绩效考核最基本的目的——区分员工。系统的区分度受评价指标等级设定、评分标准和赋值方法以及考核主体主观性等因素影响，评价指标等级设定过少，评分标准和赋值方法不明确，考核主体充当老好人，在评价打分时出现中心化误差，都会导致绩效评价结果区分度过低，从而影响最终评价结果有效性。

（3）绩效评价权重赋予合理性。绩效评价指标是员工努力的方向，权重则是员工努力程度的分配，工作重心安排的指引，企业通过权重向员工传达工作重点。权重赋予合理，则会正确引导员工行为，从而科学和客观反映员工真实绩效。反之，权重赋予不合理，则会给员工传达错误引导信息，让员工工作重心产生偏差，从而考核出不真实或不准确的员工绩效，甚至出现员工真实绩效与绩效考核结果出现很大偏差，引起员工不满的现象。

（4）绩效评价系统赋值合理性。赋值合理性主要是指打分和评价的方法要合理，既要体现激励和惩罚的强化作用，还要能让员工接受。客观性指标赋值方法明确，主观性指标通过等级详细定义得以量化，都可以提高赋值合理性，从而使绩效管理更有效。

2. 绩效沟通顺畅度

绩效考核前的绩效沟通，通过向员工阐述和说明绩效评价目的、绩效评价对企业和员工的好处、绩效评价系统以及绩效评价操作细则，让员工更能理解企业绩效考核的用意，更能了解绩效评价系统和运作方式，更支持和积极配合绩效考核过程，绩效考核过程中对员工所提出的各种有关考核疑点给予及时解答和回应，从而减少员工因消极配合和恶意报复等所引起的绩效评价缺乏有效性。绩效考核后及时进行有效的绩效反馈，与员工就绩效考核最终结果达成共识，可以提高员工对评价结果的认同度。

3. 绩效评价管理误差发生率

绩效评价主要采用考核主体判断和打分方式进行。考核主体都是具有感情的个体，难免会在考核过程中出现诸如晕轮效应、逻辑效应、过宽或过严效应、居中趋势、首因效应、近因效应、个人偏见、溢出误差和板块效应等主观性误差。企业如果能通过考核主体的有效选择和培训，减少评价主体考评误差的发生率，则有利于提高绩效管理的有效性。

晕轮效应是指当一个人有一个显著的优点的时候，人们会误以为他在其他方面也有同样的优点，这就是晕轮效应。在考评中也是如此，比如，被考评人工作非常积极主动，考评人可能会误以为他的工作业绩也非常优秀，从而给被考评人较高的评价。在进行考评时，被考评人应该将所有考评人的同一项考评内容同时考评，而不要以人为单位进行考评，这样可以有效地防止晕轮效应。

近因效应是指由于人们对最近发生的事情记忆深刻，而对以前发生的事情印象浅显，所以容易产生近期误差。考评人往往会用被考评人近一个月的表现来评判一个季度的表现，从而产生误差。消除近期误差的最好方法是考评人每月进行一次当月考评记录，在每季度进行正式的考评时，参考月度考评记录来得出正确考评结果。

居中趋势是指考评人倾向于将被考评人的考评结果放置在中间的位置，就会产生趋中误差，这主要是由于考评人害怕承担责任或对被考评人不熟悉所造成的。在考评前，对考评人员进行必要的绩效考评培训，消除考评人的后顾之忧，同时避免让与被考评人不熟悉的考评人进行考评，可以有效地防止趋中误差。

盲点误差是指考评人由于自己有某种缺点，而无法看出被考评人也有同样的缺点，这就造成了盲点误差，盲点误差的解决方法和自我比较误差的解决方法相同。

　　个人好恶趋向是指考评人喜欢或不喜欢（熟悉或不熟悉）被考评人，都会对被考评人的考评结果产生影响。考评人往往会给自己喜欢（或熟悉）的人较高的评价，而对自己不喜欢（或不熟悉）的人给予较低的评价，这就是个人偏见误差，采取小组评价或员工互评的方法可以有效地防止个人偏见误差。

思　考　题

1. 怎样认识和理解绩效的不同内涵？
2. 绩效的影响因素模型有哪些？
3. 什么是绩效考核？绩效考核与人力资源管理其他职能有何联系？
4. 什么是绩效管理？绩效管理与绩效考核有何区别与联系？
5. 绩效管理系统包含哪些内容？
6. 企业绩效管理效果受哪些因素影响？应如何提高？

案　例

X 公司的绩效考核

　　2006 年 2 月 21 日上午，客户服务经理沈悦茹把长达几页的绩效考核表格分发给所属的 7 名员工，提醒这两天是公司例行的月底绩效考核周期，要求员工在两天内填好并上交给她。同时，沈悦茹还告诉她的下属：公司将在今年开始实施每月的考核结果与年度的奖金发放、末位淘汰挂钩的制度。出乎沈悦茹的意料，当天下午，这些复杂的考核表格全都悉数上交给了她，所得的自评分数均介于 70～80 分之间，这是一个既没有优秀又没有普通的分数段。更让她哭笑不得的是，有 3 名员工在自评后，即在上司评分栏里签下了自己的名字。也就是说，不管上司给予什么样的评分，员工在事前就已经表示了同意。

　　在下班前，沈悦茹召集员工开了一个简短的通气会，就员工在考核结果的上司评分栏签名的做法，认为是员工对她表现出的信任而表示感谢。但她同时指出，这种提前签名的做法有悖于以往的考核管理，是不合理的。她要求员工重新拿回表格，再做评估与衡量后，合理地打出自己的分数后再返回给她。同时沈悦茹再次强调：HR 已经明确发文，考核结果将作为年底奖金发放及末位淘汰的参考依据！第二天下午，沈悦茹顺利地收回了 7 名员工的考核表格。结果却让她非常为难：员工自评还是全都在 80 分以上！这意味着，部门员工的绩效表现均为优，而这不符合 HR 制定的强制分布原则：每个部门只有 20％ 的员工得优。沈悦茹根据月初制定的 KPI 指标，逐一对 7 名员工进行了评分。最后，她和往常一样，把考核表格发还给员工，交代员工如有异议，可找她做绩效面谈。

　　由于在过去，考核结果并没有与收入直接挂钩，中层经理及员工一直都不重视考核结果的应用，绩效面谈也一直流于形式，最后是如果员工对上司的评分没意见，就干脆把绩效面谈这个流程也省掉了。张静娴入职 4 个月了，其绩效评分在最近三个月都不是非常理想，这个月沈悦茹给了她一个最低分，她主动找沈悦茹要求面谈。与张静娴面谈时，沈悦茹尴尬得差点下不了台。

　　张静娴非常坦诚地问她的上司：这个月她的 KPI 指标完成情况的确不够理想，也遭到了几个客户的投诉，得了部门的最低分，她心里非常难过。但她希望知道自己如何做，才能避免这种情况？面对充分准备的张静娴，缺乏绩效面谈准备的沈悦茹显得手足无措，一时无言以对。她只是简单地安慰张静娴，她会考虑下一个月度调低对她的考核指标，帮助她把工作做得更好，也会动员其他同事给她提供一些帮助。至于如何调整考核指标、提供什么样的帮助，沈悦茹表示自己正在考虑中。张静娴对沈悦茹的态度感到不满，认为自己在这种情况下非常无助的，的确希望自己的直接上司在工作改进上提供指导性的帮助。但沈悦茹的答复，对她没有任何价值。她认为，这样下去，自己肯定是第一个被淘汰的员工。她再次直截了当地问沈悦茹：怎样帮助自己改善绩效？由于沈悦茹缺乏对这方面的准备及经验，只是简单地以调低绩效考核指标来敷衍、许诺自己的下属，不可避免会给员工带来一定的危机感。

　　感到异常无助的张静娴，把绩效面谈的情况及结果以邮件的方式告诉了 HR 经理刘静，对公司的绩效考核目的及直接上司的绩效面谈方式均提出了质疑。她认为，部门经理对绩效改善的漠不关心，是对她工作不满意的前兆。刘静认为，实际上这是由于部门经理缺乏面谈技巧与准备所造成的一个误解。沈悦茹的逻辑是，尽管公司一再强调月度考核结果会与年底的奖金及末位淘汰挂钩，但实际起作用的，只是年终的考核结果。刘静认为，这是沈悦茹的一个误区，尽管她每次都告诉自己的下属要重视月底的考核，但当员工重视时，自己却毫无准备。刘静认为，实际上，绩效管理是一个持续的咨询与指导过程——给员工在绩效方面提供建设性的、目标导向的反馈，包括对一些绩效过低的员工要给予更多的沟通及明确的改善步骤。直接上司在整个考核年度都必须扮演一个教练的角色，而不仅仅只是把绩效管理当作一个年度的评估。而沈悦茹对张静娴的投诉非常反感，认为自己已经做出了多个承诺，会帮助她在未来的时间做好工作，张静娴实在犯不着捅到 HR 那。后来二人的关系一直处得不甚愉快，张静娴的工作绩效也没有起色。

——资料来源：HR 案例网，绩效管理案例分析：绩效面谈之争
http://www.hrsee.com/? id＝410

问题讨论：

1. 沈悦茹在进行员工绩效考核操作时存在哪些问题？

2. 在与员工张静娴进行绩效面谈时，沈悦茹的具体做法存在哪些问题？

3. 如果你是人力资源经理刘静，你将采取哪些应对措施？

第 2 章　绩效考核量表的设计

本章要点
◇ 考核要素
◇ 考核指标
◇ 指标权重
◇ 考核标准
◇ 考核量表检验

▶**阅读资料**

美国惠普公司的绩效管理案例

美国惠普公司的绩效管理案例,惠普的绩效管理是要让员工相信自己可以接受任何挑战、可以改变世界,这也是独特的"惠普之道"。惠普的绩效管理有两个关键点:一是绩效管理循环,二是关键绩效指标(KPI)。惠普的绩效管理循环包括五个步骤:企业战略的制订、关键绩效指标和目标的制订、绩效计划的制订与执行、监控与绩效评估、奖励与绩效改进。整个惠普绩效管理循环以回路相连,以保证关键绩效指标和企业战略的紧密连接。各步骤的主要目标和任务如下。

(1) 企业战略的制订。企业战略的制订是惠普绩效管理循环的基础。企业战略的制订为企业的发展提供了明确的目标,绩效管理循环中的其他环节都是为了达成企业战略目标服务的。惠普根据其愿景和价值观确定战略目标及达成战略目标的关键成功要素,从而为关键绩效指标和目标的制订提供了方向和基础。

(2) 关键绩效指标和目标的制订。关键绩效指标和目标的制订是惠普绩效管理循环的起点和核心。关键绩效指标是根据企业所设定的各项战略目标而制订的可量化目标。一旦战略目标确定,关键绩效指标就可以为惠普提供明确而直观的方法,以衡量各项战略目标达成与否。惠普关键绩效指标和目标的制订采取自上而下的办法,从而确保每个部门、流程都为实现总体战略目标而努力,同时,惠普管理层需要对关键绩效指标和目标进行定期复查,针对公司的发展战略目标和存在的问题,做出相应调整。

(3) 绩效计划的制订与执行。为了达到绩效目标,惠普绩效管理循环的第三步是制订绩效计划。绩效计划不仅为各层级提供具体的行动计划,而且为每个绩效目标的最后达成作阶段性分解。同时,绩效计划为现有资源的分配和未来资源的投入提供了基础。

(4) 监控与绩效评估,监控与绩效评估是根据绩效目标对各部门和流程的实际绩效表现进行衡量和评估,及时了解企业内部的运行情况并发现存在的问题。为了均衡各项绩效目标,使绩效管理能公平地反映每一个评估单位的绩效情况,有必要采用平衡计分卡作为监控与绩效评估的工具之一。平衡计分卡设定的重点是确定各项绩效目标在某一评估单位中的权重。

权重的选择，是惠普管理层把握企业整体发展、鼓励部门和员工正确行为的重要手段。

（5）奖励与绩效改进，奖励与绩效改进是惠普绩效管理循环的最后一个环节。通过奖励、鼓励惠普员工的正确行为，激励惠普员工为达到企业目标而共同努力。同时，通过绩效改进对惠普内部运作中出现的问题进行改进和纠正，以推动企业的整体进步。

惠普用 4 个关键绩效指标来衡量绩效管理，分别是财务指标、客户指标、流程指标和员工指标。员工满意度调查是员工指标中的重要一项。除薪资需求外，员工的绩效表现还取决于老板素质、岗位的适配性、能力的增长性、工作挑战性和休假长度及质量等其他因素。惠普用待遇适配度（OFI, Offer Fit Index）、满意度（SAT, Satisfactory）和重要性（IMT, Importance）并重的员工满意度分析方法对员工满意度进行调查。惠普衡量这些指标的方法是，对每一项指标，都要从适配度、满意度和重要性三个方面用具体的可比较的数据做出衡量。比如员工对目前岗位的认可度，对直接老板的认同度，对工作前景的展望，公司都会把这些看起来无法衡量的指标化为数据进行比较。这些数据是从平常众多的调查表中总结出来的，具有非常高的有效性和可靠性。比如，在一次调查中，中国惠普人力资源部门发现公司员工经常加班，分析原因，发现是由于 IT 业发展缓慢，公司对于员工招聘非常慎重，因此造成人力资源的暂时紧缺。公司通过岗位的调动和工作的再分配，使得每位员工的工作效率最大化，一旦 IT 业的整体环境好转，公司再有计划地招聘新员工。同时，这次调查又发现公司在对优秀员工的培训方面有所不足，在薪资和福利上也尚有改进的余地。这样的调查能让惠普找到当时公司在员工满意度方面的不足，并结合经济环境对各个问题进行有针对性的调整和改进。

惠普的员工绩效管理框架包括 4 个步骤：绩效标准、绩效执行、绩效面谈和绩效评估，通过这 4 个步骤的循环，惠普员工绩效管理最后要达到的目标是：造氛围（培养绩效文化）、定计划（运筹制胜业绩）、带团队（建设高效团队）、促先进（保持激发先进）、创优绩（追求卓越成果）。

为了达到这 5 个目标，惠普的员工绩效管理又可分为以下 5 个关键点。

（1）制订上下一致的计划，惠普要求公司每个层面的人员都要作各自的计划。股东和 CEO 要制订战略计划，各业务单位和部门要制订经营计划，部门经理和其团队要制订行动计划，通过不同层面人员的相互沟通，公司上下就能制订出一致性很高的计划，从而有利于发展步骤的实施。

（2）制订业绩目标，对于员工的业绩指标，在汲取了德鲁克目标管理原则的基础之上，惠普对员工的业绩指标用 6 个英文字母来表示：SMTABC。具体的解释是：S（Specific，具体性），要求每一个指标的每一个实施步骤都要具体详尽；M（Measurable，可衡量），要求每一个指标从成本、时间、数量和质量等四个方面能作综合的衡量；T（Time，定时），业绩指标需要指定完成日期；A（Achievable，可实现性），员工业绩指标需要和老板、事业部及公司的指标相一致且易于实施；B（Benchmark，以竞争对手为标杆），指标需要有竞争力，需要保持领先对手的优势；C（Customer-oriented，客户导向），业绩指标要能够达到客户和股东的期望值。

（3）授权 "以人为本" 的惠普之道特别重视经理如何向员工授权。惠普强调的是因人而异的授权方式，根据不同的员工类型。不同的部门类型和不同的任务，惠普把授权的方式分为五种，分别是：Act on your own（斩而不奏）；Act and vise（先斩后奏）；Recommend（先奏后斩）；Ask what to do（问斩）和 Wait until told（听旨）。

（4）绩效评估，在评定员工业绩时，惠普要综合考虑以下一些指标：个人技术能力、个人素质、工作效率、工作可靠度、团队合作能力、判断力、客户满意度、计划及组合能力、灵活性创造力和领导才能。在评定过程中，惠普会遵循九个步骤：协调评定工作，检查标准，确定期望，确定评定时间，进行员工评定，确定工作表现所属区域，检查分发情况并得到最终许可，最后将信息反馈给员工。

（5）分类激励，根据员工的"工作意愿"和"工作能力"，惠普把员工分成五个类型，分别采用不同的方法进行教导。最好的员工既有能力又有意愿，对于这样的员工，惠普公司的管理层只是对他们做一些微调和点拨，并且很注重奖励，以使员工保持良好的状态；第二等级的员工有三种，一是工作能力强但工作意愿弱，这样的员工，公司主要对他们做思想上的开导和鼓励，解决思想问题；还有的员工能力和意愿都处在中等，这样的员工，公司需要就事论事地对他们做出教导，使他们在能力和意愿上都有提高；最差的员工是既无能力又无意愿的，公司要对这样的员工做出迅速地处理，要么强迫他们提高能力或增长意愿，要么毫不犹豫地解聘。

——资料来源：HR 案例网，美国惠普公司的绩效管理案例
http://www.hrsee.com/? id＝628

绩效考核应用最广泛的方法之一，就是量表评定法，是一种将绩效考核的指标和标准制作成量表（即尺度），并依此对员工的绩效进行考核的方法，也称为量表法。应用量表评定法进行绩效考核，通常先进行考核要素的维度分解，赋予权重；然后沿各维度划分出评价等级（尺度），最后通过设置量表来实现量化考核。量表法具有较全面、结果量化、可比性强等优点，但是由于维度分解、等级界定很难做到准确、明晰，考核结果的主观性仍然难以避免。这就需要绩效考核人员具有很强的专业素质，能够客观公正地进行绩效考核。完整的绩效考核量表主要包括绩效考核要素、绩效考核指标、指标权重以及考核标准等信息。要设计科学、有效的绩效考核量表，必须首先做好绩效分析，对各职位绩效内涵及其侧重进行分析，为考核要素拟定、考核指标分解、指标权重的赋予以及考核标准的确定提供依据。设计好的绩效考核量表需要经过客观性检验、区分性检验、赋值检验等检验步骤，才能最终确定并采用。

2.1　做好绩效分析

绩效分析是对企业各职位具体绩效内涵进行分析与解剖，并最终确定的过程，有效的绩效分析为准确的绩效考核指标的拟定提供了依据和保障。因此，绩效分析是设计客观有效的绩效考核量表的第一步。

1. 绩效分析的原则

每一个岗位的绩效内涵应该坚持"三效"的分析原则。"三效"是指效果、效率和效益。效果是绩效外观形式，是工作的最后成果，效率是员工取得工作成果所采取的方式，效益是指工作成果为企业带来的利益（经济性）。在管理实践中，人们往往把效率、效果、效益相混淆，因而可能产生对于绩效原则的误解或曲解。效能、效率、效果、效益是互相联系又相互区别的概念。效果高，效率不一定高；效果好，效益也不一定好。但是，效果以效率为基础；效益以效果为基础。效果、效率、效益之间既是传导关系，又是递进关系，一般情况下是正相关，但不一定呈正比例。用销售来举例，销售量反映了效果，销售额反映了效益。

做好绩效分析要遵循一定的方式方法，不同职位需要采用不同的绩效分析方法对其绩效内涵进行准确分析。

2．绩效分析的方法

1）产品分析法

产品分析法主要从产品数量和产品质量上分析岗位绩效内涵，这种方法对于从事计件或计量产品生产的员工适用。比如企业销售人员可以从销售产品的数量和销售额方面来分析其绩效；物流运输司机可以从单程运货量或者运输里程数来进行数量分析，从单程所耗时间、油费等方面的成本、货品损耗率方面进行质量分析。

2）经济分析法

经济分析法是从经济角度分析岗位绩效，也就是将岗位绩效同岗位获取的收入和消耗成本挂钩。经济分析法从着眼于收入或成本等不同角度可以分为节约分析、利润分析、销售额分析和产值分析四个方面。

（1）节约分析。

节约分析是从成本角度分析绩效内涵，将员工节约的成本纳入其绩效考核项目。节约的成本越多，该绩效要素得分越高。

节约成本 = 预计消耗成本 − 实际消耗成本

节约分析法适用于销售部门、采购部门、生产部门、研发部门、人力资源部门等事前设有工作预算的部门岗位绩效分析，主要目的是将节约成本与员工绩效挂钩，并可以通过节约奖励或节约成本分享计划等方案鼓励员工为企业降低成本费用。

（2）销售额分析。

销售额分析是从收入角度分析绩效，主要是依据员工获取的销售额确定员工的绩效，这一般适用于销售人员。为了提高销售人员的积极性，企业将员工自己的销售额与其绩效挂钩，还有的企业将团队销售额与销售人员的绩效挂钩，这样是为了鼓励销售人员关心其所在团队的利益，避免出现销售团队内部恶性竞争而损害企业利益的现象。

近来，越来越多的企业提倡一种新的企业文化，即销售额并非销售部门的职责，而是全公司所有员工的责任。企业将每个员工的绩效与企业整体销售额挂钩，既可以增强团体员工的市场忧患意识，也能促进其更好地为市场销售人员服务。

（3）产值分析。

产值分析同样是从收入角度展开绩效分析的一种方法。将工作任务完成后所获得的货币量作为绩效内容。对于生产部经理及生产人员尤为适用，这有助于提高其劳动生产率。

（4）利润分析。

利润分析是将收入和成本相结合来分析绩效内涵的一种方法，是将工作任务总产出货币量与投入的货币量的差额作为绩效内容。销售额分析法与产值分析法均是只关心收入的绩效，这是一种绩效的数量内涵，扣减成本之后的利润分析是绩效的质量内涵，对于销售部经理和项目经理适用。

3）时间分析

时间分析是将员工工作时间作为绩效内容的一种分析方法。员工工作时间可以分为在岗时间和实作时间。在岗时间从长期角度主要指员工从工作报到日开始到离职日期间的时间长短，短期来说则是每天或每个任务员工的工作时间。实作时间则是指员工实际在工作岗位上完成工作任务所需的工作时间。实作时间不包括完成工作的准备时间、休息时间和工作间隔时间等。如为了讲授一节课，培训师课前需要做长期备课准备，讲授 2 个小时的课时期间可能会休息 15 分钟，培训师的实作时间仅是 2 个小时而已。

将工作时间作为员工绩效内容不能简单通过考勤制度考核员工的在岗时间。对实作时间的关注有利于消除员工在岗期间偷懒、磨洋工等现象，从而提高员工工作效率，反映了工作饱满度，对于非生产性职能人员适用。

4）事故分析

事故分析是对工作中为符合要求的工作事件进行分析，这是一个负向指标。可以考察员工工作出现事故的次数和造成损害的严重程度，反映绩效的数量和质量。比如教师的教学事故发生次数，列车的安全运行天数等。

3. 绩效分析应注意的问题

正确的绩效分析，是绩效考核结果客观、有效的有力保障。在企业进行分析的实际操作中，应该注意以下问题：

（1）企业可以参考员工的素质分析和职位分析结果进行绩效分析。素质分析结果可以作为潜在绩效的设计依据，职位分析结果提供了关于工作内容、职责等关键性的信息，但素质分析与职位分析不同于绩效分析，它们各自有各自的目的、内容和侧重，不能替代绩效。

（2）绩效分析应先从确定岗位关键绩效内涵开始。通过职位分析结果了解并确定关键绩效内涵，对其展开透彻分析，便于提高绩效分析准确性和效率。

（3）关键绩效的确定还需考虑岗位对上和对下的责任。由于职位序列的相对稳定性，企业职位分析结果也是相对较长时间保持不变的，而企业却是不断向前发展的。所以，关键绩效的确定还应对上负责，参考企业的经营发展战略及年度经营目标进行相应地调整。此外，企业内部大多形成价值链，每个岗位都是价值链中的一个环节，因此，下一链条需求也将成为上一链条关键绩效分析的重要内容。

（4）绩效分析需要组织相关的人员座谈和讨论。人力资源部门在对每个部门的岗位进行绩效分析时，可以依据职位分析结果设计调查问卷对相关人员进行调查确认；也需要与岗位的上级、同事和岗位所在员工进行面谈深入了解绩效内涵信息。在绩效内涵初步拟定之后，需要召开相关人员的座谈会，经上级决策层和相关人员确认后方可最终确定。

2.2　拟定绩效考核要素

拟定绩效考核要素是企业设计绩效考评体系的前期工作。考核要素是绩效考核量表的核心构成内容，考评要素拟定的成功与否直接影响着绩效考评实施的效果。绩效分析方法是拟定考核要素的最有效方法，但却更为适用于工作任务有较明确的工作结果的生产和销售等职位。对非生产和销售类职位，下面的几种拟定考核要素的方法更为适用。

1. 标杆分析法（榜样分析法）

标杆分析法顾名思义就是通过在员工中树立少数绩效优异的标杆员工，通过对标杆员工进行工作分析，以他们为标准所建立起来的考核要素。

标杆分析法遵循以下操作步骤：第一，寻找标杆员工，通过原有的考核方法，将工作业绩表现最好的员工筛选出来，将其树立成绩效标杆；第二，分析标杆，运用能力、素质测试法考察标杆员工的能力素质水平，并分析各项能力及素质对工作业绩的影响，运用观察法现场观察"标杆"员工的工作方式和方法；第三，发现关键绩效影响因素，在这些特征中，我们要寻找出最为实质关键的标杆员工所共有的绩效影响要素；第四，拟定最终考核要素，依据前面分析和找寻出的关键绩效影响因素，拟定最终的该岗位的所有人员的绩效考核要素。

　　标杆分析法操作简单、实用性强，特别适合于对一些综合事务性职务拟定考评要素时使用。而且，通过该方法拟定的考核要素还具有帮助员工增强绩效能力和素质的作用，改进工作方式方法进而达到提高最终绩效的作用。

　　美国企业家协会曾经用了 35 年时间，调查了 4000 名经理，从中筛选出了 1612 名最成功的经理加以分析，列出了 19 项优秀经理的考核要素：

工作效率高	有主动进取心
逻辑思维能力强	富有创造性
有判断能力	有较强的自信心
能辅助他人	为人师表
善于动员员工的力量	善于利用交谈进行工作
善于建立亲密的人事工作	乐观
善于与群众打成一片	善于使用个人的权力
有自制力	果断
客观	善于进行自我批评
勤俭艰苦和具有灵活性	

---

2. 头脑风暴法

　　头脑风暴法是指通过无限制的自由联想和讨论，从而产生新观念或激发创新设想的群体思维决策方法。利用头脑风暴法进行绩效考核要素的拟定主要是邀请与被考核岗位相关人员就考评要素尽情地提出自己的看法和意见。

　　头脑风暴法拟定考核要素的操作步骤如下：第一，邀请相关人员。参加考核要素拟定的相关人员一定要熟悉绩效考核专业知识（如一些该领域的专家）或被考核岗位相关信息，比如该职务的上级管理人员、一些有长时间工作经验的老员工，等等。第二，发表并记录所有观点。考评专员提出启发性的提问，每个人都可以提出自己的观点，记录人员将每一个人的观点都记录下来，但要注意的是，每个人只需阐述自己的观点，不要反驳别人的观点。第三，归类和整理考核要素。考评专员对会议进行记录，形成各职务考评要素的草稿。第四，确定考评要素。再对相关人员召开一次讨论会，逐渐明确各职务的考评要素。

　　头脑风暴法集思广益，有助于保障设定的考核要素的全面性和有效性，但该方法实施成本（时间、费用）较高，并且受参会人员的素质水平的影响较大。

3. 结构模块法

　　结构模块法主要是指将被考评职位的绩效分为几大模块，分别予以细化考核的方式。因此，结构模块法的操作步骤较为简单。第一，划分绩效要素模块。依据绩效分析结果，针对各职务不同工作内容及性质，结合考评者和被考评者的实际情况，将被考评职位的绩效内涵拆分成几大要素模块。第二，细分要素模块，拟定考核要素。详细分析每一个绩效要素模块的具体内容，并据此拟定具体的考评要素。

常见的考评要素分为工作态度要素块、工作能力要素块和工作业绩要素块。以前的企业考核员工主要是围绕德、能、勤、绩四大绩效模块展开的。

结构模块法为绩效考核提供了较为通用的模板、范式，操作简单、方便，但运用该方法要注意针对每个职位不同工作内容和性质进行具体分析，避免陷入考核要素拟定的程式化和机械化。

4. 培训目标分析法

培训目标分析法是指对培训目标分析拟定该职务的考评要素。企业开展培训时总是会提出对培训对象所期望达到的工作能力及素质要求，这些信息都可以为拟定考评要素提供素材。

培训目标分析法拟定考核要素可以遵循以下步骤进行：第一，确定考核对象。依据考核目的，将此次需要展开的被考核岗位和被考核员工予以确定。第二，翻查被考核员工培训档案和相关记录，明确被考核员工的培训内容和目标。第三，将培训内容作为被考核人员绩效考核部分要素，并依据考核目标设定相关绩效标准。

培训目标分析法为考核要素的拟定提供了现成的参考依据，操作简单，成本低，但需注意培训的内容仅限于员工的能力和素质等方面内容，故依据该方法所设置的只能是部分绩效考核要素。

5. 参照法

参照法是指寻找同行业其他企业同职务的考评要素，以此作为基础，并根据本企业实际情况进行修改，从而建立起本企业该职务的考评要素。需要注意的是，虽然有些企业的职务名称相同，但实际工作却可能大相径庭。所以在参照同行企业的考评要素时，一定要注意该职务的岗位职责是否与本企业相同。

2.3　设计绩效考核指标

绩效考核指标属于绩效考核的方面，与绩效考核要素既有区别又有联系。一般认为，绩效考核要素是考核的大方面，绩效考核指标是绩效考核要素的进一步细化与分解，具有具体性、操作性和可测量性。绩效考核指标的设计直接关系到绩效考核结果的有效性和客观性。此外，绩效考核指标还代表了企业对岗位绩效的导向，对员工的行为有较强的引导作用。因此，设计绩效考核指标成为了绩效考核量表设计极为关键的内容和环节。

一个完整的绩效考核指标一般由三个要素构成，即指标名称、指标标志与指标标度（见表 2.1）。设计完整的绩效考核指标，需要依照绩效考核指标的构成要素进行。

表 2.1　绩效考核指标构成要素差异表

指标名称	工作效率				
指标标志	工作中对工作时间的利用率				
指标标度	S	A	B	C	D
	工作效率高	工作效率较高	工作效率正常	工作效率不高	工作效率很低

1. 拟定指标名称

指标名称是对考核指标的内容做出的总体概括。一般要求指标名称要简练、明确，具有概括性和代表性，即与指标的内容相一致。尽可能地做到在没有指标内涵的具体解释的时候，不同考核者和被考核者对同一指标名称有较为一致的理解。

2. 编写指标标志

指标标志是对考核指标的具体内涵及关键点进行解释性的语句。要素标志越具体对于员工的引导作用越强，它能够帮助考评者理解指标名称的涵义并可以指导被考评者按照指标名称的要求去改善自己的行为方式以适合指标名称的要求。因此，指标标志的主要作用在于引导员工的工作行为，指导考核者明确指标内涵。指标标志是企业就某考核对员工需要做什么而进行的详细界定，因此，指标标志具有较强的企业主观意志性。

3. 设计指标标度

指标标度是指被考核指标的程度差异与状态的顺序和刻度，或者说标度是用于揭示各级别之间差异的规定。要素标度的作用是给考核要素划分等级并且界定等级之间的差异程度。

考核标度可以分为水平标度和状态标度两类，也可以分为量词式、等级式、数量式（连续区间型和离散点标型）、定义式。

（1）量词式的考核标度。这种考核标度采用带有程度差异的形容词、副词、名次等词组表示不同的等级水平。例如，工作积极性可以用"工作十分积极主动""工作较为积极主动""工作主动性不高"等不同语义来区分。

（2）等级式的考核标度。这种考核标度使用一些能够体现等级顺序的字词、字母或数字表示不同的评价等级。例如，"优"、"良"、"中"、"差"；"甲"、"乙"、"丙"、"丁"以及"1"、"2"、"3"等。

（3）数量式的考核标度。这种考核标度用具有量的意义的数字表示不同的等级水平。数量式的考核标度包括离散点型和连续区间型两种。离散型的考核标度例如，"0"、"3"、"6"、"9"等差异比率一样的一列数字。连续型的考核标度例如，"100～80"、"80～60"、"60～40"、"40～20"、"20～0"等具有连续区间的数字表示的标度。

（4）定义式的考核标度。相对于前三种而言，定义式的考核标度比较复杂。在前面的三种情况中，有的指标也规定了定义式的标度，但往往是非常简单的定义，而且在各个不同的指标之间通用。在定义式的评价尺度中，制度的设计者针对每一个评价指标的不同标志设定了相应的标度。这种考核标度体现出的评价标准更加具体，并且更有针对性。

2.4　对考核指标赋予权重

对考核指标赋予权重，又可称为加权设计，顾名思义，是将要素赋予一定的权重，用以反映企业对职位不同考核要素的不同重要程度判断，进而引导员工的工作行为。加权设计方法有很多，总体可以概括为主观和客观两类。主观加权法是指依据判断者主观经验进行权重设计方式，如主管经验判定法和专家打分法，客观加权设计方法主要有排序加权法、对偶加权法、倍数算法、优序对比法和 AHP 加权法。本书主要介绍几种客观加权方法。

以部门经理工作能力指标的权重设计为例。将部门经理工作能力指标细分为：业务管理能力（A）、组织管理能力（B）、工作开创能力（C）和综合管理能力（D），以后例子中直接用

A、B、C、D 来代表说明。

1．排序加权法

排序加权法是最简单、最常用的加权方法。其具体操作步骤为：

第一，确定考核指标。例如：业务管理能力(A)、组织管理能力(B)、工作开创能力(C)和综合管理能力(D)。

第二，依据主观判断对考核指标重要性从大到小排序。例如：A、C、B、D。

第三，对各指标按重要性大小依次赋予自然数值。例如：A-4、C-3、B-2、D-1。

第四，计算各指标权重。

例如指标 A 的权重为

$$w_A = \frac{4}{4+3+2+1}$$

这一方法虽然简单，但存在的一个最大的问题就是排序主观性太强，并且存在不可操作性，因为当要素间的差异度不大，或是指标数量过多时，排序便存在着难以区分和工作量太大的障碍。

2．对偶加权法

对偶加权法是将各要素两两进行比较，然后将比较结果进行汇总，从而得出权重。其具体操作步骤如下：

第一，构建判断矩阵。将行指标与列指标相比，行指标比列指标重要的，记 1，行指标没有列指标重要的，记 0，按照它们合计的数值大小得到它们的排列顺序然后再予以赋值。

第二，统计每个行指标得分总和。

第三，依据每个指标得分总和进行重要性排序。

第四，依据重要性大小排序给每个指标赋予自然数值。

第五，计算每个指标权重。需要注意的是，若是将列指标与行指标进行对比，则需按列进行合计，并据此进行排序和赋值。

以部门管理人员工作能力指标为例，得到对偶加权值如表 2.2 所示。

表 2.2　对偶加权法应用举例

	A	B	C	D	合计	排序	赋值
A	—	1	1	1	3	1	4
B	0	—	1	0	1	3	2
C	0	0	—	0	0	4	1
D	0	1	1	—	2	2	3

指标 A 的权重为

$$w_A = \frac{4}{4+3+2+1} = 0.4$$

对偶加权法是对排序对比法进行改进的方法，当所需排序的指标数量增大时，排序对比法的重要性排序将难以操作，而对偶加权法采用指标两两对比的方式，不受指标数目的限制，可以保证指标重要性排序的相对客观性和准确性。但对偶加权法和排序对比法一样，均无法区分指标之间具体的差异程度，只能进行等额加权。

3. 倍数算法

倍数算法是通过指标与指标之间重要性的比较，以判断某指标比另一指标重要的倍数的方式，弥补了排序对比法和对偶加权法无法区分指标之间具体差异程度的缺陷。倍数算法依据判断方式不同可以分为倍数加权法和倍数环比法。

1）倍数加权法

倍数加权法的操作步骤如下，具体可以参见表2.3。

(1) 从所有要素中找出最不重要的要素，设为1；

(2) 判断其他要素相对于最不重要的要素的重要倍数，即重要性差异程度；

(3) 将所有考核指标的重要性倍数加总；

(4) 分别计算各个考核指标的权重。

表 2.3　倍数加权法示例

考 核 要 素	与选定要素倍数关系
业务管理能力 A	4
组织管理能力 B	1.5
工作开创能力 C	2.5
综合管理能力 D	1
合　计	9

指示 A 的权重为

$$w_A = \frac{4}{4+1.5+2.5+1} = 0.44$$

2）倍数环比法

倍数环比法与倍数加权法不同之处在于首先将各要素随机排列，然后将排在最后位置的指标重要性倍数设为1。其具体操作步骤如下，具体操作见表2.4。

(1) 对所有要素进行随机排序；

(2) 把排在最后的要素设为1；

(3) 依次判断前一个与后一个要素之间对比的倍数关系；

(4) 以最后位置要素的重要性1为基准值，将各倍数进行统一转换，计算基准值；

(5) 将各要素基准值加总；

(6) 给各要素分别计算权重。

表 2.4　倍数环比法算例

考评因素	A	B	C	D	合计
环比比率	2	1.5	0.55	1	
基准值	1.65	0.825	0.55	1	4.025
最终权重	0.4	0.2	0.14	0.26	

指示 A 的权重为

$$w_A = \frac{1.65}{1.65+0.825+0.55+1} = 0.4$$

4. 优序对比法

优序对比法是对偶加权法的改进方法。两者相同之处在于将要素进行两两比较，从而不用受要素数目的限制，而优序对比法不再像对偶加权法中那样用"0"和"1"来表示要素的重要程度，而是用"1、2、3、4、5"来表示要素的重要性差异程度。

优序对比法操作步骤如下，具体可参见表 2.5。

(1) 构建判断尺度。一般重要性判断尺度用 1、2、3、4、5 五级表示，数字越大，表明重要性越大。当两个目标对比时，如果一个目标重要性为 5，另一个目标重要性则为 0。需要注意的是，A 与 B 比较，若 A 比 B 重要的话，则 A 的值至少要在 2.5 以上。2.5 以上表示行项重要，若值在 2.5 以下，则表明列项重要。

(2) 计算各行指标得分总和。如果是用列指标和行指标进行比较，则计算列指标总和。

(3) 将所有指标得分总和加总。

(4) 给各要素分别计算权重。

表 2.5　倍数环比法算例

	A	B	C	D	合计	权重
A	—	3.5	3	4	10.5	0.35
B	1.5	—	2	3	6.5	
C	2	3	—	3	8	
D	1	2	2	—	5	
合计					30	

如表 2.5 所示，A 与 B 比较，A 的赋值为 3.5，则表示 A 与 B 相比 A 更重要，接下来 A 与 C 比较，A 的赋值为 3，则表示 A 重要，但是需要注意的是，B 与 C 都比 A 相对不重要，那么给 C 赋值时，还要考虑 B 与 C 的重要程度，即要注重判断的逻辑一致性。

由表 2.5 中数据可计算指标 A 的权重为

$$w_A = \frac{10.5}{10.5 + 6.5 + 8 + 5} = 0.35$$

5. AHP 加权法(层次分析法)

层次分析法(Analytic Hierarchy Process，AHP)，在 20 世纪 70 年代中期由美国运筹学家托马斯·塞蒂(T. L. Satty)正式提出。它是一种定性和定量相结合的、系统化、层次化的分析方法。这种方法可以更好地降低加权设计中的不确定因素。与优序对比法相比，其判断价值尺度更为细致，可以区分指标之间 1～9 个级别的重要性差异程度。层次分析法的实施步骤如下：

(1) 构建层次结构模型。

企业首先对所需考核对象的绩效进行分析，拟定出绩效考核要素作为层次结构模型第一层，然后对每个绩效考核要素进行分解，拟定绩效考核指标，作为层次结构模型第二层，如果第二层指标还不够具体和明确，则有必要进一步往下分解；构成层次结构模型第三层，甚至第四层。

（2）选择判断尺度。

在构建完绩效考评体系的层次结构模型之后，需要计算出最后一层指标在整个体系中所占的最终权重。这需要选择层次分析法的判断尺度。层次分析法采用1～9的标度方法，其中，1为同等重要，3表示略微重要，5表示明显重要，7表示强烈重要，9表示极端重要，2、4、6、8为上述相邻判断的中间值，如表2.6所示。

表 2.6　层次分析法判断尺度

a_{ij}	两 指 标 相 比	解　释
1	同等重要	指标i和指标j同样重要
3	稍微重要	指标i比指标j略微重要
5	明显重要	指标i比指标j重要
7	重要得多	指标i比指标j明显重要
9	极端重要	指标i比指标j绝对重要
2、4、6、8	介于两相邻重要程度之间	
以上各数的倒数	两目标反过来比较	

（3）根据判断尺度对考评因素进行两两比较，构造判断矩阵。

层次分析法的一个重要特点就是用两两重要性程度之比的形式表示出两个方案的相应重要性程度等级。即从层次结构模型的第2层开始，对于从属于（或影响）上一层每个因素的同一层诸因素，用成对比较法和1～9比较尺度构造成对比较阵，直到最下层，如表2.7所示。

表 2.7　层次分析法的判断矩阵示例

评 价 因 素	A	B	C	D
A	1	3	2	0.5
B	0.333333	1	0.5	0.2
C	0.5	2	1	0.25
D	2	5	4	1

（4）确定指标权重。

关于判断矩阵权重计算的方法有两种，即几何平均法（根法）和规范列平均法（和法）。

① 几何平均法。

第一，计算判断矩阵各行各个元素的乘积：

$$m_i = \prod_{j=1}^{n} a_{ij} \quad (i = 1, 2, \cdots, n)$$

第二，计算 m_i 的 n 次方根 f_i：

$$f_i = \sqrt[n]{m_i} \quad (j = 1, 2, \cdots, n)$$

第三，将所有要素 f_i 加总，计算每个要素的权重 w_i：

$$w_i = \frac{f_i}{\sum\limits_{i=1}^{n} f_i}$$

② 规范列平均法。

第一，将判断矩阵 $\boldsymbol{A}$ 的元素按列归一化处理，得到矩阵 $\boldsymbol{A}'$，计算矩阵 $\boldsymbol{A}'$ 各行和的平均值：

$$\bar{a}_{ij} = \frac{a_{ij}}{\sum\limits_{i=1}^{n} a_{ij}}$$

第二，计算出各要素权重：

$$w_i = \frac{1}{n} \sum_{i=1}^{n} \bar{a}_{ij}$$

（5）判断矩阵一致性检验。

当判断矩阵的阶数时，通常难于构造出满足一致性的矩阵来。但判断矩阵偏离一致性条件又应有一个度，为此，必须对判断矩阵是否可接受进行鉴别，这就是一致性检验的内涵。① CI 越小，说明一致性越大。考虑到一致性的偏离可能是由于随机原因造成的，因此在检验判断矩阵是否具有满意的一致性时，还需将 CI 和平均随机一致性指标 RI 进行比较，得出检验系数 CR，② 如果 CR<0.1，则认为该判断矩阵通过一致性检验，否则就不具有满意的一致性。计算过程如下：

第一，计算最大特征根：

$$\lambda_{\max} = \frac{1}{n} \sum_{i=1}^{n} \frac{(Aw)_i}{w_i}$$

第二，计算一致性指标 CI：

$$\mathrm{CI} = \frac{\lambda_{\max} - n}{n - 1}$$

第三，计算相对一致性指标 CR：

$$\mathrm{CR} = \frac{\mathrm{CI}}{\mathrm{RI}}$$

当 CR≤0.1 时，具有一致性，其中，随机一致性指标 RI 和判断矩阵的阶数有关，一般情况下，矩阵阶数越大，则出现一致性随机偏离的可能性也越大，其对应关系如表 2.8 所示。

表 2.8　随机一致性指标查询表

n	1	2	3	4	5	6	7	8	9
RI	0	0	0.58	0.89	1.12	1.24	1.32	1.41	1.45

可见，AHP 方法不仅原理简单，而且具有扎实的理论基础，是定量与定性方法相结合的优秀的决策方法，特别是定性因素起主导作用的决策问题。

需要注意的是，如果所选的要素不合理，其含义混淆不清，或要素间的关系不正确，都会降低 AHP 法的结果质量，甚至导致 AHP 法决策失败。因此为保证递阶层次结构的合理性，需把握以下原则：① 分解简化问题时把握主要因素，不漏不多；② 注意比较元素之间的强度关系，相差悬殊的要素不能在同一层次比较。

（6）总体排序及一致性检验。

依据下面公式对层次结构模型进行总体一致性检验，

$$CR = \frac{CI_{总}}{CR_{总}} = \frac{\sum_{j=1}^{n} w_j CI_j}{\sum_{j=1}^{n} w_j RI_j}$$

步骤：

① 将总体指标的最后两层的 CI 值和 w 值分别相乘，并将两项所得加总，得出总体的 CI 值；

② 根据随机一致性查询表查得指标的 RI 值，例如 n 为 5 时，查得 RI 值为 1.12，之后与对应的 w 值相乘，得出总体的 CR 值；

③ 将以上两步骤得出的 CI 值与 RI 值相除，得出最终 CR 值。

判断依据：当 $CR \leqslant 0.1$ 时，具有一致性。

注意：不论指标层数有多少，计算 CR 值时，求和的依旧是最后两层指标。

2.5　对考核指标进行赋值

赋值是考核量表设计的最后一个环节，是为制定考核标准设置的打分规则。赋值方法多种多样，常见的主要有加减赋值法、相对赋值法、二次赋值法和统计赋值法。赋值方法选择关系到整个绩效考核体系的客观性和公正性。

1. 加减赋值法

加减赋值法主要是确定一个标准分制，在此基础上加分或减分的赋值方法。其操作步骤为：

第一步，确定一个标准分值，可以为最高分，也可以为及格分。最高分一般是通过考核指标体系满分乘以该指标的权重获得的，及格分则是用该指标的最高分乘以 60% 得到的，或者企业主观设定一个该指标及格分。

第二步，详细拟订加、减分标准。依据指标标志（指标具体内容），对各指标具体内容重要性程度进行主观判断，然后拟定相应的加、减分标准。如果最初拟定的标准分制是最高分，则只需给出减法标准，如果给出的是及格分，则超出及格分部分采用加法，低于及格分部分采用减法。

企业制订员工工作态度和职业道德的考评标准，如表 2.9 所示，企业对于不同的要素

表 2.9　考核要素加减赋值法算例

考核要素：工作态度	最高分值：20 分
要素标志	评分标准
1.服从管理	违背一次扣 5 分
2.保守秘密	违背一次扣 8 分
3.无迟到早退	迟到早退一次扣 1 分

标志采取的评分标准是不同的，这反映了企业对于这些要素的重视程度是不同的，对员工而言，起到的警示作用也是不同的。

使用加减赋值法时应注意以下几点：

第一，每个要素标志的描述要使用成熟语句，如果采用最高分减法的方式，要素标志的语句表述应代表该要素的最高要求。

第二，该方法仅适用于要素标志能客观衡量的考核指标，即该指标的要素标志内容具有客观性和可测量性。主观考核指标如果采用该方法很难在考核者与被考核者间就分值的给予达成一致。

第三，要注意每个要素标志间加、减分值差异的导向作用。每个要素标志间加、减分值直接向员工传达了企业对该指标各要素标志的重要性判断，将直接引导员工的工作行为。

第四，采用及格分标准分时，要注意加分和减分尺度。及格分基础上加分如果大于减分，则体现管理者以激励管理为主，如果减分大于加分，则反映管理者主要采取惩罚的管理方式。如表 2.9 中无迟到早退这一项，给予标准分对应绩效表现为 1 个月迟到早退 5 次，那低于一次加分和高于一次减分是一样还是有差异，就体现管理者的管理方式。

2. 相对赋值法

相对赋值法不以考核的客观标准来赋值，而是根据组织中全体考核对象的实际情况来赋值。一般来说，应该是员工在该指标上达到了理想程度才能拿最高分，员工绩效表现为零给予零分。但相对赋值法却以员工实际绩效情况来赋值。

给予企业在该指标上表现最好的员工满分，一般是绩效最低的员工给予最低分，企业也可以设定一个该指标能接受的最低绩效水平，凡低于该水平的均给予最低分，其余员工则在最高分与最低分之间进行排序。

对于客观衡量的考核量表，可以对考核要素的实际客观数据进行一定的转化，从而更加客观地显示出被考核人的真实绩效状况。

以企业生产部门的产品合格率为例（如表 2.10 所示），将优秀员工的卓越绩效定为最高标准，以可能会造成企业入不敷出的产品合格率为底线，分层级制定评分标准，合格率越高，评分即越高。

表 2.10　相对赋值法算例一

产 品 合 格 率	评 分 标 准
97% 以上	5 分
95%～97%	4 分
93%～95%	3 分
91%～93%	2 分
89%～91%	1 分
89% 以下	0 分

相对赋值法不仅适用于客观考核量表，而且对主观考核量表也同样适用（见表 2.11）。对于主观衡量的考核量表，可以根据组织中正态分布规律强制分布人数的比例。强制分布

的目的是为了防止考核人由于草率或不公正而造成考核不公正。

表 2.11　相对赋值法算例二

考 核 要 素	强制分布法
优秀(3分)	不多于 5%
良好(2分)	不多于 30%
合格(1分)	—
不合格(0分)	不少于 5%

3. 二次赋值法

二次赋值法是考核人对考核指标进行两次赋值的方法,第二次赋值是在第一次赋值基础上细分的赋值方式。二次赋值法一般用于主观衡量的考核量表,经过第一次赋值后,一次赋值的分数范围太大,给予考核者较大的主观发挥空间,容易导致考核结果的信度低,故需要进行第二次赋值,将第一次赋值后的大分数范围进一步给出标准,进行细分,从而缩小考核者主观发挥的余地(如表 2.12 所示)。

表 2.12　二次赋值法举例

考核要素	要 素 标 度	一次赋值	二次赋值
责	缺乏理想、工作敷衍、责任心差	0~20	0~8
	理想浅薄、工作马虎、责任心不强	20~40	9~15
任	有一定理想、工作上努力、责任心一般、满于完成日常工作	40~60	16~20
	有理想、有抱负、工作勤奋、责任心较强	60~80	
心	有远大的理想和抱负、工作一丝不苟、勇于承担责任	80~100	

企业在设计评分标准时,由于一次赋值可能会造成分数不够细化,导致评分的主观性过强,从而降低了考核结果的信度,因此,我们可以采用二次赋值的方法,在一次赋值的基础上,对数值进行细化,考评人员的主观操作性可以得到控制。

二次赋值以后,考评人员需要参考的要素标度如在表格中无法显示,那么可将其放置在表格后方加以注释,或另立一份备注说明用以解释两次赋值的要素标度。

4. 统计赋值法

统计赋值法是指当考核主体多于一人时,给不同考核主体赋予不同的权重,将不同考核主体的考核结果依据其所占权重不同进行加权平均,得出最后的分数,就是最终的考核结果。

统计赋值法也主要适用于主观衡量考核量表,其目的也是为了提高主观衡量的考核要素考核的客观性和公正性。统计赋值法在操作时尤为需要注意的是,不同考核主体的权重设置。

2.6　对考核量表进行检验

绩效考核的有效性取决于绩效考核量表设计合理性、绩效考核事前、事中和事后沟通的密切性以及绩效考评主体在实施考核过程中的客观性这三大要素。其中,绩效考核量表设计合理性是先决条件。绩效考核量表作为一张衡量员工绩效表现的工具量表，需要具有较高的信度和效度。信度越高，则考核结果的一致性、稳定性及可靠性越强；效度越高，则绩效考核量表越能够准确测出所需测量的员工绩效的真实程度，也就是绩效考核结果越接近员工的真实绩效结果，员工对绩效考核结果的接受程度才会越高。如果绩效考核量设计存在问题，则为整个系统埋下了系统性误差，最终绩效考核结果则不可能有效。因此，新设计的绩效考核量表必须要经过一系列检验，主要分为客观性检验、区分性检验、权重检验以及赋值合理性检验，经过检验修正后的绩效考核量表才能正式投入使用。

对考核量表进行检验，需要数据的支撑。企业可以将新设计的绩效考核量表在企业内部选择部分岗位和员工进行小范围试用考评，运用试用数据进行量表的检验分析。但在试用时需要注意适用的范围尽可能全面，考评后让适用员工参与到相关讨论中，这样可以扩大新绩效考核系统影响力和员工对其的接受度。管理者也可以通过测试运行，提升操作经验，防止以后绩效考核中出现误差。

1. 客观性检验

绩效考核量表的信度高低主要受绩效考核量表设计的客观性影响。客观性越低，不同考评者对同一问题的理解不一致，则会给出不同的判断，导致对同一问题的考核结果偏差较大。因此，绩效考核量表的客观性检验非常有必要。

绩效考核量表的客观性检验的办法主要是通过不同的考核人，采取相同的考核方法对同一被考核人进行同一项考核。如果考核的结论偏差不大，则认为该考核要项客观性较强，反之亦然。这需要强调不同考核人的选取，一定要选取对被考核人的该考核要项的绩效表现较为熟悉的人。具体操作见表 2.13。选取 5 个不同的考核人对被考核人的三项要素分别进行考核打分，然后观察各考核者的打分情况，事业心和进取心要素以及真诚要素的得分状况较为一致，但责任心的打分情况则偏差较大，说明责任心要素的客观性较低，需要进行调整。

表 2.13　绩效考核量表客观性检验事例

考 核 人	事业心和进取心	责 任 心	真 诚
直接上级	4	4	5
同事甲	3	2	4
同事乙	4	3	5
业务部门甲	4	3	5
业务部门乙	3	5	4

在找出客观性低的考核要项之后，我们需要进一步分析该考核要素导致客观性低的具体原因有哪些。一般来说，影响考核要素客观性，导致不同考核主体判断不一的主要原因有以下几方面：第一，指标的名称及其标志不明确。一种情形是设计者对考核指标的名称界定时与其实际内容不符，且又缺乏指标标志的详细界定；还有一种情形是存在指标标志的界定，但是界定不清楚，不明确，使得不同考核主体难以形成统一的内涵认识。这两种情形下，考核者均只能依据主观理解予以判定打分。第二，赋值方法不科学。当要素标度等级

划分较少，要素权重过大，缺乏二次赋值的时候，将导致考核主体主观判定分数范围偏大。第三，考评主体的主观性误差。考核主体过宽、过严或居中性等主观性误差都将导致最后考核结果的一致性。

在找出具体影响客观性低的原因后，采取有针对性地调整措施，对原先的绩效考核量表进行修正。

2. 区分性检验

区分作用是绩效考核的基础作用。员工首先期望的就是通过绩效考核将自己的绩效与别的员工绩效区分开。只有管理者认识到员工绩效结果存在差异，才有可能给予员工不同的待遇。区分作用大小需要通过区分性检验，计算区分度指标来反映。区分度是指一个测验题目能够在多大程度上区分所要测量的对象，区分度代表了测验工具的有效性。

进行区分性检验的步骤分别为：① 将所有绩效考核结果由低到高排序；② 将所有结果平均分成高分、中分、低分三组；③ 计算三组平均分；④ 计算区分度。

区分度按下式计算：

$$Q = \frac{A - B}{M}$$

其中，A 为高分组平均分；B 为低分组平均分；M 为满分。

当 $Q \geqslant 0.4$ 时，区分度很高，当 $0.3 \leqslant Q < 0.4$ 时，区分度较高，当 $0.2 < Q < 0.3$ 时，区分度一般，当 $Q \leqslant 0.2$ 时，区分度较差。一般来说，区分度达到 0.3 以上才为合适的水平。

计算完绩效考核量表区分度之后，如果区分度较低，需要进一步分析具体原因。一般来说，绩效考评指标偏离真实绩效内涵，或是权重不能反映考评重点时，都会导致区分度较低。需要找出具体原因，然后采取针对性的纠正措施。

3. 权重检验

考核指标的权重是企业对考核指标重要性的价值判断，直接导向员工的行为和努力方向，权重设置不当，将会对员工产生错误的引导，而且绩效考核量表中权重设计也直接关系到绩效考核结果的有效性，权重设计不合理，将本应重要的指标权重设计较低，将会导致实际业绩良好的员工考核结果偏低，严重降低员工工作积极性，甚至导致员工流失。因此，有必要对量表的权重进行检验。权重检验方法有两种，一是排序对比法，一是咨询对比法。

（1）排序对比法。

排序对比法可按照以下操作步骤进行：

第一，从高到低依次将每位员工的考核结果进行一次排序；第二，再依照各主管经理的经验，对员工进行综合评价，再进行一次从高到低排序；第三，对比前后两次排序结果。如果两次排序结果基本一致，说明考核结果与主观经验判断结果相同。如果不一致，则按照各考核要素重新进行一次考核结果与主管主观判断结果的排序对比；如果第二次排序结果基本相同，说明是考核权重出了问题，需要进行调整。

（2）咨询对比法。

咨询对比法是对专家打分法的扩展延伸。首先组成咨询小组，咨询小组可由该岗位有一定工作经验的员工、管理者和专家组成；其次，为要素打分，给咨询小组各成员发一份岗位考核要素清单，让每位成员独立判断各考核要素重要性，给予打分；第三，统计计算各要素的平均值；第四，将该值与考核量表中要素权重进行比较，对差异较大的要素权重进行修正。

4. 赋值合理性检验

赋值合理性检验是对赋值方法的检验。绩效考核量表中赋值方法直接影响到绩效考核结果的有效性。

等级记分的考核要素检验，只需要做到不同考核要素不同等级的差额比率相同即可，如表 2.14 所示，表中 A、B 两个要素不同等级的分数差异比率相同，说明 A、B 两个要素的赋值合理，但 C、D 两要素不同等级分数差异比率存在较大不同，故需要对这两个要素赋值进行修改。

表 2.14　等级记分考核要素赋值合理性检验表

考核要素	优秀	良好	合格	较差	很差
A	4	3	2	1	0
B	8	6	4	2	0
C	4	3	2	1	0
D	10	7	2	1	0

加减赋值法的赋值合理性检验主要依据考核人和被考核人对加减项分值的认同程度，如果存在较大异议，可以召开相关会议，取得一致。

思 考 题

1. 绩效考核量表主要由哪些要素构成？
2. 绩效考核要素选择方法有哪些？
3. 绩效考核指标由哪些要素构成？
4. 如何给绩效考核指标赋值？
5. 指标权重赋值方法有哪些？采用层次分析法如何给指标赋予权重？
6. 绩效考核量表需要进行哪些检验？应如何操作？

案 例

辉越公司的业绩考核方案

2003 年春节前某天下午，辉越公司总部会议室里，赵总经理正认真听取关于 2002 年度公司业绩考核执行情况的汇报。为了更好地进行各级人员的评价和激励，辉越公司在引入市场化的用人机制的同时，建立了一套业绩管理制度，这套方案目前已经在 2002 年度考核中试行实施。这套方案设计重点是将德、能、勤、绩几个方面的内容细化延展成考量的10 项指标，并把每个指标都量化出五个等级，同时定性描述等级定义，考核时只需将被考核人实际行为与描述相对应，就可按照对应成绩累计相加得出考核成绩，这套方法操作起来简单易行，另外，这套体系汇总起来有比较明显的四个特点：

特点一：全员参与。公司规定全体在编人员都进行考核(频率年度和季度两种)。

特点二：内容统一。所有干部考核都使用同一个量表，内容包括四个方面十项指标及其五个等级和规范权重，参见表 2.15。

表 2.15　中层管理人员考核要素与权重

序　号	考核要素	满分权重
1	政治思想素质(10、8、6、4、2)	10
2	品德思想素质(10、8、6、4、2)	10
3	专业能力和学识水平(10、8、6、4、2)	10
4	事业心与责任感(10、8、6、4、2)	10
5	工作业绩(18、15、12、9、6)	18
6	工作效率(10、8、6、4、2)	10
7	组织与协调能力(12、10、8、6、4)	12
8	创新能力(10、8、6、4、2)	10
9	口头与书面表达能力(5、4、3、2、1)	5
10	团队协作能力(5、4、3、2、1)	5

特点三：民主评议。考核形式采用类似民主评议的方法，每个被考核的干部分别由与其相关的所有人员对其进行考核(包括上级、本部门员工、相关部门代表等)，最后成绩取平均成绩。

特点四：结果排序。所有管理干部统一进行成绩排序，对前几名和最后几名落实薪酬和晋升。

人力资源部负责人接着介绍道：全公司在编的 5700 人中有 96% 的人参加了本次考核，很多干部职工反映现在的考核比在原来单位的考核进了一大步，考核内容更加容易量化了。当然，我们在考核中也发现了一个奇怪的现象：就是原来工作比较出色和积极的职工考核成绩却常常排在多数人后面，一些工作业绩并不出色的人和错误很多的人却都排在前面。还有就是一些管理干部对考核结果大排队的方法不理解和有抵触心理。但是总体而言目前的业绩考核还是取得了一定的成果，各部门都能够很好地完成，唯一需要确定的是对于考核排序在最后的人员如何落实处罚措施，另外对于这些人降职和降薪无疑会伤害一批像他们一样认真工作的人，但是不落实就容易破坏我们考核制度的严肃性和连续性。另一个现象是：在本次考核中，统计成绩工具比较原始，考核成绩统计工作量太大，人力资源部三个人要统计总部二百多人的考核成绩，平均每个人有 14 份表格，统计计算平均排序发布，最后还要和这些人谈话，在整个考核的一个半月中，人力资源部的人员几乎都在做这个事情，其他事情都耽搁了。因此，希望尽快购买一套人力资源信息化软件，这样一方面提高公司整体人力资源水平和统计工作效率，同时减少因相互公开打分而造成的人为矛盾。

听完这些汇报，赵总经理决定请车辆设备部、财务部和工程部的负责人到办公室，深入了解一些实际情况，因为他知道这几个人平常工作非常认真，坚持原则，也从不计较个人得失，说话也比较直率，赵总非常想知道他们目前的感受和想法。

1 小时后车辆设备部李经理、财务部王经理，来到了总经理办公室，车辆设备部李经理首先快人快语回答道：我认为本次考核方案需要尽快调整，因为它不能真实反映我们的实际工作，车辆设备部总共有 20 个人，却管理着公司近 60 台电力机车，为了确保他们安全无故障地行驶在 600 公里的铁路线上，我们主要工作就是按计划到基层各个点上检查和抽查设备维护的情况，同时我们还主动对在一线的机车司机进行机车保养知识的培训，累计达到 12 次，目前安全行车公里数和保养标准完全符合国家标准，这是我们的工作业绩，但在评估成绩中只占 18 分，还有在日常工作中，我们不能有一次违规和失误，因为任何一次失误都是致命的，也是造成重大损失的，但是在考核业绩中有允许出现"工作业绩差的情况"，而我们的考核就是合格和不合格之说，不存在分数等级多少。还有口头表达能力指标，我是做技术工作的，语言表达能力不是我的强项，现在我的这项成绩和办公室主任的成绩有何比较，如何科学区分？

财务部王经理接着说道：我赞成车辆设备部老李的意见，我认为考核内容需要进一步调整，比如对于创新能力指标，对于我们财务部门，工作基本上都是按照规范和标准来完成的，平常填报表和记账等都要求万无一失，这些如何体现出创新的最好一级标准？如果我们没有这项内容，评估我们是按照最高成绩打分还是按照最低成绩打分？还有一个问题，我认为我们应该重视，在本次考核中我们沿用了传统的民主评议的方式，对部门内部人员评估我没意见，但是实际上让很多其他人员打分是否恰当？因为我们财务工作经常得罪人，让被得罪的人评估我们财务，这样公正吗？比如说物资部和某曾多次要求我们报销他们部门的超额费用，我坚持原则予以回绝，在这次评估中他给我的成绩最差，我的考核成绩也就被拉下来了，因此现在我是让违反制度的人满意还是坚持公司原则而得罪他？最后一个项目中"专业知识技能考核"，财务部人员的专业技能是只有上级或者财务专业人员能够客观和准确评估的，现在却由大量的其他非财务部门进行评估，这样合理吗？

听完各种反馈意见，赵总陷入了沉思：公司业绩管理体系看起来很完善，可是问题到底在哪里？考核内容指标体系如何设计才能适应不同性质岗位的要求，公司是否同意人力资源部提出购买软件方案？

问题讨论：

1. 你认为业绩出色的人评估成绩排序落后的原因是什么？

2. 你认为辉越公司的业绩考核指标内容有哪些问题？

3. 结合企业实际，何种评估方法来评估管理人员更科学？民主评议的方式应该如何使用才能够最大限度地发挥积极作用？

4. 如何设计新的业绩管理体系？

第3章 绩效考核指标设计

本章要点
◇ 关键绩效指标内涵、特征
◇ 关键绩效指标设计方法
◇ 关键绩效指标选择
◇ 平衡计分卡内涵与指标思想
◇ 战略地图的构成要素与制定
◇ 平衡计分卡考核指标拟定
◇ 平衡计分卡考核指标目标值拟定
◇ 平衡计分卡行动计划的制定

▶阅读资料

HKW 股份制公司的绩效管理案例

一、公司基本情况

HKW 公司是集研发、设计、生产、销售于一体的股份制公司，成立于 1999 年，注册资本为人民币 8000 万元，现有资产逾亿元。公司属于技术及知识密集型高新技术企业，现有员工总数 600 余人，销售网络遍布全国。在绩效管理方面，公司曾进行过改革，但实行了一段时间之后，高层管理人员发现没有达到当初绩效管理所设计的效果，存在较多的问题。因此，公司人力资源部对全体员工进行了一次员工满意度问卷调查，通过对问卷调查结果的分析并结合公司中高层管理者的意见和建议，总结出公司主要在以下方面存在不足：

（1）没有企业战略，对影响企业绩效的关键因素关注不够，缺乏竞争优势。

（2）各管理层级之间目标没有相互支撑与联系，各部门绩效目标欠缺沟通，没有形成内部客户观念，经常导致部门之间的矛盾不断，关系紧张。

（3）绩效评估只评估基层员工，对部门经理及以上人员评估标准不清，全凭高层管理人员印象进行主观评估，对高层管理人员比较熟悉的领域往往评估较严。

（4）未抓住绩效管理的核心——绩效改进，目前的绩效管理主要集中于绩效考核，然后发放绩效工资，对绩效的改进漠不关心，绩效考核后，员工依然不知道自己的弱点是什么，绩效如何才能得到提升。在某些情况下，即便知道对工作绩效应该从哪些方面进行衡量，也不知道该如何去做。

（5）没有科学的绩效考核方法，评估标准主要取决于领导对员工的主观判断。

（6）不注重对关键绩效指标体系指标的审核，导致评估指标及评估标准无法与组织的目标相一致，或者是无法落实操作。

（7）主管人员不重视对绩效考核结果的应用，没有有效地将绩效管理与人力资源的其他工作联系起来。

（8）职能部门经理的绩效工资与部门绩效无关，员工绩效工资与企业经营状况无关，导致经理不关心部门绩效，员工不关心企业经营。针对上述问题，HKW 公司决定对原有的绩效管理体系进行改革，以便有效地对员工的绩效进行管理，从而促进公司整体绩效的提高。

二、HKW 公司绩效管理体系设计

（一）设计三层次绩效管理结构

三层次绩效管理涉及企业战略流程、运营流程与人员流程，HKW 公司从企业、部门、个人三方面入手划分绩效管理结构：

（1）通过公司目标规划与季度经营检讨来确保公司层级的方向正确、策略准确。

（2）通过季度质询、述职检讨、部门评估来保证部门中间层级支撑。

（3）通过绩效运营层面的绩效管理循环与评估维度来确保个人层面的任务完成。在三层次绩效管理中，不同层次重点不同。

公司层面：总目标确定、目标制定及修订，包括竞争策略确定、经营检讨；

部门层面：以业绩检讨为目标的述职管理，包括季度与年度述职、目标修正；

员工层面：绩效管理循环，包括业绩、能力、态度评估。同时不同层级的人员承担不同责任。不同的职能部门在企业绩效管理系统中的责任也不同。通过对这些部门的责任清晰定位，使公司各个部门都参与到绩效管理中，保证绩效管理体系的实施：总经理办公室负责竞争策略、绩效监控和绩效评估；人力资源部负责绩效监控、绩效考核和绩效结果应用；同时财务部也负责绩效监控。

（二）绩效管理目标体系构成

（1）评估维度。HKW 公司主要从绩效维度、能力维度、态度维度三个维度进行评估，每个主要评估维度又由相应的测评子指标组成，对不同的评估主体采用不同的评估维度。

① 绩效维度：指被评估人员通过努力所取得的工作成果，不同人员评估维度不同，对于中高层管理者来说，采用部门绩效和周边绩效一起来评估；对于一般管理人员及事务性人员，采用岗位绩效和态度维度来评估。

② 态度维度：指被评估人员对待事业的态度和工作作风，例如考勤是否符合公司规章制度、工作过程是否服从分配、符合公司规章制度、对相关人员服务过程的态度等。

③ 能力维度：指被评估人员完成各项专业活动所具备的特殊能力，例如交际能力、判断决策能力、计划执行能力、沟通能力等。

（2）评估方法及主体设计。在日常的工作中评估对象接触的人不同，了解评估对象工作业绩、能力、态度的人不同，因此对于不同的评估对象，评估方法、主体也应不同，如表 3.1 所示。

表 3.1　不同评估对象对应的不同评估方法和评估主体

评估对象	评估方法	评估主体
总经理	董事会评估	董事会
中高层管理人员	多角度评估	直接上级、同级人员
员工	直接上级评估	直接上级

（3）目标设计。HKW公司绩效管理体系中的目标设计包括目标制定与目标修正，如表3.2所示。

表 3.2 目 标 设 计

纵向绩效目标设计	组织目标	集体决策的公司目标制定
	部门目标	以公司目标、部门职能为主体的KPI指标体系
	个人目标	以KPI、增值产出与岗位职责为基础的指标体系
纵向绩效目标修正	组织目标	以季度为周期的问题经营机制
	部门目标	以部门经理季度评估相结合的述职制度
	个人目标	绩效管理、绩效目标与行动计划相结合
横向评估目标设计	部门	以客户为导向的周边绩效评估
	个人	工作业绩、态度与能力

（三）纵向绩效目标设计

纵向绩效目标主要包括公司绩效目标、部门绩效目标和个人绩效目标。

（1）公司级绩效目标设定。HKW公司和中国大多数企业一样没有明确清晰的战略体系，因此HKW公司设定公司级KPI的依据是分析企业成功的关键驱动因素，借鉴平衡记分卡思想，兼顾结果指标与过程指标，综合考虑支撑企业的五个方面（财务投资、技术研发、生产制造、市场营销、行政管理），确定HKW公司年度公司级KPI体系，如表3.3所示。

表 3.3 KPI 体系

关键驱动领域	关键驱动因素	评 估 标 准
财务方面	销售增长	销售额、销售增长率、人均销售增长率
	费用控制	变动费用与销售额比率、固定费用预算与实际发生额、预算管理
客户方面	品牌认知与美誉度	公众对公司认知调查、公众对新品的认知度
	顾客满意	专家接待满意度
内部流程方面	新品上市	上市产品数与上市时间
	产品研发	产品申报书与申报时间、工艺改进成本控制效果
学习与成长方面	队伍建设	销售人员到职率、部门人员结构审计百分比
	员工培训	培训人员、培训课时、培训满意度

（2）部门级绩效目标设定。在以前的目标管理中，曾经发生目标设定横向失衡的问题，例如生产副总的评估指标是质量和生产率，但由于新产品的生产质量达标是一个费时费力且效率很低的过程，因此在生产投入上往往偏重于老产品，结果影响到市场上新产品的销售。为了避免此类问题再次发生，HKW公司采取了以下措施：

① 引入平衡计分卡管理思想与学习型组织理念，观念上达成共识。

② 以正确的目标设计流程保证目标的互相支撑；确保在目标设计时做到公司目标与竞

争策略形成后，管理流程集中于进行组织结构的整合，在公司关键实施步骤之间建立纵向和横向的协调关系。部门目标设计时考虑公司的目标、指标和目标值，考虑谁是内部客户，明确客户的需求、要求和期望。

③ 以部门周边绩效方式将部门间的目标协作与客户满意度列入中层管理人员绩效评估内容；员工个人绩效目标制订时结合客户导向原则制订相关评估指标；绩效评估结果与公司目标实现情况相关联；专项任务由主办部门评估其他部门协作配合。

（3）个人目标制定。员工中按有无承担公司级别 KPI 与部门级别 KPI 分为两类，凡涉及公司与部门级别 KPI 的，在评估权重上突出 KPI 内容；凡不承担公司及部门 KPI 的，其岗位 KPI 指标按部门普通业绩指标与岗位职责确定。同时 HKW 公司选择观察法、面谈法和调查问卷法相结合的方法对职工进行工作分析，根据分析结果为员工量身制订职位说明书。然后根据职位说明书列出员工的增值产出，再针对部门 KPI、部门普通业绩指标结合每一项工作产出，制订出绩效指标和标准。这样，可以通过追踪员工实际表现的方式，将其实际表现与要求的绩效标准对照。

（四）横向评估目标设计

绩效管理实施过程中，常出现部门目标冲突或者部门相互扯皮、推卸责任的现象，因此 HKW 公司绩效管理目标体系中专门设计了横向评估目标，主要包括部门周边绩效评估与个人态度、能力评估。

解决项目管理中的跨部门合作问题（如新产品研发、GMP 认证中的团队合作），由指定对整个流程负责的部门对其他部门以部门周边绩效方式进行评估。

解决部门绩效目标设计横向失衡的问题，通过纵向目标设计与目标质询后，以部门周边绩效评估保证内部客户满意，以态度与能力评估提供达成优秀业绩的保障。

（五）绩效目标修正。

绩效目标制订后并非固定不变，必须根据内外环境的变化做出相应调整。HKW 公司主要采用问题监测、季度述职与目标质询、个人绩效管理循环方式来确保各季度绩效目标对企业总目标达成的支撑。每个季度评估时进行经营检讨，及时、有效地发现企业在整个经营管理活动中存在的各项问题，按照问题的性质及特点及时、准确地预防问题、解决问题。

三、HKW 公司绩效管理体系应用效果

HKW 公司三层级绩效管理结构设计成功，经过绩效管理整个过程的实际运作之后，从总的运行情况来看达到了如下效果：

（1）三层次绩效管理使管理者投入一定的时间，和员工形成了良好的合作关系。使上级主管不必介入到所有事务中，通过赋予员工必要的知识来帮助他们进行合理的自我决策，从而节省管理者的时间，减少员工因职责不明而产生的误解；减少当上级主管需要信息时没有信息的局面。

（2）三层次绩效管理表明了员工绩效目标的来源，使员工了解了工作本身的意义，增加了工作意愿；重新进行工作分析，每一个职位都有相应的职务说明书，使员工明白各自的岗位职责，明确努力方向；强调绩效改进与员工个人发展，打消了员工原来认为绩效管理不过是重新制订一些条条款款来控制员工，并在效益工资中扣员工工资的顾虑，在提高个人绩效的同时，也提高了公司与部门绩效。

（3）绩效管理保证了公司运作形成良性循环，达到了公司整体目标与部门、个人绩效目标的协同，提高了整个组织的绩效，通过对公司、部门、个人三者彼此相连的绩效管理和应用，真正发挥了合力的作用，同时也促进了各部门的协调与合作。但在以后的绩效管理体系中，HKW 公司还应在战略规划、指导与培训、相关管理模块跟进、领导力的提升、绩效管理的定位、注重业绩的理念与文化、外部资源的借用等方面做更多的工作，使绩效管理理体系更加完善。

——资料来源：HR 案例网，HKW 股份制公司的绩效管理案例
http：//www.hrsee.com/？id＝698

绩效考核指标是绩效考核量表的关键内容，反映绩效考核的主要方面。绩效考核指标向员工传递了工作努力方向，对员工行为具有直接引导作用；绩效考评指标设计的合理性直接影响到绩效考核量表的效度；绩效考核指标设计的明确性还影响到绩效考评主体的考评行为客观性。目前企业实践中最为常用的绩效考核指标设计方法主要有关键绩效指标法以及平衡计分卡法。本章将对这两种方法进行详细阐述。

3.1 关键绩效考核指标

3.1.1 关键绩效指标内涵及其特征

1. 内涵

关键绩效指标（Key Performance Indicators，KPI），是指企业宏观战略目标决策经过层层分解产生的可操作性的战术目标，是衡量企业战略实施效果的关键指标。

关键绩效指标是宏观战略决策执行效果的监测指针。通常情况下，KPI 是用来反映策略执行效果的。KPI 其目的是建立一种机制，将企业战略转化为内部过程和活动，以不断增强企业的核心竞争力和持续地取得高效益。使得考核体系不仅成为激励约束手段，更成为战略实施工具。关键绩效指标具体内涵包括以下几个方面：

（1）关键绩效指标是衡量企业战略实施效果的关键指标。具体可以从两方面理解：一是关键绩效指标强调关键性，即对企业成功具有重要影响的方面，二是强调其战略导向作用，关键绩效指标是企业战略目标层层分解而来的。

（2）关键绩效指标体现的是对组织战略目标有增值作用的绩效指标。关键绩效指标是个人绩效和企业战略目标的链接桥梁，通过对关键绩效指标的考核和达标，可以保证企业业绩不断提高。

（3）关键绩效指标反映的是最能有效影响企业价值创造的关键驱动因素。关键绩效指标不同于传统绩效指标对结果绩效的侧重，而是明确引导经营管理者重点关注对绩效结果产生最大驱动力的经营行为过程，以便于对经营过程及时监控、调整，保障最终绩效目标的实现。

（4）关键绩效指标是管理人员和员工间战略沟通的基石。通过关键绩效指标，企业管理人员可以将企业目标层层分解，予以落实到员工具体的工作行为和结果上，从而向员工传达了为了保障企业战略目标的实现而对员工结果、工作行为和未来发展的期望。

2. 关键绩效指标的特征

一般来说，关键绩效指标的特点有如下几项：

（1）动态性。关键绩效指标来自于公司战略目标分解：首先要求关键绩效指标的内容最终取决于公司战略目标。其次，关键绩效指标是对公司战略目标的进一步细化和发展，将具有长期性、指导性和概括性的公司战略目标，依据职位具体情况，细化为短期的、具有可衡量性的、着眼于当年的工作绩效要求。最后，关键绩效指标需要随公司战略目标的发展演变而调整，具有动态性。

（2）可操作性。关键绩效指标作为公司战略目标实现的监测指标，必须具有可操作性，是对绩效构成中可控部分的衡量。关键绩效指标具有明确的定义和计算方法，易于取得可靠和公正的初始数据，能有效地进行量化和比较。

（3）关键性。所选择的关键绩效指标是对公司的整体价值和业务重点影响相对较大的衡量，而不是对所有操作过程的反映。依据 20/80 原理，公司业务领域、每个职位的内容均涉及多个方面，但关键绩效指标仅对整体战略目标影响较大的不可或缺的工作进行衡量。

（4）系统性。企业所有的关键绩效指标是一个有机的系统组成。这个系统依据公司战略，将组织、经理和员工工作职责进行有机联系。公司战略目标细化分解为部门目标，部门目标再进一步细化分解为个人目标。通过对关键绩效指标的考察、监控，保障个人目标的实现，进而促进部门目标的实现，最终有效保障企业战略目标的实现。

3.1.2　关键绩效指标体系

1. 内涵

KPI 体系是公司宏观经营目标层层分解产生的可操作或可行为化的一系列关键绩效的指标。

企业不同时期所有 KPI 体系的集合称为 KPI 库。KPI 指标库指的是一个公司、单位或部门所有 KPI 的结合，但它并不是一个简单的、随机的组合。好的 KPI 库具有全面完整的系统性、指标的唯一性、指标相互承接或支持的关联性。

公司的关键绩效指标体系的建立首先需要基于对公司战略及其目标的了解和分析，进而采用关键成功要素分析来寻找保障目标实现的公司业务重点，并于其中分析公司获得成功或取得市场领先的关键成功领域（Key Result Area，KRA），再对关键成功领域中各项要素进行分析，找出保障其成功的关键绩效要素（Key Performance Factors，KPF），依据关键成功要素拟定关键绩效考核指标。

关键绩效指标体系作为系统化的指标体系，由三个层面的指标构成，即企业级关键绩效指标、部门关键绩效指标和个人关键绩效指标。企业级关键绩效指标是通过对企业的关键成功领域及要素分析得到的。部门级关键绩效指标则依据部门责任，对企业级关键绩效指标进行承接和分解得来。个人关键绩效指标依据个人岗位职责和部门关键绩效指标细化确定。

2. 建立战略导向的企业 KPI 指标体系的意义

（1）KPI 指标体系不仅成为企业员工行为的约束机制，同时发挥战略导向的牵引作用；

（2）通过员工的个人行为、目标与企业的战略相契合，使 KPI 指标体系有效地阐释与传播企业的战略，成为企业的战略实施工具。

（3）KPI 是对传统绩效考核理念（以控制为核心）的创新，战略导向的 KPI 指标体系在评价、监督员工行为的同时，强调战略在绩效考核过程中的核心作用。

3. 战略导向的 KPI 体系与一般绩效考核体系的区别

1）假设的前提

战略导向的 KPI 绩效考核体系可以假设人们会采取一切必要的行动以达到事先确定的目标，而一般绩效考核体系只是假设人们不会主动采取行动以实现目标、不清楚应采取什么行动以实现目标、制订与实施战略与一般员工无关。

2）考核的目的

战略导向的 KPI 体系是以战略为中心，指标体系的设计与运用都是为战略服务的；而一般绩效考核体系是以控制为中心，指标体系的设计与运用来源于控制的意图，也是为更有效地控制个人的行为服务。

3）指标的产生

战略导向的 KPI 体系的指标是通过在组织内部自上而下对战略目标进行层层分解产生的；一般绩效考核体系的指标通常是自下而上根据个人以往的绩效与目标产生的。

4）指标的来源

战略导向的 KPI 体系绩效考核指标来源于组织的战略目标与竞争的需要；一般绩效考核体系指标来源于特定的程序，即对过去行为与绩效的修正。

5）指标的构成及作用

战略导向的 KPI 体系通过财务与非财务指标相结合，体现关注短期效益，兼顾长期发展的原则；指标本身不仅传达了结果，也传递了产生结果的过程；一般绩效考核体系是以财务指标为主，非财务指标为辅，注重对过去绩效的评价，且指导绩效改进的出发点是过去绩效存在的问题，绩效改进行动与战略需要脱钩。

6）收入分配体系与战略的关系

战略导向的 KPI 体系与 KPI 的值、权重相搭配，有助于推进组织战略的实施；一般绩效考核体系与组织战略的相关程度不高，但与个人绩效的好坏密切相关。

战略导向的 KPI 体系不仅可以成为企业员工行为的约束机制，同时还可以发挥战略导向的牵引作用；通过员工的个人行为目标与企业战略相契合，使 KPI 体系有效地阐释与传播企业战略，成为企业战略实施的工具。

如表 3.4 所示为 KPI 体系与传统绩效考核体系的区别。

表 3.4　KPI 体系与传统绩效考核体系的区别

	KPI 体系	传统绩效考核体系
假设的前提	假设人们会采取一切必要的行动以达到事先确定的目标	假设人们不会主动采取行动以实现目标 假设人们不清楚应采取什么行动以实现目标 假设制订与实施战略与一般员工无关
考核的目的	以战略为中心，指标体系的设计运用都是为战略服务	以控制为中心
指标的产生	自上而下根据战略目标层层分解	自下而上根据个人以往绩效和目标产生

续表

	KPI 体系	传统绩效考核体系
指标的来源	来源于组织战略目标与竞争的需要	来源于特定程序，即过去行为与绩效的修正
指标的构成及作用	通过财务与非财务指标相结合，体现关注短期效益，兼顾长期发展的原则，指标本身不仅传达了结果，也传递了产生结果的过程	以财务指标为主，非财务指标为辅。注重对过去绩效的评价，且指导绩效改进的出发点是过去绩效存在的问题。绩效改进与战略需要脱钩
收入分配体系与战略的关系	与 KPI 的值，权重相搭配，有助于推进组织战略的实施	与组织战略相关程度不高，但与个人绩效的好坏密切相关

3.1.3　关键绩效指标设计方法

通常来说，关键绩效指标主要有四种类型：数量、质量、成本和时限。在确定关键绩效指标时，必须要先明确所要建立的 KPI 体系的导向是什么。这就需要对企业的战略、保障战略实现的成功关键要素及其关键绩效进行分析，还需考虑协调扩张与控制、收益增长与潜力增长、突出重点与均衡发展、定性评价与定量考核、结果考核与过程考核等因素之间的侧重与选择等问题。一般来说，建立 KPI 体系有两种思路，一种是按组织结构自上而下分解，一种是按主要流程从右至左分解。基于两种思路，可以按照四种方式建立企业 KPI 体系：依据部门承担责任不同建立 KPI 体系，即组织功能分解法（Function Analysis System Technique，FAST）；依据内部流程建立 KPI 体系，即工作流程分解（Process Analysis System Technique，PAST），依据职类职种工作性质的不同建立 KPI 体系；依据平衡计分卡建立 KPI 体系。

1. 依据部门承担责任不同建立 KPI 体系

这种方式是组织自上而下的依照部门承担的责任来分解组织目标到部门，依照个体岗位职责不同，将部门目标分解到个人，进而形成评价指标（具体参见图 3.1 和表 3.5 所示）。依据部门责任承担不同建立 KPI 体系与传统的按照部门责任建立考核指标有较大不同。传

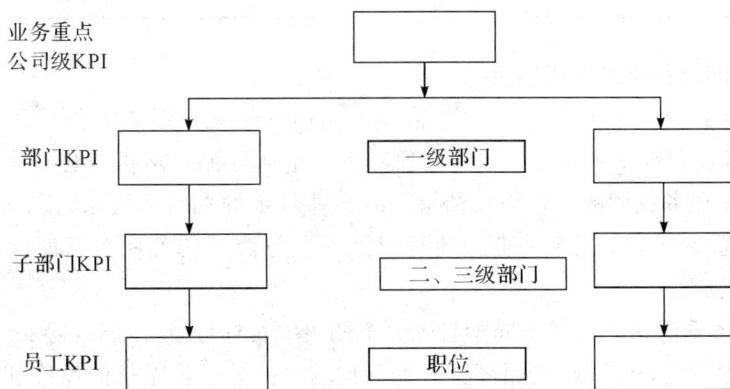

图 3.1　依据部门承担责任不同建立 KPI 体系

统的按照部门责任建立考核体系的部门责任具有相对稳定性，但公司发展战略具有动态发展性，所以从部门自身责任出发设计不变的考核指标可能与不断发展的公司战略不相吻合，不能支撑公司战略发展。KPI体系的建立首要任务就是分析公司战略目标，从支撑战略目标实现的角度出发，依据每个部门责任对战略目标实现的贡献内容和程度来分解战略目标到部门。

依照部门责任不同建立KPI体系的方法突出了部门的参与，既增强了部门对公司战略目标的沟通了解，也能提高部门的促进战略实现的积极性；但这种方式可能导致战略稀释现象的发生，所设立的指标更多体现的是每个部门对上级部门管理责任的负责，而忽略了对流程责任的承担。

表 3.5　依据部门承担责任不同建立 KPI 体系

部门	指标侧重	指标名称
市场部	市场份额指标	销售增长率、市场占有率、品牌认识度、销售目标完成率
	客户服务指标	投诉处理及时率、客户回访率、客户档案完整率、客户流失率
	经营安全指标	货款回收率、成品周转率、销售费用投入产出比
生产部	成本指标	生产效率、原料损耗率、设备利用率、设备生产率
	质量指标	成品一次合格率
	经营安全指标	原料周转率、备品周转率、在制品周转率
技术部	成本指标	设计损失率
	质量指标	设计错误再度发生率、项目及时完成率、第一次设计完成到投产前修改次数
	竞争指标	在竞争对手前推出新产品的数量、在竞争对手前推出新产品的销量
人力资源部	经营安全指标	员工自然流动率、人员需求达成率、培训计划完成率、培训覆盖率

2. 依据内部流程建立 KPI 体系

依据内部流程建立KPI体系主要是依照公司内部经营所形成的各种业务流程来展开的。在各类业务流程链条中，上一业务流程对下一个业务流程承担着各类责任，进而下一业务流程对上一业务流程的工作绩效结果具有某些特定的期待和要求。因此，依照内部流程建立KPI体系主要是依照下一业务流程对上一业务流程的各项责任期待和要求来建立的，如图3.2所示。

这种KPI体系的建立方式不同于自上而下的组织目标分解方法，它突出了组织目标实现过程中的流程责任；可以适应顾客至上的导向，加快对顾客需求的反应和满足速度；还可以消除部门间的壁垒，部门间不用拘泥于部门本质工作而相互紧密协作，从而加快响应客户的速度，有助于提高顾客满意度。

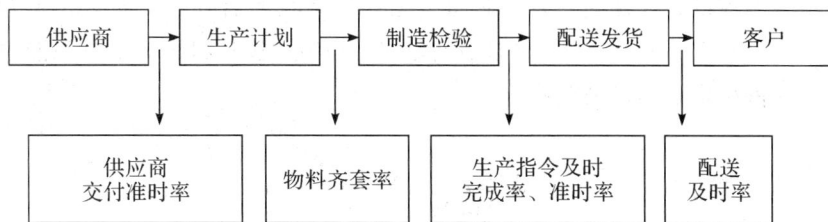

图 3.2　依据内部流程建立 KPI 体系

但是，这种方式由于采用下一个流程的需求建立 KPI，而流程的需求一般都具有明确性、具体性、短期性和注重结果性，这就造成了这种方式形成的 KPI 体系以结果为导向，缺乏依据组织架构建立的 KPI 体系中所充分体现的"驱动性"指标对绩效过程的描述；多个部门或流程环节对某一目标实现服务也易导致流程间责任不明确，互相推诿责任的现象；结果导向的 KPI 指标也易导致员工行为短期化。

3. 基于职类职种工作性质不同建立 KPI 体系

对于这种体系的建立，通常用鱼骨图来帮助分析和理清思路。鱼骨图由日本管理大师石川馨先生发明，故又名石川图。问题的特性总是受到一些因素的影响，我们通过头脑风暴法找出这些因素，并将它们与特性值一起，按相互关联性整理而成的层次分明、条理清楚，并标出重要因素的图形就叫特性要因图、特性原因图。因其形状如鱼骨，所以又叫鱼骨图（以下称鱼骨图），它是一种透过现象看本质的分析方法。

基于职类职种工作性质不同建立 KPI 体系需要经过以下步骤：

第一，发现某特定绩效问题，或拟定某具体绩效目标。由于这类方式是为了帮助具体策略目标的响应，故首先第一步骤就是明确具体问题。

第二，构建具体问题的原因型鱼骨图。采用头脑风暴法列举各项造成具体问题的原因，并理清逻辑层次关系，形成原因型鱼骨图。

第三，将依据问题类别的原因型鱼骨图转化为依据职类、职种来分类的鱼骨图。逐项对各项原因进行分析，判定其属于哪些职类、职种的责任范围，并进行归纳、概括和分类，最终形成依据职类、职种分类的原因型鱼骨图。

第四，找到关键的职类、职种和关键性要素，形成关键原因型鱼骨图。从众多原因里找出影响具体问题的关键职类、职种以及其关键原因要素。

第五，构建对策型鱼骨图。依据第四步找出的关键原因型鱼骨图中的各项原因，提出依据各职类、职种的具体、专业的解决性措施。

第六，依据各类解决措施，拟定 KPI，形成依据职类、职种建立的 KPI 体系。

企业部门林立，业务众多，各自有专业分工，对于涉及多个部门业务的具体策略目标的解决会缺乏积极性和主动性。为了突出对组织具体策略目标的响应，依照职类、职种建立 KPI 体系，各专业职种按照组织制订的每一项目标，提出专业的响应措施，提高了具体策略目标的解决速度和效率。但是，这种设置指标的方式增加了部门的管理难度，有可能出现忽视部门管理责任的现象。而且依据职种工作性质确定的 KPI 体系更多的是结果性指标，缺乏驱动性指标对过程的描述。

下面举例进行说明。如图 3.3 中鱼骨图所示，鱼头信息显示为实现建立人力资源管理平台，为公司发展提供人才保障，为企业和员工提供满意的后勤保障服务，人力资源部中对招聘管理、薪酬管理、企业文化、培训管理、绩效管理、优化组合等细分职能方面提出具体任务要求，并依次设计关键绩效指标。

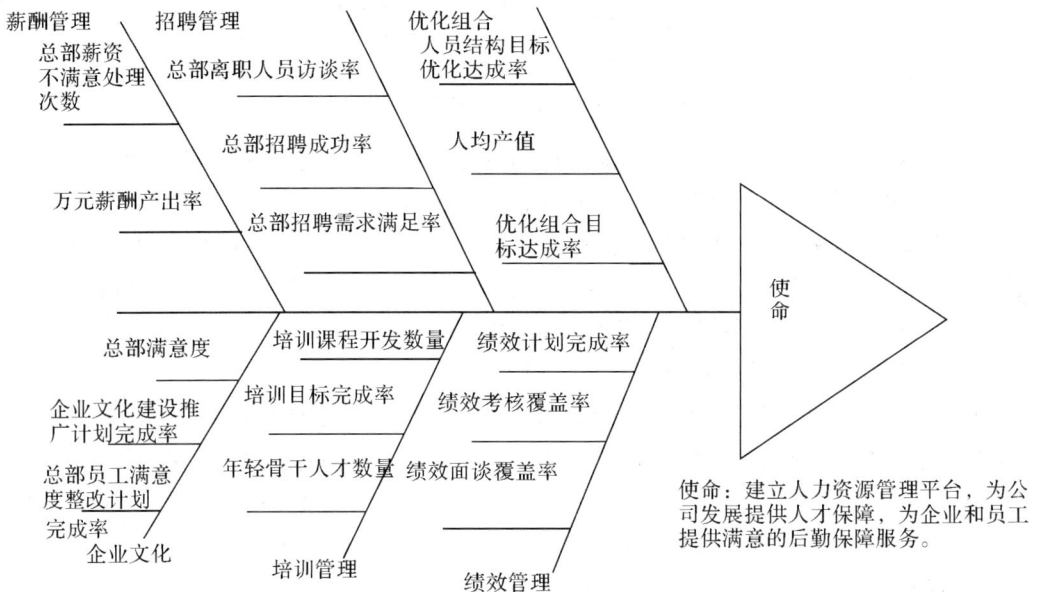

图 3.3　依据职类职种设计 KPI

4. 依据平衡计分卡建立 KPI 体系

平衡计分卡作为一种战略绩效管理及评价工具，主要从四个重要方面来衡量企业，分别为：财务角度，直接为股东创造价值；客户角度，向客户提供所需的产品和服务；内部流程角度，关注企业内部组织、流程、管理机制；学习与创新角度，关注员工能力素质的提高、信息技术的运用和服务的创新。平衡计分卡通过对传统单纯财务绩效考核指标的扩展，不仅兼顾了对企业短期业绩的关注，也可以更加关注顾客的需求，还能监测企业内部运营流程运行质量和提升企业长期发展实力。

依据平衡计分卡建立 KPI 体系，主要按照以下几大步骤进行：

（1）明确企业战略和发展目标。无论是 KPI 体系，还是平衡计分卡，都是战略绩效管理工具，是企业战略实现的有效保障工具。因此，依据平衡计分卡建立 KPI 体系的首要任务就是明确企业战略和发展目标。

（2）找出实现目标的关键成功要素。明确企业战略和发展目标之后，企业需要分析这些目标涉及哪些关键利益相关主体，进而分析这些关键利益相关主体对企业的主要需求分别有哪些，如客户主要需求为产品质量保证、产品多样性和个性化等，员工则希望获得更多学习培训机会、自己的业绩能被有效认同并得到相应回报等；探寻了各自的主要需求后，需要深入找寻每类需求满足的关键成功要素；最后找到每个关键成功要素所对应的平衡计分卡指标类型，如表 3.6 所示。

表 3.6　战略目标实现关键成功要素表

关键利益相关方	主要需求	关键成功要素	可能涉及的 BSC 指标类型
	产品质量保证 产品多样性 个性化产品 使用方便	保障产品质量 加快新产品研发 设计 推广 定价	客户类 内部流程类

　　(3) 确定平衡计分卡指标类型与主要流程之间的联系。这个步骤以关键成功要素为桥梁，将内部流程与平衡计分卡指标类型相关联(如图 3.4 所示)。具体可分为两个细化步骤来操作。① 找出关键成功要素的实现与完成所涉及的具体企业内部流程；② 依据上一步骤所确定的关键成功要素与平衡计分卡的对应关系，构建内部流程与平衡计分卡各指标类型的对应关系。如表 3.7 所示，市场营销流程将涉及平衡计分卡四大类型全部指标。而新产品设计、采购管理、招聘管理和预算管理四大流程则涉及除了客户类之外的其余三项指标类型。进而确定了各主要流程所需设计的指标类型。

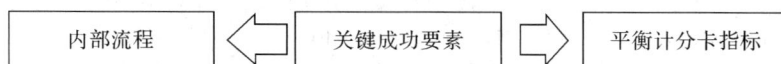

图 3.4　平衡计分卡指标与内部流程关键确定思路

表 3.7　内部流程与平衡计分卡指标类型对应关系

项目	财务类	客户类	内部流程类	学习与成长类
市场营销	1	1	1	1
新产品设计	1		1	1
采购管理	1		1	1
招聘管理	1		1	1
预算管理	1		1	1

　　(4) 确定各主要业务流程的关键控制要点。分析各内部业务流程的具体业务内容和工作任务，确定其关键控制要点。一般业务流程需要围绕时间、成本、风险和结果四大方面进行控制，每个具体业务流程由于工作业务不同，有不同的侧重(如表 3.8 所示)。通过明确各业务流程的关键控制要点，从而确定考核指标具体内容。

　　(5) 形成初步的绩效指标体系。依据第(3)步确定的指标类型和第(4)步确定的具体指标内容，给每个业务流程拟定初步的 KPI 体系。

　　(6) 对绩效指标进行测试和修正。依照以下八项原则，对初步构建的 KPI 体系进行检验。这八项原则分别是指标要具体、可控制、可实施、可信、可衡量、可低成本获取、与整体战略目标一致、与整体绩效指标体系一致。

表 3.8　业务流程的关键控制要点

项目	时间	成本	风险	结果
市场营销	1	1		1
新产品设计	1	1	1	1
采购管理	1	1		1
招聘管理			1	1
预算管理		1		1

（7）确定 KPI 体系。

经过测试后对不满足八项原则的指标予以修正，形成最终的 KPI 体系，参见表 3.9。

表 3.9　以平衡计分卡为基础构建的 KPI 体系

部门	项目	财务类	客户类	内部流程类	学习与成长类
A	流程 1 流程 2 流程 3	KPI1 KPI4 KPI13	KPI2 KPI7 KPI17	KPI19 KPI5 KPI11	
B	流程 3 流程 4	KPI12 KPI8 KPI16		KPI10 KPI18	KPI19
C	流程 5 流程 6	KPI13	KPI17		KPI20

（8）改进相关管理流程，重新审定企业战略。最后一个步骤是对整个以平衡计分卡为基础构建的 KPI 体系进行调整的过程。当企业战略调整、企业战略目标转换之后，需要重新启动各步骤操作，重新拟定 KPI 体系。当战略不变，相关管理流程进行了改进时，也需要对 KPI 体系进行修正。

依据平衡计分卡建立 KPI 指示示例，可参见表 3.10。

表 3.10　以平衡计分卡为框架构建 KPI 指标体系

指标类型	指标侧重	指标名称
财务指标	财务效益状况	净资产收益率、总资产报酬率、销售营业利润率、成本费用利用率、资本保值增值率
	资产运营状况	总资产周转率、流动资产周转率、存货周转率、应收账款周转率
	偿债能力状况	资产负载率、流动比率、速动比率、长期资产适合率
	发展能力状况	销售营业增长率、资本积累率、总资产增长率、固定资产成新率、三年利润平均增长率、三年资本平均增长率

指标类型	指标侧重	指 标 名 称
客户指标	价格状况指标	价格流动比率
	服务状况指标	促销效益比率、客户满意度、客户档案完整率
	品牌状况指标	产品上柜率、动销率、投诉处理及时率、货款回笼率、销售收入完成率、信息反馈及流向、相对市场占有率
内部运营指标	质量状况指标	原辅料采购计划完成率、原料质量一次达标率、正品率、工艺达标率
	成本状况指标	采购价格综合指数、原辅料损耗率、单位成本原辅料成本
	效率状况指标	设备有效作业率、配送及时率、产品供货周期、生产能力利用率
学习与发展指标	学习指标	培训覆盖率、核心人才流失率、人才适配率
	发展指标	技术与产品储备率、产品创新程度

3.1.4 KPI 指标的选择方法

1. 标杆基准法

1）内涵

标杆基准法是企业将自身的关键业绩行为与最强的竞争企业或那些在行业中领先的、最有名望的企业的关键业绩行为作为基准进行评价与比较，分析这些基准企业的绩效形成原因，在此基础上建立企业可持续发展的关键业绩标准及绩效改进的最优策略的程序与方法。

2）基本程序

（1）发现企业经营瓶颈。详细了解企业关键业务流程与管理策略，从构成这些流程的关键节点切入，找出企业运营的瓶颈。运用标准基准法的目的是改善企业自身业绩，因此，首先需要对企业绩效进行分析和诊断，找出制约企业绩效的关键点，这个关键节点可以是流程、部门或系统整体等。

（2）找寻标杆。选择与研究行业中几家领先企业的业绩，剖析行业领先者的共性特征，构建行业标杆的基本框架。在找出了企业自身经营瓶颈之后，企业需要找寻在该领域做得出色的企业，作为自己学习和赶超的对象。标杆选取不拘泥于行业内部，还需秉承分析数据易获取、经营经验易学习等原则。

（3）分析标杆。深入分析标杆企业的经营模式，从系统的角度剖析与归纳其竞争优势的来源，总结其成功的关键要领。详细解剖标杆，探索标杆企业在个体行为、职能、流程或系统方面独特的经营之道，总结其成功的关键因素。

第四，学习标杆。将标杆企业的业绩与本企业的业绩进行比较与分析，找出存在的差异，将该差异设置为本企业的追赶目标。借鉴其成功经验，依据第三步分析得出的标杆企业成功关键要素，选择适合本企业的关键成功要素，并据此拟定关键绩效考核指标。

案例 1：美孚石油公司的标杆学习 标杆学习小组成立原由

1992 年初，美孚石油对加油站的 4000 位顾客进行了服务质量调查。结果发现仅有

20％的顾客认为价格是最重要的，其余的80％想要三件同样的东西：能提供帮助的友好员工、快捷的服务和对他们的消费忠诚予以认可。而在这几方面，美孚的现状与顾客的要求之间差距还很大。

为此，美孚组建了以速度(经营)、微笑(客户服务)、安抚(顾客忠诚度)命名的三个标杆学习小组，以期通过向标杆学习最佳管理模式，努力使客户体会到加油也是愉快的体验。

成立速度学习小组

速度小组锁定了为"印地500大赛"(类似于F1赛车)提供快速加油服务的潘斯克(Penske)公司。速度小组仔细观察了Penske如何为通过快速通道的赛车加油，这个团队身着统一的制服，分工细致，配合默契。速度小组还了解到，Penske的成功部分归于电子头套耳机的使用，它使每个小组成员能及时地与同事联系。

成立微笑学习小组

微笑学习小组选择了以微笑服务著称的丽嘉-卡尔顿酒店。学员考察了丽嘉-卡尔顿宾馆的各个服务环节，以找出该饭店是如何获得不寻常的顾客满意度的。结果发现卡尔顿的员工都深深地铭记：自己的使命就是照顾客人，使客人舒适。微笑小组认为，美孚同样可以通过各种培训，建立员工导向的价值观，来实现自己的目标。

成立安抚学习小组

安抚小组到"家居仓储"去查明该店为何有如此多的回头客。在这里他们了解到：公司中最重要的人是直接与客户打交道的人。没有致力于工作的员工，就不可能得到终身客户。这意味着企业要把时间和精力投入到如何招聘和训练员工上。而在美孚公司，那些销售公司产品，与客户打交道的一线员工传统上被认为是公司里最无足轻重的人。安抚小组的调查改变了公司的观念，使领导者认为自己的角色就是支持一线员工，让他们把出色的服务和微笑传递给客户，传递到公司以外。

标杆学习收获及企业绩效改善

美孚通过标杆学习形成了新的加油站概念——"友好服务"。"友好服务"与其传统的服务模式大不相同。希望得到全方位服务的顾客，一到加油站，迎接他的是服务员真诚的微笑与问候。所有服务员都穿着整洁的制服，配有电子头套耳机，以便能及时地将顾客的需求传递到便利店的出纳那里。希望得到快速服务的顾客可以开进站外的特设通道中，只需要几分钟，就可以完成洗车和收费的全部流程。

美孚石油开展的标杆学习使加油站的平均年收入增长了10％。

2. 成功关键分析法

1) 内涵

关键成功要点分析，就是要寻找一个企业成功的关键要点是什么，并对于企业成功的关键要点进行重点监控。通过寻找企业成功的关键，把业绩模块层层分解从而选择考核的KPI指标。与标杆基准法分析和找寻别的企业成功的关键不同之处在于，成功关键分析法致力于找寻企业自身成功的关键要素，将其转化为KPI。

2) 基本思想

通过借助于鱼骨图法分析企业获得成功的关键因素是什么，由此提炼出导致成功的关键业绩模块(又称为"KPI维度")；再把业绩模块层层分解为关键要素，为了便于对这些要素进行量化考核与分析，要把要素细分为各项指标，即 KPI，详见图 3.5。

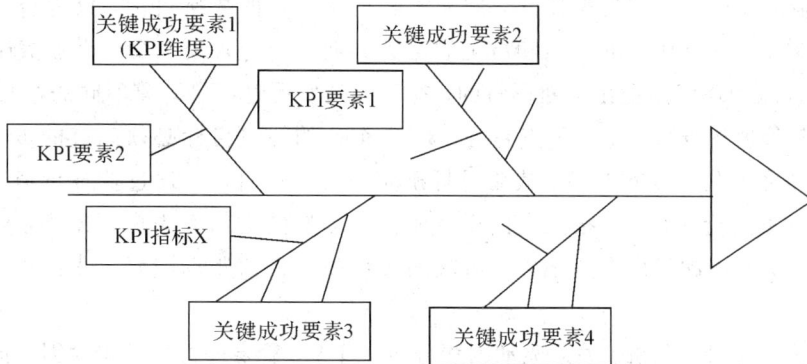

图 3.5 企业关键成功要素及其分解

3）步骤

（1）找寻关键成功要素。通过鱼骨图分析，寻找企业成功关键要素，即确定企业 KPI 维度，也就是明晰要获得优秀的业绩所必须的条件和要实现的目标。找寻企业成功的关键要素不仅要关注现在，还需关注过去和未来。为企业过去带来成功的要素有可能是企业持续成功的关键，也有可能成为企业进一步发展的障碍，能使企业过去成功的要素也不一定满足企业未来发展的需要。

（2）确定 KPI 要素。对找寻的关键成功要素大方面进一步分解，对模块进行解析和细化，从而确定 KPI 要素，实现对维度目标加以细化。

（3）确定 KPI。首先通过头脑风暴法，拟定 KPI 要素的考核指标，每个要素可能有众多反映其特性的指标。然后，依据有效性、量化性、客观性、易测量性等原则和便于考核人员的实际操作原则，对众多指标进行筛选，以最终确定 KPI。

3. 策略目标分解法

策略目标分解法主要采用由果溯因倒推的方式进行。策略目标分解法保证员工行为有目标导向性，由结果要素倒推其驱动要素，然后倒推驱动要素的行为是什么，再根据行为过程设计考核指标。战略目标的实现通过倒推财务指标，找到财务指标的驱动指标，而财务指标的驱动指标由关键驱动要素确定，进而将关键驱动要素确定为 KPI 指标(见图 3.6)。

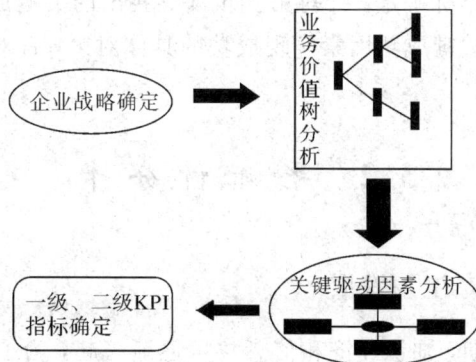

图 3.6 策略目标分解法的基本程序图

策略目标分解法选择 KPI 基本流程如下：

（1）企业战略确定。企业各级目标的来源必须是企业的战略目标，只有经过战略目标的层层分解，才能保证所有的部门和员工的努力方向与企业保持一致。企业战略目标是根据企业发展状况和环境的变化不断调整的，在不同的发展时期是有着不同的经营重点的。

（2）业务价值树分析。业务重点是为了实现企业的战略目标必须完成的重点，这些业务重点就是企业的关键绩效领域。战略目标确定以后，我们就要通过业务价值树分析，对战略方案和计划进行评估，并按照它们对企业价值创造的贡献大小进行排序，分解建立企业的价值体系，并以此找出企业中数目有限的关键战略价值驱动因素，进而确定关键的岗位和部门。

（3）关键驱动因素分析。关键驱动因素分析，首先，需要进行关键驱动因素的敏感性分析，选择对企业整体价值最有影响的几个财务指标；然后，将后置的财务价值驱动因素与前置的非财务价值驱动因素连接起来。一般情况下，通过借用平衡计分卡的思想进行策略目标分解，来建立这种联系。如图 3.7 中，通过对企业业务价值树一层一层向下分析，可以得知，关键点在于管理费用、所得税以及流动资产周转率方面。

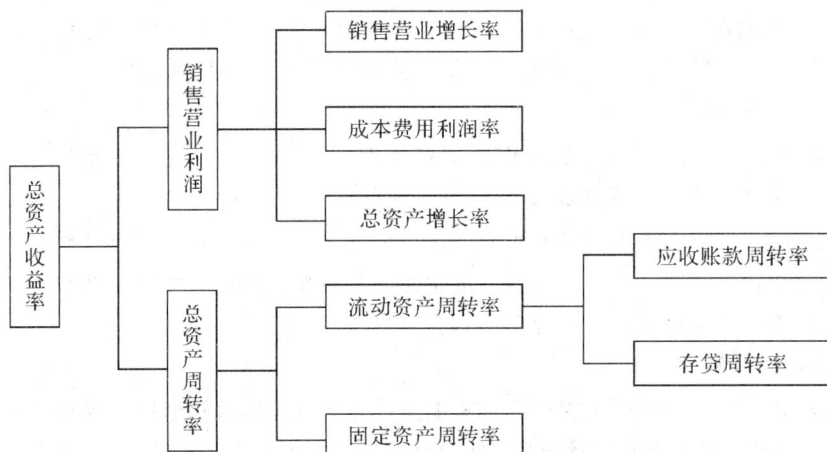

图 3.7 业务价值树分析图

（4）一级、二级 KPI 指标确定。针对第三步骤寻找出的关键成功驱动因素，采用对策型鱼骨图方法，分析推动关键成功因素实现成功的具体对策，针对各项对策拟定一级、二级甚至更细化的 KPI。

3.2 平衡计分卡

3.2.1 平衡计分卡的产生与发展

20 世纪 90 年代中后期，知识经济和信息技术逐渐兴起，为了更好地应对环境和市场需求变化，管理者需要全面掌握组织的经营业绩和运营过程，无形资产的价值贡献作用日渐凸显。传统的财务业绩衡量模式所根深蒂固的滞后性，无法满足新的管理实践需要，催生出新的衡量模式——平衡计分卡。

1. 平衡计分卡的产生

首先，传统的财务业绩衡量模式偏重有形资产的评估和管理，对无形资产和智力资产的评估与管理显得无力。众多诸如优质的服务、顾客忠诚程度、雇员技能、对市场反映的灵敏、干劲和灵活性、员工的满意度等对新兴的知识经济和信息技术有重要价值贡献的无形资产的价值均未得到应有的重视。此外，传统财务衡量仅满足以投资促成长的工业时代输出标准化的需求，而不能有效满足信息时代输出的个性化导致转化过程多样化要求。多样化的转化过程需要更多雇员适应非固定程序的能力、供应商的支持、柔性制造工艺、新技术的采用等。然而，传统以结果衡量为主的财务业绩模式不能完成这一过程的指导和评价。最后，传统业绩衡量模式，关注企业内部状况，以财务指标为主，立足于事后评价，具有极强的滞后性，不能体现企业未来的增长潜力的衡量和关注。传统的财务业绩衡量模式诸多弊端为平衡计分卡的产生提供了必然性。

平衡计分卡最早起源于 ADI 公司的实践尝试。该公司于 1987 年推行了一个名为"质量提高"的子项目，简称 QIP(Quality Improvement Process)。在该项目进行的同时，该公司将战略目标实现的关键成功要素转化为年度经营绩效计划，由此衍生出了世界上第一张平衡计分卡的雏形。哈佛商学院的教授 Robert S. Kaplan 在帮助 ADI 公司推行成本作业法的过程中，发现了 ADI 的平衡计分卡，并认识到它的重要价值。随后，与复兴全球战略集团(Nolan-Norton)总裁 David P. Norton 开始了平衡计分卡的理论研究。1992 年初，Kaplan 和 Norton 将平衡计分卡的研究结果在《哈佛商业评论》上进行了总结，论文的名称为"平衡计分卡——驱动绩效指标"，在论文中 Kaplan 和 Norton 详细地阐述了 1990 年参加最初研究项目采用平衡计分卡进行公司绩效考核所获得的益处，建立了平衡计分卡的四个考核维度：财务、顾客、内部运营与学习发展。该论文的发表标志着不同于传统财务业绩衡量系统的一种全新的衡量组织绩效模式——平衡计分卡的诞生。

2. 平衡计分卡的演变

从 1992 年 Kaplan 和 Norton 首次公开发表平衡计分卡的研究成果，直到 2005 年平衡计分卡的第五本系列著作问世，平衡计分卡的发展先后经历了三个阶段的演变。

1) 第一代平衡计分卡

第一代的平衡计分卡思想体现在 Kaplan 和 Norton 在 1992 年发表的论文"平衡计分卡——驱动绩效指标"中，论文不仅提出了平衡计分卡的概念，构建了平衡计分卡的逻辑框架，还建议从多个角度来审视企业的绩效，强调绩效考核既要看结果，更要注重过程，需要设置更加均衡的衡量指标体系。

平衡计分卡的逻辑框架在这一阶段得以建立。平衡计分卡从财务和非财务两大方面，从财务收益、市场客户、内部流程和学习成长四个维度来关注企业绩效，然后选择那些与具体的战略目标相联系的指标构成整个测量体系。

这一阶段的平衡计分卡并未进行清楚的定义，仅作为用来弥补传统目标管理法在业绩指标体系设计方面弊端的绩效评价改进工具来使用，虽然关注了战略和愿景，却并没有说明平衡计分卡和企业战略和愿景的具体关系，也没有对如何有效设计和使用平衡计分卡进行详细说明，指标的筛选和分类标准不具有可操作性。这导致平衡计分卡缺乏系统性和可操作性，使得其在企业中的使用受到很多限制，不利于其广泛推广。

2）第二代平衡计分卡

Kaplan 和 Norton 在 1996 年先后发表了两篇文章，对先前平衡计分卡存在的难以操作的缺陷进行了第一次重大改进。他们构建了"战略联系模型"（后在 2004 年的文章中定义为"战略地图"），展示和阐述战略目标之间的联系，阐明了平衡计分卡测量指标与战略目标之间的因果关系。还对平衡计分卡指标的筛选和分类问题进行了改进，要求根据战略目标来确定一系列指标体系中的关键指标。战略地图所强调的战略目标和各测量指标之间的因果关系将平衡计分卡两大方面四个维度形成了一个有机整体，平衡计分卡也由此从"改进的测量系统"发展为"核心管理系统。"

Kaplan 和 Norton 提出平衡计分卡是战略管理系统的核心要素，战略是衡量指标体系的灵魂。战略地图是企业战略和平衡计分卡有机联系纽带。一方面，战略地图清晰、明确地描述战略、沟通和解释战略；另一方面，战略地图描述的战略目标在平衡计分卡四大维度间的因果关系过程为平衡计分卡指标的设置和选择提供了明确的依据。依据战略而设计的考核指标能够更有效地保障企业战略目标的实现。

3）第三代平衡计分卡

经过前面两代平衡计分卡的发展和演变，平衡计分卡分别解决了指标选择的过滤问题和指标选择的分类问题。但平衡计分卡在实践运用中仍存在着测量指标的选择和目标设定以及由企业级平衡计分卡向部门和个人级平衡计分卡理性衍生和转变难等方面的严重问题。平衡计分卡也未能真正将企业管理体系整合起来，管理流程分散，缺乏一致性，战略难以真正实施的问题仍然大量存在。

Kaplan 和 Norton 在了解了这些问题之后，继续深入研究和探索，对平衡计分卡进行了设计方法方面的重大改进。他们重新对模型本身和各种指标进行了确认和定义，给予了更加明确的陈述，管理者可以据此来进行选择与发展考核指标，而不必参考其他的指标。

第三代平衡计分卡提出了目标陈述概念，用以对组织在未来的发展目标进行量化和细节描述，并将目标陈述作为选择战略目标、测量指标和进行目标设置的出发点，能更好地促使管理团队快速达成一致。通过这样的改进，平衡计分卡作为战略执行工具，由此上升为战略性绩效管理体系，可以帮助公司统一管理思想和战略执行方向，调动企业一切的人、财、物等资源，协调一致地促进企业战略目标的达成。

综上所述，第一代平衡计分卡提出了平衡计分卡的逻辑框架，主要作为绩效评价的改进工具；第二代平衡计分卡提出了战略地图工具用以建立分析战略目标和测量指标之间的因果关系，是核心管理系统；第三代平衡计分卡提出目标陈述理念，将平衡计分卡提升到战略绩效管理系统的高度。

3.2.2 平衡计分卡的基本框架、特点与功能

平衡计分卡是从财务、客户、内部运营过程、学习与成长四个角度，将组织的战略落实为可操作的衡量指标和目标值的一种新型绩效管理体系。设计平衡计分卡的目的就是要建立"实现战略制导"的绩效管理系统，从而保证企业战略得到有效的执行，而对此津津乐道的往往却是人力资源部门。因此，人们通常称平衡计分卡是加强企业战略执行力的最有效的战略管理工具，而大部分企业将其仅仅作为绩效管理工具。

1. 基本框架

平衡计分卡是一种战略管理和业绩评估工具，它提供一种全面评价系统，主要通过测量企业的四个基本方面，向企业各层次的人员传达公司的战略以及每一步骤中各自的使命。平衡计分卡的基本框架如图 3.8 所示，平衡计分卡的衡量指标体系分别由财务维度、市场客户维度、内部运营流程维度和学习与成长维度四大方面构成。

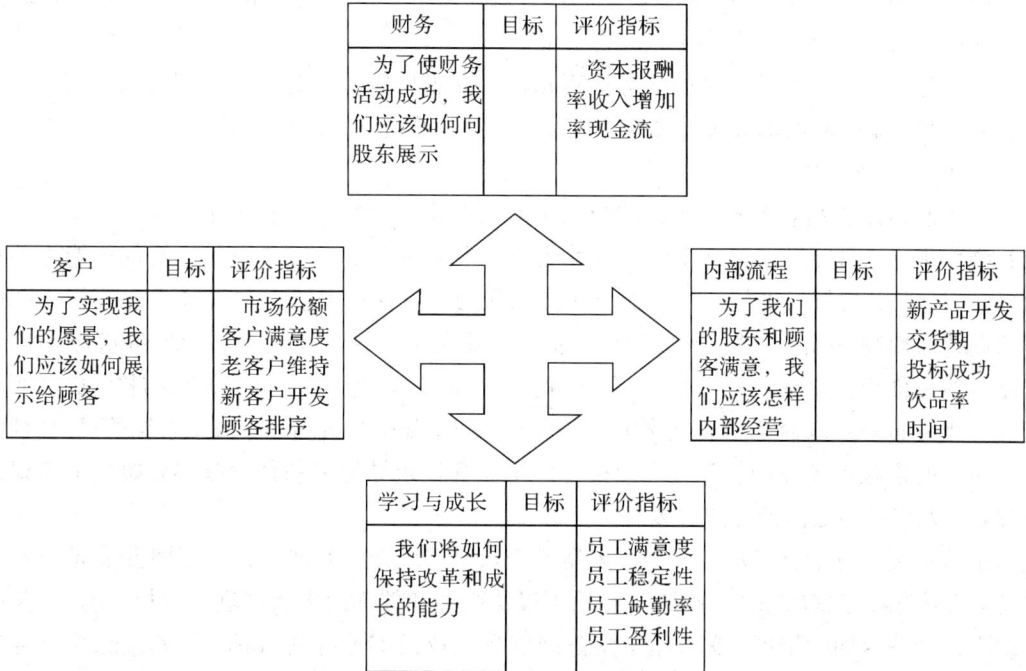

财务	目标	评价指标
为了使财务活动成功，我们应该如何向股东展示		资本报酬率收入增加率现金流

客户	目标	评价指标
为了实现我们的愿景，我们应该如何展示给顾客		市场份额客户满意度老客户维持新客户开发顾客排序

内部流程	目标	评价指标
为了我们的股东和顾客满意，我们应该怎样内部经营		新产品开发交货期投标成功次品率时间

学习与成长	目标	评价指标
我们将如何保持改革和成长的能力		员工满意度员工稳定性员工缺勤率员工盈利性

图 3.8　平衡计分卡框架图

1）财务维度

财务收益是作为盈利性组织的企业要追求的目标。财务收益类指标主要用来体现股东利益，为了解决如何支持公司成长和回报股东的问题。企业所有的经营调整和运作都是为了实现最终的财务目标，而不是目标本身。财务绩效指标主要包括收入增长指标、成本减少或生产率提高指标和资产利用或投资战略指标三类指标。

2）市场客户维度

企业一切财务收益目标的实现，其最终均来源于企业能创造出受客户青睐的产品与服务，因此企业的活动必须以客户价值为出发点。所以，在平衡计分卡的设计体系里，除了关注最终的财务收益指标之外，还须关注财务收益指标的来源、市场客户类指标。这方面的指标主要包括市场份额、客户保留度、客户获取率、客户满意度、客户利润贡献率等企业期望在客户方面达到的绩效而必须完成的各项目标，还包括为了促成上述目标所设定的评价指标，如顾客满意度、顾客保持率、顾客反应时等。

3）内部运营流程维度

内部运营流程类指标的引入是平衡计分卡对传统财务绩效考核体系所做出的最大改进。传统的绩效考核体系只关注财务结果本身，而忽视了企业的运作过程的考量。从利润链条倒推分析可以发现，股东利益的满足，来源于客户对企业产品和服务的满意，而令客户满意的产品和服务则来源于企业独特的流程运营。所以，企业需要设置内部运营流程类指标反映企业的运作绩效，以保障客户和股东利益的实现。内部业务流程类指标主要包括三个方面：① 评价企业创新能力的指标，如新产品开发所用时间、新产品开发费用占营业利润的比例、比竞争对手率先开发出新产品的比例等；② 评价企业生产经营绩效的指标，如产品生产时间、产品周转时间、产品和服务的质量等；③ 评价企业售后服务绩效的指标。如产品故障反应时间、售后服务一次成功率等。

平衡计分卡也可以从内部的业务流程角度，按照具体指标类型来设置评价指标，如质量导向评价、基于时间的评价、柔性导向评价和成本指标评价。

4）学习与成长维度

为了改善传统绩效考核体系所造成的企业短期化行为缺陷，平衡计分卡引入了学习与成长维度指标，引导股东和企业经营者关注企业未来投资重要性和企业价值创造能力的持续提升。企业的持续发展能力主要受企业员工能力、信息技术能力和管理领导能力三大因素的制约与影响。因此，学习与成长维度指标主要包括对这三项能力评价测量指标：① 员工能力的评价指标，如员工满意度、员工保持率、员工培训次数、员工知识结构、员工职业技能等级分布等；② 企业信息技术能力的评价指标，如信息覆盖率、信息系统的反应时间、信息系统的接触途径等；③ 激励、授权与协作等管理领导能力的评价指标，如员工建议采纳数，个人和部门之间的协作程度等。

虽然平衡计分卡分别从四大维度来衡量企业最终绩效，但这四大维度间并非是相互独立的，而是存在紧密联系。这种紧密联系可以从内部和外部两大层面进行分析。首先，从外部即平衡计分卡四大维度之间来看，财务维度是企业最终追寻的目标，是其余三大维度行为的最终结果，因此，其余三大维度指标是财务维度指标的因，财务类指标是果；其次，从内部即四大维度内部来说，各类别的指标之间同样存在相应的因果关系。如财务类维度内部，收入增长指标则是成本减少或生产率提高指标和资产利用或投资战略指标的结果。市场客户类指标内部第一层面的指标则是第二层面指标的果。所有这些指标共同构成一个完整的平衡计分卡框架体系。

2. 核心构成要素

（1）战略地图，一种直观的方法呈现组织战略的工具。战略地图是在平衡计分卡的基础上发展来的，与平衡计分卡相比，它增加了两个层次的东西，一是颗粒层，每一个层面下都可以分解为很多要素；二是增加了动态的层面，也就是说，战略地图是动态的，可以结合战略规划过程来绘制。战略地图是以平衡计分卡的四个层面目标（财务层面、客户层面、内部层面、学习与增长层面）为核心，通过分析这四个层面目标的相互关系而绘制的企业战略因果关系图。

（2）考核指标，从战略目标和衡量指标两个方面来考虑。战略目标是对战略具体组成部分的陈述，衡量指标是跟踪和监控战略目标完成情况的方法。

（3）目标值，目标值通常代表的是一个目标、方向、作业或行动方案最佳结果的数值。作为一个理想结果，目标值必须具备以下特征：

◇ 易于识别，可测量；

◇ 可以是单一数字或一个公式；

◇ 便于领导们相互沟通；

◇ 如果能实现任一职能管理团队的目标才有价值；

◇ 与战略变量相连；

◇ 在测评期间稳定不变；

◇ 资源可靠，具有标杆性。

目标值为目标和指标赢得了良好的信用。例如：一个组织把发展目标锁定为本行业发展的两倍。其中，本行业发展和两倍都满足明确性和可测量性。此外，设置目标值时需要注意，由于外界和企业内部战略等各项因素的发展变化，目标值具有动态性的特点。

（4）行动方案，为了达到一个预期的目标值，我们要启动一些大项目、小项目和作业。目标是高层次的目的，而行动方案要基于这些目标，并将之融会于为完成目标而启动的必要性作业中。举例说明，为了实现精品制造，ISO9000 的行动方案就很有必要。行动方案在以下目标中具有相同特色。

◇ 可以实现也可以被测量；

◇ 组织中有人力和时间来从事这项工作；

◇ 在预期时间内进行管理；

◇ 有具体负责人；

◇ 可重复；

◇ 作为目标的驱动因素与目标紧密相连。

3. 特点

平衡计分卡作为业绩评估系统的主要思考在于——平衡。

（1）财务、非财务衡量方法之间的平衡。目前企业考核的一般是财务指标，而对非财务指标（客户、内部流程、学习与成长）的考核很少，即使有对非财务指标的考核，也只是定性的说明，缺乏量化的考核，缺乏系统性和全面性。通过加入未来绩效驱动因素并平衡其与财务指标的关系，平衡计分卡弥补了单纯依赖财务指标的局限性。

（2）长期目标与短期目标之间的平衡。企业的主要目标是创造持续增长的股东价值，它意味着一种长期承诺。但是同时，企业必须展示改善的短期业绩。而短期结果总是以牺牲长期投资为代价实现的。在平衡计分卡中，企业的内部流程可以分为四类，每一类内部流程在不同的时间带来益处，而战略包括并存的、相互补充的战略主题（少数关键流程）。企业通过内部流程各个方面不同的战略组合，确保短期目标（削减成本和提高生产率）与长期目标（收入增长）的平衡。

（3）组织外部和内部的平衡。在平衡计分卡中，股东和客户是外部群体，而员工是内部群体。平衡计分卡认识到在有效实施战略过程中平衡这些群体的评价指标的重要性。

（4）结果和过程的平衡。企业应当清楚其所追求的成果（如利润、市场占有率）和产生这些成果的原因——即动因（如新产品开发投资、员工训练、信息更新）。只有正确地找到这些动因，企业才可能有效地获得所要的成果。平衡计分卡正是按照因果关系构建的，同时结合了指标间的相关性。

（5）前置指标与滞后指标的平衡。财务、客户、内部流程、学习与成长这四个方面包含了前置指标和滞后指标。财务指标就是一个滞后指标，它只能反映公司上一年度发生的情况，不能告诉企业如何改善业绩和可持续发展。而对于后三项前置指标的关注，使企业达到了前置指标和滞后指标之间的平衡。

（6）定量和定性的平衡。定性指标由于其具有相当的主观性，甚至具有外部性，所以往往不具有准确性，有时还不容易获得，因而在应用中受到的重视不如定量指标。但这并不影响定性指标的相关性、可靠性，而这两个性质正是我们业绩评价中所需要的。平衡计分卡正是借由引入定性的指标以弥补定量指标的缺陷，使评价体系具有新的实际应用价值。

4. 功能

平衡计分卡的功能随着其理论的不断发展演变而发生着变化。第一代的平衡计分卡仅仅是改进的绩效评价工具，而随着第二代、第三代的平衡计分卡的改进逐渐将平衡计分卡转变为战略管理工具，应用领域也从企业向政府部门等非盈利性组织扩张。

1）战略管理工具

平衡计分卡是战略管理的执行工具，所做出的三大方面尝试对企业战略管理有突出贡献。① 开发出战略地图这一管理工具，从而实现对战略的可视化描述。让·查在1999年在《财富杂志》上发表的文章《CEO失败的原因是什么》里提到，"只有不到10%明确表述的战略能被有效地执行"，而另外90%的战略为什么都以失败告终了。这其中最大的缘由在于战略沟通存在障碍。企业95%的员工不知道企业的战略是什么？企业的使命和愿景与员工的行为存在很大的差距。战略地图以平衡计分卡四大层面为逻辑框架，将企业战略目标分解到四大层面上，并且详细描述勾勒出战略目标之间的因果关系，填补了传统战略管理过程中战略制订和战略规划之间的模糊地带，清晰地向企业中层管理者和基层员工阐释战略目标的实现过程。② 通过战略地图和平衡计分卡建立战略协同机制。战略实现需要全公司上下齐心协力。但传统的战略管理过程中由于战略规划、沟通和实施中存在诸多障碍，使得战略管理更多的是高层管理者的事，很难得到中层和基层的支持。平衡计分卡以战略地图为沟通桥梁，以平衡计分卡考核体系为连接体系，将企业自上到下（高、中、基层管理者），从外到内（股东、客户、员工等各相关利益主体）紧密相连，从而构建了一个逻辑严密、体系完整和机制健全的协同机制。③ 尝试通过战略地图、平衡计分卡和仪表盘等工具将战略和运营进行连接，促进战略的落地。战略实施困难主要在于战略与员工行为存在差距。计分卡通过战略地图将战略进行清晰陈述，再依据战略地图目标，构建平衡计分卡考核指标，依据战略目标分解设置员工个人目标值，将战略实施转化为具体员工行动方案；最后通过各项仪表盘工具检验各项指标和目标的达成情况，以便于考核指标及目标值的调整，和对战略目标实现程度的监测。

2）绩效管理工具

平衡计分卡在作为战略管理工具使用之前，最初是作为绩效管理工具存在的。首先，平衡计分卡的产生就是为了弥补传统财务绩效考核的片面性、滞后性、短期性等缺陷，而研究开发的新的绩效考核工具。其次，平衡计分卡的框架结构和构成要素决定了其发挥着绩效管理工具的作用。最初的平衡计分卡从财务、客户、内部流程和学习与成长四个方面对企业整体业绩进行综合测量。第二代平衡计分卡开发了战略地图工具之后，平衡计分卡通过与战略地图的紧密联系，通过战略目标、绩效考核指标、绩效指标目标值设置、行动方案制订以及最终平衡计分卡的管理实现了绩效计划、绩效实施、绩效考核、绩效反馈与绩效改进的绩效管理流程循环系统运作，成为了一个战略绩效管理工具。

3）管理沟通工具

平衡计分卡是一个具有鲜明个性的、有效的管理沟通平台。这主要体现在以下方面：首先，平衡计分卡自身具有一套层次分明、意义明确、表达清晰、界定清楚的概念和术语。这其中既有新创造的词汇如企业价值主张、客户价值主张、战略主题和战略工作群等，还赋予了一些现有的管理专业术语新的含义，如使命、愿景、战略、无形资产等。作为一项使用工具，自身内部概念统一、清楚、明确是信息沟通的第一保障。其次，平衡计分卡作为战略管理工具存在，创建的战略地图为战略沟通提供了有效工具。第二代平衡计分卡创建的战略地图工具，以平衡计分卡四大维度为框架，构建了企业战略目标实现的详细因果关系图。通过战略地图，企业高等管理者可以详尽、清楚地向企业内、外相关利益主体阐述企业战略是什么、战略目标受哪些因素影响、应该如何实现，从而为战略的顺利执行提供保障。最后，平衡计分卡能有效消除战略与员工行为之间存在的差距，实现战略成功着陆。平衡计分卡自上而下地将公司级平衡计分卡转换为部门级平衡计分卡和个人级平衡计分卡，通过分解战略地图中所设定的战略目标设置考核指标和指标目标值，进而设定具体指标目标值实现的行动方案，成功地将战略转化为员工个人行动，进而通过对个人绩效和部门绩效的考核和管理，保障企业绩效目标和战略目标的最终实现。

3.2.3　平衡计分卡的设计思路

平衡计分卡由战略地图、考核指标、指标目标值、行动方案等要素构成，因此平衡计分卡的设计就是对平衡计分卡构成要素的组建，但也要遵循先公司后部门、先设计后管理的设计思路。

1. 开发战略地图

1）战略地图构成及其逻辑结构

战略地图（Strategy Map）由罗伯特·卡普兰（Robert S. Kaplan）和戴维·诺顿（David P. Norton）提出。他们是平衡记分卡的创始人，在对实行平衡计分卡的企业进行长期指导和研究的过程中，两位大师发现，企业由于无法全面地描述战略，管理者之间及管理者与员工之间无法沟通，对战略无法达成共识。"平衡计分卡"只建立了一个战略框架，而缺乏对战略进行具体而系统、全面的描述。战略地图是在平衡计分卡的基础上发展来的，与平衡计分卡相比，它增加了两个层次的东西，一是颗粒层，每一个层面下都可以分解为很多要素；二是增加了动态的层面，也就是说战略地图是动态的，可以结合战略规划过程来绘制。

战略地图是以平衡计分卡的四个层面目标（财务层面、客户层面、内部流程层面、学习与成长层面）为核心，通过分析这四个层面目标的相互关系而绘制的企业战略因果关系图。如图 3.9 展示的是战略地图的通用模板，战略地图在四个层面基础上由一个"2-4-4-3"的框架的颗粒层内容构成。

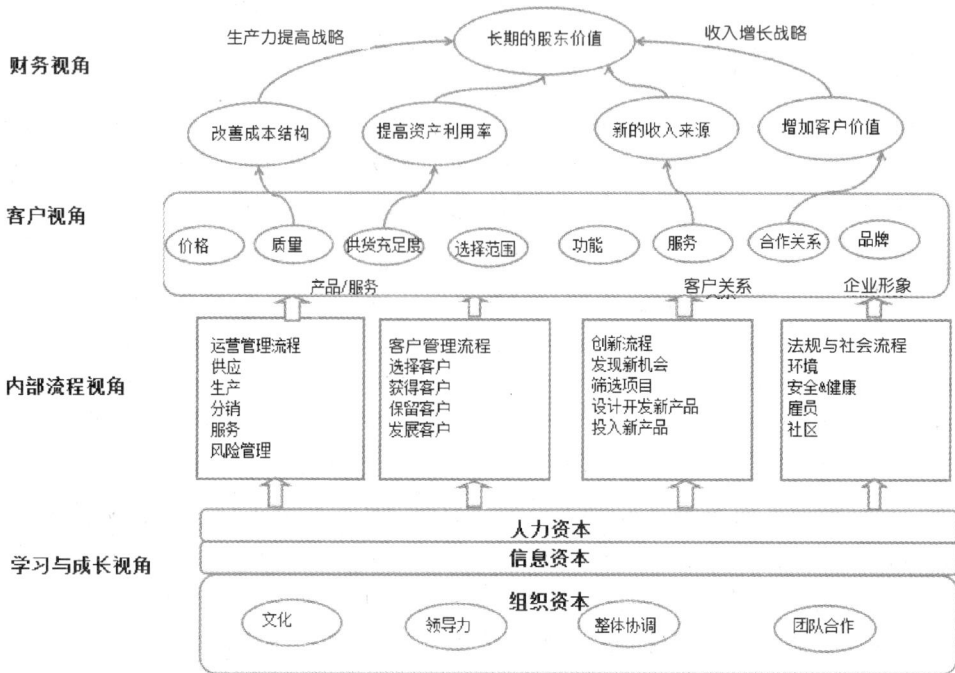

图 3.9　战略地图的通用模板

　　财务层面由最终财务目标及其实现路径构成（如图 3.10 所示）。战略地图"2-4-4-3"框架中的 2 指的是财务层面有两个战略：收入增长战略和生产率提升战略，分别从收入和成本两个视角探索了财务最终成果的实现路径。收入增长战略就是"开源"，强调企业通过各类方法来创造收入增长，例如增加新产品、开发新市场、发展新客户或是挖掘和提升现有客户价值，提升现有客户对企业产品或服务的满意度和忠诚度，从而达到销售更多产品和服务的目的。生产力提高战略则是从成本角度想办法实现"节流"。一方面可以通过改善成本结构，降低直接或间接成本来实现，另一方面企业还可以提高现有资产利用率，通过更有效利用财务和实物资产，减少既定业务量水平所消耗的各类资本。通常情况下生产力提高战略由于其短期见效的优势更受企业所青睐，但这种选择却对企业发展可持续性埋下隐患。因此，在确定财务目标之后，企业应根据自身实际情况分析，确定其具体实现路径，力图在短期利益和长期目标之间保持平衡。

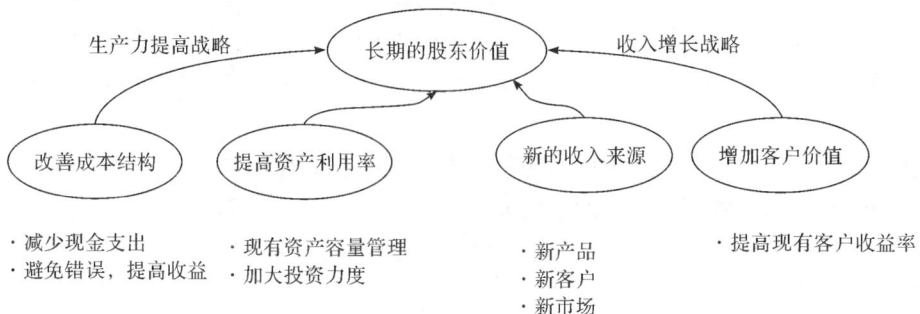

图 3.10　战略地图财务目标分解

客户层面由组织在市场上预期绩效成果及其实现策略即客户价值主张构成。预期绩效成果代表了企业期望在市场上得到的最终业绩。客户价值主张是一种针对竞争对手的战略模式，即描述企业提供的产品/服务特征、客户关系、企业形象和声誉三大方面提供企业特有的选择组合。依据企业在三大特征要素方面不同的选择组合，企业可以采用四种不同价值主张，即为战略地图"2-4-4-3"框架中第一个4所指内容，分别为总成本最低、产品领先、全面客户解决方案和系统锁定。总成本最低策略关注价格、时间、质量、功能和品牌，为客户提供可靠的、及时的、低成本的、有限选择的产品和服务；产品领先策略关注时间、功能和品牌，为客户提供高品质、领先的、多样化选择的产品和服务；全面客户解决方案策略则更关注与客户建立良好的服务和伙伴关系，树立亲密伙伴的品牌形象，为客户提供全面、定制化的产品，提供周到、持续的服务；系统锁定战略重点关注产品功能，构建服务和伙伴关系和品牌形象的树立，主张为客户提供难以转换的、标准化的产品或服务。企业可以根据自身情况选择适合的客户价值主张：具有较强的成本控制能力、能把控大众消费习惯及其变化的企业可以考虑总成本领先策略；具有很强的创新和产品研发能力的企业可以选择产品领先策略；善于管理客户关系的企业可以采用全面客户解决方案策略；拥有专利、许可协议或专有知识的企业可以考虑选择系统锁定策略。

内部流程层面阐述了创造价值的少数几个关键业务流程，这些流程融入了信息、资金、人员和技术等投入要素，组合了一系列的活动，向客户生产和传递价值主张，降低并改善企业成本，为企业增收创收。根据创造价值时间的长短，内部流程可细分为运营管理流程、客户管理流程、创新流程、法规与社会流程，战略地图"2-4-4-3"框架中第二个4指的就是这四类业务流程，每个流程分别包括若干子流程。运营管理流程是生产和交付产品/服务的流程，主要由开发并保持供应商关系、生产产品和服务、分销产品和服务、管理风险四个子流程组成；客户管理流程旨在提高客户价值，建立并利用客户关系，主要由选择、获得和保留目标客户，并不断增长客户业务等一系列活动组合而成；创新流程重点开发新产品、服务、流程和关系，包括识别新机会、管理研发组合、设计和开发新产品和服务并将其推向市场等一系列子流程；法规与社会流程旨在改善社会和环境，重点考察和管理企业环境、安全和健康、员工雇佣和社区投资等方面的业绩活动。

学习与成长层面描述组织的无形资产及其在战略中的重要作用。无形资产是一切价值创造的源泉，战略地图"2-4-4-3"框架中的3指的是学习与成长层面的3种无形资产，即人力资本、信息资本与组织资本。人力资本由企业员工所掌握和具有的知识、技能和价值观构成，是企业赖以生存和持续发展的战略能力；信息资本由信息方面的硬件(网络、技术基础设施)和软件(信息系统、数据库)组成，为企业战略的制订和执行提供不可或缺的战略信息支撑；组织资本是执行战略所要求的动员和维持变革流程组织能力，包括文化、领导力、协调一致和团队合作四个方面。

战略地图构成要素间的逻辑关系体现在两个层次上，一是四大层面之间的关系(自下而上)，二是各层面内部要素之间的关系(从右至左)。从四大层面之间来看，四大层面之间存在紧密的因果关系。财务层面描述了组织期望达到的财务绩效，是最终的绩效结果，这直接来源于客户层面中组织期望的市场绩效的实现，市场绩效源自于内部业务流程所提供的令客户满意的产品和服务；而满意的业务流程是不断学习与成长才能持续支撑的。所以从战略地图的总体框架构成来看，四大层面之间形成自下而上的驱动——结果的逻辑关系。企业可以借用战略地图，通过运用人力资本、信息资本和组织资本等无形资产（学习与成长），创新和建立战略优势和效率（内部流程），进而使公司把特定价值带给市场（客户），从而实现股东价值（财务）。

从层面内部要素来说，同样存在从右至左的内部驱动与结果的因果关系链条。为了能对每一个层面目标进行详细分解，战略地图为每个层面配备了颗粒层内容，而这些颗粒层之间也同样存在紧密的因果关系，从而实现由最终战略目标倒推寻找关键驱动要素的任务。

2）战略地图的绘制步骤

企业绘制战略地图，需要把握两大关键要点，一是找到将无形资产转化为有形成果的路径。二是要建立起符合经营战略的财务指标和体现顾客价值主张的服务指标。在这两个维度，尽量多设置一些成长性的指标，少设置一些维持性的指标。绘制战略地图需要按照一系列步骤一次操作，具体如下：

（1）确定股东价值差距（财务层面）。

一个不切实际的挑战性目标值不仅无法激励员工，而且可能使员工认为管理者不脚踏实地而失去动力。

比如说股东期望五年之后销售收入能够达到五亿元，但是现在只达到一亿元，距离股东的价值预期还差四亿元，这个预期差就是企业总体目标。

（2）调整客户价值主张（客户层面）。

确定能提供客户新价值来源的目标客户群和价值主张：阐明目标细分客户；阐明客户价值主张；选择指标；使客户目标和财务增长目标协调。

成本和生产率改善计划相对容易确定，比较困难的是如何实现收入增长目标。收入增长要求明确关注目标客户群，包括向现有客户销售更多产品和向全新客户销售产品。企业必须明确目标客户以及如何为目标客户创造差异化、可持续的价值。客户层面的目标客户群和客户价值主张将成为内部流程及学习与成长层面中目标、指标、目标值和行动方面的关注焦点。

要弥补股东价值差距，例如要实现四亿元销售额的增长，就要对现有的客户进行分析，调整客户价值主张。客户价值主张主要有四种：第一种是总成本最低，第二种强调产品创新和领导，第三种强调提供全面客户解决方案，第四种是系统锁定。

（3）确定价值提升时间表。

在规划范围内说明如何缩小价值差距：确立实现成果的时间表；把价值差距分配给不同的主题。

财务目标本身很难内在化和产生激励作用。只有当财务目标值分解为内部流程和战略主题的目标值，并与具体的时间框架相联系时，总目标的可行性才能在企业内部得到认可。

（4）确定战略主题（内部流程层面）。

把价值差距分配到各个战略主题：确定影响最大的少数关键流程（战略主题）；设定指标和目标值。

虽然企业必须认真对待所有的流程，但并不是所有的流程都对特定战略的成功具有决定性作用。我们在这一步确定将对客户价值主张和财务目标产生极大影响的少数关键价值创造流程，使关键内部流程（驱动因素）与实现财务和客户目标（结果）的目标值保持一致。

（5）提升战略准备度（学习和成长层面）。

分析企业现有无形资产的战略准备度：具备或者不具备支撑关键流程的能力，如果不具备，找出办法来予以提升。企业无形资产分为三类，人力资本、信息资本、组织资本。

（6）形成行动方案。

根据前面确定的战略地图以及相对应的不同目标、指标和目标值，再来制订一系列的行动方案，配备资源，形成预算。

在战略规划的组织实施中高层决策者始终如一地参与和重视是成功的关键要素，而且公司高层要注意保持和各个部门之间的沟通交流，以尽快对公司的战略目标和举措达成共识，同时，战略路线和战略性衡量指标的选择不要贪多求全。

2．开发平衡计分卡指标

1）设计平衡计分卡指标

战略地图将组织的战略在组织、部门和个人三个层次具体化为财务、客户、内部业务流程、学习与成长四个层面的一整套目标。这些目标围绕战略最终目标，相互协同，并共同支撑组织战略的实现。平衡计分卡的指标则是为了促进和衡量这些目标的实现程度而设立的标尺。为了达到全面综合地对评价对象进行衡量，指标不应单独从结果绩效方面设计，而应从工作的数量、质量、时间、成本、效率、效果等不同维度进行设计，以达到测量绩效结果和实际绩效结果的最大吻合度。平衡计分卡作为改良的、全面、综合的绩效评价工具及其战略管理工具，其绩效评价指标则更需兼具以下不同类别。

第一，财务指标与非财务指标。平衡计分卡依据财务、客户、内部业务流程和学习与成长四大层面所构成的框架体系，所构建的指标也需要财务与非财务指标并存。

第二，客观指标与主观指标。客观指标的评价直接依赖于数据，主观指标的评判则是考评者在对数据和信息的综合分析基础上主观做出，受考评者知识、经验和主观感受制约。平衡计分卡中客户、内部业务流程、学习与成长层面的许多目标存在复杂性和不能直接测量性，需要设置主观判断指标加以反映。

第三，前置指标与滞后指标。前置指标是驱动和导致绩效结果的指标，通常评价绩效结果产生过程和活动。滞后指标则是对绩效结果的测量指标。平衡计分卡通过共同引进前置指标与滞后指标来凸现价值创造过程中绩效结果和驱动因素之间的因果关系，这样既能实现对结果的测量，也能实现对结果产生过程质量的监控，从而更有利于最终结果绩效的实现。

第四，计分卡指标和仪表盘指标。计分卡是指涉及财务、客户、业务流程和学习与成长四大层面，具有战略性的、结果性的指标。计分卡指标一般关注跨业务和跨职能活动结果，具有滞后性，且员工日常行为不能直接影响，更新频率较慢，一般以月或年为周期。仪表盘指标是用于对内部业务流程中员工日常行为可以影响的活动过程进行监测，具有运营性、过程性的指标。仪表盘指标多应用于局部的部门、职能和流程，具有前置性，更新频率较快，一般以天甚至小时为周期。

第五，考核指标和监控指标。考核指标与监控指标，又可称为战略指标和诊断指标，分别在平衡计分卡中发挥不同的作用。监控指标是用以监控和判断组织是否按计划运转，是否出现异常情况需要注意和调整的指标，故可称为诊断指标；考核指标则是纳入平衡计分卡绩效评价量表，对目标的实现程度进行衡量的指标，这些指标主要是帮助组织执行战略，为实现战略目标而设计的，故又可称为战略指标。

案例2：挑选绩效指标的标准

一个建模者或一项 BSC 活动最重要的决策是选择指标和测量条目，因此，选择之前需要了解以下几个问题：

a. 这是绩效测量的前置指标还是滞后指标？

b. 这是什么类型的指标？

c. 为什么这个指标很重要？它告诉我们什么？

d. 这是揭示作业绩效的一个简便办法吗？

e. 我还有其他什么测量方法来另辟蹊径达到相同的结果吗？

f. 我可以周期性地自动得到这个指标吗？或者我不得不亲自寻找？

g. 这个指标的驱动因素是什么？

h. 这是一个方程式指标？也就是说，它需要用公式来计算吗？或它只是单一的数字？

进一步而言，绩效指标必须满足以下的选择标准：

a. 易懂；

b. 数据源真实——来源必须可靠、可信；

c. 因果趋向；

d. 变化频率；

e. 有所限定的变量——没有太多不稳定的行为表现；

f. 准确；

g. 代表实际情况；

h. 与目标和战略有关。

每一个层面本身包括几个战略目标。每一个目标又包含几个指标、目标值和负责人。这些目标中的每一项向下层层分解，贯穿整个公司，且配有相应的平衡计分卡。图 3.2 就显示了这样一个结构。请注意，这个例子只包括赢取某一业务领域的其中一个公司目标，并由此层层分解到市场和销售部门，再进一步分解到符合整体战略主题的市场沟通目标。绩效考核贯穿于整体战略，而且与企业目标相一致，这样，就在整个公司内消除了自由选择指标的可能性。

2）拟定目标值

目标值是组织所期望的绩效结果，是既定目标在相应指标上的期望标准。目标描述实现战略所需做好的具体事项，指标显示了如何追踪和监测目标实现程度，目标值是对各个指标所涉及的事项需要达到的具体程度的要求，是战略目标具体分解在各个考核指标上的具体体现。目标值具有组织、部门和个人行为导向作用，指明了组织和部门需投入的资源规模以及个人应付出的努力程度，还能对员工起到内在的激励作用。目标值设定通常是在每个评估期开始前，由指标责任人向上层管理部门提出目标值的建议，然后双方沟通达成共识最终确定。目标值要具有一定挑战性，目标值一般设定在需要员工经过一定的努力才能达成的水平，目标值过低，将会导致员工失去实践动力，过高则会挫败员工工作积极性。因此，平衡计分卡指标的目标值设定既需要考量员工具体能力水平，还需要保障组织战略目标的实现。

依据组织发展愿景、战略目标设置指标目标值是一个复杂工作，具体可以分解为两个步骤：一是将组织整体的价值差距分解到每个战略主题；二是在每个战略主题内，依据战略地图因果关系分别设置目标值。第一步是将愿景所拟定的远大目标与现实情况之间所存在的的价值差距，也就是战略要实现的目标分解到战略主题，每个主题的目标值显示了该主题对战略目标实现的影响力。在分解整体价值差距时要注意充分完全，以保证各大战略主题目标实现总和与战略目标相吻合，即能弥合整体的价值差距，从而实现企业愿景目标。第二步是运用战略地图构成的因果逻辑关系设定战略主题内部目标值。这一步骤是为了将第一步分解的价值差距落实到具体，目标值的设定应遵循相互因果关联性，而不能孤立地设定，以便确保战略目标实现的可操作性、可行性和责任的可追溯性。如企业设定提高净收入 50％的价值差距，财务层面拟定通过提升单位客户收入 20％来实现；为了促进该目标的实现，客户层面上公司采取的策略是减少客户流失率 25％；进一步，为了达到客户层面的目标，需要提供更高水准、快速响应的个人服务，从而将满足客户需求所需要的时间缩减 30％，而这需要提升员工能力，提高员工满意度，减少关键员工流失率 20％才能最终实现。

目标值的数值拟定一般依赖管理者的经验判断。虽然管理者经验判断带有一定主观色彩，随着相关历史数据的不断积累，以及公共数据、行业协会的数据的丰富积累和易获取性提高，管理者可以在此基础上，结合公司历史数据，运用标杆管理法，在该战略主题方面选定学习标杆，分析与标杆在该方面的价值差距，拟定标杆目标值。

3. 开发行动方案

行动方案是指有时间限制的，旨在确定实现战略目标值的具体途径，从而帮助组织实现目标绩效的，自主决定的项目或计划。行动方案的制订不能随意盲目，需要兼顾目标、指标、目标值的具体要求，因为目标决定了做什么，指标描述具体要做哪些，目标值界定了每一项指标任务需要做到什么程度，行动方案则是说明在什么时间内、通过具体做哪些行动才能实现该目标值。因此，具体行动方案都有明确的支撑目标对象，众多目标的实现的支撑行动方案形成了一个整体性的行动方案组合，基于同一个战略主题的所有行动方案必须同步实施。有时对于同一个战略目标，存在多套行动方案，这就需要对行动方案进行筛选、管理和评估，确保最终选择的行动方案能有效执行，且对战略起到有效的支持作用。

行动方案的项目必须设进度（始点，结点），内容（里程碑），并且有预算的配备，具体内容格式参见表 3.11。行动方案一般包括的内容要素有：方案名称、所支撑的战略主题或战略目标、期望的效果、所需资源、成本和时间、项目具体负责人和部门、行动方案里程碑内容描述等。行动方案中一定要明确该方案所需资源，一般都是指为行动方案编制预算，预算是为解决该行动方案所需提供的资金支持。明确的预算可以帮助评估该行动方案的可操作性、实现的困难程度和收益成本。除此之外，组织还需为行动方案建立明确的责任机制。组织需要根据管理层级、职责权限以及执行和管理跨业务和跨职能流程的需要，以战略主题为单元为相应的行动方案选择负责人和团队成员，以确保行动方案的有效执行。行动方案的设立和筛选要把握公司经营的薄弱环节和紧迫工作，抓住最能突破的关键点：或者是对战略目标的提高和实现带来利益最大化，或者是对绩效指标提高产生明显效果。对于没有设立指标的战略目标，一定要设立行动方案。

行动方案评审和筛选可以依托战略地图这个平台进行。通过创建一个矩阵，矩阵的横向和纵向分别是战略主体和目标以及各类行动方案，然后依次两两判断每个行动方案队各

表 3.11　行动方案示例

行动方案名称	K4 企业品牌形象策划与推广				
所支撑的公司战略要素名称	C4 树立特色鲜明的品牌形象				
项目负责人	乔森	项目牵头部门	行政部	项目参与部门	各部门、事业部、分公司、专业公司
项目开始时间	2007 年 2 月 1 日	项目结束时间	2007 年 12 月 30 日	项目持续总时间	11 个月
项目目标描述(财务、非财务,对相关指标的影响) 品牌赢得客户,品牌创造效益,品牌提升价值					
项目所需资源:项目所涉预算 80 万					
里程碑日期	里程碑描述				
2007 年 2 月	确立合理的品牌传播渠道并建立有效的公共关系(媒体)网络				
2007 年 3 月	完成全年品牌策划推广及考核方案并开始实施(包括对分公司宣传的统筹),提交全年预算报告				
2007 年 4 月	完成形象画册和宣传画册的设计印刷				
2007 年 5 月	建立良好的品牌危机管理体系及新闻发言人制度				
2007 年 6 月	完成公司电视宣传片的制作				
2007 年 7 月	完成有意义的公益、慈善活动及品牌推广活动,并进行相关总结分析				

战略主题和目标是否有支撑和提升作用,如果有作用,则标注为符号"＋",反之则不标,具体如表 3.12 所示。从表 3.12 中可见,方案 2 对任何战略主题和目标都没有支撑作用,应该予以放弃;同时也发现,战略主题 3 目标 5 没有任何行动方案的支撑,需要补充制订行动方案。开发新方案应该凝结组织全体员工经验和智慧,以确保方案的可实施性和满意度。

表 3.12　行动方案对战略主题支撑表

战略主题和目标 ＼ 行动方案	方案 1	方案 2	方案 3	方案 4	方案 5
战略主题 1 　目标 1 　目标 2	＋		＋	＋	
战略主题 2 　目标 3 　目标 4					
战略主题 3 　目标 5					
战略主题 4 　目标 6					＋

行动方案的筛选除了重点考虑对战略的支撑和一致性要素之外，还需引入其他的考量标准予以辅助。第一，方案实施效果，需要对比构造战略能力的强弱和带来竞争优势的大小，方案实施见效的时间长短；第二，投资额度，对比各行动方案的实施所投入成本的高低；第三，资源密集程度，衡量实施行动方案所需配置资源以及资源获得的难度；第四，实施的难易程度，每个行动方案的实施可能遇到的阻碍和困难；第五，风险大小，衡量由行动方案所带来的企业管理变革，对企业运作负面影响程度以及关键技术和方法论的获取难度。在重点衡量行动方案对战略主题的支撑贡献作用的基础上，辅之以其余五个要素的衡量，在众多方案中选出较为可行的、有效的加以实施执行，以推动绩效目标的实现。

4. 平衡计分卡部门分解

在公司层面平衡计分卡构建完毕之后，需要启动平衡计分卡的部门分解流程，依据公司级别的战略地图和平衡计分卡来构建部门/子公司以及个人的战略地图和平衡计分卡。平衡计分卡分解流程可以确保组织实现从上至下的战略组合，在各业务单位间形成合力，既可以使内部流程效率提高，使整个组织实现资源分配效率的最大化（人，财，物），还可以在总部各级领导和员工中提高战略的认知度，发现总部的战略在什么地方出现了偏差，然后通过对话解决问题。

公司层的平衡计分卡分解到部门需要按照以下步骤进行，具体可以参见图 3.11。

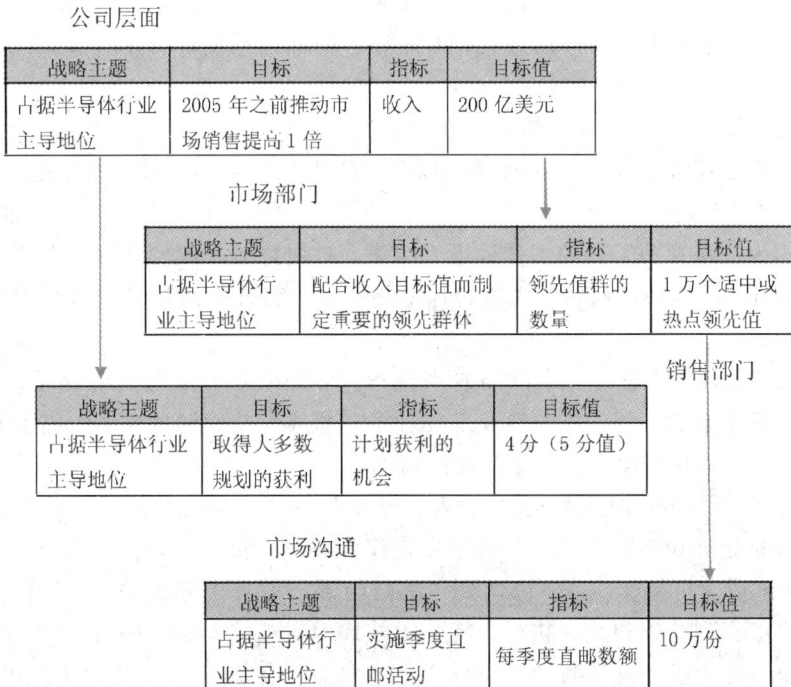

公司层面

战略主题	目标	指标	目标值
占据半导体行业主导地位	2005 年之前推动市场销售提高 1 倍	收入	200 亿美元

市场部门

战略主题	目标	指标	目标值
占据半导体行业主导地位	配合收入目标值而制定重要的领先群体	领先值群的数量	1 万个适中或热点领先值

销售部门

战略主题	目标	指标	目标值
占据半导体行业主导地位	取得大多数规划的获利	计划获利的机会	4 分（5 分值）

市场沟通

战略主题	目标	指标	目标值
占据半导体行业主导地位	实施季度直邮活动	每季度直邮数额	10 万份

图 3.11　向下层层分解目标、指标和目标值

（资料来源：Adapted from Oregon Progress Board．Adapted with permission）

第一，明确部门定位。部门在构建自己的战略地图和平衡计分卡之前，需要明确部门发展目标，而这一方面需要对组织结构的构成加以分析，另一方面则需要对部门在组织中

承担的职能角色进行解析。明确的部门定位将帮助部门认清部门在组织目标实现过程中应承担的职责以及能做出的贡献程度。

第二，纵向与横向分析，确定部门战略目标。从组织的横向协同来看，按照分工与协作相结合的原则，平衡计分卡将部门和个人的目标划分为共享目标、贡献目标和特有目标。共享目标是指部门从组织直接承接下来的，需要不同部门或不同员工合作才能完成的，作为一个整体存在而不能分解的目标。贡献目标是指可以分解的、由不同部门或员工根据各自的职责承担的部分任务目标或按照各自所处的流程节点位置进行衔接和配合完成的目标。特有目标则是根据职责权限的划分，由单个部门或个人独立完成的目标。部门通过纵向分析部门与公司战略目标的联系，评估本部门对公司战略部门的关联度和贡献度来确定共享目标；进而通过横向分析本部门与其他部门之间的职责分工，以及在业务流程中本部门所承担的相应任务来确定本部门对组织战略目标的贡献目标；最后依据对部门职责的分析确定部门的特有目标。

第三，开发本部门的战略地图和平衡计分卡。首先需要构建本部门的战略。部门战略地图中四个层面的战略目标主要有三个来源。一是可以从公司平衡计分卡中分流得出或从平衡计分卡某些关键绩效指标分解得来；二是可以分析部门在公司内部运营中来自于其他部门或流程的期望和需求，将其设定为部门目标；三是可以从部门的职能和重点工作出发设立部门目标。在设定部门各层面战略目标过程中应注意战略目标之间的系统性和相互因果关系。其次，依据部门战略地图及其设置的战略目标，拟定部门平衡计分卡指标，进而为指标拟定目标值，制订相应的行动方案，形成完善的部门平衡计分卡体系，以确保公司战略目标的顺利落实。

5. 完善平衡计分卡战略管理体系

当组织完成公司级平衡计分卡向部门和个人级别的分解与转换，构建起高、中、低三层，整体、局部与个人的平衡计分卡体系之后，平衡计分卡设计与构建工作将告一段落。但平衡计分卡作为战略管理工具的工作远没有结束。必须打造系统的平衡计分卡战略管理体系，才能确保组织战略顺利执行，战略目标最终实现。完善平衡计分卡战略管理体系必须要做以下工作。

第一，制订公司的平衡计分卡战略管理流程。平衡计分卡作为战略管理工具推行，是一个极其复杂和系统的工程，其中涉及工作任务量极多，持续时间很长，需要对工作进程和实践安排进行详细的规划，以确保公司战略的顺利推行。

第二，组建公司的战略管理办公室。各业务单位的领导都应该设立一个战略管理办公室（SMO），并指定一位专员，他的职责主要是作为战略专员建立并完善固化的战略管理模式，使战略管理成为可持续流程；协调公司战略与部门职责之间的关系，确保企业战略在组织的各个层级得到共识和统一执行；负责公司 BSC 的推广培训，储备平衡计分卡管理人才，逐步培养一支专业化的平衡计分卡管理工作团队，保证平衡计分卡系统的高效运行；建立并维护有效的平衡计分卡组织架构和 BSC 管理跟踪报告系统，保证各层级平衡计分卡管理的有效建立；负责计分卡管理工作，借助 BSC 定期报告制度，反映战略执行的现状，发现问题，并保证及时地跟进和解决；确定和监督对战略行动方案的管理；和高层领导一起不断地制订计划来重审战略和学习。

第三，形成定期的平衡计分卡回顾制度。作为战略管理工具，平衡计分卡最终目标是为了确保战略顺利执行，并最终实现战略目标。因此，应该建立定期的回顾制度，评估平衡计分卡运行后对战略目标实现的贡献程度，并依据平衡计分卡形成的目标-指标-目标值-行动方案逻辑链条，由果溯因的解析结果产生问题所在，及时调整，以便确保今后的战略顺利推行和目标的实现。对平衡计分卡的实施效果的评估，可以通过战略目标的实现程度以及考核指标的目标值实现程度两个方面来考察，具体可参照图 3.12。通过图 3.12 中所采用的方法，用不同的颜色或图形表示各战略目标的实现程度，从而能帮助公司明确发现问题目标。也可以将此法借助对战略目标、指标和行动方案的对应关系，采用不同颜色或图形所显示的不同指标的目标值的实现状态，可以帮助公司在发现问题目标基础上，更进一步的探寻问题出现的具体过程与原因，以便于及时采取调整措施。从公司战略目标的拟定、平衡计分卡战略地图构建(战略目标的选择、目标间因果关系判定)、考核指标及其目标值的确立、行动方案的拟订与筛选、公司级平衡计分卡到部门与个人层级的转换与联系以及平衡计分卡的管理等一系列流程方面进行及时的梳理和调整，以保证平衡计分卡战略管理功能的顺利发挥。

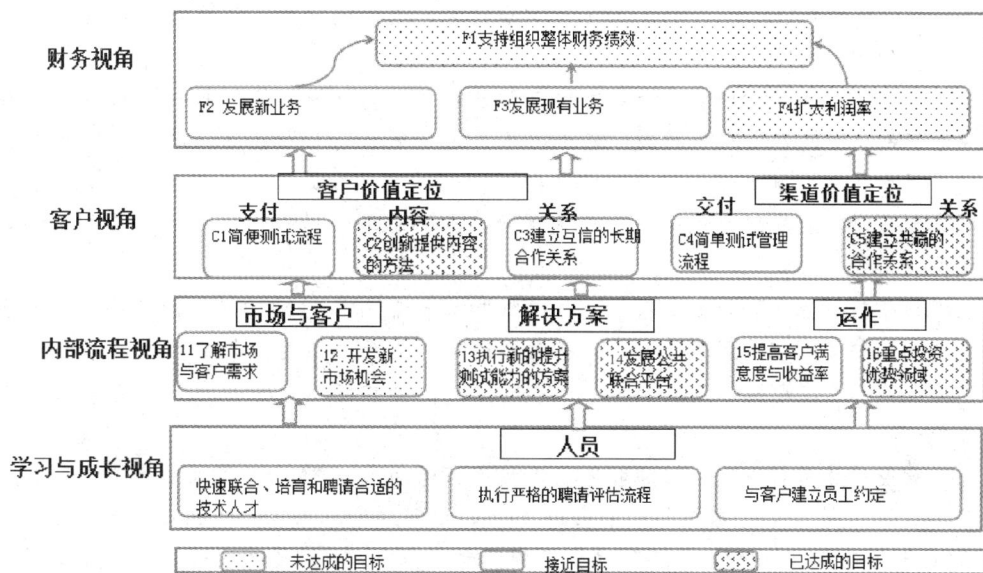

图 3.12　战略目标实现程度评估图示例

思　考　题

1. 关键绩效指标体系与传统绩效考核体系有何区别？
2. 关键绩效指标设计有哪些方法，各自适用范围如何？有何优缺点？
3. 关键绩效指标如何进行细分和选择？
4. 平衡计分卡较传统考核体系有何优势？平衡计分卡的核心思想是什么？
5. 为什么说平衡计分卡不仅仅是一种绩效管理工具，而是战略管理工具？
6. 简述平衡计分卡实施流程？

案 例

H 公司电力能源系统部的绩效考核方案改革

H 公司主要从事各行各业的 IT 解决方案以及信息技术产品的研发、生产、销售和相关的信息技术解决方案的咨询、服务等,能够为服务商和用户提供基于互联网＋、云计算、大数据、数据安全和咨询管理服务等内容的一站式、全方位 IT 解决方案。电力能源系统部作为 H 公司中国区市场部下负责电力能源行业的一个子事业部,主要依据公司的发展战略目标,向电力能源行业提供一套基于能源互联网的 IT 解决方案。

电力能源系统部的绩效评价主要经历了 KPI 和 OKR 两个阶段。

一、以 KPI 为主的绩效评价体系

部门在考核之初,管理人员对如何实施绩效评价了解并不是很深入,主要以关键绩效指标法(KPI)进行考核,每月对部门内的员工进行一次绩效评价。这样做的目的一方面可以保证部门的战略计划能够逐层分解落实到具体的岗位和负责人员;另一方面电力能源行业的信息技术更新换代较快,产品竞争比较激烈,每个岗位的具体计划和要求要根据实际情况及时更新,因此需要在月底的时候进行本月的绩效评价,评估本月的目标完成情况并进行下月目标的制订和调整。电力能源系统部门在信息、人员、工作重点和工作任务方面会随时发生变动,以月度为单位进行绩效评价,能够满足部门管理和部门发展的要求,具有较强的灵活性。

在考核指标设置方面,主要包括财务指标和部分非财务指标如顾客满意度等。这些指标在整个考核体系中基本不发生变化,在考核的时候更多的是将考核的重点转移到员工本月的工作业绩,工作态度等方面,通过计算指标的权重和该项指标的得分最终得出本月的绩效评价。

在考核业绩设置方面,部门的管理层人员将战略计划分解并落实到个人,同时个人也根据部门的目标制订自己的个人业务承诺(Personal Business Commitment,PBC)。个人在制订 PBC 时要求要比上个月所实现的业务成绩有所提升,同时要考虑部门的总体计划和目标,保证绩效设置既有一定的高度也不脱离实际情况,这种双向设置目标的方式可以让员工更加清晰自己的职责和任务,也给员工一个清醒的提示。

在考核方法方面,基于从上到下的考核方法,主要是上一级的管理人员负责其直接下属员工的考核,不能够跨级进行评价。这种方法可以保证部门的战略计划能够很好地被员工执行,并且权责分明,让员工清楚自己的工作目标和工作要求,通过逐级的绩效评价与总结将基层员工的实际绩效完成情况以及工作能力等数据层层向直属上级反馈。

以 KPI 为主的绩效评价在实际运用中存在较多问题,公司积极寻找新的方法。

二、以 OKR 为主的绩效评价体系

为了改进绩效评价方法,电力能源系统部又采用了目标与关键成果法(Objectives and Key Results,OKR)来实施新一轮的评价。在 OKR 评价中,电力能源系统部管理层吸取 KPI 评价过程中存在的问题和弊端,将更多的精力放在寻找公司和部门发展的关键目标和关键结果上,并且尽力去实现这些目标和规划;同时在评价的过程中做到不以考核业绩为主要目标，而是努力让部门员工和管理者努力去干实事；还要做到在评价中去不断的激发和释放员工的人性，让员工主动去做事而不是强迫着去做，通过以上的种种方法最终可以保障员工、部门、公司能够朝着正确的方向不断奋进。

在 OKR 评价计划制订方面，部门的管理者指出 OKR 的目标和结果必须是可以量化的，即要符合"SMART"原则。在评价流程方面，每年的 11 月份开始，公司管理人员要积极参与制订下一年度的战略目标和下一个季度的目标。接下来，在 12 月份下旬，各部门管理人员需要正式的对本年度第四季度的 OKR 进行评估，同时要根据本次评价结果去调整部门下一个季度的 OKR，并形成书面的文件来记录详细的内容和要求。此后，在下一年的 1 月份上旬，员工要根据部门的战略计划目标来制订个人的 OKR 并形成书面文件保存。第四个阶段为第二年的 1～3 月份，公司、部门和员工按照制订好的 OKR 去实施相应的动作，目标也不会再发生变动，但是过程和结果可能会随着外界因素的变化而进行相应地调整和修正，甚至可能会做一些剔除和增加的大动作。在该阶段，部门和员工都要紧紧围绕着公司的目标、部门的目标、员工的目标来做一个整体的跟进与反馈。第五阶段为第二年的 3 月底，第一季度即将结束，需要对本季度的 OKR 进行一次较大的评价并针对性地调整下季度的目标。

在考核方法方面，基于从下到上的实施评价，从员工出发，站在员工的角度来设置战略计划，充分发挥员工的积极性和创造性，使员工主动参与到公司、部门的发展规划中。同时，在实施评价的过程中，部门全员参与，注重各层级之间的沟通及紧密联系，以保证计划和目标结果的完善。

——资料来源：黄云庆 基于平衡记分卡的 H 公司电力能源系统部员工的绩效评价研究[D]山东大学，2017.9

问题讨论：

1. H 公司电力能源系统部最早实施的以 KPI 为主的绩效评价体系存在哪些问题？
2. H 公司后来采用的 OKR 方法较之 KPI 方法有何改进？
3. H 公司采用的 OKR 方法是否存在问题？应如何进行改进？

第4章　绩效考核方法

本章要点

◇ 排序法

◇ 强制分布法

◇ 图解式考核法

◇ 行为锚定等级评定法

◇ 360 度考核法

◇ 关键事件法

▶**阅读资料**

国内互联网名企的绩效考核

百度(Baidu)：不唯 KPI,唯结果

任何高绩效公司都会追求结果导向,即以业绩成就来做评判,不论资历、年限等,百度亦是如此。百度强调不唯 KPI、引入 DELTA(增量,是指员工对公司全年的贡献)的概念,采用先验和后验相结合的绩效考核方式,以对公司的贡献和价值来衡量员工的产出。普惠福利讲究平均性,每个人机会均等,而百度强调的是差异化,通过差异化的管理方式,员工会更具自驱力,让优秀人才脱颖而出。

百度每年都会对员工进行 360 度评估,查看他们在文化价值观上的表现,如果不符合公司所倡导的文化,或者没有将自己的业务能力提升至更高的水平,是没有机会获得晋升、加薪及更高奖励的。所以,文化价值观、胜任力和 DELTA 是百度突出促进差异化,让人才脱颖而出的 3 个维度。公司会依据考核列出一张淘汰名单,当然,也会设置一个潜力股计划,如果某些员工成长非常迅速,超出公司大多数员工,就会被纳入潜力股名单。公司会为这批人才提供更多的发展资源、机会和空间。同时,百度加大了强制分布的淘汰比例,拉大了两端的比例,压缩了中间的空间。比如说,起初的中间空间在 70%～80% 之间,调整之后,只有 60% 左右。这是为了激励优秀的员工不断努力,并且淘汰掉那些达不到公司要求的员工。每年,绩效在最后一档的员工是要被自动淘汰的。绩效连续两年获得第一档和第二档评价的员工也会设有专门的绩优奖,鼓励他们做得更出色。

阿里巴巴(Alibaba)：一半业绩、一半价值观

关于阿里巴巴的人才管理,在业界广为流传的最大特色是阿里巴巴将所有的员工分成了四种类型：有业绩没价值观团队合作精神的,是"野狗"；没有业绩但价值观很好的,是"小白兔"；有业绩也有价值观团队精神的,则是"猎犬"；还有一种就是牛,业绩和价值观都

有，但不是特别优秀。按照马云的原则，对于"野狗"，无论其业绩多好，都要坚决清除；而业绩不好的"小白兔"，如果不能提升，也要逐渐淘汰掉；只有"猎犬"才是阿里巴巴最需要的。对于阿里巴巴，价值观和业绩同等重要。

阿里巴巴将这种独特的价值观管理，完全融入了绩效考核体系中。阿里巴巴的首席考核官宗鸣介绍，阿里巴巴内部有一本价值观手册，里面具体说明了符合阿里巴巴价值观的行为方式。在员工的考核标准中"业绩占 50%，价值观占 50%"。然而对于"价值观"这种虚化的概念，在考核中落地具有一定的难度。

为了避免价值观考核的失真，阿里巴巴利用 Oracle People Soft HCM 电子绩效管理模块，构建了集团统一标准的全过程跟踪绩效管理平台，该平台通过完整、全面的前馈控制和过程控制措施帮助管理人员避免打分偏差的出现。系统不仅提供了统一的计分规则、给出了打分等级与绩效水平之间的对应关系，同时主管考核页面上还能够显示其他参与者的打分及自评。而在审批页面上，则提供了"271"的分数分布图。"271"是指：20% 的员工为企业明星，70% 的员工是中坚力量，10% 的员工不合格。为最大限度地杜绝打分偏差的出现，绩效管理平台还提供了相应的后馈控制措施来对已经出现的偏差予以纠正。例如，当某一部门的分数超过一定值或低于一定值时，系统就强制要求相关人员写出详细说明。

阿里巴巴的首席考核官认为，通过这种机制，保证了考评人在打分时一定要慎重思考，而不是简单地凭个人好恶，强制他们平时对员工多加关注，系统帮助阿里巴巴实现了价值观的真正落地。在阿里巴巴的管理体系中，对人才是特别敏感的。阿里巴巴有一套自己的人才盘点体系，即 30% 是最有潜力的，60% 是潜力一般的，10% 是没有潜力的。

每位主管都要给自己的下属打分，并根据 361 原则对员工素质进行强制排序，这是阿里巴巴绩效管理中特别重要的一点，他们强调的是管理者的责任，就是让主管不断地关注下属。据贾老师介绍，这样的方法，能够让主管对下属的关注提高 60%。

阿里巴巴人才管理中最为外界所知的一点是鼓励轮岗，这就意味着，一位员工的能力并不是由一位主管说了算，而是多位主管共同评价的结果，这就让员工得到了相对公平的评价。阿里巴巴员工的盘点是随时进行的，主管可以每天对其员工进行评价，甚至可以记录下具体事件，而每换一次主管就会获得一次评价。

每年，阿里巴巴都会有 20% 的人被评为优秀员工，这个比例是有严格讲究的。HR 人力资源管理案例网认为，一个企业的优秀员工，20% 的比例是最适合的。这 20% 的员工将成为公司的正能量，这部分正能量又会影响着 60% 的人跟随过来。从阿里巴巴和百度的做法来看，企业如果不能在组织内部推行优胜劣汰的人才管理机制，便一定会逐渐失去活力，最终衰退下去。有许许多多的民营企业家也试图在企业内部推行类似于"末位淘汰制"的绩效考核机制，但是最终却没有推行或者推行不下去，一个重要的原因就是，这些企业不具备推行的条件。这也提醒企业的管理者，这世上没有万能的绩效考核工具，一定要根据企业的实际情况和条件来选择合适的那一种，千万不能画虎不成反类犬！

腾讯(Tencent)：绩效考核的七个维度

腾讯对高级人才有七个维度的纵向评估，分别是：正直诚信、激情、团队管理与人才培养、全局观、前瞻变革、专业决策、关注用户体验。

有四个维度的横向评估，分别是：管理自己、管理工作、管理团队、管理战略/变革。腾讯每年一度的360度能力评估，邀请被考核人的上级、平级、下级以及跨部门的合作者，从以上维度对被考评者进行360度的全方位评估。最终将横向四大维度、纵向七大维度的评估结果，连接起来形成考评结果雷达图。腾讯集团人力资源部陈双华副总经理介绍："比如，对于进行考评的某一个项目同级别的被考核人会有平均分。如果分数高于平均分，雷达图会告诉你，高出的分数在哪里，带来的好处有哪些，大家是如何评价你的；如果你的分数低于平均分，雷达图也会告诉你，低出的分数在哪里，不好的地方是什么，大家是如何评价你的。"大企业运用的人力资源管理方式是相通的，腾讯执行"持续稳定地使用最简单最有效的工具"的思路，雷达图恰好满足腾讯的需求。

雷达图多维度的综合评价方法，让腾讯能够评估人才的综合能力的动态趋势，被考评人本人借助于此，能够清晰地了解综合能力的变动情况及好坏趋势，看到自身需要努力的方向。

——资料来源：HR人力资源案例网，BAT的绩效考核是如何操作的

http：//www.hrsee.com/？id=678

"工欲善其事，必先利其器"。绩效考核方法选择不当，不仅会令好的绩效考核量表不能发挥应有的作用，甚至会起到反向作用。现今已有的绩效考核方法种类繁多，不同的方法有着各自的优点，也存在自身的缺点，适用于不同的职位和工作群体。鉴于考核方法缺陷的规避难度以及考核目的复杂性等原因，选择单一考核方法的做法将不再适用。多种考核方法组合使用称为常态。这需要熟悉不同种类绩效考核方法内涵、操作步骤、优缺点及其适用范围等内容。下面介绍常见的绩效考核方法。

4.1 相 对 法

4.1.1 排序法

排序法也称排队法、排名法，是将员工按照工作绩效从好到坏的顺序进行排列，从而得出评价结论的方法。排序法设计和应用成本低，操作简单，能有效避免考核主体考核过程中易出现的过宽、过严和居中效应等误差。排序法是凭借管理者主观判断对员工绩效表现予以评价排序的。其主观性和随意性较大；因缺乏客观评价标准可能引起员工对排序结果的争议，无法有效说服员工；评价结果也不能明确给出员工绩效改进的方向性指导。

常见的排序法有两种：简单排序法和交错排序法。

1. 简单排序法

简单排序法也称序列评定法，是指管理者把本部门的所有员工从绩效最高者到绩效最低者（或从最好者到最差者）进行排序，即对一批考核对象按照一定标准排出"1、2、3、4…"的顺序（如表4.1所示）。该方法也应用在工作评价上，由负责工作评价的人员，根据其对企业各项工作的经验认识和主观判断，对各项工作在企业中的相对价值进行整体的比较，

并加以排队。在对各项工作进行比较排序时，一般要求工作评价人员综合考虑以下各项因素：工作职责、工作权限、岗位资格、工作条件、工作环境等。权衡各项工作在各项因素上的轻重程度并排定顺序后，将其划入不同的工资等级内。

表 4.1　简单排序法

顺序	等级	姓名
1	优	赵＊＊
2	良	钱＊＊
3	中	孙＊＊
4	差	李＊

2. 交错排序法

交错排序法也是根据某些评价要素将员工从绩效最好的到绩效最差的进行排序的。但是不同于简单排序法从高到低依次排序的操作方法，交错排序法是按照整体的工作表现从员工中先挑绩效最好的，再挑出最差的；然后挑出次最优的，再挑出次最差的……如此循环，直到排完为止的一种绩效考核方法。交错排序法示例如表 4.2 所示。

表 4.2　交错排序法示例

部门：财务部		员工个数：10
序号	姓名	等级
1	周＊＊	优
2	吴＊＊	差
3	张＊＊	良
4	王＊＊	中

4.1.2　比较法

1. 配对比较法

配对比较法是把所有员工与其他员工一一配对分别就每一个评价要素进行比较的方法。配对比较法由排序法衍生而来，比起排序法中所有员工排序对比，员工与员工之间两两进行比较更容易做出明确判断。

配对比较法的具体操作（见表 4.3）如下：

（1）拟定员工绩效考核要素。配对比较法比起排序法存在的优势之一就是选定了明确的绩效考核要素，就选定的考核要素对员工进行比较。如表 4.3 中，所选工作态度、工作能力两要素。

（2）就每一个评价要素构建员工与员工之间两两比较的矩阵，让每一个员工在每一个要素上都能和其他员工进行比较。

（3）以矩阵中居于行的员工与列员工进行比较，如果行员工在该要素上比列员工表现更好，则记"＋"，反之则记"－"。

（4）统计每一行员工在每一个要素上得"＋"的总数。

（5）加总每一个员工在所有考核要素上得"＋"的总数，并按照该总数对员工绩效进行排序。由配对比较法最终操作可见，配对比较法是排序法的改进方法，比排序法的排序判断结果更科学、可靠。

表 4.3　配对比较法示例

"工作数量"的比较						"工作质量"的比较					
对比对象	被考评员工姓名					对比对象	被考评员工姓名				
	张三	李四	C	D	E		张三	李四	C	D	E
张三		−	+	−	+	张三		−	+	+	+
李四	+		+	+	+	李四	+			+	+
C	−	−			+	C				+	+
D	+	−	+		+	D					
E	−	−	−	−		E	−	−	+	+	

2. 代表人物比较法

代表人物比较法亦称标准人物比较法——是一种特殊的比较法，是先在员工中选择一人作为标准，其他人通过与这个标准员工的比较来得出其绩效水平。因此，代表人物比较法由于比较的标准固定而使比较判断更为客观。

代表人物比较法的操作方法如下：

（1）拟定员工绩效考核要素。代表人物比较法与排序法相比存在的优势之一就是选定了绩效考核要素，用选定的考核要素对员工进行比较。

（2）选定代表人物。从众多被评价员工中选出绩效代表人物作为比较对象。代表人物可以不是在所有考核要素上都表现最为优异的员工，但必须是在各要素上表现均衡的良好的员工。

（3）就每一个要素构建员工与代表人物的绩效比较列表，如表 4.4 所示。在表 4.4 中，如每一个员工在该考核要素上比代表人物表现更为优秀，则在其与 A 列的交叉位置打"√"。

代表人物比较法也能有效避免打分法中考核者容易犯的过宽、过严和居中效应的误差，也具有配对比较法员工两两比较的判断客观性，而且人物比较法将员工与从众多员工中选出的代表人物进行比较，容易激发员工的工作积极性，有利于激励员工提高自身绩效。但是，代表人物选择存在一定困难，也不能提供反馈和指导，对员工绩效提高不能指明具体方向。

表 4.4　代表人物比较法示例

考评者	考评项目：工作积极性		代表人物姓名：XXX		
姓名 / 档次	A	B	C	D	E
甲	√				
乙			√		
丙		√			
丁					
戊					

注：与代表人物相比，在相应的栏目内打勾"√"。A：更为优秀；B：比较优秀；C：相似；D：比较差；E：更差。

4.1.3 强制分布法

强制分布法按事物"两头小、中间大"的正态分布规律,先确定各等级在总数中所占的比例(如图 4.1 所示),然后按照每个员工绩效的优劣程度,强迫列入其中的一定等级。

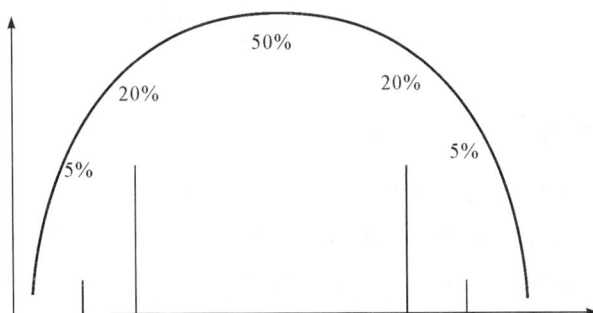

图 4.1 强制分布法图例

强制分布法的具体步骤如下:

(1) 确定绩效结果分布等级数量。根据自身情况,拟定要划分的等级数量。等级数一般根据要划分等级的员工绩效的差异程度来定,差异性越大,需要设定的等级数越多。

(2) 确定每个等级的强制分布比例。先确定两边的比例,而且要根据时间不同、部门不同、人数不同进行动态变化(如对于业绩好的部门,可以将极差的比例缩小或不设,而且要视部门人员的紧缺情况而定),然后再确定中间的比例。

(3) 计算分布在每个等级的员工人数。用企业总人数乘以每个等级的分布比例,计算得出每个等级的人数。

(4) 按照人数分布员工绩效。把所有员工绩效考核结果由高到低排序,按第(3)步确定的每个等级的人数依次放入各个等级中。

强制分布法有利于管理控制,在引入员工淘汰机制的公司中,能明确筛选出淘汰对象;还能让员工担心因多次落入绩效最低区间而遭解雇,因而具有强制激励和鞭策功能;但不适用于员工全都优秀的情况,不适用于员工人数过少的情况,也不适用于员工绩效差异不大的情况。此方法如果运用不当,将会招致很多人际矛盾和冲突,其在实际运用中的公正合理性往往难以把握,往往给员工尤其是最差的员工心理"刺激"较大,很容易伤害群体和谐气氛及团队合作精神。此外,强制分布法与末位淘汰制不适合跟 360 度考核法一起使用,主要是由于 360 度考核方法的缺陷导致的,360 度考核方法不适用于作为对员工切身利益有实际影响的行为的依据。

强制分布法的有效实施,需要有坦诚公开的优秀组织文化环境作保障,并且要经由"十年磨一剑"的长期坚持和循序渐进的探索以及一系列相互配套的绩效管理制度、政策和措施予以配合。此外,还需要管理者在实际运作中根据具体情况加以灵活运用。例如,群体人员规模较大、绩效总体分布比较稳定的,可以采取实现按照正态模型强制划分等级比例的做法;群体人数较少的,可以不实行强制分配等级比例的做法,只要求考评者在打分时适当拉开分数级差就可以了;如果组织正处于成长期、绩效状态变化不定,则可以采取事后

"随机应变"的灵活做法。例如，将高等级比例向绩优群体倾斜，而将低等级比例向绩差群体适当倾斜，这样不仅可以适当克服强制分布法的局限，也有利于形成一种具有正向激励效应的绩效压力传递机制。

4.2　量　表　法

4.2.1　图解式考核法

图解式考核法又称图尺度法，多以主观描述或者数字等级作为评价尺度，是最简单、运用最普遍的工作绩效评价方法之一。表 4.5 就是一种典型的图尺度评价表。它列举了一些绩效构成要素（如数量和质量），还列出了跨越范围很广的工作绩效等级（从"不令人感到满意"到"非常优秀"），并对每个等级赋予了不同的得分。利用图尺度法进行绩效评价时，首先针对每一位下属员工，从每一项评价要素中找出最符合其绩效状况的分数，然后将每一位员工得到的所有分值进行加总，就得到了最终的工作绩效评价结果。图尺度法简单、易于使用，而且开发成本小，但是它的有效性常常受到质疑。

表 4.5　利用图尺度法评价工作绩效

姓名	职位		
部门	员工工号		
绩效评价目的	☐ 年度例行评价　　☐ 晋升　　　☐ 绩效不佳 ☐ 工资　　　　　　☐ 试用期结束　☐ 其他		
员工到职时间			
最后一次评价时间		正式评价日期时间	
填表说明： 请根据员工所从事工作的现有要求仔细地对员工工作业绩加以评价。 请核查各代表员工绩效等级的小方框，如果绩效等级不合适，请用 N/A 加以标明。 请按照表中所标明的等级来核定员工的工作绩效分数，并填入相应的用于填写分数的方框内。 最终的工作绩效结果通过将所有分数进行加总平均而得到			
评价等级说明： O：杰出（outstanding）。在各方面的绩效都十分突出，并明显比其他人优异很多。 V：很好（very good）。工作绩效的大多数方面明显超出职位要求。工作质量是高质量的，并且在评价期间一贯如此。 G：好（good）。是一种称职的和可信赖的工作绩效水平，达到了工作绩效标准的要求。 I：需要改进（improvement needed）。在绩效的某一方面存在缺陷，需要进行改进。 U：不令人满意（unsatisfactory）。工作绩效水平总的来说无法让人接受，必须立即加以改进。绩效评价等级在这一水平的员工不能增加工资。 N：不做评价（not rated）。在绩效等级表中无可利用标准或因时间太短而无法得出结论			

续表

员工绩效评价要素	评价尺度		评价的事实依据或评语
1.质量：所完成工作的精确度、彻底性和可接受性	O □ V □ G □ I □ U □	100～91 90～81 80～71 70～61 60 及以下	分数
2.生产率：在某一特定时间段中所生产的产品和效率	O □ V □ G □ I □ U □	100～91 90～81 80～71 70～61 60 及以下	
3.工作知识：实践经验和技术能力以及在工作中利用的信息	O □ V □ G □ I □ U □	100～91 90～81 80～71 70～61 60 及以下	
4.可信度：某一员工在完成任务和听从指挥方面的可信任程度	O □ V □ G □ I □ U □	100～91 90～81 80～71 70～61 60 及以下	
5.勤勉性：员工上下班准时程度、遵守规定的工间休息、用餐情况和总体的出勤率	O □ V □ G □ I □ U □	100～91 90～81 80～71 70～61 60 及以下	
6.独立性：完成工作时不需要监督或只需要很少监督的程度	O □ V □ G □ I □ U □	100～91 90～81 80～71 70～61 60 及以下	

4.2.2　等级择一法

1. 等级择一法的操作步骤

等级择一法是根据判定员工在每个考核要素上的绩效等级来对员工进行考评的一种绩效考核方法（见表 4.6）。其具体实施步骤如下：

（1）选择所要考核的要素，并加以定义。运用绩效分析的方法、榜样分析法、结构模块法或是培训目标法等考核要素拟定方法来拟定所要考核的要素，进而采用关键绩效指标法或平衡计分卡法等考核指标的拟定和选择方法来确定考核指标。明确考核要素的具体内涵，以便增强其对被考核人员的工作导向性，提高考核者打分的客观性。

（2）为考核要素划分等级，确定评价尺度。首先，依据每个考核要素差异程度，确定考核要素划分的等级数；其次，为各考核要素界定等级差异。使用一些有等级含义的短语来表示和区分各要素绩效等级差异，用以作为评价尺度。

（3）根据员工业绩对考核要素确定等级。考核人员依照员工在各要素方面的真实绩效表现与各等级绩效标准判定员工在各要素上的等级表现。

表 4.6　等级择一法示例

	优秀	良好	中等	差
考核要素 1	√			
考核要素 2		√		
考核要素 3			√	

等级择一法在使用过程中需要注意避免出现晕轮效应误差，考核人员每次考核时仅考虑一个要素。不能因为一个要素表现影响另一个要素的绩效结果判断。其次，还需避免出现近因和首因效应误差，应就整个考核周期来评定绩效结果。最后，业绩评定法采用的是判定等级的方式打分，所以需要考核者对特别优秀或差的评定给予说明。

2. 等级择一法的优点

等级择一法具有简单、易操作的优点，但没有对考核要素间重要性进行区分，而且判定等级打分的方法不利于员工最终成绩的统计，进而导致员工间绩效考核比较不好操作。

3. 等级择一法的缺点

等级择　法类似于图尺度法，其原理与图尺度法完全相同，只是在规定评价尺度时没有使用图示，而采用具有等级含义的评语来表示。这两种方法都具有一定的缺陷。一是抽象的评价尺度与组织战略目标没有联系，评价结果显示的是被考核者在某个要素上具体的得分，无法告诉员工应怎样做才能得到某个确定的评分等级和分数，无法对员工的绩效行为改进起直接的指导作用。二是无法为绩效反馈提供足够的信息，不利于说服员工接受绩效结果。三是采用抽象的评价等级概念，没有详细描述不同的绩效等级员工应该呈现具体怎样的绩效表现，所以不同的考核者的判断等级和得分会存在较大的主观性，因而所得分数差异较大，故图尺度法的信度和效度较差。

4.2.3　行为锚定等级评价法

行为锚定等级评价法是美国学者史密斯和肯德尔于 1963 年提出的。行为锚定等级评定法运用行为等级评定表作为评定标准的考核方法，它是传统业绩评定表和关键事件法的结合。使用这种方法可以对关键事件中有效和非有效的工作行为进行更加客观的描述，通过一张行为等级评定表，将关于特别优秀或特别劣等绩效的叙述加以等级性量化，并积极举例描述在最优与最劣之间可能存在的几种行为层次。

1. 行为锚定式量表的开发过程

行为锚定法的特点是需要大量的员工参与，所以它可能会被部门主管和下属更愉快的接受。这种方法的一个特定的缺陷是使用的行为是定位于作业上的而不是定位于结果上的，即是对正在执行工作的员工进行考核，而不是对实现期望目标的员工进行考核。图 4.2 即为一种行为锚定等级考核表。

维度：客户服务	
7	·把握长远利益观点，与客户达成伙伴关系
6	·关注顾客潜在需求，起到专业参谋作用
5	·为顾客而行动，提供超常服务
4	·个人承担责任，能够亲自负责
3	·与客户保持紧密而清晰地沟通
2	·能够跟进客户回应，有问必答
1	·被动的客户回应，拖延和含糊回答

图 4.2　客户服务行为锚定等级考核表

开发一项行为锚定式量表的过程是相当复杂的，运用行为锚定等级考核法进行员工绩效考核，通常按照以下几个步骤进行：

（1）获取关键事件。寻找一组对工作内容较为了解的人，运用工作分析的关键事件技术如头脑风暴会议，列举并描述一系列代表不同等级绩效水平的关键事件。

（2）归纳提取绩效考核要素。所列举的事件是涉及方方面面的具体行为表现，让同一组人运用鱼骨图等方式将关键时间进行归类，加以定义，最终提取出绩效考核要素。

（3）对关键事件重新加以分配，将漏掉的关键事件进行添加，重合地进行调整。让另一组同样熟悉工作内容的人进行反向操作，即将第一步骤所列举出的关键事件归放在第二步骤所提取的绩效考核要素之下。如果第二组中，约 50%～80% 的人将某一关键事件归入评价要素，与第二步相同，则确认该关键事件应归入的评价要素。对有争议的关键事件或无法归入任何一要素的关键事件进行讨论并处理，由此最终确定绩效考核要素及其相应关键事件。

（4）对关键事件进行评定，得出行为等级表。由第二组人采用 7 点或 9 点连续或非连续尺度，对每个考核要素下的关键事件进行等级评价，从而构建起每个评价要素的行为等级评定量表（如图 4.3 所示），将行为等级评定量表作为员工在每个考核要素方面的绩效评价标准，即"锚定物"。

（5）为每一个绩效考核要素创建行为等级表，建立最终的工作绩效评价体系。所有考核要素的行为等级评定量表构成评价量表体系。

2. 行为锚定等级评定表法优点

尽管行为锚定等级评定表考核方法相比于其他的考核方法操作困难，花费的时间更多，但它还是有十分重要的优点。

（1）各种工作绩效考核要素之间有着较强的相互独立性。这就避免了由于要素独立性差，而导致加大对某一要素权重的判断，使得某些考核要素缺失实际意义。

（2）将行为作为明确的考核标准，使工作绩效的计量非常精确，考核结果更加客观有效。

（3）具有良好的绩效反馈功能，一方面有利于员工接受考核结果，另一方面明确指出了员工绩效的改进方向，具有很强的绩效考核改进指导作用。

（4）具有较好的连贯性。相对来说，行为锚定等级考核法具有较好的连贯性和较高的信度。这是因为，在运用不同考核者对同一个人进行考核时，其结果基本上都是类似的。

如图 4.3 所示，为某连锁服装店售货员"处理顾客投诉的态度与技巧"的行为锚定评分表。

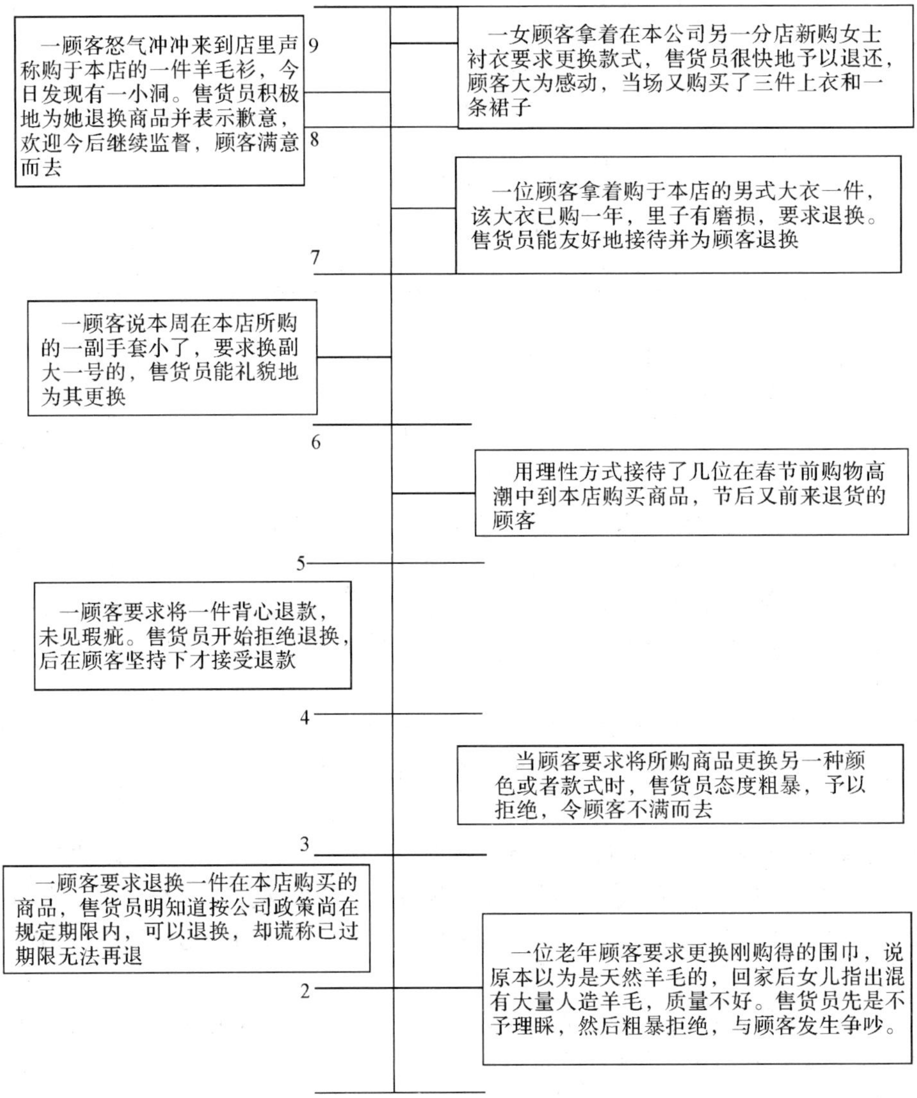

图 4.3　某连锁服装店售货员"处理顾客投诉的态度与技巧"的行为锚定评分表

4.2.4　普洛夫斯特法

普洛夫斯特法亦可称为行为对照表法，是由美国圣保罗人事局的 J. B. 普洛夫斯特在 1920 年创立的一种评价方法。这种方法的操作办法主要是人力资源部门设计一张描述员工行为的量表，提供给考核者，考核者对比员工的实际工作行为是否符合行为量表的描述，做出"符合、不符合"二选一的决定。评价者的评价可以不受评价指标具体数量的影响，也能在很大程度上避免出现不同评价者对同一评价指标理解不同而导致结果差异较大的现象。

1. 普洛夫斯特法的操作步骤

普洛夫斯特法的具体操作步骤如下：

（1）制订对照参评表。由人力资源部门及其对被考核者的工作十分了解的相关人员共同组成专门小组，制订对照参评表（见表 4.7）。

表 4.7　普洛夫斯特对照参评表示例

记号栏			行为描述	记号栏			行为描述
1次评估	2次评估	3次评估		1次评估	2次评估	3次评估	
□	□	□	怠惰	□	□	□	虽然正确却过分谨慎
□	□	□	动作迟钝	□	□	□	对于自己的工作十分熟练
□	□	□	敏捷而主动	□	□	□	大概可以依赖
□	□	□	年纪大而负荷不了工作	□	□	□	大概不可以依赖
□	□	□	身材矮小而有缺陷	□	□	□	一览说来值得依赖（三项选其一）
□	□	□	漠不关心，索然无味	□	□	□	五官尚且端正
□	□	□	饶舌	□	□	□	五官并不重要
□	□	□	无礼，言语粗鲁	□	□	不必要的动作太多，浪费时间
自大 □	□	□	□	□	□	
□	□	□	有协调性	□	□	□	没有不必要的动作，而不至于浪费时间
□	□	□	非协调性	□	□	□	
□	□	□	讨厌忠告及接受批评	□	□	□	声音、态度十分明朗
□	□	□	容易与他人反目	□	□	□	人际关系良好

（2）由考核者根据被考核者的工作事实进行逐项核定，然后在相应的"□"中打"√"。假如某一项与被考核者情况不符，就空过去，不影响考核结果。

（3）对照"计分表"计算分值。普洛夫斯特评价法的计分可参见表 4.8。

表 4.8　普洛夫斯特评价法的计分示例

分数	行为描述	分数	行为描述
−2	怠惰	1	有协调性
−1/2	动作迟钝	−1	非协调性　（二选一）
1	敏捷而主动	−1	讨厌忠告及接受批评
−1	年纪大而负荷不了工作	−1	健忘
−1/2	身材矮小而有缺陷	−1	疏忽的事情多
−1	身材笨重而有缺陷	−1	错误多
−1	漠不关心，索然无味	0	大致正确
−1	饶舌	−1/2	从来没有错误(三选一)

（4）根据"换算表"换算评价等级。评价等级共为 10 等，分别标记为 A、B+、B、C+、C、C−、D+、D−、E+、E−。评价等级的决定如下：例如核定"+"项目数为 3，"+"分值为 4 分，"−"分值为 10 分，"+""−"相抵总分为 −6 分，根据"普洛夫斯特评价法计分示例表"第 4 栏左边一侧的栏目，可找到"−10−5"栏所对应的"评价等级"为 E，E 就是被考核者的评价等级(见表 4.9)。

表 4.9　普洛夫斯特评价法计分示例表

合计分数				核定+项目数	合计分数					
E−	E	D−	D		C−	C	C+	B	B+	A
−12 以下	−11～−7	−6～−3	−2～−1	0	0					
−12 以下	−11～−6	−5～−3	−2～0	1	1～2	3				
−11 以下	−10～−6	−5～−2	−1～1	2	2～3	4				
−11 以下	−10～−5	−4～−1	0～2	3	3～4	5				
−10 以下	−9～−4	−3～−1	0～2	4	3～4	5～7	8			
−9 以下	−8～−4	−3～0	1～3	5	4～5	6～7	8～10			
−9 以下	−8～−3	−2～0	1～3	6	4～5	6～8	9～11	12		
−8 以下	−7～−3	−2～1	2～4	7	5～6	7～9	10～11	12～14		
−8 以下	−7～−2	−1～2	3～5	8	6～7	8～9	10～12	13～14	15	
−7 以下	−6～−1	0～2	3～5	9	6～7	8～10	11～12	13～15	16	17 以上
−6 以下	−5～−1	0～3	4～6	10	7～8	9～10	11～13	14～15	16～17	18 以上
…	…	…	…	…	…	…	…	…	…	…

2. 普洛夫斯特法的优点

相比于其他评价方法，普洛夫斯特法具有较多优点。① 评价方法简单，只需对项目和事实进行一一核实，并且可以回避评价者不清楚的情况，评价结果更加客观；② 不容易发生晕轮效应等评价者误差，因为评价者是逐项将员工行为与对照表进行比对；③ 可以进行员工之间的横向比较，较好地为发放奖金提供依据；④ 评价标准与工作内容高度相关，评价误差小；⑤ 方法考核的重点是员工工作行为，行为对照表与计分表明确提供给员工信息，什么行为对应什么分数，有利于进行行为引导；⑥ 执行成本很小。

3. 普洛夫斯特法的缺点

普洛夫斯特法设计难度大，成本高；由于评价者无法对最终结果做出预测，因而评价意愿低；对照参评表无法涵盖工作中的所有行为，只能发现一般性问题，无法对员工工作绩效的改进提供具体明确的指导。

4.2.5　混合标准量表法

混合标准量表法（Mixed Standard Scales，MSS）又称混合标准尺度法，是由美国学者布兰兹（Blanz）于1965年提出的。在他所设计的量表中，包含许多组概念相容的描述句。主要描述同一考核要素的高、中、低三个层次的不同结果和行为表现。这些描述句在测评量表中并不按顺序依次排列，而是随机排列。考核者只需要判断指出被考核者在每个考核要素的实际表现是"好于"、"相当于"、还是列于描述句中的叙述，并在其后分别标记为"＋"、"0"、和"－"的符号。混合标准量表法的示例如表4.10所示。

表 4.10　办公室人员的混合标准量表

被评价的三个维度			绩效等级说明
工作效率(0.4)、纪律性(0.3)、沟通能力(0.3)			高、中、低
说明：请在每一项陈述后面标明评价对象的绩效是高于陈述水平的(填"＋")、相当于陈述水平的(填"0")，还是低于陈述水平的(填"－")			
工作效率	低	1.工作总是拖拖拉拉，完成工作的时间较长	＋
纪律性	中	2.平时能够遵守公司纪律，但偶尔也会犯一些小错误	－
沟通能力	高	3.在交流中能够清晰地向同事表明自己的意思，并迅速领悟他人的意思	＋
工作效率	高	4.总是能提前做好工作计划并及时准确地完成工作	－
纪律性	低	5.经常违反公司纪律，造成了比较恶劣的影响	0
沟通能力	中	6.能够清楚的表达出自己的意思，但不能很快领悟他人的意思或者刚好相反	＋
工作效率	中	7.平时能按时完成任务，但有时也会出现拖拉的情况	0
纪律性	高	8.严格遵守公司制度，从来不违反纪律	－
沟通能力	低	9.表达和领悟能力要慢于一部分人，但还是具有一般的沟通能力	＋

1. 混合标准量表法的操作步骤

混合标准量表法的基本设计步骤如下：

（1）确定考评维度。考评维度往往是由设计者根据组织的实际需要和被考评者所从事的工作性质等因素决定的。如表 4.10 中所列举的办公室混合标准量表，首先确定了三个考核维度，分别为工作效率、纪律性、沟通能力。若考评的维度较大，也可以在每一个维度下拟出几个子维度，如表 4.10 中纪律性维度，又可进一步细分为保密意识、考勤两个维度。

（2）描述考核维度。维度的表达就是为每一个考评维度的高、中、低三个层次拟出一条范例性的陈述句。若维度中包含子维度，则对每一个子维度三个层次拟出范例性陈述句。如表 4.11 中，对纪律性的高、中、低层次描述分别为：高层次，严格遵守公司制度，从来不违反纪律；中层次，平时能够遵守公司纪律，但也会犯一些小错误；低层次，经常违反公司纪律，造成了比较恶劣的影响。

（3）给考核维度赋予权重。由于考评的角度不同，目的不同，有时需要对每一个维度的重要性加以区分。但必须确保每组子维度权重之和为 1，维度权重之和也应为 1，例如：采用经验判断法，工作效率、纪律性、沟通能力的权重分别设为 0.4、0.3、0.3。

（4）打乱次序，掩盖评分等级。对所有的逻辑有效组合，我们给出了一个数字作为其分数，如表 4.11 所示。如最好的表现是第一种组合，即被考核者的表现优于优者，赋以最高分 7 分。然后依此类推。最差的表现是劣于劣者，赋以最低分 1 分。最后，对各维度的得分加权平均，计算出被考核者的绩效得分。

表 4.11　混合标准列表法的评分标准

描述性陈述			得分
高	中	低	
＋	＋	＋	7
0	＋	＋	6
－	＋	＋	5
－	0	＋	4
－	－	＋	3
－	－	0	2
－	－	－	1

（5）求得最后分数。如果同一被考核者的考评者多于一人，则对所有考评者的有效的评价分数进行平均，就能得到该被评价者的分数。若评价主体重要性不同，则需对评价主体赋予不同权重，再加权平均得到最后的结果。

依据表 4.11，则表 4.10 中办公室人员的三个评价分数，如表 4.12 所示，示例中办公室人员最后的绩效得分为：4×0.4＋2×0.3＋7×0.3＝4.3 分。

表 4.12　混合标准列表法下要素评价分数汇总表

	描述性陈述			得分
	高	中	低	
工作效率	－	0	＋	4
纪律性	－	－	0	2
沟通能力	＋	＋	＋	7

2. 混合标准量表法的优点

混合标准量表法的优点主要有两个。首先，提高评价者评分的客观性。混合标准量表法在设计量表时打乱了每个考核要素的不同层次描述的顺序，没有按照逻辑顺序进行排列，从而避免人们受到等级规定的影响而打分时缺乏客观性，容易犯过宽效应等主观性误差。其次，检验并提高考核过程中的逻辑一致性。

3. 混合标准量表法的缺点

混合标准量表法打乱了同一考核要素的不同层次的描述，这样，如果考核者打分时不负责或不认真，而出现自相矛盾的现象，混合标准量表则可发现这个问题。在表 4.12 中，考核者对纪律性的评分，考核者对其高层次描述的判断为"＋"，表明考核者的纪律性表现比最优的描述还优异，那么如果同一考核者对其中或低层次任一描述判断为"0"或"－"，均不符合逻辑的一致性，需要考核者对判断结果进行调整。

4.2.6　综合尺度量表法

综合尺度量表法综合了结果导向量表法与行为导向量表法，从行为与结果两个方面对评价指标的标度进行界定（如表 4.13 所示）引导员工的行为，又对结果进行直接控制。由于评价尺度中同时包含行为和结果的描述，因此，综合尺度量表法的设计和开发成本较高。

表 4.13　综合尺度量表法示例

要素名称：自律性	职位等级：中层管理人员	职位类别：职能管理
要素定义：本人以及本人所管理的部门能否严格遵守公司的各项规章制度和工作纪律，有无违反规定的现象发生		

等级	定　义	评分
S	本人清正廉洁，严于律己，很受大家尊重，同时能够严格约束下属，本人及其所属部门能够严格遵守公司的各项规章制度以及工作纪律，从来没有违反公司规定的现象出现	
A	本人对自己的要求比较高，受到大家尊重，同时对下属人员的纪律要求也比较严，本人及其所属部门能够遵守公司的各项规章制度以及工作纪律，基本没有违规事件	
B	本人有一定的自律性，总体上能够获得大家的认可，同时对下属人员也注意约束，本人及其所属部门基本上能够遵守公司的各项规章制度以及工作纪律，违规事件时有发生	
C	本人的自律性不够，周围的人对其有一定的意见，同时（或者）对下属人员不注意纪律约束，本人或所属部门有时不遵守公司的规章制度和工作纪律，违规事件时有发生	
D	本人的自律性非常差，周围的人对其意见很大，同时（或者）对下属人员根本不加以纪律约束，本人或所属部门不遵守公司的规章制度和工作纪律，违规事件屡屡发生	

4.2.7 行为观察量表法

行为观察量表法(Behavior Observation Scale,BOS)也称行为评价法、行为观察法、行为观察量表评价法,由美国的人力资源专家拉萨姆和瓦克斯雷于 1981 年在行为锚定等级评价法和传统业绩评定表法的基础上不断发展和演变所提出。行为观察量表法中所列行为是特定工作的成功绩效所需求的一系列合乎希望的行为,通过判定员工这些行为出现的频率,然后给予这些行为出现的频率赋值,计算出最终的得分值来判定员工的工作绩效好坏。通常情况,行为观察量表给每个行为设置从几乎没有到几乎总是 5 个等级,分别由分数 1~5 表示(如表 4.14 所示)。行为观察量表设计时首先确定评价项目,即期望的员工行为表现方面,并赋予不同的评价项目不同的权重,进而确定 5 个等级分值,在操作时评定了员工每个项目的得分之后,然后再对每个评价项目进行加权平均,计算出最终的员工绩效得分。

表 4.14 行为观察量表法示例

评价项目:团队精神				
评价细项	评价等级			
(1) 大方地传播别人需要的信息	1(几乎没有)	2	3	4	5(几乎总是)
(2) 推动团体会议与讨论	1	2	3	4	5
(3) 确保每一个成员的参与经过深思	1	2	3	4	5
(4) 为他人提供展示其成果的机会	1	2	3	4	5
(5) 了解激励不同员工的方式	1	2	3	4	5
(6) 若有冲突,第一时间弄清事实,并及时解决	1	2	3	4	5
划分等级标准: A:06~10 分,未达到标准; B:11~15 分,勉强达到标准; C:16~20 分,完全达到标准; D:21~25 分,出色达到标准; E:26~30 分,最优秀。				

行为观察量表法所列出的员工行为全部是组织所期望的员工行为,这为组织将发展战略转化为员工行为提供了契机和桥梁,因此,该方法能很好地向员工提供信息反馈,引导员工做出高绩效评分行为。行为观察量表也是管理人员监控员工行为的良好工具,并提供行为描述作为信息反馈的有力证据。但行为观察量表需要以组织发展战略为指导,以工作分析为基础对每个职位独立开发,因此其开发成本相对较高,但执行成本相对较低。

4.3 360 度考核法

360 度考核法又称全方位考核法,最早由英特尔公司提出。360 度考核法即由被考核者的上级、下级、同事、自己和相关客户,分别对被考核者进行考核与评价的方法,如表 4.15 所示。

表 4.15　GE 360 度考核表

考核部门：研发中心

考核项	考核评定标准	上级	同级	下属	其他
工作目标	清楚简单地使他人理解公司研发中心的工作目标；使他人清楚地了解组织的方向，激励他人致力于完成公司研发中心的工作目标；以身作则想得远，看得广，想象挑战，如果必要，需完善公司的工作目标以反映不断加剧的变化影响着公司的业务				
主人翁精神	在公司的所有活动中加强公司的使命感及战略紧迫性；用积极的态度使他人了解公司碰到的挑战用专业技能有效影响公司及研发中心的行为和业务决策，无论成败敢于承担责任				
以顾客为中心	听顾客发表意见，把令顾客满意作为最先考虑的工作，包括令公司内部的顾客满意，通过跨功能、多元化的意识展示对业务的全面掌握和认识，打破壁垒，发展业务之间、功能之间、团队之间的相互影响的关系，做出的决策要反映公司的全球观及顾客观，将速度作为一种竞争优势				

1. 考核主体选择

根据 360 度考核法的定义及被考核者的信息来源，考核人员凡是与被考核者有工作关系的，就是考核人员，都应当参与到考评当中，即被考核者自己、被考核者的上级、下属、同事及服务对象。360 度考核者类别众多，各有优缺点，具体见表 4.16。

表 4.16　360 度考核方法评价主体比较表

类型	准确性	可靠性	灵敏性	经济性	可接受性	可行性	适用范围
上级	较高	较高	一般	较高	一般	较高	最常用；反馈、奖惩、配置等方面
下属	较高	一般	较高	较高	一般	一般	适合民主监督、沟通和组织发展等
同事	较高	较低	较低	一般	较高	较高	常用于团队性工作或项目小组场合
自我	一般	较低	较低	较高	较高	一般	多用于个人发展和职业管理及沟通
外部	一般	较高	较低	较低	一般	较低	适合改善组织业绩和形象等目的
集体	较高	较高	一般	较高	较高	较高	适用于扁平化组织工作团队管理方式

1) 自我评价

自我评价是指让经理人针对自己在工作期间的绩效表现，或根据绩效表现评估其能力并据此设定未来的目标。

优点：员工最了解自己的工作状况和表现、能力，有利于提高员工在评估中的参与程度；给员工思考自己的缺点提供机会，易引发良好沟通，提供上下级共同建立未来工作目标和发展计划的舞台。

缺点：员工有夸大自己工作成果和优点的趋向。

2）上级考核

员工的绩效目标是上级与员工共同制订的，上级通过员工提供的工作成果，对员工的业绩表现最有发言权。

优点：最熟悉员工工作以及他们的工作状况和工作成果。

缺点：时间有限，依靠工作记录进行绩效考核易受个人主观性制约。

3）下属考核

下属作为被考核者的直接领导对象，对被考核者的领导能力、组织能力和协调能力最为了解，在对被考核者的管理能力进行考核时最为适合。

优点：下属最了解上级的许多与工作有关的行为和工作表现。

缺点：不适用于对经理某些特殊方面的评价，如：计划与组织、预算、创造力、分析力等；易形成上级媚下行为；造成上级报复行为。

4）同事考核

同事考核可以比较全面地考察被考核者的合作意识、工作态度和工作能力，但同事评估可能会受到关系因素、感情因素及竞争因素的影响。

优点：提供员工较为真实、未经掩饰的一面；有助于形成关于个人绩效的一致性意见；提供除工作成绩以外的其他信息。

缺点：同事评估易成为员工彼此竞争的牺牲品；受上级主管控制的限制，不愿失去对员工绩效评估控制权，导致同事评估结果可采用度降低；被同事评估较低者很可能采用报复措施；同事评估缺乏客观、统一的标准，可能会依赖惯例进行评估。

5）客户考核

客户对被考核者的评价是基于被考核者提供的服务。

优点：可以获得来自组织外部的信息，从而保证较为公正的考核结果。

缺点：在实际运用时往往不太容易获得客户的支持；客户评价主观性很强，当客户提出的要求被满足时，会给出比较积极的评价，但如果发生牺牲企业利益而满足客户需求的积极评价，显然是违背评价初衷的。

综上可见，360度考核方法的各维度评价主体均各有自身优缺点，在针对不同考评目的和考评对象时，要注意选择适用的考评主体，还应注意区分各评价主体在不同被考评者中话语权的不同，因而要对其赋予不同的权重。360度考评主体的选择应遵循最近相关、有机结合、经济可行原则，一般上级评估人数小于等于2人，同事中级别相同者人数小于等于4人，同事中级别不同者小于等于6人；下级人数大于等于3人。

2. 360度考核法的优缺点

360度考核法较之传统的上级考核，具有较多的优点：

（1）打破了由上级考核下属的传统考核制度，可以避免传统考核中考核者极容易发生的"光环效应""居中趋势""偏紧或偏松""个人偏见""考核盲点"等现象。

（2）一个员工的意见想要影响多个人是困难的，管理层获得的信息更准确。

（3）可以反映出不同考核者对于同一被考核者不同的看法。

（4）防止被考核者急功近利的行为（如仅仅致力于与薪金密切相关的业绩指标）。

（5）较为全面的反馈信息有助于被考核者多方面能力的提升。

　　360 度考核法实际上是员工参与管理的方式，在一定程度上增加他们的自主性和对工作的控制，员工的积极性会更高，对组织会更忠诚，提高了员工的工作满意度。

　　360 度考核也存在一定的缺点：

　　(1)考核成本高。当一个人要对多个同伴进行考核时，时间耗费多，由多人来共同考核所导致的成本上升可能会超过考核所带来的价值。

　　(2)成为某些员工发泄私愤的途径。某些员工不正视上级及同事的批评与建议，将工作上的问题上升为个人情绪，利用考核机会"公报私仇"。

　　(3)考核培训工作难度大。组织要对所有的员工进行考核制度的培训，因为所有的员工既是考核者又是被考核者。

3. 360 度考核法实施流程

1)准备阶段

　　准备工作相当重要，它影响着评估过程的顺利进行和评估结果的有效性。准备阶段的主要目的是使所有相关人员，包括所有评估者与受评者，以及所有可能接触或利用评估结果的管理人员，正确理解企业实施 360 度评估的目的和作用，进而建立起对该评估方法的信任。

2)评估阶段

　　(1)组建 360 度绩效反馈队伍。必须注意评估要征得受评者的同意，这样才能保证受评者对最终结果的认同和接受。

　　(2)对评估者进行 360 度评估反馈技术的培训。为避免评估结果受到评估者主观因素的影响，企业在执行 360 度评估反馈方法时需要对评估者进行培训，使他们熟悉并能正确使用该技术。此外，理想情况下，企业最好能根据本公司的情况建立自己的能力模型要求，并在此基础上，设计 360 度反馈问卷。

　　(3)实施 360 度评估反馈。分别由上级、同级、下级、相关客户和本人按各个维度标准，进行评估。评估过程中，除了上级对下级的评估无法实现保密之外，其他几种类型的评估最好是采取匿名的方式，必须严格维护填表人的匿名权以及对评估结果报告的保密性，大量研究表明，在匿名评估的方式下，人们往往愿意提供更为真实的信息。

　　(4)统计并报告结果。在提供 360 度评估报告时要注意对评估者匿名需要的保护。还有重要的一点，要确保其科学性。例如，报告中列出各类评估人数一般以 3~5 人为底线；如果某类评估者(如下级)少于 3 人的话，则必须归入其他类，而不得单独以下级评估的方式呈现评估结果。

　　(5)企业管理部门针对反馈的问题制订相应措施。企业在实施 360 度考核方法之后，需要征求员工各项反馈意见，评估绩效考核效果，并提出相应的调整措施。

3)反馈和辅导阶段

　　向受评者提供反馈和辅导是一个非常重要的环节。通过来自各方的反馈(包括上级、同事、下级、自己以及客户等)，可以让受评者更加全面地了解自己的长处和短处，更清楚地认识到公司和上级对自己的期望及目前存在的差距。根据经验，在第一次实施 360 度评估和反馈项目时，最好请专家或顾问开展一对一的反馈辅导谈话，以指导受评者如何去阅读、解释以及充分利用 360 评估和反馈报告。另外，请外部专家或顾问也容易形成一种"安全"(即不用担心是否会受惩罚等)的氛围，有利于与受评者深入交流。

4. 360 度考核法实施注意事项

（1）正确看待 360 度绩效反馈法的价值。就其目前的发展阶段来说，360 度绩效反馈法的最重要价值不是评估本身，而是能力开发。其价值主要包括两个方面：可以帮助人们提高对自我的洞察力，更加清楚自己的强项和需要改进的地方，进而制订下一步的能力发展计划；可以激励人们不断改进自己的行为，尤其是当 360 度评估和反馈与个人发展计划的制订结合起来时效果更明显。360 度方法正是将这种差距明确地呈现给受评人，从而激发起他们积极向上的动力。

简单地将 360 度评估和反馈方法用于评估目的（无论是人才评估还是绩效考评），不仅不能给企业带来预期的效果，而且还有可能产生许多诸如人际关系矛盾、劳民伤财以及降低人力资源部和高层领导的威信等负面影响。

（2）高层领导的支持。360 度绩效反馈涉及组织中各个层面的人，甚至还包括组织外部的人员。因此，实施 360 度绩效反馈只有得到高层领导的全力支持，才有可能真正顺利地开展起来，开展过程中出现的问题也能及时地得以解决。否则，就可能使员工之间的问题升级，影响员工正常工作绩效，甚至造成组织中不可控制的混乱局面。

（3）企业的稳定性。实施 360 度绩效反馈的组织应该有一定的稳定性。因为事实上，这种新的工具本身很可能会成为一把双刃利剑，当企业面临重组、裁员或者合并时，员工的不安全感本身就比较高，这时采用 360 度反馈很可能加重这种体验，从而导致负面的影响。360 度反馈对能力发展的作用也就无法体现。

（4）建立信任。通过操作细节和整个实施过程中的不断沟通，使员工建立起对上级的信任和对反馈中组织所承诺的程序公平的信任，从而对反馈保持开放接受的态度，克服对该技术的抵触情绪。

因此，刚开始实施 360 度绩效反馈时，最好只以能力开发为目的，不作为考核、晋升的依据。这样，员工就能较容易地接受并认同这个技术。然后，再逐步将其应用（如考评、提升等人事决策）拓展。

（5）建立长期的人员能力发展计划。在将 360 度绩效反馈应用于领导能力发展时，企业应具备相应的领导能力模型，这样，才能对现有管理层的领导能力做出合理的评估。许多企业不重视这个前期工作，实际上，360 度绩效反馈只是一种评估反馈的方法，而根据领导能力模型编制的问卷才是实施评估的内容，是 360 度绩效反馈技术能否在企业中起到效果的决定因素之一。许多企业往往忽视建立长期的人员能力发展计划。能力发展不是一朝一夕，也不是一劳永逸的事；需要不断地提高，不断地发展完善。因此，在完成 360 度绩效反馈之后，必须与受评者一起探讨有关他的能力发展的长期计划。这将关系到领导能力发展最终效果的问题。

4.4　其他考核法

1. 绩效标准法

绩效标准法与目标管理法基本接近，它采用更直接的工作绩效衡量的指标，通常适用于非管理岗位的员工，衡量所采用的指标要具体、合理、明确，要有时间、空间、数量、质量的约束限制，要规定完成目标的先后顺序，保证目标与组织目标的一致性。

绩效标准法比目标管理法具有更多的考评标准，而且标准更加具体详细。依照标准逐一评估，然后按照各标准的重要性所确定的权数，进行考评分数汇总。由于被考评者的多样性，个人品质存在明显差异，有时某一方面的突出业绩和另一方面的较差表现有共生性，而采用这种方法可以克服此类问题。绩效标准法为下属提供了清晰准确的努力方向，对员工具有更加明确的导向和激励作用。绩效标准法的局限性是需要占用较多的人力、物力和财力，需要较高的管理成本。

2. 直接指标法

直接指标法采用可监测、可核算的指标构成若干考评要素，对于非管理人员，可将其生产率、工作数量、工作质量的工作表现，作为进行评估的主要依据。该方法属于结果导向型的绩效考评方法。

工作数量指标有：工时利用率、月度营业额、销售量等。

工作质量指标有：顾客不满意率、废品率、产品包装缺损率、顾客投诉率、不合格品返修率等。

直接指标法的特点是简单易行，能节省人力、物力和管理成本。运用本方法时，需要加强企业基础管理，建立健全各种原始记录，特别是一线人员的统计工作。

3. 成绩记录法

成绩记录法是一种以主管人员的工作成绩记录为基础的考评方法。它是新开发出来的一种方法，比较适合于从事科研教学、科研工作的教师、专家们，以及具有相同工作性质的人员，即他们每天的工作内容不尽相同，无法用完全固化的衡量指标进行考量。其特点是因需要从外部请来专家参与评估，因此，人力、物力耗费很高，时间也很长。

4. 关键事件法

关键事件是指那些对部门的整体工作绩效产生重大影响的事件。关键事件可以是有效行为，也可以是无效的行为，分别造成积极和消极的影响。关键事件法要求评价者通过平时观察，关键事件法要求保存最有利和最不利的工作行为的书面记录。

记录关键事件通常需遵循 STAR 原则，即围绕事件的四个重点方面来进行记录。

S(SITUATION)——情境。这件事情发生时的情境。

T(TARGET)——目标。事件发生所要达到的目的。

A(ACTION)——行动。采取了哪些具体的行动。

R(RESULT)——结果。行动最终产生了哪些结果。

关键事件法实事求是地以被考核员工行为事实进行绩效评价，就事论事，不容易挫伤员工的积极性；关键事件法对被考核员工的行为记录详细，以事实为依据，有利于在绩效反馈环节中与员工就绩效结果达成一致；关键事件法还能有效地为员工明确工作行为中哪些为有效，哪些为无效，从而为员工工作行为的改进提供了明确的方向。

关键事件法一般用作其他评价方法，尤其是量表法的补充。但运用关键事件法会产生一些问题。首先，关键事件法无法记录复杂的工作评价期间所有的关键事件，因而它仅适用行为要求比较稳定，不太复杂的工作；其次，管理人员无法依据关键事件法的评价结果对员工进行横向比较，因而该方法不能作为员工奖金的发放依据；再次，关键事件法耗时耗力，执行成本高；最后，关键事件法容易造成管理者对员工的过分监视，形成紧张的上下级关系。

5. 评语法

评语法是最常见的以一篇简短的书面鉴定来进行考评的方法。评语的内容包括被考评者的工作业绩、工作表现、优缺点和需努力的方向（如表 4.18 所示）。考评的内容、格式、篇幅、重点等均不受拘束，完全由考评者自由掌握，不存在标准规范。被考人按组织要求递交一份自我鉴定，主考人以此为基础材料，对被考人做出绩效考评。这是一种古老的方法，可以作为其他考评方法的辅助。评语法的特点是考评内容通常会涉及被考评者的优点与缺点、成绩与不足、潜在能力、改进的建议及培养方法等。所以，运用此法做出的评价语，一方面缺少特定的维度（即使划分维度也很粗略），另一方面，评价语很随意，缺乏明晰的定义和行为对照标准；加之几乎全部使用定性式描述，缺乏量化数据，因此难以相互比较和据此作出准确的人事决策。但因为它明确而灵活，反馈简捷，所以至今仍颇受欢迎。在我国，此法更是一种传统的考评方式。但由于该考评方法主观性强，所以最好不要单独使用。

表 4.18　结构化的评语表

雇员姓名：　　　　　　工作类型： 举例说明雇员的有效行为： 举例说明雇员的无效行为： 为了改变雇员的无效行为应(已经)采取哪些措施？ 雇员的工作描述需要修改吗？　　不　　　　　是 解释原因： 上级评估者的评语(对有效/无效行为产生的环境及背景也可做一些解释)： 被评估者的评论(也可以对有效/无效行为产生的环境及背景也可做一些解释，同时可做相关评述)：
(签名并不意味着被评估者同意上述评价，只表明已阅读过) 　　被评估者签名、日期：　　　　　　　　上级评估者签名、日期：

4.5　绩效评价方法的比较与选择

4.5.1　绩效评价方法的比较

绩效评价方法的直接作用在于区分和呈现员工真实绩效，即其有效性，绩效评价方法不同，有效性也大有不同。此外，绩效评价方法在企业执行时的成本控制方面、对员工提供绩效反馈和对员工行为改进的导向方面以及作为奖金分配的依据和员工发展机会的确定依据方面的作用大小也存在较大的差异。具体如表 4.18 中所示，一些简单的量表法就能较为有效、低成本地实现管理目的，而复杂的量表法虽开发执行成本较高，但对员工的绩效行为改进作用更好，也能更加有效地对员工的实际绩效进行评价。管理者应根据具体的情况选择和使用适合的绩效评价方法。

表 4.18　各类绩效评价方法作用比较

绩效评价方法	绩效评价方法作用比较维度			
	成本控制	反馈导向	奖金分配与发展机会	有效性
关键事件法	较差	非常好	差	好
排序法	好	差	一般	一般
强制分布法	好	差	一般	一般
等级择一法	一般	不确定	差	不确定
行为锚定评价法	差	好	好	好
360 度考核法	一般	非常好	差	不确定

4.5.2　绩效评价方法的选择

绩效评价方法对成本控制、员工绩效反馈、奖金发放、员工发展机会的确定以及绩效显现的有效性各方面的作用大小不一，合适的绩效评价方法能使企业在管理的成本和效用两方面有机结合。绩效评价方法的选择主要依据是绩效评价指标。企业需要根据绩效评价指标的类型特性、指标所需数据的可获得性结合评价结果的应用目的以及绩效评价方法的使用成本共同决定选用何种绩效评价方法。

1. 指标的类型特性

按照指标特性不同，指标可以分为结果导向和行为导向指标、主观指标和客观指标、财务类指标和非财务类指标、软指标和硬指标、前置指标和滞后指标等不同类型。结果导向的指标一般都属于滞后指标，既有软指标，也有硬指标。软指标一般采用行为锚定评定量表法和主观判断法相结合方法进行评价，而硬指标则只需依据客观数据做出评价或者采用等级择一法进行判定。行为导向型指标多为前置指标和软指标，需要采用关键事件法、工作记录法、行为观察量表法、行为锚定量表法等方法做出判断。兼具行为和结果双重特性的指标则可采用综合尺度量表法，实现行为和结果双重考量。

2. 绩效数据的可获得性

绩效数据的可获得性和便利性对绩效评价方法的选择也有很大影响。不同的评价指标衡量的难易程度差异显著，对绩效数据的类型、来源、采集和分析过程也有不同的要求，从而需要选择合适的绩效评价方法。如一些结果导向的硬指标，企业存在客观数据的如"月销售额"指标，则可以采用图尺度法或等级择一法直接进行评价；而一些行为导向的软指标，没有直接的客观数据，但可以通过观察获得的如"协作性"指标，采用关键事件法、工作记录法来考察；一些没有客观数据，也无法观察获得的主观性指标如"文化认知度"指标，需要通过调查法来获取相应的行为表现。

3. 评价结果的应用

一方面，绩效评价的目的不同，所选择的评价指标将会存在较大差异，从而选择的绩效评价方法大有不同。另一方面，不同的绩效评价方法对不同绩效目的的贡献作用也存在差异。一般来说，绩效评价结果主要用于为员工提供反馈信息，以改进员工工作行为和工作绩效时，主要采用行为锚定等级评价法、360 度考核法、行为观察量表法、关键事件法等评价方法；而作为奖金分配、薪资调整和员工发展机会的依据时，企业一般采用行为锚定等级评价法、图尺度量表法等方法。

4. 评价方法的使用成本

使用成本较低的方法有排序法和强制分布法，量表法如图尺度法、等级择一法的成本稍高，量表法中行为锚定等级评定法、行为观察量表法、综合评定量表法等方法量表开发成本较高，360 度考核方法的开发和执行成本均较高，其他方法中关键事件法的使用成本也较高。企业应根据自身情况选择适合的方法。

5. 工作性质

工作按工作内容程序化、工作环境的稳定性、工作权利的独立性进行分类。不同类型的工作绩效考核方法不同。

对流水生产线上的工作其程序性、稳定性高而独立性低的岗位的考核，应包含较多可量化的指标，如上下班时间、操作的熟练程度、次品率等，主要采用比较法、排序法、图尺度量表法、等级择一法等结果性指标评价方法；高级经理岗位具有较低的程序性、很高的独立性和非稳定性，其考核内容应侧重于经理人员的能力和素质、股东满意度，以及公司在股票市场上的表现等方面，主要采用非结构化法如关键事件法进行评价；市场销售工作具有一定的程序性、较高的独立性，因此除考核销售额外，还应考核签订的合同数目、客户档案管理、项目进度管理、用户满意度等指标，可采用行为锚定评定量表法、综合评定量表法与图尺度量表法等行为和结果双重评价方法相结合。

思 考 题

1. 强制分布法有何优点和缺点？具体应用中应注意哪些事项？
2. 几种量表法有何联系与区别？应如何选用量表法？
3. 360 度考核法有何优缺点？
4. 运用 360 度考核法时应如何选用考评主体？
5. 企业应如何对各类绩效考核法进行选择？

案 例

ABC 公司是一家在全国各一级城市均有分公司的集团性国有企业，总部设在北京，且有多个职能部门。年终，ABC 公司对中层管理人员（部门级负责人）进行绩效考评，考评方案的主要内容如下：

(1) 考评目的。根据考评结果，对公司管理人员进行奖罚、调整和聘免等。

(2) 考评内容。主要涉及德、能、勤、绩和廉五个方面，考评结果分优秀、称职、基本称职、不称职 4 个档次。

(3) 考评方法。从全公司范围内的上级、同级、下级三个角度进行匿名打分评价，具体的评价者及评价权重见下表：

	上级评价	同级评价		下级评价	
评价者	公司领导	其他部门负责人	区域公司、分公司负责人	本部门员工	其他部门员工
权重	40%	20%	15%	15%	10%

（4）考评实施。人力资源部召集、组织所有参加的考评人员聚集在一起，将考评表下发给大家。考评人员填写完考评表后，将其投入考评箱。

但是，公司领导在面对考评结果时，却遇到了麻烦，因为有些员工反映这种考评很不公平，理由概括起来为以下两点：

（1）打分评价的方式本身就具有很强的主观性，据此得出的统计结果只能主观反映被评价的人际关系情况，不能对工作能力、工作行为、工作绩效等进行全面、客观地反映。

（2）考评得分低的不一定全是工作能力、工作业绩低的员工，因为公司机关工作氛围比较差，人际关系较复杂，那些坚持原则工作的员工更容易得罪人，考评得分也可能比较低。考评得分比较高的不一定全是工作能力、工作业绩高的员工，做事圆滑、工于"和稀泥"型的员工或者不做事的员工，考评得分也可能比较高。

—— 资料来源：金伯银.如何用好 360 度绩效反馈法——ABC 公司绩效考评案例解析，人力资源管理 2009.7P52

问题讨论：

1. 案例中 ABC 公司进行的中层管理者的绩效考评采用何种方法？该方法运用存在哪些问题？

2. 应如何对 ABC 公司的绩效考核进行调整？

第5章　薪酬管理概论

本章要点
◇ 薪酬与报酬
◇ 薪酬构成
◇ 薪酬功能
◇ 薪酬管理
◇ 薪酬管理原则
◇ 薪酬管理影响因素

▶阅读资料

IBM 的薪酬管理

IBM 的薪酬管理非常独特和有效，能够通过薪酬管理达到奖励进步、督促平庸的作为，IBM 将这种管理已经发展成为了高绩效文化（High Performance Culture），不可不察。薪酬管理，运用之妙，可喜可贺；运用之谬，可悲可泣，让我们来解读 IBM 高绩效文化的精髓。

☆薪酬与职务重要性、难度相称

每年年初 IBM 的员工特别关心自己的工资卡，去年干得如何，通过工资涨幅可以体现得淋漓尽致。IBM 的薪金构成很复杂，但里面不会有学历工资和工龄工资，IBM 员工的薪金跟员工的岗位、职务重要性、工作难度、工作表现和工作业绩有直接关系，工作时间长短和学历高低与薪金没必然关系。

在 IBM，你的学历是一块很好的敲门砖，但绝不会是你获得更好待遇的凭证。在 IBM，每一个员工工资的涨幅，会有一个关键的参考指标，这就是个人业务承诺计划 PBC。只要你是 IBM 的员工，就会有个人业务承诺计划，制订承诺计划是一个互动的过程，你和你的直属经理坐下来共同商讨这个计划怎么做切合实际，几经修改，你其实和老板立下了一个一年期的军令状，老板非常清楚你一年的工作重点，你自己对一年的工作也非常明白，剩下的就是执行。大家团结紧张、严肃活泼地干了一年，到了年终，直属经理会在你的军令状上打分，直属经理当然也有个人业务承诺计划，上头的经理会给他打分，大家谁也不特殊，都按这个规则走。IBM 在奖励优秀员工时，就是在履行自己所称的高绩效文化。

1996 年初 IBM 推出个人业绩评估计划（PBC）。具体来说，PBC 从三个方面来考察员工工作的情况。第一是 Win，制胜。胜利是第一位的，首先你必须完成你在 PBC 里面制订的计划，无论过程多艰辛，到达目的地最重要。企业在实现目标时无法玩概念，必须见结果，股市会非常客观地反映企业的经营情况，董事会对总裁也不会心软。第二是 Executive，执行。执行是一个过程量，它反映了员工的素质，执行能力需要无止境的修炼。PBC 不光是决定你的工资，还影响到你的晋升，当然同时也影响了你的收入。所以执行是非常重要的一个过程监控量。最后是 Team，团队精神。在 IBM 埋头做事不行，必须合作。在 IBM 采访时有一个强烈的感觉：IBM采用非常成熟的矩阵结构管理模式，一件事会牵涉到很多部门，有时候会从全球的同事那里获得帮助，所以团队意识应该成为第一意识，工作中随时准备与人合作一把。一言概之：必须确实了解自己部门的运作目标，掌握工作重点，发挥最佳团队精神，并彻底执行。

☆薪酬充分反映员工的业绩

PBC考核通常由直属上级负责对员工工作情况进行评定，上一级领导进行总的调整。每个员工都有进行年度总结和与他的上级面对面讨论这个总结的权利。上级在评定时往往与做类似工作或工作内容相同的其他员工相比较，根据其成绩是否突出而定。评价大体上分十到二十个项目进行，这些项目从客观上都是可以取得一致的。例如"在简单的指示下，理解是否快，处理是否得当。"

对营业部门或技术部门进行评价是比较简单的，但对凭感觉评价的部门如秘书、宣传、人事及总务等部门怎么办呢？IBM公司设法把感觉换算成数字，以宣传部为例，他们把考核期内在报纸杂志上刊载的关于IBM的报导加以搜集整理，把有利报道与不利报道进行比较，以便作为衡量一定时期宣传工作的尺度。

评价工作全部结束，就在每个部门甚至全公司进行平衡，分成几个等级。例如，A等级的员工是大幅度定期晋升者，B等级的员工是既无功也无过者，C等级的员工是需要努力的，D等级的员工则是生病或因其他原因达不到标准的。从历史看，65%～75%的IBM公司职工每年都能超额完成任务，只有5%～10%的人不能完成定额。那些没有完成任务的人中只有少数人真正遇到麻烦，大多数人都能在下一年完成任务，并且干得不错。

IBM的薪酬政策精神是通过有竞争力的策略，吸引和激励业绩表现优秀的员工继续在岗位上保持高水平。个人收入由工作表现和相对贡献，所在业务单位的业绩表现以及公司的整体薪酬竞争力确定。1996年调整后的新制度以全新的职务评估系统取代原来的职等系统，所有职务将按照技能、贡献和领导能力、对业务的影响力及负责范围等三个客观条件，分为十个职等类别。部门经理会根据三大原则，决定薪酬调整幅度。这三大原则是：① 员工过去3年个人业务承诺计划（PBC）成绩的记录；② 员工是否拥有重要技能，并能应用在工作上；③ 员工对部门的贡献和影响力。员工对薪酬制度有任何问题，可以询问自己的直属经理，进行面对面沟通，或向人力资源部查询。一线经理提出薪酬调整计划，必须得到上一级经理认可。

☆薪酬要等于或高于一流公司

IBM公司认为，所谓一流公司，就应付给职工一流公司的薪酬。这样才算一流公司，员工也会以身为一流公司的职工而自豪，从而转化为热爱公司的精神和对工作充满热情。

为确保比其他公司拥有更多的优秀人才，IBM在确定薪酬标准时，首先就某些项目对其他企业进行调查，确切掌握同行业其他公司的标准，并注意在同行业中经常保持领先地位。

定期调查选择对象时主要考虑以下几点：

（1）应当是工资标准、卫生福利都优越的一流企业；

（2）要与IBM从事相同工作的人员的待遇进行比较，就应当选择具有技术、制造、营业、服务部门的企业；

（3）是有发展前途的企业。

为了与各公司交换这些秘密的资料，根据君子协定，绝对不能公开各公司的名字。当然，IBM所说的"必须高于其他公司的工资"，归根结底是要"取得高于其他公司的工作成绩"。在提薪时，根据当年营业额、利润等计算出定期提薪额，由人事部门提出"每人的平均值"。因此，要提高提薪额，就必须相应地提高工作成绩。

☆IBM的工资与福利项目

基本月薪——对员工基本价值、工作表现及贡献的认同。

综合补贴——对员工生活方面基本需要的现金支持。

春节奖金——农历新年之前发放，使员工过一个富足的新年。

休假津贴——为员工报销休假期间的费用。

浮动奖金——当公司完成既定的效益目标时发出，以鼓励员工的贡献。

销售奖金——销售及技术支持人员在完成销售任务后的奖励。

奖励计划——员工由于努力工作或有突出贡献时的奖励。

住房资助计划——公司提供一定数额存入员工个人账户，以资助员工购房，使员工能在尽可能短的时间内用自己的能力解决住房问题。

医疗保险计划——员工医疗及年度体检的费用由公司解决。

退休金计划——积极参加社会养老统筹计划，为员工提供晚年生活保障。

其他保险——包括人寿保险、人身意外保险、出差意外保险等多种项目，关心员工每时每刻的安全。

休假制度——鼓励员工在工作之余充分休息，在法定假日之外，还有带薪年假、探亲假、婚假、丧假等。

员工俱乐部——公司为员工组织各种集体活动，以加强团队精神，提高士气，营造大家庭气氛，包括各种文娱、体育活动、大型晚会、集体旅游等。

——资料来源：HR人力资源案例网，IBM的薪酬管理，
http://www.hrsee.com/?id=424

对大多数企业来说，薪酬是企业总成本的重要组成部分，一些企业的工资成本占企业成本的30％或者更多。因此，如何设计和管理薪酬的整个分配和运作过程，评价员工的工作绩效，促进劳动数量和质量的提高，激励员工的劳动积极性使企业获得最大限度的回报，成为管理者的重要职责。对员工来讲，薪酬使他们从企业获得相对的满足感，是维持生活、提高生活质量的重要前提。合理的工资制度和工资水平可以使员工有一种安全感和对预期风险的心理保障意识，从而增强对企业的信任感和归属感。本章主要介绍薪酬的概念与构成，薪酬的功能，薪酬管理及薪酬决策，构建起薪酬管理的基本框架。

5.1　薪酬内涵及其相关概念

5.1.1　薪酬内涵

从字面上理解，薪酬的意思是平衡、弥补和补偿，暗含着交换的意思。但薪酬本身含义丰富，从不同的角度理解的薪酬的含义均有所不同。

1. 不同视角对薪酬的理解

1）国家视角

在不同的国家，薪酬内涵差异较大。美国将薪酬（compensation）等同于辛勤付出或工作所换来的工资和福利之和。在日本，最早的薪酬一词为 Kyuyo，由"给"和"料"两个中文字构成，意思是给予某种东西。Kyu 是一个敬词，用来指那些高地位的施与者。历史上，薪酬被视为上级的施舍。现在，日本企业用 hou-syu 来代替 Kyuyo，意思为报酬与上级无关，更不是施舍，以突出企业与员工之间的平等交换关系。日本的薪酬中包含大量的津贴，如家庭津贴、住房津贴、通勤津贴等。在中国，薪酬一词最早以木和水为基础，因其提供了生活必需品。随着改革开放的开展和加深，中国产生了一个与薪酬相关的新名词——待遇，指公司对待和关心员工的方式和程度。人们相互谈论薪酬时，所问及的均是待遇问题，而非工资状况，说明福利在中国的薪酬构成中占据较重要的地位。

2）社会视角

不同的国家对薪酬理解不同，在同一国家内部，对薪酬的看法也有所差异。从社会角度来看，许多人将薪酬视为衡量公平的标准。薪酬在性别间的差异尤其凸显薪酬决策的不平等。BOSS 直聘发布的《2016 年中国性别薪酬差异报告》显示，2016 年，中国女性劳动者平均税前月薪为 4449 元，比男性平均工资低 22.3%，女性平均月薪仅为男性的 77%。随着薪酬增加，差异也不断增大。我国约七成求职者的薪酬分布在 2000～6500 元之间，其中女性劳动者更多分散在低薪区间。当月薪超过 5000 元时，女性人数开始明显低于男性。一线城市男女薪酬差异最小，三四线城市差异拉大。由行业和城市导致的男女薪酬差距占到了总差异的 38%，另有 18% 源于劳动者的学历和工作经验差异。但薪酬差异中 44% 的不可解释因素，反映出我国目前男女"同工不同酬"的性别歧视问题依然严重。

3）股东视角

对股东来说，管理者的薪酬与之利益息息相关。根据《中华人民共和国劳动法》第五十条之规定，工资应当以货币形式按月支付给劳动者本人。此外，根据国务院《工资组成规定》的相关规定，股票类收益并不属于工资报酬之列。为了实现利益双赢的局面，现代大多数的上市公司选择实行股票期权激励计划，将高管的薪资收入与公司的利益紧密联系在一起，这实际上是一种新型薪酬模式。因而，如今上市公司高管报酬的形式，可以是薪金、奖金或其他形式，例如股票期权。

4）员工视角

对于员工来说，薪酬是自己所提供的服务的交换或对圆满完成工作的回报。薪酬是他们技艺高低，能力大小的衡量尺度，是他们所接受教育或培训的报偿，同时也是他们社会地位高低的体现。而作为薪酬组成部分的医疗保险、养老金或健康计划的福利是他们自身和家庭成员的生活保障。薪酬高低还决定了个人经济富足状况，直接影响到个人社交愉快程度。

5）管理者视角

薪酬和管理者的利益直接相关。管理者通常从两个方面来看待薪酬。首先，薪酬是企业的一项主要费用。研究表明，许多企业的劳动力成本占总成本的一半以上，服务业和公益事业的工业企业该比例更高。国内外的愈加剧烈的竞争压力迫使管理者对自身以及行业内外的薪酬关注度更高。其次，管理者将薪酬视作影响员工工作态度、工作方式以及组织业绩的因素。员工拿到薪酬的多少，薪酬组成结构，得到薪酬的方式将影响到他们对自身付出和回报所体会到的公平感，进而影响他们自愿处理事务、学习新技能、创新和提出改进性建议的积极性，最终影响到员工工作业绩和企业最终业绩。

2. 与薪酬相关的概念

1）报酬

报酬又称为劳动报酬，它是指受到雇佣而为一定组织工作的正式或非正式员工，从该组织中所获得的各种对他有价值的东西。报酬并不等于金钱或者能够直接折合为金钱的实物，并且，由于人与人之间在需求和价值观上存在差异，所以对于某一名员工来说属于报酬的东西，对于另外一名员工来说却很可能不算是报酬，或者说只能算是没有太大分量的报酬。比如，本人的工作能够获得上级的认可对于某些员工来说可能是一种非常有价值的报酬，但是对于某一些员工来说，只能算是价值不等的报酬或者根本就不能算是报酬。因此，报酬并非仅仅是一种金钱或者能够折算为金钱的实物概念，它还包括一些心理上的收益。

总体来说，我们可以用两种不同的方式来对报酬进行分类。一种方法是将报酬划分为经济报酬和非经济报酬，另一种方法是将报酬划分为内在报酬和外在报酬。首先，经济报酬和非经济报酬之间的界限是，某种报酬是不是以金钱形式提供的，或者能否以货币为单位来加以衡量。经济报酬通常包括各种形式的薪酬和福利（薪酬又被称为直接经济报酬，福利又被称为间接经济报酬）。而非经济报酬则包括成长和发展的机会、从事富有挑战性的工作的机会、参与决策的机会、特定的个人办公环境、工作地点的交通便利性等。其次，内在报酬和外在报酬的区别在于，某种报酬对劳动者所产生的激励是一种外在刺激，还是一种发自内心的心理激励。这种划分方法与工作特性理论是紧密联系在一起的。该理论认为，具有技能多样性、任务一致性、任务重要性、自主性以及反馈性等五个方面特征的工作，会导致员工产生三种关键性的心理状态，即感受到工作的有意义性、感受到自己对工作的责任感、了解自己的工作活动所产生的结果，而这些关键的心理状态又会带来员工的低流动率、低缺勤率和高工作满意度，同时强化他们的工作绩效。

2）工资

工资（wage）与薪酬概念最为相关，含义较为混乱，在我国使用最为普遍。工资有时特指基本工资，有时又泛指货币报酬的所有形式。国际劳动组织对工资的界定是：由一位雇主对一位受雇者，为其已经完成或提供或将要完成的劳动和服务，由共同协议或国家法律条例予以确定，凭借书面或口头雇佣合同支付的保护或收入，可以货币结算。我国现行的相关法律将工资界定为以货币形式支付给劳动者的劳动报酬，包括计时（计件）工资、奖金、津贴和补贴、延长工作时间的工资报酬以及特殊情况下支付的工资等。如社会保险费、劳动保护费、福利费、用人单位与员工解除劳动关系时支付的一次性补偿费用不属于工资范围。

3）薪金

薪金（salary），又称为薪水，指白领雇员或公务员的货币工资。在某些国家，薪金和工资在支付对象、支付时间和管理要求等方面存在不同（见表5.1）。

表 5.1　工资和薪金差异比较

	支付对象	支付时间	管理要求
工资	非豁免员工：生产作业人员、技术人员、研究助理、临时用工等	一般采用时薪制，按小时支付	受到劳动法规的超时工作条文约束，有时需经过集体协商确定
薪金	豁免员工：管理、行政、专业等员工	采取责任制，以月或年为支付单位	不受劳动法规的超时工作条文约束，不享受加班费等

4）福利

福利（benefits）一般不以货币形式直接支付，但可以货币间接衡量，因而成为间接薪酬。福利一般包括社会保险、企业福利（健康保险、带薪假期、过节礼物或退休金）和员工特殊福利等。

5）整体薪酬

整体薪酬（total compensation，total rewards），也称总薪酬，总体薪酬或 360 度薪酬等，指员工从企业或雇主处获得的全部劳动所得，既包括物质的也包括非物质的所有报酬（具体内容见图 5.1）。

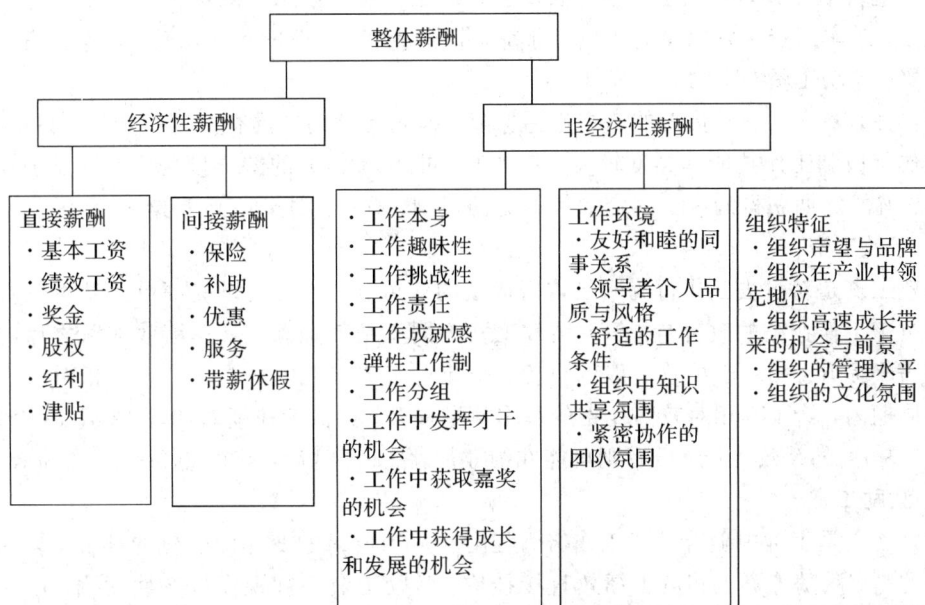

图 5.1　总体薪酬构成

3. 薪酬概念

薪酬在本质上是企业向员工提供的报酬，用以吸引、保留和激励员工。薪酬的概念存在着广义、中义和狭义三个层面的理解。

广义层面的薪酬等同于报酬，也就是员工完成了自己的工作而获得全部内在和外在报酬。广义薪酬的定义并不常见。

中义层面的薪酬指员工因为雇佣关系存在从雇主那里获得的各种形式的经济收入以及

有形服务和福利。这一概念的薪酬包括经济性报酬和福利。很多人力资源管理和薪酬管理方面的教材都采用这种定义。

狭义的薪酬仅包括货币性薪酬，不包括福利。实践中大多管理部门采用这种定义，如美国全面报酬学会、美国联邦政府人事管理署和美国劳动统计局等。随着福利报酬在总经济报酬中所占比重越来越大，以至于福利逐渐从薪酬中分离出来与薪酬呈并列趋势，因此，如今企业界也越来越习惯采用狭义薪酬的定义。薪酬和福利两部分统称为总薪酬。薪酬称为直接薪酬，包括基本薪酬和可变薪酬两部分，福利称为间接薪酬。

本书将采用狭义薪酬的定义方式，认为薪酬仅包括直接的货币薪酬部分，不包括福利。

5.1.2　薪酬的组成部分

薪酬可分为固定薪酬和浮动薪酬，其中固定薪酬根据不同情况又可包括基薪、津贴、福利等；浮动薪酬可包括奖金、佣金等短期激励和长期服务年金、股票期权等长期激励。

1. 基本工资

基本工资是雇主为已完成工作向员工支付的，反映员工的工作或技能价值，具有相对稳定性的基本现金薪酬，又可称为固定工资。为了重点凸显工作价值时，企业一般采取职位薪酬制，基本薪酬一般根据员工承担工作重要性、难度或对企业的贡献度来确定。为凸显工作技能价值差异时，企业一般采取技能薪酬制，基本薪酬一般依据员工技能深度和广度来确定。基本工资常常以小时工资、月薪、年薪等计时工资的形式出现。基本工资又分为基础工资、年功工资、职位工资等。

一方面，基本工资是员工的基本生活保障，因此要求其要具有一定稳定性，另一方面，由于工作价值和工作技能差异度较大，基本工资也具有较大的差异度。员工只要仍在企业中工作，就能定期获得的一个固定数额的劳动报酬，具有高刚性、高差异性。

2. 绩效工资

绩效工资是对过去工作行为和已取得成就的认可。绩效工资以提高员工基本工资的形式奖励员工工作业绩的改善与提高。绩效工资不同于绩效加薪，是在绩效加薪之后的额外的基本薪酬提升。相对于绩效一般的员工，企业对有突出业绩的员工，会在相对较短的绩效加薪周期内，给予其相对较高比例的基本薪酬提升。如前者在绩效加薪 12 或 15 个月后，获得 4％～5％的绩效工资，后者则可能在绩效加薪 12 个月后，获得 6％～7％的绩效工资。

3. 激励工资

激励工资是工资中随着员工工作努力程度和劳动成果的变化而变化的部分。与绩效工资相同的是，激励工资也和员工绩效直接挂钩。激励工资常被视作可变性薪酬，可与员工个人绩效挂钩，也可与员工所在团队和公司绩效挂钩，还可以与员工个人、所在团队和公司的整体业绩挂钩。

短期激励工资是短期激励的一种方式，通常与员工个人、团队或公司短期绩效挂钩。如个人某月实现 5 万元销售目标，团队某项目完满完成，公司某项计划顺利招标成功等。

长期激励工资重点激励员工较为长期的工作绩效的改善与提升。公司给高层管理人员和高级技术人员授予股权或红利以激励他们将工作重心放在投资回报、市场占有率、资产净收益、产品创新等长期目标上。

绩效工资和激励工资都与员工绩效挂钩，但二者却存在较大差异(见表 5.2)。首先，从着眼点来看,绩效工资是奖励员工过去所做出的成绩,激励工资则是为了激励员工做出更好的未来的业绩;其次,由于员工已经完成了过去的工作,所以员工事前并不知道绩效工资,而激励工资为了引导员工更好的工作行为,必须让员工事前了解;再次,从累加性方面区分,绩效工资是对基本工资的比例增加,故而具有累加性,而激励工资一般以奖金方式一次性发放,与基本工资无关,不具有累加性;最后,由于累加性的不同,绩效工资对公司财务压力较大,而激励工资的财务压力相对较小。

表 5.2　绩效工资与激励工资的区别

比较项	绩效工资	激励工资
着眼点	过去的绩效	未来的绩效
事前是否知道	否(事后知道)	是
是否具有累加性	有	无(可增可减,可有可无)
对企业财务压力大小	大	小

4. 福利或服务

福利有狭义和广义两种含义。广义的福利包括了工资,根据福利经济学家的观点,一切促进经济发展、人民生活水平的提高都是福利的增加。但是狭义的福利是指企业支付给员工的除工资或薪金之外的劳动报酬,往往不以货币形式直接支付,而多以实物或服务的形式支付,如社会保险、带薪休假、廉价住房、单位提供的子女入托服务、免费午餐、免费交通服务等。福利或服务不适宜采用员工为企业工作的时间为计算单位。福利或服务作为薪酬重要组成部分,在较早时是作为企业雇员身份体现而存在的,即只要是企业雇员,都有权利享受企业所提供的员工福利或服务,而这种形式存在的福利或服务在员工之间不存在差异性,故而缺乏激励性。随着企业薪酬制度调整,现在的福利或服务逐渐与员工绩效挂钩,在员工间有所差异性,也愈加具有激励性。

福利或服务是薪酬的一种重要支付方式。首先,福利或服务不以现金形式支付,企业可以达到合理的避税目的;其次,有些福利被视作"未来可以用的钱",因而可以为员工将来退休生活和某些意外事故提供保障;最后,福利让员工可以较低成本购买所需产品,间接增加员工购买力。

5.1.3　薪酬的功能

薪酬是雇主为雇员所提供的劳动或服务而支付的经济性报酬。薪酬的支付主体是雇主,包括企业、公共部门和非营利组织。本书主要关注的是企业薪酬。薪酬支付的客体是雇员。除了自我雇佣者,其他与组织或雇主形成雇佣关系并从雇主方获取劳动报酬的成员均称之为雇员。薪酬支付是建立在雇主和雇员间形成的正式或非正式的雇佣关系之上。作为社会组织形式存在,企业的薪酬支付除了涉及企业、员工直接利益之外,还关系到政府、股东等其他利益相关主体的利益。薪酬在各利益主体方面发挥不同的功能与作用。

1. 企业视角

1) 激励员工

薪酬是企业人力资源管理的实现技术和工具。企业可以通过有效的薪酬导向策略及其实践，反应和评估员工的工作绩效，即将员工表现出来的不同的工作绩效，给予不同的薪酬，从而促进员工工作数量和质量的提高，保护和激励员工的工作积极性，以提高企业的生产效率。同时，企业通过报酬机制，可以将目标和管理者的意图传达给员工，促使员工的个人行为和企业行为相融合。

2）提高绩效

一方面，人和人的状态是任何企业经营战略成功的基石，也是企业达成优良经营绩效的基本保障；另一方面，不谈薪酬，我们就无法谈及人和人的工作状态。薪酬不仅决定了企业可以招募到的员工的数量和质量，决定了企业中的人力资源存量，同时，它还决定了现有员工受激励的状况，影响到他们的工作效率、出勤率及对企业的归属感和承诺度，从而直接影响到企业的生产能力和生产效率。

3）支持变革

随着经济全球化趋势愈演愈烈，变革已成为企业经营过程中的一种常态。为了适应这种状况，企业一方面要重新设计战略、再造流程、重建组织结构；另一方面，它还需要变革文化，建设团队，更好地满足客户的需求，使企业变得更加灵活，对市场和客户的反应更为迅速，而这一切都离不开薪酬，因为薪酬可以通过作用于员工个人、工作团队和企业整体来创造出与变革相适应的内部和外部氛围，从而有效推动企业变革。

2．员工视角

1）维持和保障功能

从政治经济学角度来看，薪酬是劳动力生产要素的价格。劳动力成本的根本决定因素是劳动力价值。劳动力价值包括维持劳动力自身生存所需要的生活资料的价值；劳动力养育子女所需要的生活资料的价值；劳动力教育训练所支出费用。因此，员工通过向企业提供劳动和服务，从企业获得相应的劳动报酬，用以满足个人和家庭的生活需求。从经济学的收入理论来看，薪酬高低决定了大多劳动者收入，而收入水平直接影响到其消费水平。薪酬不仅为个人及家庭成员提供衣、食、住、行等基本生活需要，还能满足员工在娱乐、自我教育、自我开发和子女教育等方面更高层次的需求，以实现劳动力的生存、保值和增值。

2）激励功能

薪酬是个人与企业之间的一种心理契约，这种契约通过员工对于薪酬状况的感知而影响员工的工作行为、工作态度以及工作绩效，即产生激励作用。从低层次需求来说，薪酬能为个人衣、食、住、行需求提供物质保障，薪酬增加能增加个人收入的稳定性，提高个人生存安全感；上升到较高层次需求来看，员工将不断努力提高技能和改善工作绩效，用以获得与其他员工或朋友相对一样的薪酬待遇，以获得公平对待。还会通过获取更高的薪酬来肯定个人的能力和工作价值；到最高需求层次上，员工期望获取更高的薪酬以让自己过上更高质量的生活，以实现自我生活的自由性，从而更好更充分地实现个人价值。因此，薪酬无论对低收入员工或是高收入员工来说，都具有较强的激励作用。

3）社会信息传递功能

对企业员工而言，薪酬可以在一定程度上起到满足精神和社会地位需求的作用。在一个企业内部，员工的相对薪酬水平高低往往代表了员工在组织内部的地位和层次，从而成为对员工的个人价值和成功进行识别的一种信号。因此，员工对这种信号的关注实际上反映了员工对于自身在社会以及企业内部的价值的关注，从这方面来说，薪酬的社会地位的信号功能是不可忽视的。

3. 政府视角

1）劳动力市场价格信号功能

劳动力市场是政府主要干预的场所。薪酬是劳动者交换劳动的价值体现和价值回报，薪酬是劳动力市场的价格信号。在劳动力市场上，劳动力供给与需求变化都会通过薪酬涨跌予以体现。政府需要对劳动力市场进行适当适时的干预以保障雇佣双方的公平交易，以及维持劳动力市场供求平衡。

2）宏观经济运行参考和调节因素

薪酬水平的高低不仅影响到企业的成本高低，还对区域经济发展、产品市场甚至国际贸易产生重要影响。政府会通过人工成本的跟踪、控制或调整以实现产品结构改善、地区增长差异调整、产品国际竞争力提升等目的。

3）社会公平的衡量标准

薪酬是社会成员主要收入来源，是社会公平的指标器。薪酬指标可以反映城乡、区域和行业之间，以及不同教育水平、年龄、性别、工种等社会群体之间的报酬差异，从而反映社会的公平和进步程度。

4. 其他相关利益主体

薪酬对企业其他相关利益主体也具有相应的作用与功能。对于股东而言，最为关心的是高层管理者的薪酬待遇，这不仅因为其高薪酬水平引起的企业成本上升问题，更是因为薪酬水平直接作用于高层管理者工作积极性从而影响到企业最终业绩。对于企业经营伙伴来说，合作企业的人工成本直接影响到合作企业的经营成本和员工工作动力，从而影响到合作的成功性。对于企业顾客来说，薪酬水平和薪酬结构直接影响到员工对顾客的重视程度。

5.2　薪　酬　管　理

5.2.1　薪酬管理内涵

1. 薪酬管理的含义

薪酬管理是人力资源管理的一项重要职能，涉及员工工资、奖金、津贴、福利、服务等经济性报酬的方方面面，是一种包括组织薪酬水平、薪酬体系、薪酬结构、薪酬形式、特殊群体薪酬等多种决策的组织管理过程。

2. 薪酬管理的内容

一般来说，薪酬管理的内容越具体越好，基本分为薪酬水平、薪酬体系、薪酬结构与薪酬形式。

薪酬水平是指企业中各职位、各部门以及整个企业的平均薪酬水平，它决定了企业薪酬的外部竞争性，体现了薪酬管理原则中公平性原则里的外部公平原则。

薪酬体系是本企业的基本工资或基本薪酬的设立基础（职位、技能、能力）。能力的体现一般来说是通过学历来反映的，职员享有不同的学历也会有不同的工资水平，但这并不是绝对的，学历只是影响工资水平的一个方面。

薪酬结构是企业内部不同系列、不同层次、不同岗位和职务薪酬之间的相互关系。其不同的层级、岗位和职务，体现了薪酬管理公平性的内部公平。

薪酬形式是企业员工总体薪酬的各个组成部分及其比例关系和发放形式。发放形式方面有公开发放与隐秘发放两种。顾名思义，公开发放是指员工彼此都知道对方的工资，而隐秘发放则是员工彼此都不知道对方的工资。目前越来越多的企业采取的是隐秘发放，因为企业里不同的员工能力差距过大，导致其工资水平差异也越来越大，因此，为了避免员工存在不公平感、恶性竞争等不良现象，企业多采用隐秘发放。

5.2.2　薪酬管理原则

薪酬管理的目的是建立科学合理的薪酬制度，为此，在薪酬设计和薪酬管理的过程中，必须坚持以下七个原则。

（1）公平性原则。公平性原则是薪酬管理时要考虑的最根本的原则，同时要注意它是一个心理原则。员工公平的感受来自于四个方面：第一，外部公平，是与外部同行业其他类似企业（或类似岗位）相比较产生的感受。同一行业中，相同职位或者类似职位，他们的薪酬水平应该是相近的；第二，内部公平，是员工对本企业薪酬系统分配机制和人才价值取向的感受。那么，职位层级越高，薪酬水平越高，对企业的贡献价值越高，薪酬水平越高；第三，个人公平，是将个人薪酬与公司其他类似职位的薪酬相比较所产生的感受。对员工来说，技能水平越高，绩效越好，则薪酬水平应该越高；第四，程序公平，是对企业薪酬制度执行过程的严格性、公正性和公开性所产生的感受。因此实现薪酬管理的公平，要从过程公平和结果公平两方面来控制。

（2）竞争性原则。具有竞争力的高薪可以吸引和留住职工，但是如果人力成本在公司的总成本中所占比例较大，就会直接影响这个公司的产品价格。因此，实现富有特色、吸引力且成本可控的有效的薪酬管理才是真正把握了竞争性原则。

（3）激励性原则。一个科学合理的薪酬系统对员工的激励是最持久的也是最根本的，因为薪酬系统解决了人力资源管理的核心问题——分配问题，薪酬系统应该是努力越多，回报越多的机制，要能充分发挥薪酬对员工行为的激励作用。

（4）经济性原则。贯彻经济性原则主要体现企业效益的改善和成本的控制，因此，可采用灵活的报酬给付方法。如针对核心岗位，考虑采取长期激励性报酬形式；有些岗位的员工只需给予合理的薪酬，而不一定是行业中最高的；有些时候可以适当考虑用精神激励的方式代替物质激励。这些都可以在一定程度上为企业节约成本。

（5）合法性原则。企业在制订自己的薪酬政策时必须理解并掌握劳动法规和有关最低工资标准、薪酬支付行为规范等方面的规定。

（6）平衡性原则。企业在薪酬管理平衡性方面的努力主要体现在企业在设计不同岗位的薪酬时，充分考虑岗位自身特点，并以此为依据确定各个岗位薪酬组成部分的比例。例如，销售岗位职工，公司为了激励员工行为，工资要以绩效工资为主，而基本工作所占的比例应该较少；行政岗位和管理人员的基本工资要占较大的比例。

（7）有效性原则。薪酬管理制度和薪酬结构应当尽量浅显易懂，使员工能够理解设计的初衷，从而按照企业的引导有效规范自己的行为。只有制度流程简洁明了，操作性才会强，更有利于迅速推广，实现有效管理。

在上述七个原则中，公平性原则、竞争性原则、激励性原则和经济性原则之间存在着紧密相连的关系，它们之间不是互补关系，而且在一定程度上相互排斥，薪酬水平竞争性越强，激励效果就会较强，但外部公平就会受到影响，企业成本也会越高，经济性也越差。但需要注意的是，这四大薪酬目标实际上也是制约统一的。当四个原则同时作用于企业的薪酬系统时，竞争性原则和激励性原则就受到经济性原则的制约。这时企业管理者所考虑的因素就不仅仅是吸引力和激励性了，还要考虑企业承受能力的大小，利润的合理累积等问题，这时我们并非每个目标都要同时达到，而是不同阶段满足不同目标，找到其间最佳的平衡点。从这一角度来看，企业在确定员工薪酬的合理水平时，应该遵循最优化的原则。

5.2.3　薪酬管理影响因素

影响企业薪酬构成的权重因素有个人因素、企业自身因素以及社会因素三部分构成。

1. 个人因素

（1）工作表现。员工的薪酬受个人工作表现的影响，同等条件下，个人的工作绩效越高则薪酬越高。一个健全的薪酬体系的基本特征，应该使员工工作绩效在薪酬的确定上得到尽可能充分的考虑。

（2）工作技能。企业之争便是人才之争，掌握关键技能的人，已成为企业竞争的利器。企业愿意向两种人付高薪：一是掌握核心技术的专才，二是阅历丰富的通才。前者的作用不言而喻，后者则可有效地整合企业内高度分工的各项资源，形成综合效应。

（3）资历水平。通常资历高的员工薪酬也较高，原因是要补偿员工在学习技能时所耗费的时间、体能、金钱乃至心理上的压力等直接成本，以及因学习而减少收入所造成的机会成本，从而促进员工愿意不断地学习新技术，提高对企业的贡献度。

（4）工作年限。在企业工作时间越长的员工，积累的业务经验及技巧等对企业的发展很重要，薪酬也肯定会更高一些。

（5）工作量。员工的薪酬受个人工作量的影响，工作量大也即员工个人对企业付出更多，贡献更大，薪酬自然也会更高。

（6）岗位及职务差别。不同的岗位和职务薪酬不同，不同的岗位和职务对企业的相对价值不同，如技术研发型的岗位薪酬水平要高于行政人事岗位，公司总经理的薪酬水平高于普通职工。

2. 企业自身因素

（1）企业经营状况。这是企业薪酬体系设计及其变动会遇到的较强的约束。企业的经营状况会影响到财务状况进而影响企业的薪酬竞争性及薪酬结构。较强的薪酬给付能力，不仅使企业薪酬水平极具竞争性，还可让薪酬结构的改进有相对较大的回旋余地。

（2）薪酬政策。企业的薪酬策略会影响员工的薪酬，领先性的薪酬策略，跟随性的薪酬策略，滞后性的薪酬策略对员工薪酬有不同的影响。

（3）企业文化。企业的文化价值观直接影响员工对公平的感知，而企业对公平感的追求又与员工的薪酬紧密相连。一方面通过市场薪酬调查，企业根据外部公平性决定总体薪酬水平；另一方面，通过组织工作评价，企业关注内部公平性，从而确立薪酬结构。

（4）工会。企业制订薪酬标准时应与工会进行协商确定。

3. 社会因素

（1）地区及行业差异。企业在制订薪酬标准时应根据行业特点来决定。传统行业与高新技术行业必然会在薪酬上有所体现。考虑到外部公平原则，同行业之间也应该互相参照，必要时还要做好事先市场薪酬调查。地区不同，薪酬标准也不同。

（2）地区生活指数。企业所在地区的不同，对企业的薪酬水平影响很大，企业在确定员工的基本薪酬时应当考虑当地的生活指数。一般来说，当地生活指数越高，薪酬水平也应越高。

（3）劳动力市场供求状况。即使管理者不知道这个规律，他们一般也会在无意识中大致按照它来确定自己企业的薪酬水平。否则，薪酬太低，他们就招不来也留不住所需要的人才；薪酬过高，无疑会转嫁到成本中，最终导致企业经济压力过大，在市场竞争中被淘汰出局。

（4）经济发展水平。经济形势直接影响着薪酬水平，在社会经济环境较好时，员工的薪酬水平通常也会相对较高。

（5）与薪酬相关的法律法规。虽然薪酬的制订是企业自己的事，但必须是在符合政府有关政策的范围内。其中，尤其值得关注的是有关最低工资和强制性劳动保险等方面的政府规定。

思　考　题

1. 薪酬与报酬的区别与联系是什么？
2. 薪酬由哪几部分构成？各自具有何种特点？
3. 薪酬对企业和员工各自发挥何种作用？
4. 什么是薪酬管理？薪酬管理的原则有哪些？
5. 企业薪酬管理主要受哪些因素影响？

案　例

T公司是一家国有大型企业的合肥分公司，经过三十几年的发展，T公司已经在业界占有一席之地，成为业界的几大巨头之一。公司的规模随着企业的成长不断发展壮大，其麾下的员工数量也在飞速增长，由于良好的企业形象和社会地位，每年都会吸引数以千计的优秀人才前来应聘，在外人看来，进入T公司就仿佛获得了金饭碗，生活惬意、光鲜不在话下，但是，T公司的员工，尤其是市场营销部门的员工，每次面对客户的羡慕眼光，都只能暗叹自身闪亮光环下的蝼蚁人生。T公司营销部的员工在公司大多有五年以上的工龄，本该是与公司建立了深厚情谊、视公司为家的他们，谈起公司来却多是不甘、气愤和无奈，矛头直指公司精心设计的薪酬体系。

吴鑫是T公司资深的市场营销人员，他在部门的业绩一直处于中上水平，但是每月拿到的工资除去基本的生活开销外，几乎所剩无几，吴鑫况且如此，那些只来了几年的营销人员的日子就更加难过了，大家都觉得公司现行的薪酬制度不合理。T公司营销人员的工资主要由两部分组成：岗位工资加绩效工资。岗位工资是由人事部门根据员工的学历、职位、资历等按等级划分的，每位员工都有定岗，也就有对应的岗位工资，这部分工资是按月固定发放的；绩效工资是根据员工每月的工作任务完成情况发放的，每月公司给营销部门下达一个总的营销指标，再由营销部将指标划分给每位营销人员，达标者能全额领取自己的绩效工资，超出者奖励，不达标者扣罚。

这样的薪酬制度乍看之下非常合理，但实际上，公司中层领导以下的岗位工资普遍偏低，而且公司每月规定的营销指标非常之高，整个营销部能达标并超标的人寥寥无几，同时公司对超出指标者的奖励是每超出一个百分点奖励 10 元，但对不达标者的扣罚却是每缺少一个百分点扣罚 50 元，且扣罚不设下限，本来就不多的绩效工资根本就经不起这样的扣罚，即使是像吴鑫这样的资深营销员每月也顶多只能完成指标的 80% 左右，许多员工辛苦奔波了一个月，最后到手的绩效工资却只有寥寥几百元，曾经有员工试过完成的任务不到指标的半数，其当月绩效工资就分文不剩了，而如果连续三个月指标完成情况达不到60%，公司就会勒令该员工回家待岗学习，等日后公司组织内部竞聘时才能重新竞聘上岗，许多员工每月为了指标疲于奔命，同时还必须承受巨大的精神压力，迫于生活，员工们敢怒不敢言，但心中却渐渐对公司产生了仇视情绪。

同时，公司每月按照营销部完成销售总指标的情况一次性给营销部发放薪酬，而每位营销人员具体的绩效工资则由营销部门内部进行二次分配。由于部门的销售总指标一般都很高，营销部大多时候仅能做到基本完成公司下达的总指标，即使有些月份能超额完成，公司也不在当月奖励，而是等到年末计算各部门年终奖时才一并发放。因此营销部用来奖励超标员工的资金不是公司额外分配给营销部的，而是用部门中被扣罚者的钱来奖励超标者。这就相当于在月初公司根据营销总指标给整个营销部画了一个大饼，告诉大家只要完成任务，人人都能吃香喝辣，但是饼就这么大了，每个人能分到多少就得各凭本事，而且只要有一个人多吃了一口，就必然有一个人少吃了一口，而那些大家都吃不了的就自然留给了公司，于是在营销部门中多数无法完成高额指标的员工就会与那些少数业绩优异的员工产生隔阂，久而久之，同一个部门本该是互助互爱、亲如手足的同事们之间也渐渐产生了敌对和仇视情绪。

另外，就在营销部门内部因为绩效工资弄得动荡不安、剑拔弩张的同时，公司的其他部门，如：市场策划部、技术支持部、综合管理部等，却是一片祥和景象。因为这些部门的薪酬虽然也是岗位工资加绩效工资，但其绩效工资的考核方式相较于营销部来说是极为简单的，没有具体量化的完成指标，只有定性的评价，而且都是由各部门主管领导来进行考核的。因此这些部门的员工如非意外事故，每月都能拿到全额的绩效工资，虽然其全额绩效相比于营销部的全额绩效要偏少一些，但只要该员工完成了分内事务性的工作就能保证全额领取，而营销部的全额绩效看着挺高，但在超高的达标高压线下，大多数营销人员每月的工资都大大低于这些事务性部门的员工。营销部的员工看着自己每月在外日晒雨淋、奔波劳碌，到头来不但不如那些在办公室里吹冷气的人拿钱多，而且还承受着指标及待岗带来的巨大精神压力，总是觉得有一股怨气萦于胸中，说不出的难受，久而久之，营销部的员工对公司其他部门也开始产生了许多意见和仇视情绪。

近几年来，T 公司营销部的人员流动是全公司各部门中最频繁的，公司每年为该部门千挑万选引进的优秀人才在三年内的流失率都会达到 50% 左右，而留在公司的员工中，也有许多是"身在曹营心在汉"，这直接导致的后果就是 T 公司接到的来自客户的抱怨和投诉越来越多，在拓展市场乏力的同时，原有客户的流失情况也日益严重，公司年销售额的增幅逐年下降，这些情况终于引起了公司总经理张总的注意，张总决定尽快召集公司各部门领导集中商讨，势必要找出问题的症结所在，并进行修正。听到这个消息，营销部的员工们心潮澎湃，大家都衷心希望这次公司能出台一个更加公平合理的薪酬分配制度，让大家能心甘情愿的为公司卖命，与公司共同发展。

案例讨论：

1. T公司营销部的员工为何会产生心仇？如何才能消除员工心中的心仇？

2. T公司在其营销部门使用的是哪种薪酬体系模式？该模式在此处运用是否得当？

第6章　薪酬体系决策

本章要点

◇ 职位薪酬体系优缺点
◇ 职位薪酬体系设计流程
◇ 技能薪酬体系优缺点
◇ 技能薪酬体系关键决策
◇ 技能薪酬体系设计流程
◇ 能力与薪酬挂钩的方案
◇ 职能薪酬的准备工作
◇ 职能薪酬的计算流程

▶阅读资料

中国石化集团石油勘探开发公司技能薪酬案例

中国石化集团国际石油勘探开发公司("SIP公司")是中国石化集团(Sinopec Group)的全资子公司，SIP公司愿景体系包括两个部分——核心理念和愿景目标。核心理念包括核心价值观和核心使命，是企业立足的根本和存在的原因。愿景目标是企业需要10~30年的持续努力和提升才有可能实现的目标。

为巩固和强化集团公司作为中国四家国家石油公司之一的地位作出自己的贡献。国际石油公司针对未来3年公司的目标，需要加强企业的核心竞争力，并建立和应用了相应的员工能力素质模型。

（一）公司决策及所需能力

要设计员工能力素质模型，首先要清楚地知道公司所需的能力是什么，而公司所需的能力又必须与这个时期公司的目标与公司的主要策略相匹配。我们通过对公司这三年目标的分解制订了相应的主要策略，并将其细化到公司所需能力上。

（二）员工个人所需能力

根据公司所需能力，概括合并得到核心竞争力，最终落实到员工个人素质能力，如表6.1所示。

（三）建立员工能力素质模型

根据公司在海外建立石化集团的石油生产基地，促进国际化经营的战略目标，员工需要不断提高他们的核心能力，包括国际合作能力、商业判断力、计划和管理能力以及沟通交往能力。其中计划管理能力主要表现在工作计划和项目管理两个方面，而沟通能力主要表现在人际沟通和建立关系两个方面。

表 6.1　能力要项表

公司所需能力	
风险管理机制	开发技术能力
鼓励发现机会的机制	海洋石油勘探开发技术能力
拥有良好国际合作伙伴关系	天然气勘探开发技术能力
项目管理能力	联合集团内部各油田的能力
国际合作能力	勘探开发技术能力
计划制订能力	

　　国际石油员工能力素质现状：目前公司员工大都来自于集团及下属的各油田，虽然他们具备相当强的业务能力，但是有些基本能力与公司目前的需要尚存差距，包括外语能力和中文书面表达能力。而一些专业能力素质虽然只需要在专门的岗位上用到，但是员工还需要掌握这些方面的知识以获得更好的发展，包括人力资源管理能力、财务知识、法律知识以及技术问题解决能力。

　　接下来就是对能力各等级的界定，以沟通交往能力模型为例：沟通交往能力是指通过传递正确、及时和完整的信息，营造利于公司长期发展的内外部环境。沟通交往能力一般的人能在沟通中显示出对人的尊重和礼貌，准确获取信息并且能很快与他人建立良好的关系；沟通交往能力中等的人则能在沟通的过程中清晰地表达出自己的想法，建立他人对自己的信任；沟通交往能力较好的人就能通过交谈，交流和解释各种复杂的观点并且可以把握别人没有公开表达出来或表达含义不清的意思；沟通交往能力很好的人不仅可以解释自己的观点，还能够对不同类型的观众产生影响和激励，并且能及时地向外部利益相关者推广组织的消息、产品和服务。因此我们按照这些行为表现将沟通交往能力分为四个等级。

　　一级为能力素质的基础要求，一般要求员工能知道或掌握基本的概念术语、组织流程或有关工具的使用，同时能进行简单的分析。

　　二级为能力素质的中级要求，一般要求员工能熟练、独立地进行工具操作或运用所掌握的各方面知识，同时能对其他同事或下属进行简单教育和管理。

　　三级为能力素质的高级要求，一般要求员工精通某一方面的知识、流程或工具的使用，同时能行使较为复杂的管理职能。

　　四级为能力素质的专家级要求，一般要求员工精通某一方面的知识、流程或工具的使用，能够提出战略性的建议或做出调整，同时能对事情的发展趋势及隐含的问题有足够的预见性和洞察力。

　　建立了合适的员工能力素质模型之后，根据其来评估公司中各层级员工的实际技能水平，再根据实际技能水平进行培训的规划工作，因为在一开始就对各个岗位的各项能力进行了等级界定，所以能明确地知道员工的培训需求，更有效地提供培训机会。最后是将能力模型与薪酬挂钩，本案例中先将能力与绩效挂钩，而得分情况是以权重分配的方式得到的，虽然有一定的主观性，但将权重与等级结合最终得到的结果是相对客观的。

　　该方案是为 SIP 公司量身定做的，为公司以坚定的步伐面对前进道路上各种机遇与挑战作出自己的贡献。

——资料来源：http://www.docin.com/p-727651437.html

薪酬体系是指基本工资的制订基础。基本工资与什么因素挂钩，直接决定了企业员工价值倾向和努力方向。目前，主要存在三种类别的薪酬体系：一是以职位为基础，即职位薪酬体系；二是以任职者为基础，包括技能薪酬体系与能力薪酬体系；三是以职位与任职者相结合作为基本工资制订基础，即职能薪酬体系。本章重点阐述这几类薪酬体系内涵、优缺点、设计流程等内容。

6.1　职位薪酬体系

6.1.1　职位薪酬体系的内涵及其优缺点

1. 职位薪酬体系的内涵

职位薪酬体系是以职位价值为基本工资确定依据的一种薪酬决定制度。这种薪酬体系首先需要对职位本身的价值进行客观判断，然后依据评价结果构建企业职位结构，对从事这些职位的员工赋予相应的薪酬，从而构建起企业的职位薪酬结构。

职位薪酬体系下，员工担任什么职位就得到什么样的报酬，是真正的"对事不对人"，实现了真正的同工同酬。

2. 职位薪酬体系的优缺点

对于多数企业来说，职位薪酬体系具有很强的实用性。职位薪酬体系具有自身独特的优点：

第一，职位薪酬体系实现了真正意义上的同工同酬。职位薪酬体系主要以职位价值作为基本薪酬的参考依据，薪酬支付只针对岗位，而非从事该岗位的人，因而，无论员工有何不同，只要从事相同职位价值的工作岗位，则获得一样的基本薪酬。

第二，职位薪酬体系操作简单，管理成本较低。职位薪酬体系是建立在对职位价值评价后形成的职位结构基础之上，而职位价值是对职位所需技能、职责和责任及其对企业的贡献等方面评价的结果，具有相对的稳定性，因而与之相挂钩的职位薪酬体系也具有较高的稳定性和长久性，无需经常变换，管理成本低。此外，发放工资时只需查询岗位价值所在的职位等级所对应的薪酬水平，因而操作简单。

第三，员工能清晰地看到晋升与薪酬增加的方向，为员工自身能力提供充分的动力。职位薪酬体系最终形成职位、职位价值、职位价值所在职位等级、职位等级所对应的薪酬范围的对应关系表格，员工对职位晋升后所在职位等级及由此所带来的薪酬改善一目了然，所以员工的内外动力充足。

职位薪酬体系将薪酬与职位价值挂钩，对事不对人，是建立在每个岗位的员工刚好胜任其工作，其能力水平与岗位所需刚好一致，不多也不少的前提条件下。这样的薪酬体系具有较大的缺点：

第一，造成员工技能单一化的局面出现，使企业人力资源管理缺乏灵活性，直接影响企业的发展方向和发展前景。由于职位薪酬体系"同工同酬"的做法，不鼓励员工拥有跨职位的其他技能，一方面如果员工已经拥有更多技能，职位薪酬不能鼓励员工将岗位所需技能之外的技能使用出来，易导致员工技能的浪费；另一方面，如果没有额外的技能，职位薪酬也不能充分激励员工提高或拓宽自己的技能，会造成员工技能单一化。员工技能单一化会导致人员调配缺乏灵活性,企业发展方向也会受到极大的制约。

第二,易挫伤员工的工作积极性,甚至有"磨洋工"或离职的现象。职位薪酬体系下,员工薪酬与职位直接挂钩,薪酬增加的办法只有获得职位晋升才能实现,没有晋升就没有大幅度加薪的机会。受晋升机会的限制,某些无望的员工会产生消极怠工甚至离职的行为。

第三,薪酬的计发与工作业绩和工作能力缺乏明显的相关性,激励性差。职位薪酬与职位价值相连,员工工作业绩和员工工作能力缺乏关联性,员工提高自身技能和业绩动力不足。

6.1.2　职位薪酬体系的实施前提

职位薪酬体系以职位价值为基础,能实现同工同酬,操作简单,管理成本低,且薪酬与员工晋升关系明确,员工晋升动力充足。企业要实施职位薪酬体系,使其优势充分展现,需要打造适宜的实施环境。

第一,具有明确、规范、标准的职位内容。职位薪酬体系以职位价值为基础。职位价值是对职位所需技能、职位所承担职责和所负责任等职位内容的评价结果。科学的职位评价需要企业保证各项工作都有明确的专业知识、技能要求、明确的职责说明,能明确描绘各项工作的重要性和难点。

第二,职位内容具有基本的稳定性。职位薪酬体系易操作,低成本管理的优势发挥建立在稳定的职位结构基础上。职位结构的稳定则要求各工作的职位价值稳定,进而要求职位所需技能和所承担职责具有一定的稳定性,确保工作序列关系明显以及工资体系的相对连续性和稳定性。

第三,企业具有完善的任职资格体系。职位薪酬体系以员工自身技能水平与岗位所需一致为前提,从而避免造成员工技能的浪费局面。这需要企业建立完善的任职资格体系,按照个人能力安排工作岗位,实现人岗匹配、能岗匹配,确保内部公平性。

第四,有完备的职务阶梯和相当多数量的职级。职位薪酬体系下薪酬增加与职位晋升密切相关,这就需要有完备的职务阶梯和相对较多的职级数量,确保每一类员工都有由低向高晋升的机会和空间。

第五,有较高基本薪酬水平。职位薪酬体系下只有职位晋升才能获得薪酬大幅增加,某些员工一方面受自身能力限制,另一方面则因职位体系中职级越高,职位数量越少,晋升机会越少的缘故,最终无法获得晋升。这就需要企业的基本薪酬水平较高,为员工提供基本生活保障。

6.1.3　职位薪酬体系的设计流程

职位薪酬体系以职位价值为基础向员工支付基本薪酬。实际操作的最后结果需要构建职位结构与薪酬的对应关系。职位结构是企业中所有职位依据职位价值不同而划分的不同职位等级。要构建职位等级,就需要对众多职位的价值进行评价。准确的职位评价需要建立在明确、规范、标准化的职位内容描述基础上,这又与详细的工作分析分不开,工作分析需要首先明确工作在组织中的具体位置。因此,如图6.1所示,职位薪酬体系的设计,需要经过以下操作步骤。第一,组织结构分析。了解企业组织结构,掌握不同职位在组织中具体位置。第二,工作分析。收集与职位内容相关资料,进行职位描述与职位规范工作,撰写职位说明书。第三，职位评价。在工作分析基础上，对各职位价值采用科学方法予以评价。第四，职位结构构建。以职位价值为基础，确定企业职位等级数量，将职位进行等级分类。第五，职位薪酬等级。开展薪酬调查，确定企业薪酬水平政策，最终确定各职位等级薪酬范围。所有流程中，最重要和最难的在职位评价环节上。

图 6.1　职位薪酬体系设计流程

6.1.4　职位评价方法

职位评价是确定不同职位在组织中的相对价值。对于以职位作为基本薪酬确定基准的薪酬体系来说，其核心工作就是对职位本身的价值及其对组织贡献的大小进行评价，然后再根据这种评价以及外部劳动力市场的薪酬体系状况来确定不同职位的薪酬水平。职位评价以工作内容、技能要求、对组织的贡献、组织文化以及外部市场等为综合依据进行评价，是一个有力的沟通和管理工具。它告诉员工组织的治理结构是怎样的，承担不同工作的员工对于组织的成功所扮演的角色有何不同。

职位评价的方法有量化评价法和非量化评价法两种（见表 6.2）。非量化评价方法是指那些从总体上来确定不同职位之间的相对价值顺序的职位评价方法。而量化评价方法则是试图通过一套等级尺度系统来确定不同职位之间的价值差。非量化评价方法有两种：排序法和分类法；量化评价方法也有两种：要素比较法和要素计点法。

表 6.2　职位评价方法

	所使用的评价方法	
	考虑职位要素	考虑职位整体
职位与职位比较	要素比较法	排序法
职位与尺度比较	要素计点法	分类法

这四类方法中排序法客观性差，精确性低，不易与员工沟通，员工接受度低，但操作简单，组织适应性强，易于管理。分类法客观性也不高，精确度偏低，容易与员工沟通，故而易于被员工接受结果，操作较为简单，组织适应性强，易于管理。要素计点法客观性较高，精确度偏高，容易沟通，操作较为复杂，组织适应性强，但管理成本偏高。

1. 排序法

排序法是将被评价职位以职位所需知识技能水平、职责和所负责任大小对职位进行总体排序的一种最简单的职位评价方法，可以分为直接排序法、交替排序法、配对比较法。

直接排序法是一种相对比较的方法，是指简单地对职位进行总体上的排队，可以从高到低，也可以从低到高排列。直接排序法需要将所有的被评价职位进行比较，因而其评价结果有效性受评价职位数量和评价者主观意愿的限制。

交替排序法是依次从被评价职位中选出职位价值最高和最低的职位的比较方法。人们总是对最好和最坏的有突出差异性的事物印象最为深刻，而容易忽略表现一般没有明显不同的事物。在一般情况下，从员工中挑选出最好的和最差的，比对他们绝对的绩效的好坏差异并进行评分评价要容易得多。交替排序法的评价结果也受评价者主观意愿的制约。

配对比较法也称相互比较法、两两比较法、成对比较法或相对比较法。首先将每一个需要被评价的职位都与其他所有职位分别加以比较，然后根据职位在所有比较中的最终得分来划分职位的等级顺序。

表6.3是配对比较法的例子。首先，做出所需比较的所有职位两两对比矩阵表。其次，用每一行所有职位依次与每一列中的所有职位进行两两对比，如行中职位相比列中职位重要，记"＋"，反之则记"－"，"/"表示不需要进行比较。然后，加总所有行职位中"＋"的数量，每个"＋"计1分。最后，将所有职位按总计分数对职位价值进行排序。

表6.3　配对比较法示例

	职位A	职位B	职位C	职位D	职位E	职位F	职位G	总计	职位名称
职位A	/	＋	＋	＋	＋	＋	＋	6	营运总监
职位B	－	/	＋	＋	＋	＋	＋	5	市场部部长
职位C	－	－	/	＋	＋	＋	－	3	财务主管
职位D	－	－	－	/	＋	＋	－	1	质量检测主管
职位E	－	－	－	－	/	－	－	0	绩效管理主管
职位F	－	－	－	－	＋	/	－	1	行政采购主管
职位G	－	－	＋	＋	＋	＋	/	4	行政秘书

从几种排序法操作来看，排序法快速、简单、易操作、费用较低，而且容易和员工进行沟通。但排序法的结果主观性太强，不易对评价结果达成共识，而且排序法是评价者对评价职位笼统的比较，缺乏客观的评价标准，因此，不同的评价者评价结果容易出现偏差，信度低；排序法只能相对区分职位之间的重要性，而对重要性差异程度无法判断；最后，排序法还受职位数量的制约，职位数量越大，排序结果越不科学。

2. 分类法

分类法是排序法的改进，由企业的评价人员组成评价小组，按照企业的经营特点，将企业的全部职位分为几个大的系统，再将各系统中的职位分为若干层次，明确规定各层次的工作内容、责任和权限、资格要求，将各种职位放入事先确定好的不同职位等级之中的一种职位评价方法。分类法最初是由美国联邦政府开始使用的，具有快速地对大量的职位进行评价的优势。目前，分类法在公共部门以及企业，尤其是在技术类工作的组织中，仍然广泛运用。

一般分类法分为三步进行操作：

第一，确定合适的职位等级数量。职位等级数量的确定依据是所评价全部职位的价值差异程度，差异度越大，需要更多的等级数量来体现。企业的组织结构和薪酬结构制度也对职位等级数量产生影响。传统金字塔式垂直型组织结构下，对应的是传统薪酬结构，职位等级数量偏多，扁平式组织结构要求薪酬结构随之调整，大多实行宽带薪酬结构，无需过多的职位等级。

第二，编写每一职位等级的定义。从可以被分配到本等级中来的职位所承担的责任的性质、所承担职责的复杂程度以及从事本等级中的这些职位上的工作所需要的技能或职位承担者所应当具备的特征来看，职位等级定义的编写通常围绕职位内容概要、所承担的责任、所需具备的知识水平与技能水平要求，所接受的指导与监督等几个方面展开（具体示例可参见表 6.4）。而美国联邦政府是从九个方面对职位进行描述分级，这九个要素分别是职位所需要求的知识、监督控制、指导方针、工作复杂性、工作范围与影响、人际接触、接触的目的、体力要求和工作环境。

表 6.4　分类法职位等级定义示例

等　级	描　述
通用一级	所包括的等级工作职责是：在直接监督下（很少有独立判断的自由）开展如下工作：在办公室、商业或财政部门最简单的常规工作；专业性、科学性或技术性领域内一名低层技术人员的基础
通用九级	所包括的等级工作职责是：在一般性的指导下，开展非常困难并有较大责任的工作，要求有专门的技术、监督与管理经验，这些经验必须是：表现出较好的独立完成工作的能力；对一个专门的、复杂的对象有基本的、全面的认识；有很大的独立判断自由。开展比较困难、有一点责任的工作，有很大的独立判断权，这些工作要求：与大学毕业生相当的职业、科学与技术培训，有很强的其他职业、科学与技术的培训或经验，表现出较好的独立工作能力；开展其他具有同等重要性、同等难度与责任的工作
通用十三级	在行政指导下，开展需要很强的独立判断能力、有很大的困难和承担很大责任的工作，还要付出专门技术性、监督性或行政性指导，要求有专门的监督性与行政性的培训或经验，能表现出一定的领导才能，并有杰出成绩；担任大组织内的一个工作难度相当大的部门的总管助理；在行政指导下开展有比较困难、有一定责任，并需要很强独立性判断的工作，要求有职业、科学或技术方面培训或经验。在科学或技术领域，实践或管理中表现良好的领导才能和优秀业绩；开展具有其他同等重要性、同等难度与责任的工作

第三，根据职位等级定义对职位进行等级分类。依次对照每一个职位的职位说明书与职位等级描述，判断其所属的职位等级。

分类法操作简单，容易解释，执行起来速度较快，对评价者的培训要求较少，但需要明确的等级定义界定，不适用于职位多样化的复杂组织。

3. 要素计点法

要素计点法就是选取若干关键性薪酬因素，并对每个因素的不同水平进行界定，同时给各个水平赋予一定的分值，这个分值也称作是"点数"，然后按照这些关键的薪酬因素对职位进行评价，得到每个职位的总点数，以此决定职位的薪酬水平。该方法三个基本特点：一是有多个报酬要素，每个要素要分为几个等级；二是要素的等级可以量化，反映工作的现实情况；三是用一定的权数反映各要素的相对重要性。要素计点法以报酬要素作为职位评价基础，报酬要素的选取和权重的设置使企业管理决策更有导向性。此外，要素计点法采用点数来显示各职位的价值差异，一方面使评价结果更准确，易于员工接受，另一方面，也能更好体现职位之间价值差异程度。但要素计点法方案设计耗时耗力，实施过程中存在大量的主观性，加大了要素计点法实施难度。

要素计点法进行职位评价的步骤：

1）职位分析

要素计点法首先要从职位分析开始，主要选取的是各类职位中有代表性的职位，即基准职位。基准职位具有大多数职位代表性、众多组织普遍存在性、工作内容稳定性和市场工资率公开性等特征。通过职位分析，可以对职位内容及其对组织贡献有所了解，有助于报酬要素的准确选取。

2）选取报酬要素

报酬要素是指那些在工作中受组织重视，有助于追求组织战略并实现其目标的特征。报酬要素实际上是在多种不同的职位中都存在的组织愿意为之付出报酬的一些具有可衡量性质的质量、特征、要求或结构性因素。

报酬要素的选取必须遵循一定的原则进行。第一，反映岗位分析内容。各个岗位都有各自相对的岗位职责、岗位权限、任职资格和工作环境，因此，在选择岗位评价要素时要以岗位分析的内容为基础，所选的要素能代表组织愿意支付的与职位要求有关的所有主要内容。第二，符合组织的战略和价值观。报酬要素的选取应与组织性质、发展战略、文化和价值观紧密相结合，且这些报酬因素有助于组织战略以及组织目标的实现。第三，利益相关者可接受。岗位评价的结果是为薪酬体系设计提供技术支持，所制订的薪酬结构应得到员工和管理者的接受和认可，因此，各岗位在薪酬结构中用于定位的报酬要素也应为人们所接受。在实际操作中，最为常见的报酬要素主要是责任、技能、努力以及工作条件四大报酬要素及其相关子要素。第四，不能出现交叉和重叠。交叉和重叠会导致某些要素重复计算，进而增加该要素在评价系统中的权重，而影响最终的评价效度。第五，选取的报酬要素数量要适中。报酬要素过多的话会导致操作成本上升，为职位评价增加难度；过少的话，某些报酬要素可能具有交叉性，会导致报酬要素无法突出职位价值的各个方面。而且报酬要素数量较少，会给员工造成职位评价系统过于简单的错觉，而无法接受评价结果。事实上，21个要素的方案和7个要素的方案，哪个效果更好呢？研究表明，二者制订的职位结构是一致的，但公司仍为了让员工更好地接受而选择了21个要素的方案。更有甚者，技能维度1个要素就能解释90％以上的职位评价结果差异，3个要素就能解释98％～99％的职位评价结果差异，但多要素的方案仍为多数公司采用仅是为了保证员工能够接受。

3）确定报酬要素等级

选择了报酬要素之后，就应该对每一个报酬要素的各种不同等级水平进行界定。每一种报酬要素的等级数量取决于组织内部所有被评价职位在该报酬要素上的差异程度。差异程度越高，报酬要素的等级数量就需要越多；反之，则会相对较少一些。比如说，如果一家企业的所有职位在工作条件上的差异不是很大，那么，工作条件这一报酬要素也许划分为三个等级就足够了，但是如果是在一个不同职位的工作条件相差很远的组织中，工作条件也许需要划分为五个等级甚至更多才能反映不同职位在该报酬要素上的差异。

确定报酬要素等级时要注意等级数量不宜太多，过多的等级会减少各等级间差异度，从而增加评价者判断等级的难度，进而影响评价结果的有效度。在对报酬要素各等级差异进行界定时，需尽量使用容易理解的词语，还要使用基准职位的名称来规定等级的定义。确定报酬要素等级还需要注意各个等级之间的差异要相同。因为要素计点法给每个要素不同等级所赋予的点数是相等的。表 6.5 给出了某一组织对"自主性"这一报酬要素的不同等级所进行的界定。该组织将"自主性"要素划分为 5 个等级，并对各等级差异进行了详细的区分和界定。在界定各等级差异度时，要保持 5 级和 4 级，4 级和 3 级等相邻等级差异程度一致。

表 6.5　"自主性"的等级划分

5 级	·为公司确定战略定位，并且为下属实现这一战略而制订范围广泛的目标。 ·确定管理路线，并且对职能单位的总体结果负责
4 级	·在公司战略导向范围内制订总体公司政策。 ·就下属所提出的例外问题解决建议进行决策。 ·所负责的公司总体目标达成情况每年接受审查
3 级	·在公司总体政策和程序范围内履行职责。 ·协助制订公司政策和程序。 ·在出现例外时，频繁地解释公司政策并且就行为方案提出建议。 ·职位需要阶段性地接受检查。 ·所做出的大多数决策不需要接受审查
2 级	·根据公司的具体政策和程序执行任务。 ·可能需要根据例外情况做出适应性调整。 ·职位需要接受定期的检查，可随时向管理人员求助
1 级	·运用非常具体的公司政策和程序在有限的监督下执行任务和职位安排。 ·工作经常要接受上级管理人员的检查，管理人员会随时应其要求而为其提供帮助

4）确定不同报酬要素的权重

报酬要素的权重是以百分比的形式表示的，它们代表了不同的报酬要素对于总体职位评价结果的贡献程度或者是所扮演的角色，要素在工作中越重要，权重就越大。

权重的确定通常采用经验法。由组织管理人员组成委员会，由委员会成员共同商讨确定报酬要素的权重分配。如表 6.6 所示，组织选取了知识、技能等 7 个报酬要素，由委员会成员商讨将 100％的权重在 7 个要素间予以分配。如果某报酬要素有子要素，则需对子要素也进行权重分配。

表 6.6　报酬要素权重确定示例

报酬要素	报酬要素权重
知识	20％
技能	5％
监督责任	25％
决策	25％
预算影响	10％
沟通	10％
工作条件	5％
总计	100％

除了经验法之外，还可以采用统计法予以补充，以避免报酬要素的重叠问题出现。统计法是运用统计技术或者数学技术来进行决策的一种比较复杂的方法。统计法首先需要委员会确定一个标准工资结构。这个工资结构可以是基准职位的当前工资率、市场工资率、男性大多数职位工作率(消除性别歧视)，或者是谈判达成的工资率。然后采用多元回归等统计技术来确定每一个报酬要素的相对价值即权重。

5) 报酬要素各等级点值计算

报酬要素各等级点值赋予分为三个步骤展开：

第一，确定职位评价体系总点值。在各种报酬要素所占的权重确定下来以后，组织还需要为即将使用的职位评价体系确定一个总点数或总分，比如 1000 点、500 点或者 300 点。在通常情况下，如果被评价的职位数量比较多，而且价值差异比较大，那么需要使用的总点数就应该比较高一些，反之，总点数可以相对小一点，原则是应当能够准确、清晰地反映出不同职位之间的价值差异。

第二，确定每个报酬要素总点值(权重×总点值)。将该职位体系总点数设为 1000，分别用每个报酬要素权重与总点数相乘，计算得出每个报酬要素的点数，如知识，所占权重 20%(表 6.6)，1000×20%＝200。

第三，确定每一报酬要素在不同等级的点值。报酬要素不同等级点值可以采用几何方法和算数方法两种算法。二者区别如表 6.7 所示。

表 6.7　几何法和算术法差异

几何方法	算术方法
① 等比递增；	① 等量递增；
② 在总点数的分布中产生较大范围的跨度；	② 在总点数的分布中产生较小范围的跨度；
③ 在每一报酬要素内部的等级递增幅度均保持相同的百分比，容易向员工解释，公平性更强	③ 比较容易计算

几何法的计算公式为

$$x_n = \frac{满分数}{(1+m\%)^{总等级-n}}$$

其中，n 代表报酬要素的某个级数，m 代表等级差异比率。满分数特指该报酬要素的总分值。例如：表 6.8 中，全部报酬要素等级差异比率拟定为 23%，则知识的第 3 等级的分数为

$$x_3 = \frac{200}{(1+23\%)^2} = 118$$

算数方法又称为等差法，即首先计算出报酬要素各等级等差，等差＝$\frac{总分值}{等级数}$。最高等级分数为总分值，用高等级分值减去等差就可以计算出次低等级分值。例如：知识报酬要素的等差＝$\frac{200}{40}$＝50,知识的最高等级分值为 200，第 4 等级分值＝200－40＝160，第 3 等级分值＝160－40＝120。

表 6.8　报酬要素等级的点数确定

报酬要素	等级	几何法	算术法
知识(200)	1	70	40
	2	91	**80**
	3	118	120
	4	154	160
	5	200	200
身体技能(50)	1	18	10
	2	23	**20**
	3	30	30
	4	38	40
	5	50	50
监督责任(250)	1	88	50
	2	114	**100**
	3	148	150
	4	192	200
	5	250	250
决策(250)	1	88	50
	2	114	100
	3	148	**150**
	4	192	200
	5	250	250
预算影响(100)	1	35	20
	2	46	40
	3	59	60
	4	77	**80**
	5	100	100
沟通(100)	1	3	20
	2	46	**40**
	3	59	60
	4	77	80
	5	100	100
工作条件(50)	1	18	10
	2	23	20
	3	30	30
	4	38	**40**
	5	50	50
合计		1000	1000

(注:在几何方法中,从每一报酬的 1 级到 5 级点值是以 23％ 的幅度递增的。数据经过四舍五入后取整数)

6）运用报酬要素结构量化表评价各职位，计算出各职位的职位价值点数

上述步骤是职位评价的前期准备，即为职位评价提供一套标准。在进行实际的职位评价时，评价者需要考虑被评价职位在每一个既定的报酬要素上实际处于的等级，然后根据该等级所代表的点数确定被评价职位在该报酬要素的点数。确定完每一个职位的所有报酬要素所在等级点值，并将其加总，最后得出每一个职位的职位价值总点数。如表6.8中，某职位各报酬要素所处等级用加粗的字体显示，将其对应的分数加总，显示该职位的职位价值分数为510。

7）建立职位等级结构

所有职位的评价点数都计算出来之后，按照点数高低加以排序，然后将职位进行等级划分，制成职位等级表。职位等级的分类方法主要包括自然数断点法与等差法。其中自然数断点法顾名思义就是将职位等级按照自然数的正常排列顺序进行分隔。

等差法有相应的步骤来确定具体的值。第一，确定职位等级数量。职位等级数量与职位价值差异度相关，差异度越大，等级数量越多。此外，职位等级数量与薪酬等级数量相对应，因此，还需考虑企业的薪酬文化，是否要拉大企业员工的薪酬差距。第二，计算出每一职位等级相同的点值变动范围。点值变动范围＝（职位评价最高点值－最低值）/职位等级数。第三，计算每个职位等级点值范围。可采用由低至高或由高至低两个顺序进行。如采用由高至低倒推方式，首先计算最高等级点值变动范围，最大值为职位点值最高值，然后用职位评价最高点值减去点值变动范围，计算出最小值；次高等级的最高值则为高一等级的最小值减1，而最小值则为该等级最大值减相同等级点值变动范围；依次类推。采用由低到高的方式，则从最低等级开始，用职位评价最小值作为该等级最小值，用该值加上变动范围，得出最大值；再用第1级的最大值加1，得出第2级的最小值，用该级的最小值加上变动范围，得出最大值；此后的计算以此类推。

最后，企业通过薪酬调查获取外部市场薪酬状况，再结合职位结构状况，拟定企业自身薪酬水平政策，确定薪酬结构状况，制订出每个职位等级相对应的薪酬变动范围（如表6.9所示）。

表 6.9　职位等级、点数与工资率转换表

等级	点数	月薪（元）	等级	点数	月薪（元）
1	101～149	500～900	6	254～279	1800～2500
2	150～175	800～1050	7	280～305	2300～3000
3	176～201	950～1300	8	306～331	2800～3600
4	202～227	1200～1500	9	332～357	3400～4200
5	228～253	1400～2000	10	358～500	4000～6000

4. 要素比较法

要素比较法又称因素比较法，是一种依据不同的报酬要素对基准职位进行排序比较的量化的职位评估方法。因此，要素比较法具有几大特征：第一，要素比较法需要选取比较多

的报酬要素来完成职位价值的评价。第二，要素比较法职位评价的对象是基准职位。要素比较法进行职位评价比较的目的就是通过基准职位价值及其工资率的排序比较来推算非基准职位的工资率。第三，要素比较法是排序法的改进方法。该方法操作过程中，需要按照报酬要素对每个职位价值贡献度进行排序，还需依据每个报酬要素对职位工资率贡献度再次进行排序。因此，要素比较法从本质上来说是一种排序法。

要素比较法的步骤如下：

第一，进行职位分析，确定报酬要素。首先，企业需要进行详细职位分析，做出标准、规范的职位说明书，为报酬要素和基准职位的选取做好充分的准备工作。要素比较法重中之重的工作是报酬要素的选取，以作为职位间相互比较的依据。企业应根据自身情况选取适宜的报酬要素。例如我们选取职位知识水平、身体条件、技能要求、承担责任、工作环境五个报酬要素。

第二，选择基准职位并确定其基本工资。首先，选取基准职位。经过职位分析后，从全部职位中将满足基本职位特征的职位选取出来，即需要具有大多数职位的代表性、众多组织中广泛存在性、工作内容相对稳定性和市场工资率公开性。其次，确定基准职位的工资。在基准职位选取出来之后，在结合获取外部市场和企业自身的情况之后，确定基准职位的工资水平。例如，我们选取 A、B、C、D 四个职位，其基本小时工资（单位：元）分别为：12.5、10、9.5、8.3。

第三，依据报酬要素的重要性对基准职位进行分别排序。将每一个主要岗位的每个影响因素分别加以比较，按程度的高低进行排序。排序过程以职位描述和职位说明书为基础，通常由评价者分别将职位排序，然后再开会合议每个职位的序列值。如表6.10 示例中所示，A、B、C、D 四个职位分别就知识水平等五个报酬要素进行重要性比较排序。其中 1 显示排名第 1。如表中排序所示，四个职位中，职位 A 对知识水平、技能要求最高，同时也承担最大的工作责任，职位 D 要求具有更高的身体条件，职位 C 的工作环境最好。

表 6.10　依据报酬要素重要性的基准职位排序示例

	知识水平	身体条件	技能要求	承担责任	工作环境
职位 A	1	3	1	1	2
职位 B	4	2	3	2	3
职位 C	3	4	4	3	1
职位 D	2	1	2	4	4

第四，确定基准职位各报酬要素基本工资。这个步骤细分为两步来操作。首先，需要选取评价者为各报酬要素在每一个基本职位的重要性进行打分，即确定每个报酬要素相对于每个职位的权重百分比；其次，将每个职位的工资与每个报酬要素的权重百分比相乘，计算出每个职位的每一个报酬要素的工资。如表6.11 中，三个评价者分别就职位 A 分别打出了每个报酬要素的权重百分比，由此可以计算得出每个报酬要素的工资，将三个评价者的工资加以平均，最终得出职位 A 每个报酬要素的工资数。

表 6.11　基本职位 A 报酬要素工资计算示例

	知识水平	身体条件	技能要求	承担责任	工作环境	合计
评价者甲	20% 2.5	15% 1.875	20% 2.5	30% 3.75	15% 1.875	100% 12.5
评价者乙	25% 3.125	10% 1.25	20% 2.5	35% 4.375	10% 1.25	100% 12.5
评价者丙	15% 1.875	20% 2.5	15% 1.875	35% 4.375	15% 1.875	100% 12.5
合计 （甲＋乙＋丙）/3	2.5	1.875	2.291	4.167	1.667	12.5

第五，根据每个典型职位内部的每一报酬要素的价值来分别对职位进行多次排序。如表 6.12，按照表 6.10 的算法，首先赋予职位 B、C、D 各报酬要素的权重，然后用各自小时工资与各报酬要素权重相乘，计算出报酬要素的小时工资率；进一步，依据工资，将四个职位在 5 个报酬要素上再次排序。

表 6.12　依据报酬要素工资的基准职位排序

	小时工资	知识水平	身体条件	技能要求	承担责任	工作环境
职位 A	12.5	2.5(1)	1.875(3)	2.5(1)	3.75(1)	1.875(2)
职位 B	10.0	1.0(4)	3.0(2)	1.5(3)	3.0(2)	1.5(3)
职位 C	9.5	1.9(3)	1.425(4)	1.425(4)	1.9(3)	2.85(1)
职位 D	8.3	2.075(2)	2.49(1)	2.075(2)	1.245(4)	1.245(4)

第六，根据两种排序结果选出不便于利用的基准职位。经过第三步和第五步的操作，已经得到了基准职位的两种排序结果。一种是第三步中，基准职位在每个报酬要素的重要性排序，另一种是第五步中得出的依据每个报酬要素工资所进行的基准职位排序。现将两种排序进行对比，从中挑选出排序不一致的职位，表明该职位不是真正的基准职位。有些管里人员嫌麻烦，则将第五和第六步骤省略，直接由第四步进入第七步骤的操作。也就是说，第五步和第六步的功用主要在于检验所选取的职位是否是真正的基准职位。对比表 6.10 和表 6.12 可见，职位 B 和职位 D 的两次排序结果不一致，则将其剔除（本例中假如管理人员不太严格，则予以保留）。

第七，建立典型职位报酬要素的等级基准表。经过第四步骤，已经计算出每个基准职位各报酬要素的工资。现在构建报酬要素等级基准表。报酬要素等级基准表是以工资为行，各报酬要素为列，凸显各基准职位报酬要素特定工资地位的表格（如表 6.13 所示）。

表 6.13　报酬要素等级基准表

付酬要素 小时工资率(元)	知识水平	身体条件	技能要求	承担责任	工作环境
1.00	基职 B	非基职 1			基职 D
1.50	非基职 1	基职 C	基职 B 基职 C		基职 B
2.00	基职 C 基职 D	基职 D	基职 D	基职 C	基职 A
2.50	基职 A	基职 A	基职 A	基职 D	基职 F
3.00		基职 B		基职 B	基职 C
3.50	基职 G	基职 F	基职 G	基职 A	
4.00		基职 E	基职 E 非基职 1	基职 F 非基职 1	基职 E
4.50	基职 E			基职 E	非基职 1
5.00		基职 G	基职 F		基职 G
5.50	基职 F			基职 G	
6.00					

　　第八，使用基准职位报酬要素等级基准表确定其他非基准职位的工资。首先，对比非基准职位的报酬要素重要性程度与哪个基准职位相同或介于哪两个基准职位之间，在报酬要素等级基准表中确定该非基准职位在每个报酬要素下的具体位置；然后，确定非基准职位每个报酬要素的工资。判定了非基准职位的报酬要素特定位置后，就确定了所对应的工资。最后，加总该非基准职位全部报酬要素所对应的工资，就可以得出该基准职位的总工资。例如，表 6.13 中，显示了非基准职位 1 在各报酬要素上的具体位置，可以判断出该职位在知识水平、身体条件、技能要求、承担责任和工作环境 5 个报酬要素方面的工资分别为 1.5、1、4、4、4.5，加总为 15，故非基准职位 1 的小时工资为 15 元。

6.2　技能薪酬体系

6.2.1　技能薪酬体系的内涵、实施条件

1. 概念

　　技能薪酬体系指一种基于任职者的薪酬体系，指组织根据一个人所掌握的与工作有关的技能、能力以及知识价值支付基本薪酬的一种报酬制度。技能薪酬体系的内涵强调了几项主要特点：首先，技能薪酬体系不同于职位薪酬体系，是以人为基础，以任职者的技能、能力和知识作为薪酬支付依据；其次，技能薪酬体系并不为任职者所具备的全部技能、能力和知识买单，而只是涉及工作有关的部分；第三，技能薪酬与任职者所掌握的技能、能力和知识能对企业做出的贡献价值挂钩，价值越大，薪酬越高。

2. 技能薪酬体系实施条件

（1）实施技能薪酬体系的职位需要深度技能、广度技能、垂直技能得分较高。

深度技能（depth of skills）是在一个明确的专业领域内不断积累而形成专业知识、技能和经验（如表 6.14 所示）。深度技能得分高的职位要求员工既具备从事一些简单的体力活动的能力，同时还需具备从事复杂活动的能力，如运用推理、数学以及语言等方面脑力活动的工作内容等的职位。

表 6.14　护士专业技能深度区分

主任护师	执行基础、专科护理常规、护理技术操作规程及相关规章制度。协助医生做好对病人及其家属的咨询、辅导、接诊和治疗工作。执行口服、注射、其他途径给药治疗及采集检验标本；注意巡视、观察病情及输液情况，发现异常及时报告医生；协助新入、手术、急、危重病人的处理；负责备血、取血，护送危重病人外出检查。经常性地深入病房和病人交流，以获得有关病人病情的信息，了解病人的疑虑，及时解决病人存在的问题，向家属和病人解释病症的原因、治疗原则、注意事项并进行饮食生活指导、健康教育指导。加强基础和业务知识的学习。负责医疗文件和物品管理，做好物品清点交接
副主任护师	组织主管护师、护师、进修护师的业务学习，拟定教学计划、编写教材、负责讲授，承担不同层次护理本科和专科学生的临床实习教学；善于总结护理经验，能撰写护理论著和译文；协助护理部主任加强对全院护理工作的领导
主管护师	在护理部主任或科护士长的领导下进行检查督促工作，解决本科护理业务疑难问题，配合科护士长组织本科护师、护士进行业务学习，编写教材，负责讲课，协助组织大专及中专护生的临床实习，协助科护士长制订本科的科研计划并指导本科护师、护士开展科研工作
护师	在病房（科室）护士长领导下和本科主管护师指导下，参加病房临床护理工作，指导护士进行业务技术操作，能带领护士完成护理难度较大、新业务、新技术的临床实践；承担中专护理教学，带教护士生实习，参加本科室的科研工作，撰写科研论文和工作总结
护士	主要在医院和其他医疗预防机构内担任各种护理工作，配合医师执行治疗并进行护理，或负责地段内的一般医疗处理和卫生防疫等工作

广度技能（horizontal of skills）指一个工作族或一个技术层次上的技术。广度技能得分高的职位指要求运用其上游职位、下游职位或者是同级职位所要求的多种一般性技能的职位（见表 6.15）。

表 6.15　超市广度技能薪酬方案示例

以职位为基础	以技能为基础		
客服员	技能 A	技能 B	技能 C
后勤员工			
收银员			
收货员			
防损员			

垂直技能(vertical of skills)主要指自我管理能力,包括:时间规划、领导、群体性的问题解决、培训以及与其他工作群体间的协调能力等的职位。垂直技能得分高的职位一般指那些专业性强,需要合作的工作,这些工作一般以工作团队或合作小组存在,成员需掌握多项专业技能,还需掌握自我管理、相互学习和沟通交流等管理技能。

实施技能薪酬体系的职位要求其技能在深度、广度或垂直度方面得分高,即这些职位的任职者的技能存在较大的差异度,企业为了鼓励这些职位的员工提升和施展高水平技能,因而设计和实施对应于不同技能级别的薪酬等级,称为技能薪酬。如果职位上员工技能无差异,区分技能差异的技能薪酬则没有存在必要,甚至会造成不好的结果。技能薪酬计划在运用连续流程生产技术的行业(食品加工业、林产品行业、冶金、化学)、运用大规模生产技术的行业(电子行业、汽车及其零部件制造业以及计算机生产行业)、运用单位生产或小批量生产技术的行业和服务业有较高的使用率。

(2) 实施技能薪酬体系要求企业管理层与员工保持紧密合作的长期关系。

实施技能薪酬体系,企业为员工所掌握且不断提升或扩张的技能支付报酬,相当于是对员工人力资本的投资。企业深信员工技能越高(广),企业绩效随之越好。但这个愿望实现需要一定的前提条件,一是员工技能提升之后,愿意施展出来以帮助企业提高绩效,二是员工技能提升之后,还愿意留在企业发挥其所长。因此,为了回收人力资本投资成本,获取投资收益,需要管理层和员工间建立长期合作关系,且关系要良好、紧密,以促使员工有意愿、有时间、有机会将高能力转化为高绩效。

(3) 技能薪酬体系需要相应的工作设计作为支撑。

技能薪酬体系强调员工掌握多种不同的工作能力,而不是严格与本职工作相对应,因此,需要工作设计体系以辅之。传统的职位薪酬体系是向固定的职位发放工资,每一个人只需掌握其所在工作所要求的技能,做好自己分内的工作就可以拿到相应的报酬。技能薪酬体系则对员工所具有的技能的深度和广度的差异性支付报酬。技能薪酬体系下员工为获取薪酬的增加需要提升其技能的深度,增加技能的广度。这两类技能的增强需要向上、向左、向右多了解和学习,不能拘泥于原职位故步自封。

企业需要实行工作丰富化设计,管理者要给下级员工适当放权,将部分上级任务和工作分配给下级做,以提升下级员工技能深度。企业还需要通过工作扩大化和工作轮换帮助员工了解和学习其他岗位的工作任务,掌握其他岗位所需的技能,从而增强自身技能的广度。

3. 技能薪酬体系的优缺点

技能薪酬体系以员工技能作为薪酬支付对象,可以弥补职位薪酬体系只对事不对人的缺陷,具有以下几个优点:

(1) 技能薪酬体系能按组织要求所掌握的工作技能而不是某一职位要求向员工支付报酬,使员工更全面地理解组织。企业依据当前和未来发展需要,选取与薪酬相对应的技能种类,员工关注的自身薪酬,了解所需增加和提升的技能种类,进而明白企业当前的状况和未来的发展前景。

(2) 技能薪酬体系能激发员工不断开发和掌握新的知识和技能。技能薪酬体系下,直接明确地界定了不同级别的技能深度和广度所对应薪酬水平的差异。员工为获取更高水平的薪酬,将会有更大的动力提升其技能水平。

(3)技能薪酬体系为专业性人才提供了另一条薪酬晋升通道,可鼓励优秀专业人员安心本职工作,而不必为求加薪从事不擅长的管理职位。职位薪酬体系下员工为了增加薪酬只有晋升一条路径,导致许多专业性人才不得不放弃专业,而寻求管理职位的晋升。这种情况一方面导致这些专业性人才自身专业技能的浪费,另一方面,缺乏管理技能的专业性人才从事管理职位,其管理决策的有效性也将受到质疑。而技能薪酬体系下专业性人才只需一心提升技能,继续从事自己熟悉的专业性工作。

(4)技能薪酬体系下,员工能够掌握多项任务所需技能,增强员工配置灵活性。在技能薪酬体系下,员工为了增加薪酬不断扩展技能种类,增加技能广度,员工技能多样化程度提高,同一员工能胜任的岗位类别增多,从而增强企业员工配置灵活性。员工技能多样化还扩展了企业发展方向。当员工技能单一化时,企业只能在现有领域发展,员工技能多样化则为企业多元发展提供了能力支撑。

(5)技能薪酬体系有助于形成高度参与型管理文化。技能薪酬体系为员工所掌握的对企业有价值的技能和知识付酬。员工关注点在于那些利于企业发展和工作所需的个人和团队技能的提高,从而对企业的发展投入更多的关注度;此外,技能薪酬在设计过程中也需要员工的高度参与,员工技能的培训与鉴定,甚至员工技能的管理和运用都需要员工参与其中。因此,技能薪酬体系的实施有助于形成高度参与型的企业文化,提高员工的工作积极性和组织承诺度。

技能薪酬体系也具有一定的局限性,主要体现在以下几方面。

(1)与职位薪酬体系相比,技能薪酬体系设计操作更为复杂、管理成本较高。不同于职位薪酬体系的稳定性,技能薪酬体系需要经常对员工的能力进行培训、鉴定,并随之调整其薪酬状况,对于企业管理结构和薪酬管理人员都有较高要求。

(2)技能薪酬体系的投资成本较高。技能薪酬体系下需要对培训和工资重组方面进行投资。一方面培训增加带来的员工技能普遍提升,将可能造成企业薪酬成本短期内大幅上涨的局面,给企业带来较大的财务压力。另一方面,如果企业不能很好地对员工的技能进行管理利用将技能转化为生产力,企业发展将面临较大困境。

(3)技能薪酬体系与员工绩效没有直接关联性。技能薪酬体系直接激励员工不断提升技能,但高技能并不一定会有高绩效回报,这其中涉及员工是否拥有技能的使用机会、使用动力、使用时间等问题。因此,技能薪酬体系对于员工提高自身工作绩效没有直接激励性。

6.2.2　设计技能薪酬体系的几个关键决策

1. 选择技能的种类

技能薪酬体系是以员工的技能和知识水平对企业的价值作为基本薪酬支付依据。员工可能已经掌握许多种类技能,也可能根据自身职业生涯发展需要掌握其他种类的技能,而这些技能并不一定为企业所需,能为企业带来利益。企业也不能为其不需要的技能付酬。因而,技能薪酬体系中,与薪酬所对应的技能种类、范围需要企业根据当前和未来发展需要所确定。

2. 确定技能的广度与深度及其与薪酬的对应关系

企业依据自身发展需要，选择出了需要员工掌握的技能种类后，还需进一步明确企业需要每一项技能所达到的深度和广度范围。其原因有三个方面，一是各项技能的深度和广度可能无上限或具有很高水平的上限，但企业可能使用不到超过某界限的技能深度或广度，也就不能为其付酬。所以，企业需要事先确定企业所需要的技能的深度与广度范围；二是通过对于不同的技能在深度和广度上的薪酬差异设计，如有的薪酬支付更高的技能深度范围，有的则对应更宽的技能广度范围，从而向员工传递企业所需要发展的员工技能类型。

3. 明确技能薪酬体系在企业的使用范围

技能薪酬体系不是全面的薪酬体系，一般仅适用于某些部门或职位。因此，企业需要确定哪些部门需要，并适合采用技能薪酬体系。企业还需注意在实施技能薪酬体系的部门与其他部门之间保持一定的内部一致性。

4. 构建培训与资格认证体系

技能薪酬体系下员工薪酬的增加是与员工技能的改进相关联的。实施技能薪酬体系的企业需要完善的培训体系，考虑哪些种类、深度和广度的技能由企业内部提供培训，哪些由外部机构提供，培训费用如何支付，培训时间如何与工作时间协调等问题。员工技能提升之后，企业需要建立科学的技能资格认证体系，详细规定企业内部认证和外部认证的技能类别、深度和广度等级、具体认证方法和时间等问题。企业还需设置资格再认证环节，定期进行重复认证，以确保企业需要某些技能保持在该有水平上。

5. 规定学习的自主性

员工应该学习什么、什么时间学习什么、哪项技能学习多长时间这些问题需要具体考虑。学习内容可以由员工自己决定，也可以由企业、工作和客户的需求来决定，一般来说，技能薪酬体系下所对应的培训学习内容大多由企业决定。对于具体内容的学习时间跨度则根据企业需求的情况来确定。当企业某特定时期急需某项技能时，可能要集中短期学习，而其余时间，员工则可以根据自身需求来决定技能的提升时间和速度。

6. 管理技能

技能薪酬体系实施关键点不在于技能的提升和薪酬的发放，而在于技能的管理利用方面。任何企业制订培训计划、提高薪酬激励员工提高技能的根本目标都不停留在员工技能的提升上，而是希望通过员工技能的提高改善员工业绩，从而提高企业业绩。在技能薪酬体系下，员工利益和企业利益分裂为两个不同的过程，而不再是同时实现。员工利益通过员工努力学习，提高技能，得到特定的技能鉴定和认证，并获得薪酬的相应改善之后就实现了。这时，企业利益往往不着边际。所以，技能薪酬体系下，员工技能提升动力十足，对提升技能能否获得使用，使用后的效果却关注较少。因此，企业首先需结合报酬制度、职位晋升制度、企业文化和企业管理政策等多方面调整，留住员工。然后需要搭建技能平台，提供机会，拟定激励计划激励员工施展所长，最大化地利用员工技能，带来企业利益的最大化增加。

6.2.3　技能薪酬体系的设计流程

技能薪酬体系围绕技能选择、开发、评价和管理几大方面工作展开。技能薪酬体系是对员工技能存在的差异程度支付不同的基本薪酬。这就需要首先区分技能差异性，即需要对技能进行分析和评价；然后，考虑不同技能等级水平与薪酬的对应关系，即对技能进行定价；最后则是技能薪酬体系实施的支撑环节，即技能培训与认证过程，如图 6.2 所示为技能薪酬体系设计流程。

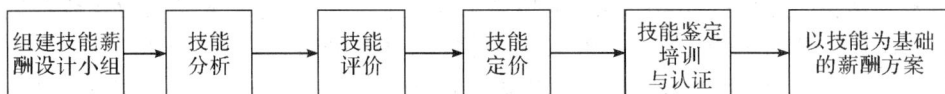

组建技能薪酬设计小组 → 技能分析 → 技能评价 → 技能定价 → 技能鉴定培训与认证 → 以技能为基础的薪酬方案

图 6.2　技能薪酬体系设计流程

1. 组建技能薪酬设计小组

技能薪酬有别于传统的薪酬制度，不能由企业高层管理者单方面制订，而需要薪酬体系支付和影响对象参与其中。此外，技能薪酬体系计划具有局部性，通常只是在一个组织的一个或多个单位中实行，因此，需要建立起一个由企业高层管理人员组成的委员会来确保技能薪酬管理之间的一致性。

薪酬计划委员会包括指导委员会、设计小组和主题专家。其中，指导委员会由高层管理人员组成，负责进行协调；设计小组包括人力资源部、财务部、信息管理部、实施技能薪酬体系的部门员工，是薪酬计划委员会不可或缺的部分，能够让员工更好地接受技能薪酬体系；主题专家包括员工、上级、组织开发和薪酬专家，帮助薪酬制度的设计。

2. 技能分析

技能分析是一个辨别和收集有关开展组织内某些工作所需技能资料的系统性过程。技能分析首要工作是成立技能薪酬设计小组，开展技能分析与评价工作。详细的技能分析将为技能薪酬体系中技能种类的选择、技能评价奠定基础。技能的区分与评价离不开技能为之服务的工作任务的描述与分析。从逻辑上来说，首先是需要完成哪些工作任务，进而需要具备什么技能，工作任务越复杂，越困难，所需技能深度水平越高；工作任务范围越多，所需技能范围广度越大。因此，技能分析与评价从根本上仍是工作任务的分析与评价。

1）工作任务分析

没有对工作任务进行深入分析，技能的区分以及技能水平的划分都是不可能的。深入了解工作任务需要对工作任务进行清晰的标准化的描述，从而有助于了解为达到一定的绩效水平所需要的技能层次。

技能分析所需的工作任务描述相对简单，只要强调所要完成的工作及完成这些工作时所需要的必要行为，通常围绕工作内容、工作目标、工作方法、工作对象、工作地点、工作时间 6 个方面进行。

2）工作任务的评价与重新组合

在工作分析得到标准化的工作任务描述之后，需要以此为基础对工作任务进行评价，并对凌乱的工作任务重新排列，获取新的工作任务清单，为技能模块的界定和定价奠定基础。

一般来说，工作任务评价维度有两个。一是工作重要性，即对完成工作任务的目标重要性，主要考虑工作任务是否在工作现场完成的以及该项工作任务对于完成工作或者达成某一工作单位的目标是否很重要。二是任务的难度，即完成或学会完成某种任务的困难程度。具体的评价尺度参如表 6.16 所示。

表 6.16　员工工作任务重要性(难度)评价表

等级尺度	工作重要性		任务的难度	
0	不执行该任务		不执行该项任务	
1	有重要性		简单任务	
2	一般重要		一般难度	
3	比较重要		有一定难度	
4	很重要		很困难	
5	非常重要		非常困难	
6	极其重要		极其困难	
工作任务描述	专家 1	专家 2	专家 3	平均分	标准差
1					
2					
3					
4					
…					

　　工作任务评价完成后,需要对工作任务进行重新组合,将重要程度相近或难度相似的工作任务归为一类,组成新的工作任务模块,从而形成新的工作任务清单,为工作任务重新组合的方法有两种:统计法和观察法。

　　统计法是指通过要素分析的方法,运用重要性或者难度或者两个评价要素来对工作任务进行分组。不过要素分析要求有一定的专家参与,并且为了揭示分析的结果,还要对统计学具有比较深的理解。

　　观察法是指受过训练的工作分析专业人员和对工作熟悉的人员一起来将工作任务分配到不同的组别之中。通常观察法应遵循以下步骤:① 将每一项工作任务陈述都分别写在卡片上;② 根据一种规则将具有某些共通性的工作任务陈述归为一类;③ 每一名主题专家都分别对完成的各项归类进行比较,来确定他们对于这种分类的赞同与否;④ 主题专家讨论,具体工作任务划归或不划归某一类别的理由;⑤ 讨论,将有争议的工作任务重新归类或建立新的工作任务类别,直至意见趋于一致;⑥ 根据每一工作任务类别所代表的任务类型进行命名,即得不同等级的技能。

　　技能薪酬体系设计中通常采用工作任务的难度这个维度来确定技能水平。采用统计法或观察法,将所有工作任务按照难度大小归为不同类别,而不同等级难度的工作任务需要不同层次水平的技能予以完成。因此,工作任务归类实际上完成了对技能等级的划分,最终形成了不同的技能等级模块。技能等级模块(Skill block)是指员工为按照既定的标准完成工作任务而必须能够执行的一个工作任务单位或一种工作职能(工作任务清单或工作任务集合)。根据技能模块中所包含的工作任务可以实现对技能模块进行等级评定。

3. 技能定价

对技能模块的定价实际上就是确定每一个技能单位的货币价值。至今也没有一种标准的技能等级定价方法将技能模块和薪酬联系在一起。但任何组织在对技能模块定价的时候，都需要做出两个基本决定：一是确定技能模块的相对价值，二是对技能模块定价的机制。在确定技能模块之间的相对价值时需要参考以下几个因素：① 失误的后果。由该技能发挥失误所导致的财务、人力资源等方面的损失越严重，说明这项技能越重要。② 工作的价值。技能对于完成组织认为非常重要的那些工作任务的贡献程度。③ 完成工作所需基本水平。完成任务所需基本知识要求的高低。④ 操作水平。完成工作任务所需各种技能的深度和广度要求。⑤ 监督责任。完成工作任务所需的领导能力、解决问题的能力、培训能力以及协作能力等的范围大小。

技能定价时可以将各项技能逐一展开，这时要注意区分各项技能对企业价值贡献的差异以及技能学习和掌握的困难程度。如表 6.17 所示，表中示例显示机械技能不如团队合作技能对组织贡献大，因此，学徒掌握了一级机械技能增加 1.5 元薪酬，而增加到一级团队合作技能可以增加 2 元基本薪酬。获取的技能等级越高，薪酬增加的幅度也越大，员工同时掌握机械技能和团队合作技能，应该为其增加更多的基本薪酬。

表 6.17　依据单项技能进行的技能定价

	机械技能	团队合作技能
三级技能	23.5 元　（+8 元）	28 元　（+9 元）
二级技能	15.5 元　（+4 元）	18 元　（+5 元）
一级技能	11.5 元　（+1.5 元）	14 元　（+2 元）
学徒（10 元/时）		

企业也可以根据一定的规则确定员工的技能水平，然后依据总体评估的结果确定员工薪酬。如某电信公司将公司的话务员技能水平分为生手、半熟手、熟手、资深四个级别，分别对应 1500 元/月、1900 元/月、2500 元/月、3500 元/月的薪酬水平。

4. 技能鉴定、培训与认证

在对企业所需技能进行分析、评价和等级划分并确定了技能深度与广度与薪酬具体对应关系之后，技能薪酬体系设计最后的任务就是对员工技能进行管理，这既包括对员工现有技能水平的鉴定，以确定当前员工应发放的薪酬水平，还包括今后员工技能的培训、认证。

1）员工技能鉴定

为准确确定实施技能薪酬之后，员工当前应发放的薪酬水平，需要对员工当前技能水平予以评价。技能评价时需要注意评价主体的选择和评价标准的确定，有助于评价结果的有效性。可以采用 360 度评价法，由员工的直接上级、同事、下级以及客户共同构成评价主体，以获取不同角度的评价意见，确保评价意见的全面性和一致性。对各项技能不同的等级给予明确的标准界定。例如，将员工技能划分为 4 个等级，员工为 4 级技能说明需要在上级详细具体的指导下才能完成工作任务，而一级技能的员工则完全不需要上级指导就能完成工作任务(如表 6.18 所示)。选取来自上级、下级、同事和客户不同维度的评价主体，为同一员工的技能等级进行打分，最终计算各评价主体的每个技能的打分的平均分或加权分数，并采用四舍五入的方法确定最终分数，以判定员工所处的技能等级。

表 6.18　员工技能等级鉴定表

员工姓名_____，部门_____，职位名称_____			
员工技能等级			
1＝需要上级详细具体的指导才能完成工作任务			
2＝需要上级一般详细的指导才能完成工作任务			
3＝需要上级宏观大方面的指导就可完成工作任务			
4＝不需要上级指导就能完成工作任务			
技能种类	不同主体技能等级评定		
	上级	同事	下级	客户
技能 A				
技能 B				
技能 C				
技能 D				
技能 E				

2) 员工技能培训

技能薪酬体系实施的目的在于不断激励员工提升技能，以促进企业更好的发展，因此，制订科学的培训体系尤为重要。技能培训体系构建中需要注意两大关键决策，一是培训的内容确定。培训的内容主要通过培训需求分析获得。一方面可以依据岗位和技能分析的结果，了解当前岗位所需技能和员工自身技能的差异；另一方面可以调查企业、工作流程、客户等员工需求主体对员工工作技能的具体需求内容和要求，以确定培训内容和目标。二是培训方式的选择。培训通常存在内部培训和外部培训两种方式。内部培训包括在职培训、课堂培训、师徒制度、工作轮换和在线学习等具体方式；外部培训指由高等院校、专业培训机构或供应商提供的培训。企业应考虑以下几个要素来确定员工技能培训方式。第一，企业自身实力。企业专业技术水平和专业人才的数量决定了企业是否拥有内部培训的实力。第二，时间要素。企业内部人员是否有足够的时间来开发培训课程，实施培训计划。第三，受训员工的数量。受训员工数量越多，选择内部培训会更具有规模效益。第四，培训内容的隐秘性。如果培训内容涉及企业隐秘，则采用内部培训更好。

3) 专业技能认证

员工经过培训过程之后，需要对其改进后的技能水平进行及时专业认证，以确保其薪酬水平调整的及时性和公平性。技能认证涉及三个方面问题需要考虑。

第一，认证主体。专业技能认证主体可以来自企业内部，即内部认证，也可以采用外部认证。企业可成立由员工的上级、同事以及相关领域的专家组成的认证委员会来专门实施技能认证公正，以保证技能鉴定的客观性和公正性。外部主体一般来自大学、商业组织和政府监管的考试和认证项目。

第二，认证方法。认证方法很多，包括在职工作绩效评价、工作样本测试、笔试、面试等。认证方法的选择通常与需要认证技能种类和等级相关。一般来说，高级技能需要综合使用多种认证方法，以相互验证最终的评价结果，低级技能则可以采用工作样本测试、在职绩效评价和外部商业认证等方式。

第三，认证时间。员工的技能等级认证并非一劳永逸之事。随着技术的不断更新，技能内容本身及其不同等级的要求都会有较大调整和改变。为了保持企业技能薪酬体系的活力，需要对员工技能进行再认证。经过再认证过程之后，员工技能不能维持原有等级水平时，需要对员工技能降级处理，员工可以再经过培训过程而重新获得原有的或更高的等级资格。

案例 1：某公司技术人员技能薪酬计划

技能被划分为三种类型：基础技能、核心选修技能、自由选修技能。

每种技能都有相应的课程或培训项目要求，达到要求者获得相应分数。

技术人员一共划分为五个等级：初入级；一级；二级；三级；四级。不同级别的小时薪酬率不同。技术一级的小时薪酬率为 11 美元，二级的为 12 美元，三级的为 13 美元，四级的为 14.5 美元。

每一技术等级都有相应的分数要求。要想达到技术一级，必须达到所有的基础能力要求。二级则在基础能力要求的基础上再从核心选修课程（一共有 370 个学分）中拿到 40 个学分。若要达到三级水平，则要完成基础能力要求，并且在核心选修课程中拿到 100 个学分，同时还要在自选课程中完成三门课程的学习。若要达到四级水平，则要完成基础能力课程，拿到 365 个学分的核心选择课程成绩，同时还要完成五门自选课程的学习。

基础课程：质量控制；工厂控制；原材料处理；风险材料录像；安全生产研讨会；定位研讨会。

核心选修课程：操作工厂中的各种设施所必须具备的技能。如制造、焊接、油漆、完工、装配、检验等。外壳制造 15 分，装配检验 5 分，最终接收测试 10 分等。

自选课程：计算机应用以及团队领导和达成一致意见等方面的能力。维修；lotus 软件；Java 语言；计算机文字处理；评价中心；职业开发；公共关系；工厂保障；行政管理；集体决策；培训；逻辑—运行编译执行技术。

6.3 能力薪酬体系

6.3.1 能力与能力模型

1. 能力的基本概念

能力是生命物体对自然探索、认知、改造水平的度量。企业愿意为之支付报酬的能力一定是为企业所需的，能有助于工作绩效的提高，为企业做出贡献，带来价值的能力，即胜任能力。胜任能力是实现某种特定绩效或表现出某种有利于绩效实现的行为的能力，是一个人的知识、技能及相关个性特质的总和。为行文的方便，本书仍采用能力说法替代胜任能力。

胜任能力最早由哈佛大学心理学家大卫·麦克莱兰于 20 世纪 70 年代初期提出。他在 1973 年提出广受认同和应用的冰山模型，将人员个体素质的不同表现形式划分为表面的"冰山以上部分"和深藏的"冰山以下部分"。其中，"冰山以上部分"包括基本知识、基本技能，是外在表现，是容易了解与测量的部分，相对而言也比较容易通过培训来改变和发展。而"冰山以下部分"包括社会角色、自我形象、特质和动机，是人内在的、难以测量的部分。它们不太容易通过外界的影响而得到改变，但却对人员的行为与表现起着关键性的作用。

1993 年，美国学者莱尔·M.斯潘塞和塞尼·M.斯潘塞博士（Lyle M. Spencer, Jr. & Signe M. Spencer）则从特征的角度进行了拓展，提出了"素质冰山模型"。该模型将素质分为基准性素质和鉴别性素质。基准性素质是指冰山以上的知识和技能部分，这部分内容容易被测量和观察，故而容易被模仿，对员工绩效差异性没有区分作用；鉴别性素质包括冰山下内驱力、社会动机、个性品质、自我形象、态度素质要素，其具有较高的隐藏性，不易被观察和测量、难以改变和评价，是构成企业核心竞争能力的重要因素，具有较高的绩效差异区分性。一般来说，职位越高，鉴别性素质所发挥作用越大。

2. 能力模型的分类

虽然每个公司经营领域和策略存在较大不同，但各自所建立的能力模型内容存在较多的相似方面，比如，成就导向、质量意识、主动性、客户服务导向、影响力、开发他人等 20 种核心能力常被提及。具体实践中由于实施领域范围不同，能力模型存在较多不同的种类，具体可以划分为核心能力模型、职能能力模型、角色能力模型和职位能力模型四类。

1）核心能力模型

核心能力模型主要适用于整个组织，常常与一个组织的使命、愿景和价值观紧密关联。核心能力模型能帮助企业使组织的各个层级以及各种职位的员工表现出与组织核心价值观相符的行为，还能帮助企业进行重大的文化变革，准确向员工传递新的企业文化内涵。

2）职能能力模型

职能能力模型是针对关键业务职能部门所构建，如财务管理、技术开发、市场销售、生产制造等，该模型适用于职能部门中处于不同级别的所有职位上的员工。职能能力模型具体明确了与特定职能部门绩效直接关联的具体能力，具有很强的针对性，有助于职能部门员工绩效行为的改进。通电电气公司从业务能力、专业化能力、变革管理以及个性特征四个方面界定了公司人力资源管理人员必须具备的能力素质。

3）角色能力模型

角色能力模型针对职能领域中特定角色如销售部经理、高级研发工程师等，而非销售或研发部所有人员。其中，经理人员的能力模型界定了各种职能领域管理人员分别应具有的能力种类，是最具有代表性的角色能力模型。由于角色能力模型具有跨职能领域的特点，尤其适用于以团队为基础组建的组织，可以为团队领导和团队成员分别构建不同的能力模型。

4）职位能力模型

职位能力模型是针对组织中单一类型职位而设计。从经济角度来说，职位能力模型所针对的职位通常是有很多人从事的职位，如保险公司的理赔员、电信公司的话务员、销售部门的销售员、研发部门的技术开发人员等。

在实践运用当中，以上四种类型的模型并非完全独立，可以相互交叉，同时使用。如

表 6.19所示，加拿大政府从创新、领导力、影响力、组织知觉性、团队合作 5 大方面为财务管理部门及其不同角色构建了能力模型。

表 6.19　加拿大某省政府财务管理人员能力模型

能力要素	行 为 表 现			
	行政支持人员	专业人员	经理人员	高级经理
创新	强化流程或产品	开发新方法	培育他人创新	培育创新文化
领导力	做一个模范	进行长期指导	预见并规范变革	沟通一种令人向往的愿景
影响力	直接劝说	预测个人行为或语言可能产生的影响	采取多种行动来施加影响	通过他人施加影响
组织知觉性	显示出对组织正式和非正式组织结构的理解	显示出对组织氛围和文化的理解	显示出对组织非正式关系的理解	显示出对组织潜在问题的理解
团队合作	积极参与团队	鼓励和吸收其他团队成员参与	推动有效结果的达成	解决团队内部冲突

6.3.2　能力薪酬的设计

1. 能力薪酬的设计流程

能力薪酬与技能薪酬体系有着相近的设计流程，如图 6.3 所示，即需要遵循能力开发（素质模型构建）、能力评价、能力定价和能力培训与认证几大过程。不同之处主要集中在能力开发环节。由于技能薪酬强调的是工作内容和技术要求，而能力薪酬激励的胜任力与组织价值观和战略目标等层面的要求更接近，因此，技能薪酬中技能的选择是通过工作分析得出的，能力薪酬则需要运用胜任力素质模型技术，挖掘绩效优异者的特质和潜质来构建素质模型。

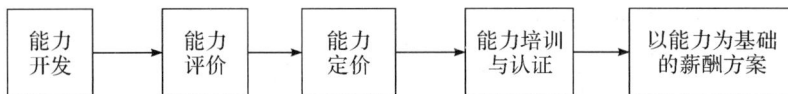

能力开发 → 能力评价 → 能力定价 → 能力培训与认证 → 以能力为基础的薪酬方案

图 6.3　能力薪酬设计流程

素质模型需要历经准备阶段、数据收集和数据分析与模型构建三个阶段（如图 6.4所示）：

（1）准备阶段。构建素质模型，需要做以下充足的准备：① 需要明确组织战略方向。胜任力素质模型是依据组织价值观和战略目标的，所以胜任力素质模型构建的第一步就需要明确企业战略方向，从而确定建立素质模型的目的及其适用范围。② 需要成立专门的项目设计小组以及决策指导委员会。专家小组由相关员工、管理人员、管理和薪酬方面的专家组成，决策指导委员会由企业高层管理人员组成。③ 培训访谈者。由专业顾问机构培训足够数量的访谈人员，明确访谈质量控制标准。④ 确定绩效标准。分析绩效优异者具备的能力和素质，确定绩效标准。⑤ 选择样本。根据讨论通过的绩效标准，选出一定的接触者和胜任者作为研究对象。

（2）数据收集阶段。① 行为事件访谈。采用行为事件访谈法对访谈对象进行访谈，识别相关胜任力及其相关特征。② 访谈数据编码。整理访谈记录并编码，标识具体行为及其表现出的素质类型及层级。③ 数据输入。将访谈编码和其他相关数据输入数据库。

（3）数据分析与模型构建。① 数据分析。针对与下属沟通记录及其他相关数据进行分析，重点分析素质之间的关系和层次之间的区别。② 搭建模型。根据经过分析出的绩效杰出者和胜任者表现的行为特征，提炼出素质模型要素要项，再进而描述要素特征，形成初步的模型。③ 验证模型。采用专家小组、决策指导委员会、问卷调查等各种方法手段验证模型的有效性。随企业发展定期对模型进行修订和完善。

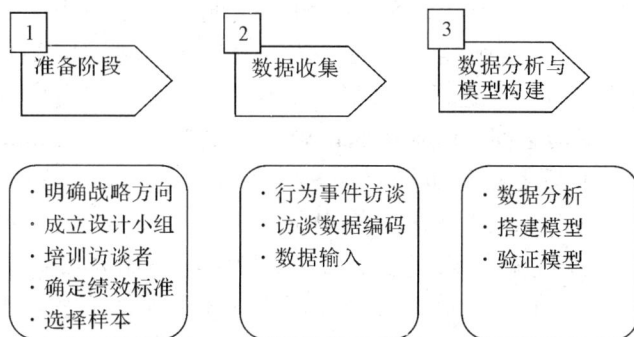

图 6.4　素质模型构建流程

2. 能力与薪酬挂钩的方案

能力薪酬是指将基本工资与员工能力挂钩的一种基本薪酬制度。企业推行能力薪酬体系需要具备一定的实施条件。第一，企业需要进行几大方面的重大变革。首先，企业要建立职位评价系统，以获得详细的职位信息，以助于构建科学的素质模型；其次，企业需要进行市场薪酬数据调查，建立浮动薪酬管理信息系统，以追踪各类浮动薪酬的变动，及时调整自身薪酬水平，以确保自身薪酬竞争力；最后，企业必须建立高效的能力管理体系。依据企业发展战略界定职位能力素质；构建培训体系提升员工能力水平；搭建平台，提供机会，制订激励计划，促进能力的使用和发挥价值。第二，企业需要调整为以能力为中心的整体人力资源管理模式。能力薪酬模式不仅要求制订综合性的培训计划，还必须将"以能力为中心"的理念推及到人员招聘与甄选、绩效管理、职业生涯管理等其他人力资源管理环节中，从而有助于员工能力的提升、使用与变现，更有助于组织目标实现。

能力薪酬体系实施条件为能力薪酬的使用产生了较多阻碍。一是多项重大变革需要企业付出较大代价，二是可能随之带来薪酬成本大幅上升，增加企业财务压力，三是以能力为中心的人力资源管理模式，要求企业树立能力为本的管理模式，而能力与绩效之间的不确定关系为企业埋下高风险的隐患。因此，企业在实施能力薪酬时，通常采用间接地方法在薪酬发放中体现能力的影子，直接将能力与基本薪酬完全挂钩的做法较少。其中主要有以下几种方案。

1) 职位评价法

职位评价是对职位所需知识、技能以及职位承担职责大小等职位内容以及职位对组织贡献等进行评价的过程。职位薪酬体系借助于职位评价法，实现了基本薪酬与职位价值的关联。能力薪酬体系也可以借助于职位评价法，实现能力与薪酬体系相挂钩。具体做法是：采用职位评价的要素计点法，在选取报酬要素中，将原来突出知识、技能和责任等职位内容的报酬要素替换为素质模型中突出能力的要素。例如对人力资源管理经理这个职位进行评价。传统的职位要素可能会选取技能要求、知识要求、工作职责、所负责任等方面，而能力薪酬体系下则会选取业务能力、变革能力、专业化能力、个性特征等需要具备的管理能力要求要素。

2) 职位能力定薪法

这种方法是结合职位和能力两种要素共同确定员工基本薪酬的方式。具体操作思路为：首先，通过员工职位价值确定员工在整个企业薪酬结构中所处的薪酬等级；然后，依据员工能力水平的差异确定员工在该薪酬等级中具体的薪酬位置。职位能力定薪法有传统职位能力定薪和改进后直接能力定薪两种方法。二者的区别主要在于员工能力变动带来的薪酬变动空间。前者在职位确定薪酬等级后，该等级的薪酬变动范围一般为 $50\%\sim60\%$，而后者薪酬范围可能达到 $100\%\sim150\%$，从而能确保员工能力分级后，不同能力级别的员工在薪酬结构中所处位置有较大差异。比如，企业将所有员工分为普通员工、经理、高级经理三个层次。传统职位能力定薪中普通员工所处的薪酬范围为 $2000\sim3200$ 元/月，将能力分为高于、等于和低于平均水平三类，分别对应最高、中间和最低薪酬水平。而直接能力定薪法则需依据能力差异对员工能力水平进行分级，职位层次越低的，能力分级数越少。然后不同的能力级别对应不同的薪酬位置。职位能力定薪法中，员工要想获得薪酬大幅变动（超出其所处薪酬结构上限），必须要承担难度更大的角色，获得薪酬等级提升才行。

3) 行为目标实现加薪法

与前两种方法不同，这种方法并不决定员工初始基本薪酬水平，而是影响基本薪酬增加幅度。这种方法中，组织以拟定的行为目标而不是整体能力评价结果作为加薪幅度确定依据。以领导力为例，领导力指在管辖的范围内充分地利用人力和客观条件在以最小的成本办成所需的事，提高整个团体的办事效率的能力，具体表现为学习力、决策力、组织力、教导力、执行力、感召力六个方面的能力。六个方面的能力分别可以用相应的行为特征进行描述。以学习力的行为表现为管理者要有超速成长的能力，总是走在时代的前列，走在队伍的前列；决策力可以描述为管理者应该高瞻远瞩，能够鉴常人之所不能鉴，能够为常人所不能为等。在由多个评价者对管理者领导力进行评价后，如该管理者整体领导力评判结果为中，即六项能力行为特征中，该管理者只表现出了 3 项。假定该管理者及其上级将重点放在决策力方面，即希望该管理者"高瞻远瞩，能够鉴常人之所不能鉴，能够为常人所不能为"。于是，该管理者制订了一项利于更好地展现决策力行为特征相应的行动方案。虽然该行动方案目标达成不能最终提升员工领导力是评价结果，但在行为目标实现加薪法下，该领导者可以得到相应的奖金。能力评价过程中，多个评价主体存在，能帮助企业获得来自关于被评价者多方面的信息，从而有助于被评价者能力的提升，达到人力资源开发的目的。但多维评价主体的评价结果在与基本薪酬直接挂钩时常出现问题，因为，某些评价主体可能会因为评价结果与直接薪酬挂钩，为报复或奉承被评价者而刻意扭曲评价结果。

4）能力水平变化加薪法

能力水平变化加薪法是依据员工能力总体水平增加状况来决定员工基本薪酬增加幅度的方法。这种方法与行为目标达成加薪法相似的地方在于都是能力与基本薪酬的变动相挂钩。不同点在于，前一种方法下员工依据整体能力水平变动加薪，而后一种方法下员工依据能力的某项或多项要素水平提升就可获得加薪。如行动目标实现加薪法中所举示例，该管理者因领导力的决策力方面行动目标实现而获得了一定比例加薪，同样情况，由于该行动目标未改变最终领导力水平评价结果，故而不能获得加薪。能力水平变化加薪法同样存在评价主体刻意扭曲评价结果的问题，因而该方法是将能力和薪酬挂钩最明显的形式，也是问题最多的一种方式。

能力与薪酬挂钩存在较多方案。企业可以依据自身情况从中选择一种或多种结合使用。美国薪酬学会 1996 年的调查结果显示，最常见的方案是能力水平变化加薪法以及能力水平加薪法和职位评价法相结合的方法，两种方案均有 42％的企业采用。此外，仍有 15％的企业单独采用职位评价法。

6.3.3　能力薪酬体系的管理

实施能力薪酬体系成功的关键包括以下几点：

（1）明确能力的来源。能力薪酬体系最为重要的工作就是能力的界定。故而，企业实施能力薪酬时应该明确对能力分来源进行重点分析，详细分析工作任务，理清工作流程运作，明确组织价值观和战略目标，以保证所构建的能力素质模型中每一项要素都是企业所必需的。

（2）建立自己的能力等级或序列系统。企业应该依据自身需要对能力要素进行内涵界定、种类划分和等级评定，而不能盲目地借鉴其他企业或通用的能力评价框架。

（3）建立与能力等级对应的能力培训、鉴定和认证机制。建立企业自身的与能力等级对应的培训机制，可以为员工提供能力提升的路径，员工不至于在提升能力上存在盲目性；完善的鉴定和认证机制，则可以保证能力薪酬的公平性。

（4）明确能力薪酬试用范围。能力薪酬体系具有局部性特征，并不适用企业所有部门和员工。通过分析薪酬方案激励对象具有的特征，判断能力薪酬是否适用。

（5）建立能力薪酬体系的人力资源管理配套体系。要发挥能力薪酬方案的效果，离不开其他人力资源管理职能的辅助。能力薪酬方案需要在招聘中甄选出能力水平较高，学习能力强，具有企业所要求相应素质特征的员工；培训体系要与能力等级划分相对应；绩效考核要重点考察能力水平的现状与提升；员工职位晋升、转换和去留要与其能力水平直接相关等；薪酬设计中还需要开发团队分享计划或其他关注绩效结果的奖励计划进行补充。

（6）加强对能力薪酬体系的管理。首先，需要对能力体系进行维护、评审和调整，确保能力薪酬运作动态灵活，保证激励的及时和有效性；其次，需要营造参与、开放、学习及创新的企业文化氛围，增强管理者与员工、员工与员工间的沟通和交流，有助于员工对能力薪酬体系的理解，增强能力薪酬的实施效果。

6.4　职能薪酬体系

6.4.1　职能薪酬体系概述

职能工资体系是以分层分类的任职资格体系为基础，以员工能力差异作为主要报酬支付依据，旨在激励员工通过不断开发新的知识和才能，提高任职能力和工作绩效，实现职业生涯发展的一套薪酬管理体系。职位工资体系以职位价值为基础，能实现同工同酬，却对员工技能和绩效提升缺乏激励性，虽然技能和能力薪酬体系能促进员工不断提升技能和能力，但对员工绩效没有直接促进作用，职能薪酬体系是以分层分类的职位要求编写任职资格为薪酬支付依据的，从本质上说任职资格是一系列能力素质要求的总和，但却有别于一般能力概念，这里的能力素质是直接与职位挂钩，突出了职位工作职责与组织发展所需的能力需求，因而，任职资格与员工的工作绩效有直接关联性。因此，职能薪酬体系既可以兼顾强调职位价值的基础作用，又能促进员工能力不断提升，尤其是员工和企业绩效的提升。

成功实施职能薪酬的关键主要有四大方面：第一，企业要有科学的任职资格体系。企业需要对所有职位根据性质分类的基础上，对每一类的职位建立各自的能力级别和标准，以保证薪酬的合理性。第二，企业要有配套的培训体系。职能工资体系的设计具有鼓励员工提高企业、工作所需相关能力的作用。与企业和工作紧密相关的培训任务主要依靠企业内部的培训体系完成。企业必须根据任职资格体系内容和标准，针对不同的职种，以及同一职种的不同任职资格等级，开发出有针对性的课程，协助员工提高自己的能力。第三，企业要具有弹性的组织结构。职能工资激励下员工需要更具有弹性的组织结构，以通过职位轮换、工作丰富化等不同方式提高自身相关能力。第四，力求简单。职能工资制不能太复杂，否则员工会由于不了解其真正含义而没有信心，而企业也会因为由于体系本身的复杂而导致的操作困难对继续推行失去信心。

1. 职能工资体系设计的准备工作

职能工资体系是对不同种类、层次职位的任职资格赋予不同的工资，需要对企业的职位进行相应的分类、分层，建立完善的任职资格体系，建立二者与薪酬体系的联系方式。因此，职能工资体系设计的准备工作包括：

1）划分职类、职种、职层

职类、职种划分为员工提供了职业发展路径，避免职位薪酬体系中因员工行政职位不能获得晋升而无法实现薪酬增加的情况，依据职类、职种提出不同的能力要求和标准，避免每个职位的能力要求进行界定，减少了薪酬体系的复杂性，增加其实施性和管理性。职层的划分则可以帮助人力资源管理人员区分企业员工的重要性程度，将工作精力和资源向核心人员和关键人才倾斜，以保持企业核心竞争力。

职类、职种的划分主要围绕任职者所需要的知识、技能要求和工作责任方面进行。如图 6.5 所示，首先依据任职者所需要的知识、技能要求和工作责任的相似性将所有职位划分为不同的职类，然后，依据任职者所需要的知识、技能要求和工作责任的差异性，将同一职类内部不同的职位归类为不同的职种。如表 6.20 所示，将所有职位划分为管理、技术、作业、市场、专业五大类，再对每个职类中的职位进行职种划分，如表 6.21 中专业类职类的职种划分。

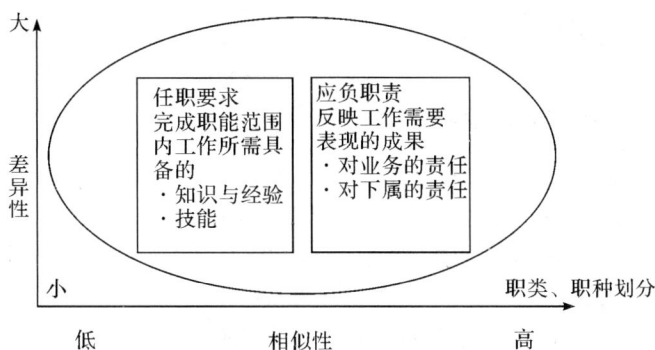

图 6.5　职类、职种、职层划分标准

表 6.20、6.21 和表 6.22 分别反映了职类、职种、职层的划分范例。

表 6.20　企业职位职类划分

1. 管理类	对企业经营与管理系统的高效运行和各项经营管理决策的正确性承担直接责任
2. 技术类	对企业产品和技术在行业中的先进性承担直接责任
3. 作品类	对产品产量、质量和生产成本承担直接责任
4. 市场类	对企业产品的品牌及市场占有率承担直接责任
5. 专业类	对为行政管理系统提供的专业管理咨询与参谋及管理服务的质量承担直接责任

表 6.21　企业职位职种划分

	计划统计	对集团计划的合理性与数据的及时、准确、完整承担直接责任
	财经	对资金运营的安全与效益承担直接责任
	人力资源开发	对人力资源结构优化、能力提升承担直接责任
专业类	人文管理	对企业文化建设与传播承担直接责任
	风险防范	对构筑风险防范体系及预警系统有效运行承担直接责任
	专项研究	对企业中专项研究的专业性与准确性承担直接责任
	专项管理	对新设及待发育的宏观管理的专业性承担直接责任
	事务	对日常事务处理的及时性与准确性承担直接责任

职层的划分依据也是任职者所需要的知识、技能水平以及责任大小的差异性。区别在于职种划分是在每个职类中进行，而职层划分是在职类、职种划分之后所有的职位中进行。例如，表 6.22 中企业将所有职位分为高层、中层和低层三个层次，同一层次的职位对员工的知识、技能水平和责任大小相近，不同层次的职位上的员工对企业贡献度有较大差异。

表 6.22　企业职位职层划分

职层	划 分 标 准
高层	·依据环境的变化，把握企业经营方向，主持设定企业战略目标或某一业务发展目标，主持设计规划和改进业务系统，组织实施业务领域的创新。 ·培养后备继任者以及中坚人才
中层	·参与企业或某一专业领域的规划设计，依据企业战略规划要求，站在战略和业务系统的高度和角度建立所在业务系统的业务标准及作业规范，监督、判断和指导下属或下级的业务工作，落实企业和部门目标，不断研究和开发业务技术与方法；开展工作方法创新和技术创新，不断提高所在部门及业务系统的运行效率。 ·指导下属或下级的职业生涯设计，培养下属或下级的核心专长与技能。
基层	·在各自的岗位上严格执行标准，熟练掌握业务技术和方法，依据标准独立完成工作任务；能够对工作方法进行技术革新

2）建立任职资格体系

任职资格指企业对员工承担某一职位/工作所必备的条件与能力的要求。员工任职资格等级的高低取决于其所具备的条件与能力水平的高低。任职资格的构成要素主要包括任职者的知识与经验、任职者的技能和绩效要求。任职资格的能力要求并不是一般的能力概念，而是对员工完成特定工作所需能力的界定。能力强的员工在企业任职资格等级不一定高，甚至并不具备企业的任职资格。不同的职位对员工有不同的条件和能力要求，为减少编写工作的复杂性，提升职能薪酬体系的操作性，任职资格一般按照职种进行编写。

任职资格的编写需要按照以下步骤进行：

第一，建立任职资格标准编写小组。企业首先按照职种的划分，成立不同职种任职资格标准的编写小组。编写小组成员选自于各职种中在企业工作较长时间、资深的工作人员。

第二，确定任职资格要素。编写小组成员在专家的指导下，描述总结该职种下不同级别的职位的条件和能力要求。通过这个过程对本职种工作进行系统梳理，进而使小组成员就任职资格所包含的构成要素内容达成共识。在具体操作中，要避免对实际工作简单罗列，所确定的各要素之间要相互独立。

第三，任职资格各要素能力分级。任职资格要素确定之后，对不同职种任职资格各要素能力要求划分等级，并表述各个等级的不同能力要求。各要素等级数量确定没有统一标准，与企业的规模、职种的特点相关。规模大的企业，想要相对较多的级别凸显员工能力的差异；有些职种本身的对知识、技能和经验等方面的要求比较夸大，而有些职种很难分出若干有差异的级别。

3）确定职种薪等区间

职种薪等区间是将职种划分、职层划分和薪等等因素结合起来，它呈现的是每个职种与薪等和职层的对应关系，如表 6.23 表示。职种薪等区间反映了企业对不同职种所具有的知识、技能和行为标准等因素的价值判断。不同职种所要求的知识、技能和行为标准弹性越大，该职种薪等区间跨度也就越大。

表 6.23　职种薪等划分表

职层 ＼ 薪等	管理			专业							市场			技术				作业	
	经营	管理与监督	执行	计划统计	财经	人力资源	安全管理	专项研究	专项管理	事务	营销	营销支持	采购	质检质保	工艺技术	工程技术	IT技术	技工	操作工
高层 12	■																		
高层 11	■	■																	
高层 10	■	■	■	■	■	■	■	■	■		■	■	■	■	■	■	■		
中层 9	■	■	■	■	■	■	■	■	■	■	■	■	■	■	■	■	■	■	■
中层 8	■	■	■	■	■	■	■	■	■	■	■	■	■	■	■	■	■	■	■
中层 7	■	■	■	■	■	■	■	■	■	■	■	■	■	■	■	■	■	■	■
中层 6			■	■	■	■	■	■	■	■	■	■	■	■	■	■	■	■	■
骨干层 5			■	■	■	■	■	■	■	■	■	■	■	■	■	■	■	■	■
骨干层 4				■	■	■	■	■	■	■		■	■	■	■	■	■	■	■
基层 3				■				■		■				■		■		■	■
基层 2										■								■	■
基层 1										■								■	■

职种薪等区间是职种价值与薪等的对应表，需要对每个职种价值进行评价之后才能构建。详细过程需要经过以下三个步骤进行操作：

（1）构建职种价值评价表。首先，确定职种价值评价要素及其权重。职种的价值是指职种所要求的知识、技能和行为等因素的价值，因此，职种价值评价要素主要来源于任职资格构成内容要素，其中的知识、技能、行为标准和经验属于任职资格的内容要素，这些要素必须具有共通性。其次，划分职种价值评价要素等级，确定各等级分值范围。依据各职种在每个要素重要性程度差异，给每个职种的每个评价要素划分等级，然后依据企业职种数量多少确定职种价值的总分数，将总分数依据各评价要素的权重分配到各要素，进而依据几何法或算术法将要素分数分配到各等级中，具体可参照表 6.2 中职位薪酬体系确定的要素评价法操作，具体结果如表 6.24 所示。

（2）确定职种在每个要素上最高等级和最低等级价值得分。依次判断每个职种各评价要素方面的最高等级和最低等级的得分。

（3）算出最高、最低职种价值得分。由于职种薪等区间显示的是每个职种的薪等跨度，故只需要对每个职种在各要素最高和最低得分进行统计计算。如表 6.24 所示，分别加总每个职种在各要素上的最低得分和最高得分，得出每个职种价值的分数范围。表 6.24 中，职种 A 的评价分数范围为 30～91，职种 B 的评价分数范围为 27～80。

表 6.24　职种价值评价表

职种	分数区间	知识 30			技能 20			行为标准 30			经验 20		
		1	2	3	1	2	3	1	2	3	1	2	3
		1～10	11～20	21～30	1～8	9～15	16～20	1～10	11～20	21～30	1～8	9～15	16～20
A	30～91	8		25	5		18	10		30	7		18
B	27～80	6		28	8		17	8		25	5		20
C													
D													

（4）建立职种价值评价分数与薪等对应表。

第一步对每个职种价值进行评价，得出其具体的分数区间。接下来需要确定评价分数与薪等的对应关系，即建立职种价值分数与薪等对应表，就可以在第一步得出的结果基础上，通过查询该表确定每个职种的薪等跨度（具体结果如表 6.25 所示）。可以借助于自然数断点法或等差法确定职种价值与薪等对应关系，详情可借鉴要素计点法中职位价值分数与薪等的对应表确定方法。

表 6.25　职种价值与薪等对应表

职种价值等级	分数	薪等	职种价值等级	分数	薪等
1	0～10	1	2	11～20	2
3	21～30	3	4	31～40	4
5	41～50	5	6	51～60	6
7	61～70	7	8	71～80	8
9	81～90	9	10	91～100	10

（5）确定职种薪等区间。根据职种价值分数区间，查询职种价值分数与薪等对应表，就可以确定每个职种薪等区间。如本文中所举实例，职种 A 的任职资格价值分数范围为 30～91，查询表 6.25，得出，职种 A 的最低分数对应薪等为 3 薪等，最高为 10 薪等，故职种 A 的薪等为 3～10 薪等。依次类推可以判定职种 B 的薪等区间为 3～8 薪等。

4）构建薪点表

在职能工资中，用薪点表示员工的收入水平。员工的薪点越高，表明其薪酬水平越高，反之越低。薪点本身并没有单位，它随赋予每个薪点的货币价值的大小而代表不同金额。薪点是企业计算薪酬的基本单位，既反映企业整体的经营绩效水平，也反映员工个人收入水平的变化。员工的薪点越高，表明其薪酬水平越高，反之越低。

（1）薪点本质。员工的薪点具有两个本质：第一，反映员工自身所具有的价值。这取决于各个员工的教育背景，应负职责大小，拥有的技能、工作经验或者具备的综合能力的差异。第二，反映员工对企业的价值。员工第一项价值大，并不一定第二项价值也大，取决于员工不同能力满足职种所需能力要求程度，即员工任职资格等级水平。

（2）薪点的影响因素。员工的薪点数因各自职种、任职资格等级、绩效的不同而不同。薪点的影响因素有以下三种：

职种决定员工能够达到的最高薪点水平。不同的职种所对应的薪等范围不同，一般来说，职能类职种所对应的薪等范围跨度较小，级别较低；而销售类职种所对应的薪等范围跨度则较大，最大薪点水平较高；管理类职种所对应的薪等范围较大，最高薪点水平处于整体薪酬体系的顶端。

任职资格体系决定员工在职种薪酬范围中的位置。公司的任职资格体系规定了不同职位所对应的薪酬等级，也就决定了员工在该职位下所能拿到薪酬的上下限。

员工的绩效影响其薪点数的升降。员工的职种和公司的任职资格体系为员工薪酬划定了一个范围，而最终的薪酬水平处于这个范围中的具体哪一个值，则由员工的工作表现，即绩效所决定。绩效水平越高，则薪酬水平距离该范围中的最高薪酬水平也越接近。

（3）薪点表。薪点表是薪等、薪级和薪点的对应表，反映了薪点的整体分布情况。整个薪点表首先分成若干薪等，每个薪等中又分成若干薪级。特定薪等的特定薪级对应不同的薪点数。

薪点表中，不同的薪等对应的薪点并不是完全间断的，而是有所重叠（如图 6.6 所示）。例如表 6.26 中，第 6 薪等的薪点范围是 1700～10800，第 7 薪等的薪点范围是 2200～13900，那么，2200～10800 这部分区间就是第 6 薪等和第 7 薪等之间的重叠区域。即高薪等的下限和低薪等的上限，这部分薪点组成的区域就是邻近的两个薪等之间的重叠范围。这种重叠结构给薪点表提供了灵活性，给新旧工资体系的切换带来了足够的运作空间和回旋余地，可以确保员工的收入进入职能工资体系时，既能够保证原来的收入惯性，又可以体现出员工之间价值的差异。薪点表的重叠式结构还可以减少企业的薪酬成本；同时可以减少员工因极小的绩效差异而产生的不公平心理；还可鼓励低薪酬岗位的员工创造更大的价值。

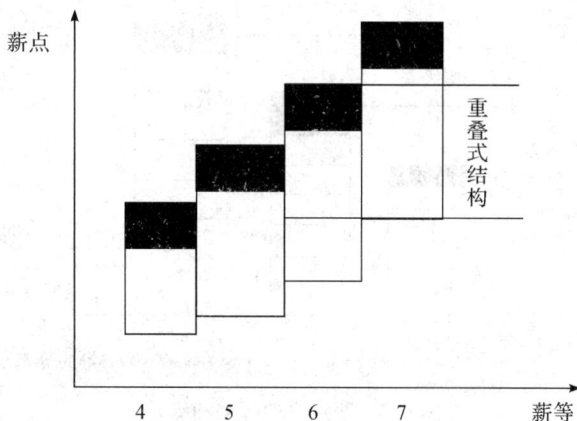

图 6.6　薪点表重叠结构

表 6.26 薪 点 表

薪等\薪级	1 等	2 等	3 等	4 等	5 等	6 等	7 等	8 等	9 等
1 级	300	500	700	900	1200	1700	2200	3000	4000
2 级	380	600	850	1100	1700	2400	3100	4500	6000
3 级	460	700	1000	1300	2200	3100	4000	6000	8000
4 级	540	800	1150	1500	2700	3800	4900	7500	10 000
5 级	620	900	1300	1700	3200	4500	5800	9000	12 000
6 级	700	1000	1450	1900	3700	5200	6700	10 500	14 000
7 级	780	1100	1600	2100	4200	5900	7600	12 000	16 000
8 级	860	1200	1750	2300	4700	6600	8500	13 500	18 000
9 级	940	1300	1900	2500	5200	7300	9400	15 000	20 000
10 级	1020	1400	2050	2700	5700	8000	10 300	16 500	22 000
11 级	1100	1500	2200	2900	6200	8700	11 200	18 000	24 000
12 级	1180	1600	2350	3100	6700	9400	12 100	19 500	26 000
13 级	1260	1700	2500	3300	7200	10 100	13 000	21 000	28 000
14 级	1340	1800	2650	3500	7700	10 800	13 900	22 500	30 000

薪点表中相邻薪等最低薪点数的差额称为等差(如图 6.7 所示)。等差的变化趋势是薪等越高,相邻薪等起点薪点数差异越大;同样,相邻薪等的最高薪点数的差额也越大。这样的设计为处于不同薪等的员工划定了不同薪酬区间,从而对员工不断通过转换职种、提升任职资格或改善绩效的方式获取更高薪酬水平产生更大的激励性。

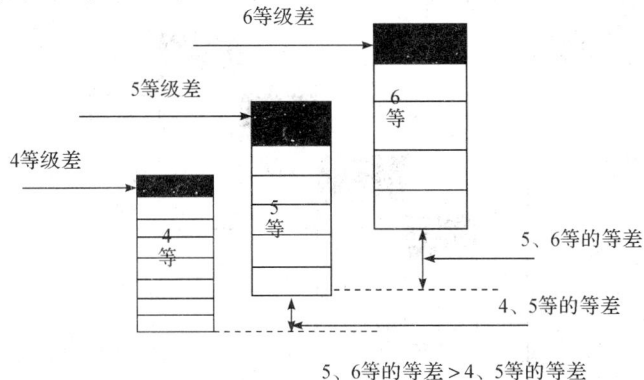

图 6.7 薪点表的等差和级差

同一薪等中相邻薪级的薪点数差额称为级差(如图 6.7 所示)。一般来说,同一薪等中,级差相同；随着薪等数增加，级差越大。位于高薪等的员工提升薪级将获得相较于低薪等员工更多的薪点增加，以便获得更好的激励效果。

6.4.2　职能薪酬体系的设计

职能薪酬体系的设计流程主要分六步：

第一，明确企业薪酬结构。分析整个薪酬体系由哪几部分构成，每一部分的决定要素和作用是什么。第二，确定员工薪点数。由员工现有的收入水平计算员工薪点数。第三，设计工资。确定企业工资总额，为每个员工发放固定工资和变动工资。第四，设计奖金。确定奖金总额，为员工发放年终奖。第五，设计福利。确定福利构成及其发放办法。第六，薪酬调整。确定薪酬调整的原则、内容和方法。接下来从上述六步进行具体的展开。

1. 确定企业薪酬结构

薪酬结构设计属于薪酬体系中的一个子模块，因此在设计薪酬结构时必须服从薪酬体系所要达到的目标这个大前提。薪酬结构的设计与调整应当遵循三个原则，即公平性、激励性和可操作性。常用的薪酬结构的设计与调整的方法包括：增加薪酬等级、减少薪酬等级和调整不同等级的人员规模和薪酬比例。通常情况下，企业的薪酬体系包括工资、奖金、福利等基本部分（如图 6.8 所示），有条件的企业还可以向核心人员提供股票期权，对于没有上市的企业则可以涉及具体操作方法模拟股票期权。在职能工资制中，月工资由固定工资和浮动工资两个部分组成。固定工资保持员工的基本生活需要，浮动工资与企业整体绩效以及员工个人绩效挂钩，以激励员工更好地工作。奖金包括年终奖和特别奖励。年终奖是根据上年度的企业利润情况向员工支付的激励性报酬，特别奖励是由于一些特殊事项向员工支付的激励性报酬。福利包括法定福利和自助福利两部分，法定福利是指国家规定的企业应当向员工支付的福利，包括养老保险、医疗保险、失业保险等，自助福利则是企业根据自身情况和员工需求，自定一个福利包，员工根据自己的薪点数、绩效结果等因素从自助福利包中选择自己需要的福利项目。

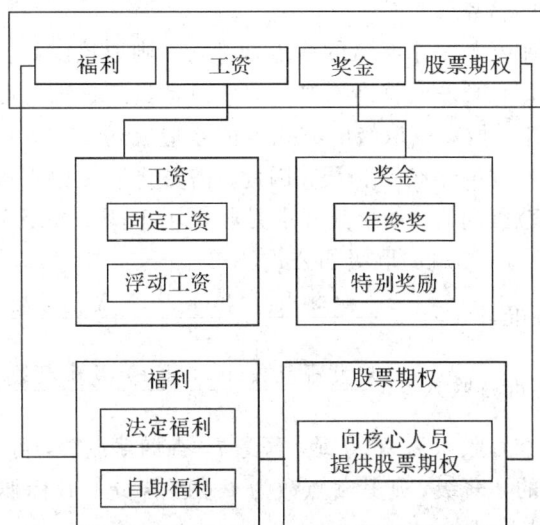

图 6.8　薪酬结构的示例图

2. 员工薪点数的确定

职能工资是用薪点代表员工收入水平，薪点是职能工资体系的基础，它体现了企业认定的员工价值。员工薪点数的多少，直接决定着他在工资、奖金、福利等方面的报酬水平。因此需要在员工原来的收入基础上，计算每个员工的薪点数。确定薪点数需要首先确定员工的标准月收入，依据员工所处薪等查询薪点表，判断员工所处薪级，最终确定员工薪点。

1）确定员工标准月收入

标准月收入是指员工在现有的工资体系中，正常情况下标准月收入水平。所谓正常情况，是指过滤掉可能会导致员工收入水平发生波动的偶然的、无规律的情况，比如加班和缺勤等。

标准月收入的计算包括月度报酬项目的计算和年度报酬项目的计算两部分。月度报酬项目的计算内容包括岗位工资、年功工资、月奖金、技能津贴和职务津贴以及其他项目。年度报酬项目的计算内容包括年终奖、效益奖和其他项目。

$$标准月收入 = \frac{月度报酬项目 + 年度报酬项目}{12}$$

2）员工薪等确定

员工薪等的确定一般有两种情况：经过认证任职资格等级的情况以及没有认证任职资格等级的情况。两种情况对应两种不同的判定方式。

在经过认证任职资格等级的情况下，首先，确定每个职种的每个任职资格等级所对应的薪等；然后通过任职资格等级认证，确定每个员工的任职资格等级；最后，根据员工所在任职资格等级和任职资格等级与薪等对应关系，确定员工所在薪等。

在没有认证任职资格等级的情况下，首先，按照员工目前职位和职层划分标准确定员工所在的职层；然后，在员工所在的职层对应的薪等中，按就低原则进入薪等；最后，在经过认证确定了员工的任职资格等级以后，再调整到相应的薪等。

3）员工薪点数确定

确定了员工的薪等以后，就可以根据员工的标准月收入和薪等确定其薪级，该薪级所对应的薪点数就是员工的薪点数。

员工的标准月收入刚好与哪个薪级的薪点数相等，则取该薪级的薪点数；如果标准月收入落在两个薪级之间，一般采取就高取级原则；但是员工标准月收入较高，将落在薪点表中较高薪级位置，一律采取就高取级的方式可能会造成两个收入差异很大，但却同时落在此区间的员工薪级数相同的不公平情况。因此，需要将取级原则进一步细分。当员工标准月收入落在较高薪级范围间时，如果其标准月收入小于两个薪级薪点数的平均数，则就低取级如公式(6.1)；反之，则就高取级如公式(6.2)。

$$标准月收入 \leqslant \frac{n级薪点数 + (n+1)级薪点数}{2} \tag{6.1}$$

$$标准月收入 \geqslant \frac{n级薪点数 + (n+1)级薪点数}{2} \tag{6.2}$$

例如，若员工 A 标准月收入为 3600 元，薪等 7，查询薪点表，可确定员工 A 的 3600 元的收入水平位于 7 薪等的 3 薪级，则其薪点数为 4000。若员工 B 标准月收入 6800，薪等 9，薪级为 2 级，则他的薪点数为 6000。

3. 工资设计

工资发放需要首先确定企业应发放的工资总额，然后依据每个职位的固定薪点数和浮动薪点数构成比例，将薪点数分为固定薪点数和浮动薪点数两部分，最后依次发放固定工资、浮动工资和加班工资。

1）工资总额的确定

工资总额的确定包括年度标准工资总额的确定和月度实发工资总额的确定。

（1）年度工资总额确定。

年度标准工资总额是指企业在年初做工资预算时，按照年度计划销售收入和工资计提比例确定的在标准情况下的工资总额。

$$年度标准工资总额 = 年度计划销售收入 \times 工资计提比例 \qquad (6.3)$$

工资计提比例有两种确定方式，一是基于企业目前的工资水平确定；二是根据市场工资水平确定。

第一，基于企业目前的工资水平。这种方法适用于那些工资总额占销售收入比例比较稳定的企业。

$$工资计提比例 = \frac{当前月平均工资 \times 员工人数 \times 12}{销售收入} \times 100\% \qquad (6.4)$$

第二，根据市场工资水平。对于那些处于快速发展时期或者经营状况不太稳定的企业，采取这种方式比较合适。要考虑员工人数、消费水平、企业收入、员工工资等因素变化。

$$工资计提比例 = \frac{月市场平均工资 \times 薪酬水平系数 \times 员工人数 \times 12}{销售收入} \times 100\% \qquad (6.5)$$

其中，薪酬水平系数由企业的薪酬水平策略决定。为了保持员工工资的稳定性，当销售收入上升时，适当下调计提比例；当员工人数上升时，适当上调计提比例；当消费水平上升时，适当上调计提比例。

（2）月度实发工资总额。

为使工资与员工实际绩效挂钩，企业每月所发放的工资并非简单地用年度工资总额的月平均数计算（月度标准工资总额），月度实发工资总额总是依据企业经营状况（一般是销售收入）围绕月度标准工资总额上下浮动。

$$月度标准工资总额 = \frac{年度标准工资总额}{12} \qquad (6.6)$$

$$月度工资总额浮动额 = (月实际销售收入 - 月计划销售收入) \times 工资计提比例 \qquad (6.7)$$

$$月度实发工资总额 = 月度标准工资总额 + 月度工资浮动额度 \qquad (6.8)$$

为避免人数变化给员工平均收入带来的影响，应采取人均月度标准工资的方式来计算月度实发工资额。

$$月度实发工资总额 = \frac{年度标准工资总额}{当年标准人数 \times 12} \times 当月实际人数 + 月度工资浮动额度 \qquad (6.9)$$

2）固定薪点数和浮动薪点数的确定

薪点数由固定薪点数和浮动薪点数构成，其中固定薪点数决定员工的固定工资，浮动薪点数决定员工的浮动工资。固定薪点数与浮动薪点数具有一定的比例。固定薪点数和浮动薪点数比例并不固定，主要受三个因素的影响。第一，职位层级。不同职位层次的固定薪点数与浮动薪点数比例应不同，一般来说，越是高级的职位固定薪点数比例越小，浮动薪点数比例越大。第二，职位类型。不同职位类型的固定薪点数和浮动薪点数比例差异较大。绩效弹性较大的市场类职位浮动薪点数比例最大，管理类次之，专业类职位最小。第三，企业以往的薪酬实践，如以前月工资和月奖金的比例。这样可以避免新工资体系改变太大而引起员工的不满和抵触情绪，进而导致引入职能工资制的失败。

$$员工固定薪点数＝员工薪点数×员工固定薪点数比例 \qquad (6.10)$$

$$员工浮动薪点数＝员工薪点数×员工浮动薪点数比例 \qquad (6.11)$$

　　3）固定工资的计算

　　员工应发放的固定工资用员工固定薪点数乘以员工固定薪点值确定。固定薪点值是指固定薪点的每一个点的货币价值。固定薪点值越大，员工的固定工资也就越大。固定薪点值有两种确定方法，一是依据原有标准月收入与员工薪点的换算比例来确定。如员工原有标准月收入为3000元，员工固定薪点数为2500，则该员工固定薪点值为3000/2500＝1.2。这种方式使新的职能工资中固定工资与原有的工资体系建立联系，不至于造成员工工资的巨幅变动，而引起员工不满。第二，给每个职类中职位拟定统一的固定薪点值。这个薪点值与原有标准月收入无关，主要受企业经营状况、薪酬政策的影响（如表6.27所示）。经营状况良好，奉行领先型薪酬水平策略的企业可以拟定高的薪点值，从而提高员工整体的固定工资水平。

$$员工固定工资＝员工固定薪点值×固定薪点数 \qquad (6.12)$$

$$固定薪点值＝\frac{标准月收入}{薪点数} \qquad (6.13)$$

表6.27　Y公司员工固定工资表

姓名	职类	职种	薪点数	固定薪点数比例	固定薪点数	固定工资/元
员工A	管理	经营	6700	30％	2010	2412
员工B	专业	人事管理	5600	80％	4480	5376
员工C	专业	财务	5300	80％	4240	5088
员工D	市场	销售	5000	40％	2000	2400
员工E	管理	执行	4300	30％	1290	1548
员工F	技术	质量管理	3200	80％	2560	3072
员工G	技术	工程技术	3300	80％	2640	3168
员工H	专业	计划统计	3500	80％	2800	3360
员工I	作业	技工	3400	80％	2720	3264
⋮	⋮	⋮	⋮	⋮	⋮	⋮
固定薪点值1.2				总计14 262.6		

　　4）浮动工资的计算

　　要计算每个员工的浮动工资，首先要算出企业的月度浮动工资总额。在浮动工资总额的基础上，依据浮动工资的各影响因素确定员工浮动工资。员工浮动工资主要受员工浮动薪点数、员工月绩效考核系数和所在部门绩效考核系数的影响。浮动薪点值主要受员工浮动薪点数和个人月度考核结果的影响，企业也可以将其他认为员工应该注重的因素加入其中，以达到企业的更好地管理和激励目的，如员工所在部门绩效结果。如表6.28和表6.29所示。

$$月度浮动工资总额＝月度实发工资总额－月度固定工资总额 \qquad (6.14)$$

$$浮动薪点值 = \frac{月度浮动工资总额}{\sum(员工浮动薪点数 \times 该员工月度考核系数 \times 该员工所在部门月度考核系数)}$$
$$(6.15)$$

$$员工浮动工资 = 员工浮动薪点值 \times 员工浮动薪点数$$
$$\times 该员工月度考核系数 \times 该员工所在部门月度考核系数 \quad (6.16)$$

表 6.28　Y 公司员工月度绩效考核系数表

员工月度考核结果	优秀	良好	合格	不合格
员工月度考核系数	1.8	1.5	1.1	0

表 6.29　Y 公司员工浮动工资表

姓名	职类	职种	浮动薪点数	个人月度考核系数	部门月度考核系数	浮动工资/元
员工 A	管理	经营	4690	1.8	0.95	7702
员工 B	专业	人事管理	1120	1.5	1.03	1662
员工 C	专业	财务	1060	1.1	0.96	1075
员工 D	市场	销售	3000	1.4	0.87	3509
员工 E	管理	执行	3010	0	0.96	0
员工 F	技术	质量管理	640	1.1	0.92	622
员工 G	技术	工程技术	660	1.4	1.06	941
员工 H	专业	计划统计	700	1.3	1.06	926
员工 I	作业	技工	680	0.8	0.92	481
浮动薪点数: 0.9603						16 917

5）加班工资

（1）加班工资总额。

加班工资是指员工在规定工作时间之外延长劳动时间所获得的报酬，涉及加班工资时需要考虑加班工资总额和个人加班工资的计算。加班工资比例是指加班工资总额占年度标准工资总额的比例。加班工资比例一般由企业衡量和考虑目前的加班工资比例和合理的加班工资比例之后确定。目前的加班工资比例由企业实际发放的加班工资总额占企业实际发放工资比例确定。合理的加班工资比例需要全面地考虑企业的支付能力、目前的加班工资支付的问题、实际工作情况对加班的需求等因素确定。

年度加班工资总额＝年度标准工资总额×加班工资比例

（2）员工加班工资发放。

按劳动法规定：在法定标准工作时间以外延长工作时间的，按照员工的标准工资的150％支付加班工资；在法定休息日工作的，按照员工标准工资的200％支付加班工资；在法定节假日工作的，按照员工标准工资的300％支付加班工资。所以，在设计加班工资时，最重要的是确定标准工资。

在职能工资中，可以通过两种方式确定月标准工资。企业可以根据自己薪酬理念、实际情况等因素采取不同方式。

一是以固定工资作为标准工资。采用这种方式确定月标准工资会存在这样一个问题，薪点数相同的员工，由于固定薪点数所占比例不同，固定薪点数不相同，那么他们的固定工资也不一样，最后他们的月标准工资不同。

$$标准工资＝员工薪点值×员工薪点数×固定薪点数比例 \qquad (6.17)$$

二是根据薪点数的一定比例确定月标准工资。采取这种方式是为了避免前面一种方式可能造成的结果：同样薪点数的员工加班工资标准不同。

$$标准工资＝员工薪点值×员工薪点数×统一比例 \qquad (6.18)$$

4. 奖金设计

奖金的设计包括年终奖和特别奖两个项目。

1) 年终奖发放

年终奖是企业根据年度经营业绩，从利润中分出一部分发放给员工的奖金。年终奖的发放要遵循利润原则、分享原则和公平原则。在企业有利润的前提下，员工依照其创造价值多少和企业共同分享其所创造的利润。企业需首先确定所需发放的年终奖总额，再依据相关要素将其分配给每个员工。

(1) 年终奖总额确定。

年终奖总额确定有两种方式。

第一，从利润中提取一定比例作为年终奖发放。这种方式适用于利润比较稳定，经营上没有大起大落的企业。其公式如下：

$$年终奖总额＝年度利润×年终奖计提比例 \qquad (6.19)$$

其中，年终奖计提比例可以参照往年的发放的年终奖占利润的比例，并综合考虑企业的薪酬理念加以确定。

第二，以平均员工年终奖来计算。年终奖计提比例的方式不适合发展非常迅速，年度利润增长迅速的企业，以及那些虽然利润稳定但是员工人数变化很大的企业。这类企业如仍采用年终奖计提比例方式发放年终奖，将导致每年的年终奖总额大幅度变化，使员工年终奖缺乏一定的稳定性和连续性。平均员工年终奖用相对稳定的员工平均年终奖乘以企业应发放年份的企业员工人数计算年终奖总额，可以规避企业利润大幅变化和员工增减所带来的年终奖总额的变动。员工平均年终奖则可以在上一年员工平均年终奖基础上给予一定比例的提高。提高比例可以根据往年人均年终奖的变化趋势进行计算，同时也要考虑企业的实际年度利润变化。

$$年终奖总额＝员工平均年终奖×员工人数 \qquad (6.20)$$
$$员工平均年终奖＝上一年员工平均年终奖×(1＋提高比例) \qquad (6.21)$$

(2) 员工年终奖发放。

员工年终奖计算要考虑员工薪点数、个人年度考核结果、部门年度考核结果和计奖月数等因素的影响，如表6.30所示。

$$员工年终奖＝年终奖薪点值×员工薪点数×个人年度考核系数 \\ ×部门年度考核系数×计奖月数 \qquad (6.22)$$

$$年终奖薪点值＝\frac{年终奖总额}{\sum(员工薪点数×个人年度考核系数×部门年度考核系数×计奖月数)}$$
$$(6.23)$$

表 6.30　Y 公司员工年终奖计算表

员工	职类	职种	薪点数①	个人年度考核系数②	部门年度考核系数③	计奖月数④	①×②×③×④	年终奖/元
员工 A	管理	经营	6700	1	0.92	12	73 968	17 272
员工 B	专业	财务	5600	1.2	0.98	12	79 027	18 453
员工 C	专业	财务	5300	1.3	0.99	12	81 853	19 113
员工 D	市场	销售	5000	1.4	1.3	12	109 200	25 498
年终奖薪点值：0.2335								

2）特别奖金

特别奖金是指企业为了激励、鼓励特殊事项发放的奖金。与年终奖不同，特别奖不是每年定期发放，而是根据具体事项的完成时间，或者企业认为合适的时机发放，如项目奖、特殊销售奖、优秀员工奖等。

特别奖的额度并没有标准的计算方法，需要企业根据具体情况确定。

5. 福利设计

福利分为国家规定的保险和福利、自助福利。国家规定的保险和福利是指国家法律规定的，企业必须（或根据自身实际情况酌情选择）为员工提供的保险和福利。由于是按照工资总额的一定比例提取社会保险费和住房公积金，所以国家规定的保险和福利对于职能工资制的设计没有特殊要求。

自助福利是企业根据自己的实际情况、支付能力、员工需求等因素，确定一组福利项目，给员工机会，在许多的福利项目中自由地选择自己喜欢或者最需要的项目的福利形式。自助福利满足了员工的差异化需求，其灵活性和个性化将对员工产生更大的激励作用。

1）自助福利总额确定

在确定自助福利总额时，需要考虑企业的支付能力，同时还要保证福利项目能够对员工起到实实在在的激励效果。一般可以通过两种方式确定自助福利总额：

第一种是根据企业支付能力和希望达到的激励效果直接确定总额，这里企业的实际支付能力是最重要的影响因素。第二种方式是按照工资总额的一定比例提取自助福利总额。

2）自助福利支付

$$员工享受自助福利额度 = 自助福利薪点值 \times 员工薪点数$$
$$\times 个人年度福利系数 \times 有效月数 \quad (6.24)$$

$$自助福利薪点值 = \frac{自助福利总额}{\sum (员工薪点数 \times 个人年度福利系数 \times 有效月数)} \quad (6.25)$$

其中，个人年度福利系数指员工上一年度的考核结果与本年度享受的自助福利挂钩的关系。这个系数可以与年度考核系数相同，也可以另外制订标准。有效月数是员工上一年度在企业工作期间有资格享受自助福利的月数，与计算年终奖时的月数相似。

6. 薪酬调整

薪酬调整涉及两个方面的内容：一个是整体性薪酬调整，其中包括薪酬水平调整、员工固定收入调整和员工工资波动幅度的调整。薪酬水平调整是指调整企业的整体薪酬支出水平，包括计提比例调整和员工收入水平的调整。固定收入的调整主要通过员工固定薪点数和员工固定薪点值的调整来完成。员工工资波动浮动主要通过调整固定和浮动薪点数比例来实现。

第二个方面是员工个人薪点数的调整，由于薪点数是整个薪酬的基础，所以对薪点数的调整直接关系到员工的薪酬水平。员工薪点数主要与员工所处职种、任职资格等级和自身绩效结果三个因素直接相关，企业应根据员工在这三个方面因素的变化及时对员工薪点数进行调整，以确保职能工资的激励有效性。

6.5 四种薪酬体系比较

职位薪酬体系、技能/能力薪酬体系与职能薪酬体系在薪酬结构、价值评价对象、转化为薪酬的机制、工作程序、管理者关注的重点、员工关注的重点等方面存在较大差异，具有各自的优势与劣势，具体参见表6.31所示。

表 6.31　四种薪酬体系对比

	职位薪酬体系	技能/能力薪酬体系	职能薪酬体系
薪酬结构	◇以市场和职位要求为基础	◇以市场和经过认证的技能/能力为基础	◇以市场、职位的划分和能力要求为基础
价值评价对象	◇报酬要素的价值	◇技能/能力模块	◇薪点
转化为薪酬的机制	◇确定职位相对价值 ◇劳动力市场价格	◇技能/能力认证 ◇劳动力市场价格	◇薪点区间 ◇劳动力市场价格
薪酬提升的途径	◇职位的晋升	◇技能/能力的获得	◇在任职资格体系中能力的提升
程序	◇工作分析 ◇薪酬调查	◇技能/能力认证 ◇薪酬调查	◇工作分析 ◇技能/能力认证 ◇薪酬调查
管理者关注的重点	◇职位匹配度 ◇员工配置 ◇薪酬的公平性和有效性	◇技能/能力模块的确定和认证 ◇培训 ◇薪酬的有效性和薪酬成本的控制	◇任职资格体系的确定 ◇薪点数的确定 ◇培训 ◇薪酬的公平性和有效性
员工关注的重点	◇晋升	◇技能/能力的提升	◇职业的发展
优点	◇工作与薪酬的关系清晰 ◇稳定性强 ◇管理简单 ◇有利于成本控制	◇鼓励员工跨职位发展 ◇灵活性强 ◇适应性强	◇鼓励员工在职位族中发展 ◇薪酬体系与企业的经营特点相联系，其他企业难以模仿
缺点	◇灵活性差	◇薪酬成本不易控制	◇管理较复杂

思　考　题

1. 职位薪酬体系实施需要具备哪些前提？
2. 要素计点法下如何进行职位薪酬体系设计？
3. 何为深度技能、广度技能和垂直技能？
4. 技能薪酬体系怎样设计？
5. 能力与薪酬如何进行挂钩？
6. 企业施行职能薪酬体系需要做哪些准备工作？
7. 薪点表设计中为何要设计叠幅、等差与级差？
8. 对比职位薪酬体系、技能/能力薪酬体系与职能薪酬体系。

案　例　一

　　长新皮鞋厂成立于 1995 年，是一家民营企业。企业创立之初，规模不大，是典型的直线制企业。总经理聘请了自己的几个亲友负责管理生产、销售、技术及后勤，那几名管理人员的分工并不明确，但都非常敬业，忠诚度很高，在企业的发展初期起了很大的作用。目前生产线的员工实行的是计件工资制；销售人员只有提成工资；其他员工实行的是固定底薪，到年底按企业当年的效益发奖金，奖金的多少由总经理决定。企业的经济实力和业务规模近几年有了很大的提高，但也遇到很多发展中的问题，如企业的管理工作日趋繁重，员工反映管理人员方法生硬；产品缺乏创新，导致一部分固定客户的流失；有些生产和销售的骨干被同行高薪挖走；人才的引进工作也不顺利，好不容易招聘到的几个技术人才不到半年就纷纷离开了。

　　为了改变这些困境，企业进行了一系列改革，如将企业的组织结构调整为直线职能制，明确了各部门的职责；在原有基础上对所有岗位的薪资按比例进行了调整；为了避嫌，免除了原有管理人员的职位，对这些人员在工作安排和薪酬发放上与一般员工一视同仁；为了提高管理水平，面向社会进行了重新招聘，并规定应聘人员的学历一律不能低于大学本科。

　　请回答以下问题：

1. 企业改革之前存在哪些问题？
2. 请对企业采取的改革措施做出评价。
3. 请对企业的薪酬制度提出改革建议。

案　例　二

　　HS 是一家具有 60 多年历史的大型国有制造企业，主营业务为工程机械产品制造，人员规模 2000 余人，主要面对华北和西北市场。由于中国工程机械市场在 2001 年爆发性增长，企业销售规模增长迅速，在 2002 到 2005 年之间，销售收入从 16 亿增长到 30 亿左右，成为行业内领先品牌。然而，在风光的销售业绩的背后，是企业内部的管理问题，其中最突出的就是薪酬问题。该企业目前有几种适用于不同类型岗位的工资制度。例如，（1）职能部门采用的是以岗位工资为主导的工资制度，即在每月发放的工资中，岗位工资约占80%，绩效工资占20%左右；（2）技术部门实行的是组合工资制，它由基本工资、岗位工资和项目奖金三部分组成；（3）车间工人采用的是计件工资加奖金的工资制度。

随着企业发展，高学历、高素质的员工越来越多，企业对产品研发、市场销售人员以及一线的生产工人的操作技能和专业能力要求越来越高。于是，分管人力资源管理工作的副总经理张彬先生开始关注工资制度的改革问题，并考虑在企业推行技能工资制度的可能性，试图通过构建技能和能力工资体系，调动员工提升个人能力素质的主动性，从而促进学习型组织的建立。

请结合本案例，说明企业推行技能工资制应当注意哪些问题？

第 7 章　薪酬水平决策

本章要点：
◇ 薪酬水平与薪酬外部竞争性
◇ 薪酬水平策略
◇ 薪酬水平决策的影响因素
◇ 市场薪酬调查

▶**阅读资料**

华为的薪酬管理体系

一、华为的薪酬管理思想

华为的薪酬管理思想，可简单总结为两句话"以贡献为准绳、向奋斗者倾斜"：

1. 以贡献为准绳

"我们的待遇体系，是基于贡献为准绳的。我们说的贡献和目标结果，并不完全是可视的，它有长期的、短期的，有直接的、间接的，也包括战略、虚的、无形的结果。因为只有以责任结果为导向才是公平的，关键过程行为考核机制，与此没有任何矛盾。关键过程行为与成功的实践经验，有价值的结果，是一致的。"

——任正非《2010 人力资源管理纲要第一次研讨会上的发言》。

2. 向奋斗者倾斜

华为在 2011 年 4 月 14 日组织专门的讨论，讨论中，任正非提出将华为的员工分为三类，第一类是普通劳动者，第二类是一般奋斗者，第三类是有成效的奋斗者，华为要将公司的剩余价值与有成效的奋斗者分享，因为他们才是华为事业的中坚力量。

"我们在报酬方面从不羞羞答答，坚决向优秀员工倾斜。工资分配实行基于能力主义的职能工资制；奖金的分配与部门和个人的绩效改进挂钩；安全退休金等福利的分配，依据工作态度的考评结果；医疗保险按贡献大小，对高级管理和资深专业人员与一般员工实行差别待遇。"

——任正非《华为的红旗到底能打多久》。

二、华为薪酬体系的发展历史

简单梳理，有三个发展阶段：

第一阶段：实行非物资薪酬的薪酬策略

在华为创业初期前八年，处于起步阶段，各种外部资源缺乏，采取与当时所处阶段最相适应的非现金式的员工激励政策。就是说，不论员工的年龄和资历，只要你对公司做出大的贡献，即使是刚刚毕业几年的大学生也能够管理几十个人的团队。据说在华为，年纪最小的高级工程师的记录是 19 岁，另一个记录，最短时间升任高级工程师所用的时间是加入公司的一周后。另外，为了缓解给予员工浮动收入或者奖金带来的现金压力。华为创业两年后开始陆续建立全员的股权激励制度，这在当时市场上是极其罕见的。

第二阶段：实行领先市场的薪酬策略

华为在随后的 5 年间，企业从创业阶段过渡到高速发展阶段，企业的内外资源非常"给力"，开始实施了领先市场的薪酬策略。当时华为每年新增的人才数量不少于 3000 人。为了能够保证足够多高质量的科技人才的及时到岗和留用，华为的薪酬策略从最初的非经济性薪酬转变为高薪酬—高压力—补助—加班费的模式。"有竞争性的薪酬"成了当时华为薪酬政策的代名词，对于应届生起薪和一般社会招工的薪资增长比率，都高出深圳一般公司的 20% 左右。另外，华为的薪酬长期激励制度开始演化为现在的虚拟受限股，开始的全体员工固定配股分红（截至 2014 年 12 月 31 日，华为员工持股人数为 82 471 人）。

第三阶段：实行获得分享制的薪酬战略

从 2005 年到现在，华为渐渐步入成熟的发展阶段，业务已经拓展到海外，并且国外的业务销售额已经超过了国内销售额。相应的，华为对国际化人才的需求量开始增加，尤其是对一些级别比较高并且对公司起着关键作用的职位，比如高级法律顾问、销售总监、财务总监等。

此时，华为采取的薪酬策略实行基于能力的职能工资分配制，奖金的分配与团队和个人的绩效直接挂钩，退休金发放的多少依据平时的工作态度表现，医疗保险按照个人对公司的贡献度，对于公司高级别的重点职位和一般员工实施差别化待遇，从而使公司的薪酬战略同业务战略的发展阶段相匹配，达到最优化组合。

三、华为的薪酬构成

华为将报酬分为两大类，即外在激励和内在激励。

外在激励：主要由基本工资、固定奖金、现金津贴、浮动收入、长期激励和福利待遇共同组成的以金钱形式给予报酬的全面薪酬；

内在激励：体现在工作内容、文化氛围和工作生活平衡度上的精神方面的感知。具体就是工作内容的挑战、培训发展的机会、文化氛围的和谐、公平透明的机制、同事的互助友爱等一系列非物质方面的因素。

通常来说，五种主要的薪酬组成部分对员工在吸引加入、继续留任和激发激励三大功能上分别起着高、中、低三个不同作用。当然，对保留员工影响最大的薪酬组成项属于长期激励，即股票认购。华为在每个年度开始之际，各个部门的高层管理人员开始确定新的年度符合认购股票资格的员工名单。需要确定标准的维度是员工的入职时间、总工作年限、现岗位工作时间、岗位级别、上年度业绩表现、团队合作度和员工总评价，最终会得出确定符合条件的员工可以购买的股票性质以及股权数。

新进员工（需要一定的级别），即入职必须满一年的员工即可享有华为的内部职工股权，员工可以根据自己的意愿进行购买、套现或者放弃这三种形式的选择。对于工作年限比较久并且业绩比较好的员工，奖金和股票分红收入相比较一般员工而言会比较高。5 年以上干得好的，年终奖（一般第二年中发）可以达到 10 万，股票收入也能达到 10 万。近几年的分红能达到 30% 左右。华为内部股的发放配额并非固定不变的，通常会实时根据"能力、责任心、付出、工作积极主动性、风险担当"等因素作定期动态调整。在华为的股本结构中：30% 的优秀员工可享有集体控股，40% 的骨干员工按照一定的比例控股，10% 到 20% 的低级别员工和新入职员工只能视具体情况而适当参股。

四、华为薪酬结构设计

华为薪酬结构的制订，主要采取以下几个步骤来实现：

（1）在分析公司战略的基础上，确定公司的核心竞争力是技术创新，技术创新需要的是高质量的高科技人才，因此，如何能够招聘到并留住这些高质量的高科技的人才，成为华为制订薪酬策略的出发点。

（2）对公司内部所有的岗位定期进行岗位评估和分析评估最终得出相应的岗位总分，再按照分数把职位归放到相应的级别岗位，整理并更新完整的岗位说明书、岗位分类以及岗位编制。

（3）借助外部薪酬咨询公司的市场调研报告，定期进行外部对标和内部诊断，使得企业薪酬水平的制订和调整都建立在内外部公平的基础之上。

五、华为的薪酬定位

目前市场超过百分之五十的企业都会把薪酬组成定位在中位置上，百分之三十左右的企业会定位在中位置到七十五分位置之间，这是企业用来招聘和留任员工的比较好的操作实践。华为目前的薪酬定位是高于七十五分位置的，验证了任正非的"重赏之下，必有勇夫"薪酬策略，这也确实为华为招揽了不少优秀人才。

在按照不同级别对薪酬定位时，市场上的普遍操作是中级管理层（包括中级管理层）以下的定位在中位置，中级管理层（包括中级管理层）以上的定位在中位置到七十五分位置之间。华为目前是将中级管理层（包括中级管理层）以上的定位在七十五分位置以上，其余级别定位在中位置到七十五分位置之间。华为这种明显高端于市场普遍定位的操作，是要跟企业的经营战略和价值观相符合的，即对应华为"高质量、高压力、高效率"的组织文化。

六、华为的薪酬一致性

薪酬一致性，就是说对所有部门和级别是采用一套架构体系还是区别对待。通常市场上会按照四种评判标准来决定是否有必要采用多套：

① 按照运营类型来看，生产类型部门和非生产类型部门之间是否存在比较大的薪酬给予标准和管理方式；

② 按照部门来看，是否要实施不同的标准，即生产、销售、研发和后勤行政，是否一致对待；

③ 按照城市或者国家划分，针对当地的政策或者环境，是否要区别对待；

④ 按照级别，管理层是否要比非管理层享受到更好的待遇。

华为在按照部门划分和级别划分上，实施了不同的薪酬体系：

① 市场定位不同，华为在市场定位上对管理层和非管理层是不同的，决定了薪酬的不一致性；

② 对于华为来说，研发部门是最为重要的，因此在研发部门上也体现出了不同于其他部门的薪酬结构设计。

七、华为的薪酬公平性

在薪酬公平上，到底内部公平和外部竞争哪个更重要？华为在处理公平上，大原则是尽量平衡双方面的考虑，如果出现矛盾时，会优先考虑外部竞争。而在内部公平方面，华为的薪酬分配根据员工个人能力和对组织的贡献，激励奖金的多少要看个人和团队的绩效评估。主要原则有：

① 华为在薪资分配上坚定不移地向优秀员工倾斜；

② 华为的薪酬机制明确定岗定责、定人定酬;

③ 华为对员工岗位的分配是严格按照岗位说明书进行的，以确保人岗匹配;

④ 工资分配采用基于能力的职能工资制，对岗不对人，支付与员工岗位价值相当的薪水;

⑤ 奖金的发放分配与部门和个人的绩效改进挂钩，多劳多得，以此来调动员工的积极性和主动性。

八、华为的薪酬支付形式

目前市场上薪酬支付通常有两种比较合适的方式，按岗定薪和按人定薪。按岗定薪的特点主要在于:

① 通过提高薪酬成本的可预测性而提供成本控制的有效性;

② 相同或者性质类似的岗位的薪酬可以互相参考;

③ 为了让员工的薪酬有明显的增长，必须晋升员工的级别或者转岗;

④ 管理方式比较传统。

相比较而言按人定薪更加适合现代化企业的应用，它的优点在于:

① 能够最大程度地激励员工获取更多的技能、承担更多的职责;

② 需要实行以技能、宽带为基础的薪酬和绩效管理与之相匹配;

③ 管理方式相当灵活。

华为目前的薪酬支付将两种结合在一起进行管理，对于公司来说不会起决定性作用的岗位会采用比较简单的按岗定薪，对于研发岗位和销售岗位会稍微偏向按人定薪。

九、华为的薪酬项配比

华为对于具体报酬不同形式的分配是有规律的，按照级别来制订薪酬结构，即:从大的层面来看，公司共分为四个级别，即操作人员、专业技术人员、中层管理人员和高级管理人员。这四个级别的薪酬项的配比是:操作人员的固定收入占年总收入的 90%，无股金;专业技术人员的固定收入占年总收入的 60%，浮动收入占 25%，股金控制占 15%;中层管理人员的固定收入为年总收入的 30%，股金占 20%;高层管理人员的固定收入占年总收入的 40%，浮动收入占 20%，经实践证明，这种分配比例是比较科学合理的，既能够用灵活的长期激励机制留住高层管理人员，同时短期激励对于新员工有很大的鼓励作用，最大程度地调动了全体员工的积极性。

十、华为的薪酬浮动

薪酬浮动主要在于看是强调固定薪酬还是强调浮动薪酬。强调固定薪酬的特点在于:

① 基于绩效的薪酬激励较少;

② 提供员工更多的安全感和薪酬的可预见性;

③ 可能成为公司长期的财务负担。

强调浮动薪酬的特点在于:

① 可以更好的根据公司盈利情况调整薪酬成本;

② 只给部分员工提供了薪酬的安全感和可预见性;

③ 员工在公司经营好的时候期待很好的报酬，但在公司经营不佳的时候却难以接受下降的薪酬。

十一、华为的薪酬沟通

在薪酬沟通上，要明确是应该积极地和员工进行普及和互动还是消极被动的回答员工问题,如果需要对员工进行有选择性的沟通,要明确信息公开沟通的程度。具体可参照华为的如下的薪酬沟通模板。

另外,薪酬沟通中,向员工收集需要的方法可根据不同的人群采用不同的方式,大致可以分为以下三种:

① 潜在员工:为什么他们要申请我们公司的职位?为什么他们拒绝了我们的 Offer?为什么他们接受我们的 Offer?

② 在职员工:员工敬业度调研,分组的员工的信息收集,员工建议箱;

③ 离职员工:员工离职面谈。

——资料来源:HR 人力资源案例网,华为的薪酬管理体系,

http://www.hrsee.com/? id＝459

薪酬水平,是指企业支付给不同职位的平均薪酬。薪酬水平侧重分析组织之间的薪酬关系,是相对于其竞争对手的组织整体的薪酬支付实力。一个组织所支付的薪酬水平高低会直接影响到企业在劳动力市场上获取劳动力能力的强弱,进而影响企业的竞争力。企业围绕市场薪酬水平,依据企业自身情况,可以选择将自己的薪酬水平定位于高于、等于或低于市场薪酬水平,即采用领先、追随或滞后薪酬水平策略,此外,企业还可以将三种策略在企业中进行混合使用。在企业制订自身薪酬水平策略之前,企业需要展开市场薪酬调查,在了解市场薪酬状况基础上,结合劳动力市场、产品市场、产业以及企业等特征因素最终拟定自身薪酬水平。

7.1　薪酬水平及外部竞争性

7.1.1　薪酬水平与外部竞争性的内涵

薪酬水平是指组织之间的薪酬关系,组织相对于其竞争对手的薪酬水平高低。薪酬的外部竞争性是指企业薪酬水平高低以及由此产生的企业在劳动力市场上的竞争能力大小。伴随社会经济发展,企业职种、职类划分愈加细化,企业所有员工平均薪酬水平逐渐失去了衡量企业薪酬外部竞争性的作用价值,而薪酬外部竞争性衡量更多集中在不同组织之间类似职位的或者类似职位族之间的薪酬比较上。

7.1.2　薪酬水平及外部竞争性的作用

对于一个企业而言,合理及时的薪酬水平决策对吸引、保留和激励员工有着至关重要的作用,还可以控制劳动力成本,帮助企业树立良好的公众形象。

1. 吸引、保留和激励员工

企业长期经营的核心在于员工。薪酬是众多员工做出进入和离开企业的关键决定因素。首先,较高薪酬水平有助于企业吸引优秀员工。研究表明,薪酬水平的增加可扩大工作申请人的规模,提高接受工作的可能性,还可优化工作申请人的质量。其次,较高的薪酬水平有助于企业留住核心员工。无论企业在文化、个人发展以及人际关系等方面如何有利于人才的成长,只要薪酬水平明显低于市场水平,员工很可能会由于追求个人的市场价值而离开。过低的薪酬水平可能会导致企业员工忠诚度下降,离职的可能性增加。有研究表明,

薪酬水平与员工的离职率存在显著地负相关关系,薪酬水平越高,员工的离职率越低,最后,较高薪酬水平有助于激励员工。较高的薪酬水平带来了较大的偷懒和离职机会成本,有助于防止员工偷懒或消极怠工,降低组织的监督管理成本。

2. 控制劳动力成本

薪酬成本一直是管理者关注的重要成本控制因素。美国劳动部 2001 年统计结果表明,薪酬成本在美国经济成本中占据 65%～70%的比例。薪酬水平不仅影响到企业在劳动力市场的竞争能力,还间接作用于企业在产品市场的竞争力。相对于提供相同或类似商品、服务的竞争对手来说,企业薪酬水平越高,薪酬成本就会越高,企业总成本也将越高,企业产品定价相对较高,这对企业在产品市场竞争将造成极大影响。因此,了解劳动力市场供给变化,掌握劳动力薪酬信息及其变化趋势,对企业保持劳动力市场竞争力以及控制经营成本,进而提高产品市场竞争力有重要意义。

7.2　薪酬水平策略的类型及选择

企业可以依据自身薪酬策略目标,选择适合的薪酬水平策略。企业可以将自己的薪酬水平定位在高于、低于或近似于市场薪酬水平的位置,企业可供选择的薪酬水平策略类型共有 4 种,分别是薪酬领袖政策、市场追随政策、薪酬滞后策略和混合政策。

7.2.1　薪酬水平策略的类型

1. 市场领先策略

领先型薪酬水平策略是采取本组织的薪酬水平高于竞争对手或市场的薪酬水平的策略。这种薪酬策略以高薪为代价,在吸引和留住员工方面都具有明显优势,并且将员工对薪酬的不满降到一个相当低的程度。

1) 优势

高薪酬水平虽然使企业薪酬成本增加,但随之也会伴随较高的收益回报。薪酬领先策略具有多方面的优势,主要表现在:

(1) 较高水平的薪酬能很快为企业引来大批可供选择的求职者。因此,高薪一方面有利于企业在较短时间内获得大量需要的人才,解决比较紧急的人员需求,增强企业的招聘能力;另一方面还使得企业可以提高他们的招募标准,从而提高自己所能够招募到和雇佣到的员工的质量。

(2) 高薪还能够减少企业在员工甄选方面支出的费用。这是因为求职者通常清楚,较高的薪水往往意味着企业对员工的能力有较高要求,或者是未来工作的压力会比较大,因此,那些低素质的和达不到任职资格要求的求职者往往会通过自我选择而避免选择这种支付较高薪酬的企业。这样,企业在甄选方面所需要花费的人力物力就可以相应减少。

(3) 较高的薪酬水平提高了员工离职的机会成本,有助于改进员工的工作绩效(努力工作以防止被解雇),从而降低员工的离职率以及减少对员工的工作过程进行监督而产生的费用。

(4) 较高的薪酬水平使得企业不必跟随市场水平经常性为员工加薪加酬,从而节省薪酬管理的成本。

(5) 较高的薪酬水平有利于减少因为薪酬问题引起的劳动纠纷,同时有利于提高公司的形象和知名度。

2）劣势

薪酬市场领先策略存在一定的劣势，主要有：

（1）充当薪酬领袖的企业有很大的管理压力。企业支付较高的薪酬雇佣来了大批有能力的员工，但是，企业如果不能通过工作的组织与设计以及对员工的管理实现较高水平的利润，即将高投入转化为高回报，那么高薪给企业带来的就不是资本，而是一种负担了。

（2）高薪酬水平带来的财务成本压力大。企业直接增加企业薪酬成本，进而造成总成本的上升，导致企业利润下降。

（3）高薪酬水平对员工激励持续性不够。薪酬涨幅越大，速度越快才越有激励性，且高能力员工需要及时的激励加以肯定，但高薪酬带来的涨薪幅度的减少以及速度的减慢，导致难以保留高能力水平的员工。

（4）高薪酬水平下容易出现"劣币驱逐良币"现象。一方面高薪酬水平缺乏对高能力的持续激励能力，留不住能力强的员工，另一方面，能力较低的员工因为高薪酬水平而不会选择主动离开企业，最终形成"想让走的不走，想留下的不愿留"的组成结构尴尬局面。

3）适用范围

市场领先策略主要适用于规模较大、投资回报率高、薪酬成本在企业经营总成本中所占的比率较低、产品市场上的竞争者少的企业。企业规模大、投资回报率高，则企业本身资金充沛，实力雄厚，足以应对高薪酬水平带来的资金压力；企业薪酬成本在总成本中占比例较少，表明企业总成本对薪酬成本敏感度不高，企业有意愿通过提高薪酬水平达到提高员工努力程度，减少其他相关问题的目的；企业可以在竞争少的产品市场通过提高产品价格的方式将较高薪酬成本转嫁给消费者，获得较高利润。

2. 市场追随政策

市场追随政策又可称为跟随型薪酬策略，或市场匹配策略，指企业力图使本组织的薪酬成本接近竞争对手的薪酬成本，使本组织吸纳员工的能力接近竞争对手吸纳员工的能力。跟随型薪酬策略是企业最常用、最为普遍的策略，也是当前大多数组织所采用的策略，大多数企业都是这种企业的执行者。

P. D. Lineneman、M. L. Wachter 和 W. H. Carter(1990)归纳了薪酬管理者采用跟随型策略的三个理由：一是薪酬水平低于竞争对手，会令组织内员工不满；二是薪酬水平低会影响组织的招聘；三是支付市场薪酬水平是管理的责任。由于以上三点原因，很多企业都愿意采取跟随策略，一方面不会因薪酬水平过低而吸引不到员工、留不住员工，另一方面也不用支付过高的薪酬水平而增加成本。大多数企业采取跟随型薪酬策略是一个必然结果，假设其他条件完全相同的话，如果企业的薪酬水平略高于竞争对手，则可以吸引到企业所需要的员工。如果这种员工是稀缺的，那其他企业为了争夺稀缺员工，也会提高薪酬水平。如果每个企业都在不断地竞争，势必相互不断地提高薪酬水平，直至毫无利润可言。这种情况往往两败俱伤，是任何企业都不愿看到的结果。因此，保持一个大家都认可的薪酬水平是明智之举。跟随型薪酬策略根据竞争对手或市场的薪酬水平，制订本组织的薪酬水平，保持在一个基本一致的程度。

市场追随政策具有保持企业在产品市场和劳动力市场竞争力的优势。但同时，由于其薪酬水平与市场薪酬相差异不大，故也吸引不到高质量人才，也很难留住高技能水平的员工。

3. 市场滞后政策

滞后型薪酬策略，也可称为拖后型策略，是采取本组织的薪酬水平低于竞争对手或市场薪酬水平的策略。采用滞后型薪酬策略的企业规模往往相对较小，大多处于竞争性的产品市场上，边际利润率比较低，成本承受能力很弱，很多企业属于中小型企业。受产品市场上较低的利润率所限制，没有能力为员工提供高水平的薪酬，是企业实施滞后型薪酬策略的一个主要原因。也存在实力强的企业出于某些原因特意实施滞后型薪酬水平策略的情况。

滞后型薪酬策略具有很高的风险，很可能招不到人，还会引起员工频繁跳槽。对员工的吸引力较弱，员工流失率较高。但是也有不少企业采用这种滞后型策略，主要原因是当前的资金不充裕。这种策略也并非完全不可取，它可以作为一种过渡策略，帮助企业快速成长或渡过难关。

而优秀的薪酬管理者，可以从其他方面来弥补低薪的劣势，如提供具有挑战性的工作、赋予较大的权力、营造和谐共进的氛围、提供较多的培训等，应聘者和员工可能会因这些原因而愿意与企业共同成长。但是，长期的低薪一定会挫伤员工的积极性。因此，采用这一策略的企业，往往会用将来更具诱惑力的薪酬来留住员工，比如承诺将来工资提高到更高的水平，或是向员工发放股票等。人们可能为了将来更高的收入，而容忍当前较低的收入，所以滞后型薪酬策略可以作为一种暂时性的策略。

比如，在信息以及其他一些高科技企业中，一些企业支付给员工的基本薪酬可能会低于市场水平，但是员工却可以获得企业的股票或者是股票期权，这种将滞后型的基本薪酬策略和未来的较高收入结合在一起的薪酬组合，不但不会影响企业的员工招募和保留能力，反而有助于增强员工的工作积极性和责任感。此外，这种薪酬策略还可以通过与富有挑战性的工作、理想的工作地点、良好的同事关系等其他因素相结合而得到适当的弥补。

因此使用这种策略需要注意的是：第一，不可将其作为长期策略，否则无法留住员工；第二，要有其他的优势来弥补低薪的劣势；第三，以未来更高的收入作为期望目标。

4. 混合型政策

所谓混合型薪酬策略，是指企业在确定薪酬水平时，是根据职位的类型或者员工的类型来分别制订不同的薪酬水平决策，而不是对所有的职位和员工均采用相同的薪酬水平定位。混合型策略基本思想是对不同员工采取不同的薪酬水平策略。具体的混合方式有：

（1）依据职类的不同进行薪酬混合。企业可以依据职类的不同，对核心职位采取市场领袖型的薪酬策略，而在其他职位族中实行市场追随型或相对滞后型的基本薪酬策略。

（2）依据员工技能高低、贡献大小进行薪酬混合。企业还可以对员工进行技能评价和职位价值评估。然后对不同技能等级员工、对企业做出不同贡献的员工采取不同的薪酬水平策略。对企业关键人员例如高级管理人员、技术人员，提供高于市场水平的薪酬，对普通员工实施匹配型的薪酬政策，对那些在劳动力市场上随时可以找到替代者的员工提供低于市场价格的薪酬。

（3）不同的薪酬构成部分之间实行不同的薪酬政策。比如在总薪酬的市场价值方面处于高于市场的竞争性地位，在基本薪酬方面处于稍微低一点的拖后地位，同时在激励性薪酬方面则处于比平均水平高很多的领先地位。例如，某公司发放给员工低于市场平均水平5%的基本薪酬，但员工一旦达成当月绩效目标，可获得比当月工资还高的绩效奖金回报。这样的薪酬水平策略实现了员工与企业风险共担，利润共享的目的，有助于提高员工工作积极性和组织忠诚度。

混合型薪酬策略同时采用两种或两种以上策略。企业综合每种策略优劣，适合具体情况灵活掌握。混合型薪酬策略最大的优点就是其灵活性和针对性，对于劳动力市场上的稀缺人才以及企业希望长期保留的关键职位上的人采取薪酬领袖政策，对于劳动力市场上的富余劳动力以及鼓励流动的低级职位上的员工采取市场匹配政策甚至拖后政策，既有利于公司保持自己在劳动力市场上的竞争力，同时又有利于合理控制公司的薪酬成本开支。此外，通过对企业薪酬构成中的不同组成部分采取不同的市场定位战略，还有利于公司传递自己的价值观以及实现自己的经营目标。

7.2.2　薪酬水平策略的选择

薪酬水平策略选择对于保持企业薪酬内部一致性和外部竞争力具有重要意义。薪酬水平选择影响到企业人才吸引力、人才保持力、劳动力成本控制、员工对收入不满情绪控制以及劳动生产率提高等目标的实现。不同的薪酬水平策略类型，具有不同的优势与劣势，对各类目标的实现程度也不同，具体结果可见表 7.1。市场领先型薪酬水平策略具有很好的人才吸引力、人才保持力和对员工收入不满的降低能力，但高收入水平却不一定能提高员工劳动生产率，对劳动力成本控制也要看具体操作情况而定。与之不同的是，市场滞后型策略具有很好的劳动力成本控制能力，但却缺乏人才吸引力，也不能实现降低员工收入不满的目标，对人才保持与劳动生产率的提高状况需要依据其补充薪酬策略的选择而定；跟随型策略则介于前两者之间；最后，混合型策略具有明确、很好的劳动力成本控制能力，尤为突出的是，混合型策略对于提高员工劳动生产率具有比较好的效果。混合型策略对于人才的吸引、人才保持和对收入不满情绪的控制方面的作用则需依据具体实施情况而定。

表 7.1　四种类型的薪酬水平策略比较

薪酬水平定位	薪酬政策目标				
	人才吸引力	人才保持力	劳动力成本控制	降低对收入不满	提高劳动生产率
领先策略	好	好	不确定	好	不确定
跟随策略	中	中	中	中	不确定
滞后策略	差	不确定	好	差	不确定
混合策略	不确定	不确定	好	不确定	好

7.3　薪酬水平决策的影响因素

企业薪酬水平决策不仅受到来自外部宏观环境因素、相关劳动力市场、产品市场因素的影响，还需考虑内部企业经营状况、员工个人因素以及企业其他自身特点等要素的制约。

企业薪酬水平政策选择取决于企业的薪酬的支付能力和支付意愿，这是企业内力作用。其中，产品市场、要素市场和企业特征本质直接作用于企业经营状况，进而对企业薪酬水平的支付能力产生影响；企业经营战略包括薪酬战略选择直接影响到企业薪酬支付意愿。此外，在开放的市场经济环境下，企业任何经营决策需考虑来自企业外部各方面环境因素的作用，结合自身状况才能做出。因此，来自于劳动力市场特征因素将对企业薪酬水平决策产生支付限制。

7.3.1　劳动力市场对薪酬水平的影响

企业必须根据劳动力市场的供求变化支付薪酬，劳动力市场的变化及其差异形成对薪酬支付的限制。而劳动力市场，从某种意义上讲，是指雇主和求职者以薪酬和其他工作奖励交换组织所需要的技能与行为的场所，具体包括：劳动力市场的地理区域、劳动力供求影响、内部劳动力市场、失业率和离职率以及政府与工会等因素。劳动力市场的状况直接影响企业劳动力的供给，劳动力市场供给状况不同，企业可雇佣的数量和雇佣劳动力价格将有所差异。

1. 劳动力市场的地理区域

劳动力市场具有较强的地域性特征，不同层次的劳动力配置受地域因素的限制的程度不同。越是稀缺的高层次劳动力配置，越能打破地理因素的限制，跨越地区甚至国界。例如，2017 年 11 月 10 日北京市人力资源和社会保障局发布的"北京市面向海外高层次人才设立政府特聘岗位需求公告"指出，根据《北京市面向海外高层次人才设立政府特聘岗位暂行办法》，政府特聘岗位均为北京市政府部门或各地区负责人的助理，承担北京市或各地区的重大项目及重点工作。北京市将提供与国际接轨的薪酬标准，使特聘岗位入选者在国内的收入不低于海外。

2. 劳动力供求影响

劳动力市场是企业外部人员储备地，劳动力市场供给直接影响到企业能否雇佣到足够数量和质量的员工，而企业对劳动力的需求与劳动力供给状况相结合，也将影响到劳动力工资价格，进而影响到企业的薪酬水平。

（1）劳动力需求。依据边际生产率理论，企业对劳动力的需求是关于劳动力价格和质量的函数，是从消费者对产品或服务的需求中派生出来的，主要由劳动力边际成本和边际收益决定。劳动力边际收益是指其他情况不变时，增加一个劳动力投入所产生收益增量，劳动力边际成本等于劳动力的市场工资率。企业利润最大化的需求存在于雇佣最后一个劳动力所带来的收益与成本相等时的水平。

（2）劳动力供给。劳动力市场上劳动力的供给是指特定人口群体所能承担的工作总量，主要受劳动力参与率、人们愿意提供工作时数、员工受教育或培训程度和员工工作努力程度四个方面因素的影响，前两者因素直接作用于劳动力供给数量，后两者因素则影响劳动力供给质量。劳动力参与率是指正在工作和愿意工作正在积极寻找工作的总人口占劳动力人口比例。劳动力参与率直接决定了一个国家或地区可供使用的劳动力总额；劳动经济学理论认为，劳动者的时间是既定的、有限的。劳动者将在工作与闲暇之间做出时间分配，当闲暇所产生效用大于工作所带来收入增加效用时，劳动力将减少工作时间，从而降低劳动力供给状况；劳动力受教育或培训程度直接决定了劳动力知识水平和能力大小，决定了劳动力的价值大小以及所能做出的贡献程度；劳动力供给一般表现在劳动者在工作时间内做出相应工作行为的过程上。相同的劳动时间所带来的劳动成果会因为劳动者在工作中努力程度不同而存在较大差异。劳动者努力程度更多地取决于企业管理制度的合理性，其中包括职位配置与晋升制度、员工培训制度、绩效考核制度与薪酬管理制度等。

3. 内部劳动力市场

劳动力经由外部劳动力市场进入企业之后，则在内部劳动力市场中，一般按照企业内部的规则进行管理，内部劳动力市场对不同特征的员工实行差异化薪酬水平策略。对于承担初级工作的员工，支付市场薪酬水平；对于长期为企业服务的员工，由于内部劳动力市场对技能拓展所具有的企业专属性，这些专属技能可能不会获得外部劳动力市场的认可，所以一般企业会给予一定的薪酬或其他形式的补偿，这类员工薪酬水平一般高于市场平均水平。

4. 失业率和离职率

一定程度上，失业率反映了劳动力的供求关系，企业可以据此判断劳动力市场所处的状态，如市场平衡、短缺或过剩等，以作为薪酬水平调整参考依据。一般来说，失业率上升，显示劳动力市场可能出现过剩，则企业可以相对降低薪酬水平，也能获取足够多数量的劳动力。离职率是企业人力资源供给预测的重点关注指标。在劳动力市场上流动率较高的职位，需要引起企业对内部该职位的重点关注，掌握本企业人才的流动可能性及其方向，可以提前通过改善相应薪酬或其他管理措施，防止人才流失，也可以制订更具有竞争力的薪酬水平策略吸引人才，为相应的职位储备人才。

5. 政府与工会

政府指定的宏观经济政策、法律和制度，将对企业薪酬水平的选择产生间接和直接作用。政府通过立法保护或限制特殊群体进入劳动力市场，从而影响劳动力市场供给，间接影响到企业薪酬水平；政府还可以通过调节雇佣关系直接影响劳动力需求，也可以通过政策制订，如促进或限制产业投资来间接影响劳动力需求，进而影响企业薪酬制订。

雇员通过组成工会，与企业的工资谈判，最终对获得薪酬产生外部影响力。工会对工资的外部干预使劳动力供求不完全按照市场配置进行。一般情况下，受工会保护的雇员薪酬水平将高于不受保护的雇员薪酬。

7.3.2　产品市场对薪酬水平的影响

企业身处于资本市场、劳动力市场和产品市场三大竞争漩涡之中。产品市场起主导作用，企业产品市场竞争状况变化将影响到企业薪酬支付能力，进而作用于企业在劳动力市场中的竞争能力。所以，产品市场竞争状况决定了企业可能支付的最高薪酬水平，劳动力市场供给状况则决定了企业雇佣员工所支付的薪酬最低水平，也即是说在稀缺劳动力供给环境下，企业可能只有支付相对较高的薪酬才能雇佣到所需员工。一般情况下，企业薪酬水平主要受产品市场的竞争程度和产品市场的需求水平两方面因素的影响。

1. 产品市场的竞争程度

经济学将企业所处产品市场分为完全垄断、寡头垄断、垄断竞争和完全竞争四种类型。企业在产品市场处于垄断地位，可以获取超出市场平均利润水平的垄断利润，为企业提供超出市场水平的薪酬提供强有力保障。处于完全竞争环境下的企业只能获取接近于平均利润，最多能支付接近于市场水平的薪酬。

2. 产品市场的需求水平

在企业可供配置的技术、资本和劳动力等资源要素保持不变前提下，产品市场对企业产品或服务需求增加，即使产品或服务价格保持不变，企业也将因提供的产品或服务数量增加而实现收入的增加。收入增加将带来两方面变化，一是收入增加所带来的既定薪酬水平下能雇用更多的员工；二是企业对劳动力需求量增加，以提高企业生产能力，进一步提高企业收入，增强薪酬支付能力。

7.3.3　组织因素对薪酬水平的影响

研究表明，劳动力市场和产品市场因素并不能完全解释企业薪酬水平的差异。更多资料显示，薪酬水平随着众多组织因素不同而发生变化，其中，企业规模因素、行业因素、企业经营战略以及企业对员工的看法最为明显。

1. 行业因素

企业所处的行业不同，所做出的薪酬水平决策也不同。一般情况下，规模越大、资本密集程度越高的行业，员工薪酬水平一般较高。一方面因为高资本投资将形成较高的进入门槛，从而形成一定的垄断市场结构，进而带来一定的垄断利润，提高了行业内企业的薪酬支付能力；另一方面，源于资本—技能互补假设，高资本密集型企业一般要求雇佣较高水平的员工来运作这些资本，以保证产生最大的效益，这就要求支付高薪酬水平；最后，资本密集型企业中，相对于高的资本投入成本，劳动力成本在总成本中比例相对较小，企业对薪酬成本敏感程度不高，愿意支付高薪酬水平。

2. 企业规模因素

众多研究表明，在其他因素相似情况下，大企业所支付的薪酬水平要高于中小企业支付的薪酬水平，主要原因有以下几方面：一是大企业有长期保留员工的需求。获取员工高忠诚度需要企业支付相对有竞争优势的薪酬水平；二是，大企业有大量培训员工的需求，人力资本投资不断提升员工能力，一方面直接增加了员工收入提高的需求，另一方面也提高了员工为企业做出贡献的能力，促进企业收入增加，提高企业薪酬支付能力；三是大规模企业有减少员工工作监督成本的需求。随着企业规模增大，员工监督工作将愈加困难。企业通过支付较高薪酬水平，增加员工偷懒和离职机会成本，从而达到员工主动积极工作的目的；最后，大规模企业有维护企业形象需求。大规模企业一般为资本密集型企业，在支付能力较强的前提下，需要维持公司形象，一般支付员工相对较高的薪酬水平。

3. 企业经营战略

企业的经营战略直接影响到所选择的薪酬水平策略。通常情况下，采用低成本战略的企业，将想尽办法降低一切成本，其中包括薪酬成本；实施创新战略的企业支付较高薪酬来吸引有创造力，敢于冒险的员工。

4. 企业对员工的看法

企业薪酬支付意愿还受对员工看法的影响。将员工视作生产要素，是为自己创造价值的不可或缺的一种生产要素，与资本、技术等其他要素无差异时，企业通常不会主动提高员工薪酬待遇；将员工视作企业经营发展的合作伙伴，将主动考虑员工需求，主动适当提高员工薪酬待遇，以体现与员工分享企业经营成果的理念。

7.4　市场薪酬调查

企业薪酬水平的制订直接影响到企业在劳动力市场和产品市场上的竞争力。因此，企业不能仅依据自身内部情况制订自身薪酬水平，需要掌握劳动力市场和产品市场竞争对手薪酬信息，结合自身情况，制订具有竞争力的薪酬政策。企业在制订自身薪酬水平政策之前，需要首先进行市场薪酬调查。

7.4.1 市场薪酬调查的目的与类型

1. 市场薪酬调查的目的

薪酬调查是通过专业方法和技术调查获取市场上不同企业总薪酬状况信息，并对其收集、整理、统计和分析，以客观反映市场薪酬水平，为企业做出合理的薪酬水平决策提供依据。

随着市场经济开放性增加，劳动力市场逐渐完善，市场机制对劳动力资源作用日益明显，通过市场薪酬调查，了解市场薪酬水平对企业保持薪酬外部竞争性和提高企业产品竞争力具有重要意义。企业进行薪酬调查的目的主要有：

（1）调整薪酬水平。企业需要通过薪酬调查获取市场薪酬信息，及时调整自身薪酬水平，来保持自身薪酬水平的竞争力，达到吸引、保留和激励人才以及有效控制薪酬成本的目的。

（2）优化薪酬结构。薪酬结构主要指企业内部不同职位、不同技能、不同职位层级之间薪酬水平的对比关系，由企业内部职位价值信息和外部市场薪酬信息共同决定，以实现获取薪酬内部一致性和外部竞争性共同目的。随着竞争程度加剧，市场薪酬调查信息对企业薪酬结构的重要性逐渐提高，有的企业甚至直接根据市场水平确定企业薪酬结构。

（3）整合薪酬要素。传统的薪酬调查集中在基本薪酬方面，随着薪酬管理理论的完善，整体薪酬概念的提出和应用，薪酬调查设计内容扩展到总薪酬相关的一系列内容，包括基本工资、可变工资、津贴、福利以及薪酬调整和控制等内容，为企业重新调整自身薪酬构成要素及比例，增加薪酬激励性提供依据。

（4）了解薪酬趋势。通过薪酬调查，可以获取其他企业在薪酬管理方面的最新发展趋势，尤其是对于薪酬管理新理论(宽带薪酬、能力薪酬、自主式福利)的实践情况，以便更新和改进本企业薪酬管理方式。

（5）支持经营策略制订。通过薪酬调查，获取其他企业薪酬信息，分析本企业与竞争对手的劳动力成本差异状况，从而推算企业产品市场竞争力，从而为企业产品定价、竞争策略选择等一系列经营策略决策提供依据。

2. 市场薪酬调查的类型

开展薪酬调查的主体主要有政府、行业和专业协会、咨询公司、企业家联合会以及企业自己。依据薪酬调查的主体，可以将薪酬调查分为以下两大类。

1）政府部门的非营利性调查

政府部门的非营利性薪酬调查主要是由政府部门组织实施，对全国范围内的各行各业薪酬水平进行的薪酬调查。这类调查的主要目的是发挥政府的宏观指导作用，促进劳动力市场的合理配置。这类薪酬调查由于调查指标体系统一，分类标准界定清晰，政府行政号召力强使得被调查企业积极主动配合，因此调查数据具有较高有效性和可比性，使用成本相对较低。但政府薪酬调查数据具有很大的滞后性，标准化的调查不能满足企业个性化的信息需求，且调查内容局限于工资方面，不能准确描述地区、行业的实际工资水平。如美国联邦政府的薪酬调查（NCS），最早始于 20 世纪 50 年代，一般选取 154 个大城市和非大城市的地区进行定点抽样调查全美国员工的薪酬情况。调查结果从美国劳工部发布的相关经济指标、劳动部的期刊《每月劳动评论》和《薪酬和工作状况》以及劳工统计局的网站（www.bls.gov/ncs/home.htm）都可以获取得到。我国劳动和社会保障部门从 20 世纪 90 年代开始对劳动力市场工资展开调查。如原劳动部 1997 年开展的"企业人工成本抽样调查"，原劳动和社会保障部开展的"劳动力市场工资价位抽样调查"，原国家人事部不定期提供的行业和职位的薪酬数据等。目前，我国开展的劳动力市场工资价位抽样调查已扩展到 110 个城市行政区域内的所有城镇企业的 16 大行业，调查内容涉及上一年度企业中有关职业工种在岗职工全年工资收入及有关情况，为各地区行业中企业制订自身薪酬水平提供依据。表7.2 为西安市 2013 年制造业劳动力市场部分工种市场工资指导价位。

表 7.2　西安市 2013 年制造业劳动力市场工资指导价位（单位：元/年）

工种	高位数	中位数	低位数	平均数
企业经理	590 954	236 956	54 008	265 316
医学研究人员	67 837	46 616	30 682	44 347
会计人员	215 496	70 581	35 040	80 317
翻译	367 526	91 214	32 086	118 037

资料信息来源于：陕西省人力资源和社会保障厅门户网站
（http://www.shaanxihrss.gov.cn/html/100077/1007632.html）

2）各类机构开展的营利性调查

市场薪酬本身是一种具有较高有价值的信息商品。随着市场经济发展，从事薪酬调查，提供薪酬信息商品的调查公司逐渐产生并发展迅速。其中主要是管理咨询公司和网站媒体所开展的营利性薪酬调查。

（1）管理咨询公司的营利性薪酬调查。翰威特、美世、华信惠悦等是国外知名的、开展营利性薪酬调查的管理咨询公司，国内如北京和君咨询、上海基业昶青咨询公司等。管理咨询公司一般采取会员制形式，与会员单位签订协议，会员单位按照咨询公司制订的调查表提供调查数据，并有偿部分或全部的调查结果。企业可以依据其结果了解地区和行业内薪酬水平及构成状况等，有助于企业进行相应的薪酬调整。薪酬调查除了涉及工资水平外，还包括股票期权、培训计划、退休及医疗待遇、住房方案等薪酬形式以及企业薪酬变动调整等内容。管理咨询机构的薪酬调查具有针对性；且管理咨询机构与企业具有直接利益关系，更容易从其他企业取得相关薪酬信息；调查结论涉及的行业或地区有代表性企业，调查结果对企业薪酬体系优化设计具有较大的参考价值。管理咨询机构因其"量身定做"特点，故成本较高，调查指标定义不统一，与其他调查结果的可比性低。

（2）网站媒体的营利性薪酬调查。国内与人力资源管理相关的网站经常采用在线调查方式，参与调查者以匿名方式提交自身薪资情况，并可分享其他调查者提供的信息的处理结果。网站媒体的薪酬调查大多针对上网个体，调查内容专业性并不强，比较贴近求职者了解一定的行业、地区薪酬信息，如各行业平均薪酬水平排名等。网络在线薪酬调查采用匿名形式，无法验证其提供信息的真实性，以及对被调查者缺乏直接的指导，将导致被调查者对指标理解不一致，都将造成调查结果可信度降低。由于被调查者参与的随意性，调查样本缺乏行业代表性。

7.4.2　薪酬调查的步骤

薪酬调查的实施过程分为三个阶段：准备阶段，实施阶段以及数据统计分析阶段。

1. 准备阶段

薪酬调查具体实施前需要确定薪酬调查目的相关劳动力市场、调查企业、调查职位和调查内容。

1）确定薪酬调查目的

在进行薪酬调查前，需要确定企业实施薪酬调查的目的，目的不同，薪酬调查设计和实施以及最终的数据分析重点都存在较大差异。一般企业进行薪酬调查的目的有以下几个方面：用于帮助构建薪酬结构；用于薪酬调整；用于压缩控制薪酬成本；用于与薪酬有关的人事问题分析；用于评估竞争对手劳动力成本，以便制订竞争策略。如果企业赶时髦，盲目的进行薪酬调查，将会造成大量的成本浪费，薪酬调查成效也将十分低下。

2）确定相关劳动力市场

薪酬调查应该依据薪酬调查目的不同确定与调查相关的劳动力市场范围。一般来说，企业的相关劳动力市场是指与企业存在竞争关系的其他组织所在的市场。主要包括：雇佣具有与本组织相同或相似技能的员工的组织、在该职位员工流动区域内的组织、在相同或相似的行业中的组织。

除薪酬调查目的之外，相关劳动力市场的确定还需考虑职业技能水平与地理范围、行业等重要因素。一般来说，相关劳动力市场随职位技能水平的不同而不同，涵盖在同一职位或技能上展开竞争的企业。由于不同职业技能水平的劳动力供求状况不同，高层次劳动力较为稀缺，一般需要企业在全国甚至国际劳动力市场展开搜寻和竞争，而对于像文员、一般技术人员等较低层次的劳动力则供给充裕，一般只需要在区域内就可满足需求。因此，企业可以依据不同职位员工招聘范围来确定其薪酬调查的相关劳动力市场范围。行业因素是薪酬调查确定相关劳动力市场需考虑的另一重要因素。不同行业之间薪酬水平存在较大差异。越是低层级的职位，不同行业中技能要求差异不大，故薪酬水平差异不大；越是高层的职位，其行业特定的技能要求越高，则薪酬水平差异越大。

3）确定调查企业

在确定了薪酬调查范围之后，需要进一步在该范围内选择薪酬调查企业类型与数量。

薪酬调查一般将选择行业内知名的、具有代表性的公司，主要原因有两个方面，一是由此得来的市场薪酬状况将更具有代表性和竞争力，还能反映行业发展趋势；二是这些公司一般规模较大，内部职位划分更为细致明确，薪酬制度更完善，能提供全面、准确的薪酬数据。

调查企业数量受预算约束。从统计学角度来看，调查样本越大，越有可能消除各种影响因素，减小误差，得出真实的结果。为了调查结果更可靠，调查企业数量应增加。从成本控制角度来说，调查企业数量增加将造成成本的大量上升，企业调查受预算的约束。因此，在预算约束条件下，需尽可能增加调查企业数量，提高调查结果有效性。

4）确定调查职位

薪酬调查无法覆盖企业全部职位。一般的情况下，薪酬调查围绕标准职位展开，这些职位的内容相对稳定、在其他企业中普遍存在、能准确地进行界定。选取标准职位使组织职位与外部市场职位具有较强的可比性。薪酬调查应选择能达到目的所需、尽可能少的职位。调查越复杂，有资格参加调查的企业越少，数据就越难得到。通常情况下可以按照职位层级从高层、中层和基层职位中各选取几个标准职位。

在选定调查的基准职位之后，企业需要提供最新的总体职位描述，以供被调查企业将本企业的职位与调查企业所提供的职位匹配。有的时候，尽管名称相同，职位在不同企业中工作内容安排和所具有的价值会存在较大差异，这种差异在大企业和中小企业间尤为显著。所以，薪酬调查企业提供最新详细的职位描述具有重要意义。职位说明书需要采用较常见或普遍使用的职位名称；然后先用简练语言描述职位的主要职责或目标，再简要概括该职位的重要职能。职位描述力求精练，篇幅不能过长。

调查企业还可以向被调查企业提供一张与调查职位相关的简要组织结构图，有助于被调查者在基准职位与本企业职位之间进行匹配。

5）确定调查内容

在确定标准职位之后，还需进一步确定调查内容。一般的薪酬调查涉及两部分：基本资料和核心资料。基本资料包括企业名称、行业、组织结构、人数规模、基本财务信息等组织信息，以便于后期的薪酬数据分析和对比；核心资料包括详细的职位描述、在职者的基本状况、薪酬体系、薪酬水平、最新薪酬变动情况等，其中最为重要的是支付给在职者的实际薪酬率以及最近的工资增长情况等薪酬信息，以便动态掌握竞争对手的薪酬支付情况。

（1）组织信息。组织的规模、结构与财务状况对薪酬影响较大。在进行薪酬调查时，首先要调查了解组织的规模信息，如组织资产总额、利润总额、员工总人数等；其次，了解组织的结构信息，如组织结构图；最后是财务状况信息，如净资产、营业额、税后净利润等指标。

（2）薪酬信息。薪酬调查中涉及的是总体薪酬概念，涵盖薪酬中基本薪酬、浮动薪酬和福利等全部薪酬形式。第一，调查企业基本薪酬及其结构。询问被调查者在某一特定日期的基本薪酬水平及其支付方式（年薪、月薪或日薪）。由于绩效和能力的差异，同一职位的员工薪酬会存在一定差异，故而薪酬调查了解基本薪酬信息时要求被调查者填写薪酬浮动范围，即薪酬跨度的最低值、最高值和中间值，以便于对数据进行准确性分析确认。第二，调查年度奖金和其他年度现金支付。调查过去一个财政年度企业向特定职位支付的实际奖金数量，以及将进展基本薪酬的百分比；了解企业其他的现金奖励支付方式，如利润分享、收益分享以及一次性加薪等。第三，股票期权或影子股票计划等长期激励计划。了解企业股票期权存在性以及实施状况。第四，各种补充福利计划。了解被调查企业所存在的国家法定福利之外的补充福利类型和水平。第五，薪酬管理实践信息。如被调查企业加薪时间、频率和百分比、公司加班政策、试用期长短、新进大学生的起点工资，薪酬水平的地理差异等薪酬管理实践内容。

2. 实施阶段

在依据调查目的确定了薪酬调查的劳动力市场范围、调查企业和职位以及调查内容之后，企业可以设计、发放和回收调查薪酬调查问卷，实施薪酬调查工作。薪酬调查实施阶段主要包括设计调查问卷以及数据收集两项任务。

1）设计调查问卷

薪酬调查问卷的内容通常包括被调查企业本身的信息、薪酬构成信息、职位范围、任职者的信息以及一些国际性的信息等(如表7.3所示)。企业的信息包括企业员工人数、所处行业、销售额或销售收入等；薪酬构成信息则具体包括基本工资及其增长情况、奖金支付状况、股票期权授予状况、员工福利等构成内容相关信息。

表 7.3　薪酬调查表示例

基本信息	
姓名：	填写日期：　年　月　日
职务名称：	职务编号：
所属部门：	部门经理姓名：
岗位职责： (1) (3)	(2) (4)
任职资格： (1) (3)	(2) (4)
薪酬的构成及数量： 薪酬构成：　　　　　　　数量： 奖金构成：　　　　　　　数量： 福利构成：　　　　　　　数量： 津贴构成：　　　　　　　数量：	
请简要说明你对薪酬的满意程度：	
被调查人签字： 调查人签字：	

　　薪酬调查问卷设计应注重使用方便性。使用方便性有助于提高调查结果的有效性。问卷设计时准备一份详细问卷填写说明，有助于提高邮寄问卷等非面对面式的问卷调查方式的调查结果科学性，也可以节省电话调查、面谈调查等方式的针对具体调查内容的询问时间成本。此外，问卷答案设计应尽量标准化，便于问卷答案的数据录入与处理。调查问卷设计还需注意易读、易回答、语言规范准确无歧义、一个问题只问一个信息等技巧。

　　问卷设计完成后需要进行模拟调查。模拟调查可以在企业内部进行，按照自己的数据填写问卷，也可以请不参与调查的其他企业填写调查问卷，依据调查过程及结果发现需改进的问题，对调查问卷进行修改，最终确定问卷内容。

　　2) 数据收集

　　数据收集是指根据监管部门对所要被监管的部门所上报的详细数据和监管部门所监管获得的数据的一种对比、分析的功能。数据收集的方式有：

　　(1) 问卷调查法。

　　在众多的调查方法中，问卷调查法是使用频率最高的调查方法。问卷调查法是通过向目标企业或个人发送事先根据企业自身需要而设计好的调查问卷，以书面语言与被调查者进行交流，来获取企业所需信息和资料的一种方法。

（2）面谈调查法。

面谈调查法是调查者通过与调查对象面对面谈话来收集信息资料的方法，是获取信息的主要方法之一，也是常用的薪酬调查方法之一。专业的咨询或市场调研机构通常采取此方法收集信息。

（3）电话调查法。

电话调查法是一种高效快速、操作方法简单的调查方式，通过电话可以与一个特定区域或整个国家范围内相关组织的薪酬管理人员进行快速联系，以获取所需要的数据和信息。电话调查法还可以用于澄清问题，以及快速获得其他方法遗漏的数据和信息。

（4）文献收集法。

文献收集法是指通过查阅、收集、分析和综合有关薪酬调查的文献材料，以获取所需要的信息、知识、数据和资料的研究方法。这是一种比较简单易行的薪酬调查方法。这种方法主要是对已经公布的有关薪酬调查的资料进行综合分析，以找出对本企业有用的信息。这些信息主要来源于三大薪酬调查的主体：政府部门进行的薪酬调查通常会定期向社会公布或将各行业的薪酬调查集中出版成册；专业调查机构会以收费的方式向社会提供薪酬调查报告；另外，有些企业也会向社会公布自己做的薪酬调查报告。企业获取薪酬调查结果的渠道有很多，包括已经出版的图书、调查报告以及调查主体的网站等，可以通过网上收集、购买等方式获得。文献收集法的优点在于节省时间、人力和物力，很多中小型企业多采取这种方法来获取所需要的信息。其不足在于，已经形成的薪酬水平调查结果可能针对性不强、信息过时等，企业在参考时应做适当调整。

3. 数据统计分析阶段

1）筛选和确认数据的有效性

调查问卷回收后，回收的调查数据并不能直接使用，而需要调查者对每一份调查问卷的内容逐项分析、筛选和确认每一个数据的可用性。造成调查数据不科学的原因有很多，调查问卷设计不合理会导致企业对调查问卷某些内容不理解而降低了调查结果有效性，这是其中原因之一；被调查企业不认真负责填写也是一个原因。除此之外，在问卷设计有保障和被调查企业认真负责填写前提下，在某些情况下仍然会有调查结果与所需数据有差距的问题存在，这些情况包括：① 相同名称的职位在不同的企业中对企业的价值和贡献大小不同；② 特性企业的薪酬哲学、文化不同；③ 在职者在该职位上工作的时间长短不同；④ 在职者在该职位浮动范围之中的哪一个点上不确定；⑤ 不同行业的惯例不同；⑥ 不同企业所处的地理位置和劳动力市场存在差异。因此，对调查数据进行核查，确认数据的有效性和可使用对薪酬调查分析结果的有效性具有重要意义。

2）薪酬调查数据的统计分析

对调查数据进行纠正整理的基础上，得出被调查的劳动力市场的薪酬分布的情况。通常薪酬调查数据的统计分析方法有：频度分析法、居中趋势分析法、离散分析法、图表分析法、回归分析法。

（1）频度分析。

如果被调查单位没有给出某类岗位完整的工资数据，只能采集到某类岗位的平均工资数据。在进行工资调整数据分析时，可以采取频度分析法，记录在各工资额度内各类企业岗位平均工资水平出现的频度，从而了解某类岗位人员工资的一般水平（如表7.4所示），为了更直观地进行观察，还可以根据调查数据绘制出直方图（如图 7.1 所示）。

表 7.4　频度分析

薪酬浮动范围	企业数量	薪酬浮动范围	企业数量
4000～4250	0	4251～4500	1
4501～4750	2	4751～5000	4
5001～5250	5	5251～5500	6
5501～5750	7	5751～6000	2
6001～6250	1	6251～6500	1

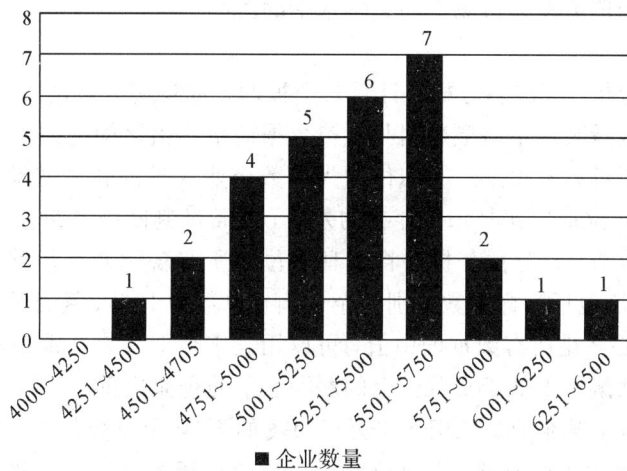

图 7.1　频度分析直方图

（2）趋中趋势分析。

第一，简单平均数或非加权平均数法。

简单评价法是根据薪酬调查的数据，采用以下计算公式求出某岗位基本工资额，作为确定本企业同类岗位人员工资的基本依据。这种方法用起来比较简单，但异常值（主要是最大值与最小值）有可能会影响结果的准确性，因此采用简单平均法时，应当首先剔除最大值与最小值，然后再作出计算。

$$平均薪酬水平 = \frac{职位薪酬之和}{总调查企业数}$$

适用于调查者所获得数据不能全面代表行业或者竞争对手情况或由于主要目标公司拒绝参与导致数据不完整时，采用简单平均数分析法最好。

第二，加权平均数法。

加权平均数法给予不同企业的薪酬数据不同的权重，权重大小一般由公司在同类职位上工作的员工人数在调查总人数中所占比重或者被调查企业对调查企业薪酬决策影响程度来决定。当某公司从事某种职位工作人员数量较多，则该公司提供该职位的薪酬数据对于其最终薪酬数据影响也越大；对调查企业更为重要的某些竞争对手的薪酬水平在平均薪酬水平确定中所占比重较大。

$$平均薪酬 = \frac{\sum_{i=1}^{m} C_i \times N_i}{\sum_{i=1}^{m} N_i} \quad (i = 1, 2, \cdots, m)$$

其中，C_i 表示第 i 家被调查企业同类职位员工的平均薪酬水平；N_i 表示第 i 家被调查企业同类职位员工人数，m 表示被调查企业总数。

第三，中位数法。

中位数作为确定某类岗位人员工资水平的依据。采用本方法时，首先，将收集到的全部统计数据按照大小排列次序进行排列，再找出居于中间位置的数值。该方法最大的特点是可以剔除异常值即最大值和最小值对于平均工资值的影响。但准确性明显低于上述方法，它只能显示出当前劳动力市场平均薪酬水平的概况。

（3）离散分析。

第一，标准差分析。标准差分析是计算每个被调查职位所有被调查企业数据的标准差。通过标准差分析，衡量某一个薪酬数据与该类数据的平均值之间的差别是否在可接受的范围之内。标准差分析可以看出某一类职位的大多数企业人员的薪酬变动范围，同时发现个别薪酬数据与同类职位平均薪酬水平存在的差距，并帮助判断该差距存在的合理性。

第二，百分位分析。百分位分析法将某种岗位的所有薪酬调查数据从低到高排列，划分为 10 组，每组中所包括的样本数分别为企业调查总数的 10%；在百分位中的第 5 个小组中的最后一个数据必然是所有数据的中值，可以用它来近似代表当前市场上的平均薪酬水平。百分位数代表薪酬水平低于百分位上的薪酬水平的企业比重。

例如表 7.5 所示，某企业的工资水平处于市场的第 75 个百分位上，这就意味着有 75% 的企业的工资水平都比该企业低。百分位分析主要应用于企业工资水平的战略定位上，因为它直接揭示了本企业工资水平在劳动力市场上的地位。再如，有些公司将员工现金薪酬总额定位在市场上的第 60 个、第 75 个甚至第 90 个百分位上，而将全部现金薪酬（基本工资加奖金或奖励）定位在第 75 个百分位上。

表 7.5 薪酬水平百分位表

薪酬福利项目	10%分位	25%分位	50%分位	75%分位	90%分位	平均值
基本月薪收入	7822	9375	18 250	24 125	35 000	19 967
年度月薪数量	12	12	13	13	13	13
年度基本现金收入	93 864	116 225	240 250	315 000	423 500	254 054
年度交通补贴	1920	3600	5000	9600	12 200	8035
年度膳食补贴	1800	2400	2520	3000	3960	3012
年度住房补贴	—	3600	7800	12 000	—	7800
年度通讯补贴	900	3600	5760	6000	9600	5330
年度岗位补贴	—	6000	12 000	20 800	—	14 240
年度补贴收入	2400	3000	8000	11400	21600	11 074
年度固定现金收入	98 400	123 375	252 510	324 000	427 164	263

第三，四分位。四分位分析与百分位分析的方法是类似的，只不过在进行四分位分析时，首先将某种岗位的所有薪酬调查数据从低到高排列，并划分为四组(百分位中是划分为10组)，每组中所包括的数量分别为企业调查总数的 1/4 即 25％(百分位中是 10％)；处在第二小组(在百分位中是第 5 个小组)中的最后一个数据必然是所有数据的中值，可以用它来近似地代表当前劳动力市场上的平均工资水平。

（4）回归分析。

可以借助于回归分析来测试两个或多个变量间的相关关系。一般可以使用一些数据统计软件，如 SPSS、EXCEL 等所提供的回归分析功能，分析两种或多种数据之间的关系，从而找出与薪酬水平、薪酬差距或薪酬结构的发展趋势密切相关的关键因素，并通过这些因素的变化来预测薪酬变化情况。回归分析法通常用公式和图表来显示数据的集中趋势，以一项或多项测量指标为基础可能的取值范围。回归分析也把数据的信度与数据在集中趋势线周围的分布状况联系起来。相关系数的值越接近 1，回归预测也就越可靠。

如表 7.6 所示，将公司员工月工资水平与职位评价点数进行回归分析。

表 7.6　某公司月工资与职位评价得分表

序号	月工资/元	职位评价得分	序号	月工资/元	职位评价得分
1	1000	200	21	2250	385
2	1020	210	22	2350	395
3	1050	217	23	2550	405
4	1100	228	24	2650	413
5	1130	237	25	2700	426
6	1170	245	26	2850	439
7	1200	258	27	3100	455
8	1260	265	28	3300	478
9	1220	271	29	3700	510
10	1280	279	30	3960	545
11	1350	291	31	4230	578
12	1420	300	32	4390	610
13	1500	304	33	4500	648
14	1580	315	34	4850	670
15	1660	326	35	5400	700
16	1750	334	36	5800	732
17	1850	345	37	6050	771
18	1940	356	38	6260	803
19	2050	363	39	6480	839
20	2150	375	40	6900	868

通过对散点图观察，这些散点呈现线性状，用一元线性回归方程分析，采用SPSS统计软件分析，得出结果。由表7.7可以写出估计方程为：$y = 9.2376x - 1192.1$。首先，从方差分析的 F 检验结果可以判断职位评价得分与员工工资存在显著的线性关系；其次，从系数估计结果可以看出，职位价值系数 t 检验结果也可以判定估计方程中回归系数显著；再次，从方程拟合优度 $R^2 = 0.993$，可以判断工资的变化中99.3%的部分可以由职位价值分数的变化予以解释。

（5）图表分析法。

图表分析法是在对薪酬调查数据进行统计汇总，并对数据进行整理的基础上，按照一定格式制作统计表，然后根据需要制作成各类图形如柱状图、饼形图、折线图、结构图等，对薪酬结果进行分析的一种方法。图表分析法具有直观、形象、鲜明、清晰和简洁的特点，也是咨询公司常常采用的分析方法。

思 考 题

1. 薪酬水平策略有哪些类型？各具有何优势、劣势、适用范围？
2. 企业选择薪酬水平策略类型主要考虑哪些影响因素？
3. 企业进行薪酬调查需要做哪些准备工作？
4. 企业需要对调查回收的薪酬数据进行哪些处理？为什么？
5. 薪酬数据分析可以采用哪些方法？

案 例 一

某地产集团属下一家物业管理公司，成立初期，该公司非常注意管理的规范化和充分调动员工积极性，制订了一套较科学完善的薪酬管理制度，公司得到了较快的发展，短短的两年多时间，公司业务增长了10%，随着公司的业务的增加和规模的扩大，员工也增加了很多人，人数达到2000多人。

但是公司的薪酬管理制度没有随着公司业务发展和人才市场的变化而适时调整，还是使用以前的，但是事实上，整个公司经营业绩不断下滑，客户的投诉也不断增加，员工的工作失去了往日的热情，出现了部分技术管理骨干离职，其他员工也出现了不稳定的预兆。

其中：公司工程部经理在得知自己的收入与后勤部经理的收入相差很少时，感到不公平，他认为工程部经理这一岗位相对后勤部经理，工作难度大，责任重，应该在薪酬体系上体现出这一差异，所以，工作干起来没有以前那么起劲了，后来辞职而去。因为员工的流失、员工工作缺乏积极性，致使公司的经营一度出现困难。

——资料来源：百度文库，
https://wenku.baidu.com/view/5a70a57602768e9951e73886.html

问题讨论：

1. 该公司的薪酬制度在什么方面出现问题？具体问题是什么？
2. 如果你是该公司人力资源经理，应采取哪些应对措施？

案 例 二

　　H 公司是一家地方国有金矿企业，成立于 80 年代晚期，在上世纪 80～90 年代，公司发展迅速，成为行业里的佼佼者，但进入 21 世纪后，金矿企业越来越多，竞争也越来越激烈，H 公司一直没有大胆地走出去，而又没有较大的资金实力去开拓新的矿源，使得 H 公司这些年一直在走下坡路。

　　受 2013 年市场黄金价格波动的影响，H 公司今年前三个季度亏损 2 千多万。在金价不出现大幅上涨的情况下，今年的全年亏损局面不会改变。

　　H 公司的奖金与企业的利润是进行挂钩的，利润的 20% 成为全员的奖金池。在去年盈利的情况下，奖金非常可观，尤其是高管，其年度薪酬总额超出绝大部分国企高管的薪酬。

　　但是按照公司的考核办法，今年亏损严重的情况下，不光没有奖金发放，甚至要拿出亏损总额的 10% 来补偿公司亏损。奖金发放问题成了企业员工普遍关注的问题。由于该公司固定薪酬相对较少，奖金方面占比较大，不少员工对此感到不满，认为自己的薪酬水平不包含奖金会远低于市场水平。一时之间，公司人心浮动，部分员工已经开始离职，还有部分员工开始向公司抱怨自己的岗位价值要比别人高，但拿到的薪酬确是一样的，认为自己应该加工资，还有的员工开始争取更多的下井补贴、高温补贴等项目。

　　这一系列的由奖金发放引发的薪酬问题摆在 H 公司的面前，成为了 H 公司最棘手的难题。

——资料来源：三茅人力资源网，H 公司薪酬体系优化案例分析
https://www.hrloo.com/rz/13429064.html

问题讨论：

1. H 公司员工薪酬主要由哪些部分组成？其构成状况如何？
2. H 公司员工薪酬制度主要存在哪些问题？
3. 应如何对存在的问题进行调整？

第 8 章　薪酬结构决策

本章要点

◇ 薪酬结构与薪酬内部一致性

◇ 薪酬结构构成要素

◇ 薪酬结构设计

◇ 宽带薪酬结构

▶ **阅读资料**

华为的宽带薪酬案例分析

企业生存与发展本质上依赖利益驱动机制，而华为在效率优先，兼顾公平，可持续发展的价值分配基本原则下，强调全面回报的价值分配理念。

1. 工资分配，实行基于能力的职能工资制

在华为，员工实际工资的确定基于职位责任、实际贡献和实现持续贡献的任职能力。

华为的工资实行的是宽带薪酬制：每一个岗位都有它的职级，每一个职级都有对应的薪酬区间，同一职级的岗位不论属于哪个部门，在公司的贡献与回报大致一致；员工在同一岗位上持续地工作，只要工作绩效持续改进，就可以在这个岗位上逐渐地加工资，直至达到薪酬区间的上限。

2. 职位与薪酬管理的 16 字方针

华为职位与薪酬管理的具体过程，可以用 16 字来概括：以岗定级，以级定薪，人岗匹配、易岗易薪。

对于每一个级别，每一个岗位工资的确定，既要考虑对外的竞争性，也要考虑内部的可支付能力和公平性。

1) 以岗定级，建立职位和职级的关系

以岗定级，是通过职位职级表来确定的：每一个职位会确定一个对应的职级，这个职级就是这个岗位对企业贡献的价值评估，包括了对组织绩效的评估，对岗位价值的评估和对任职者个人的评估。

这里华为做了两件事情：第一，对于每一类岗位确定岗位序列，例如研发岗位序列、市场岗位序列等，其中，研发岗位序列又包含了助理工程师、工程师、高级工程师等渐进的职位；第二，对职位序列进行评估，评估的重点在于职位的应负责任是什么，控制的资源是什么，产出是什么，以及这个岗位面对的客户和环境的复杂性程度是怎样，并参考承担这个岗位的人需要什么样的知识、技能和经验等，这里面最主要是通过职位承担的岗位职责和产出来进行衡量，衡量的结果用一个职级的数字来进行描述。做完了这两步，就建立了一个职位和职级的对应关系。

2）以级定薪，界定工资范围

以级定薪实际上就是一个职级工资表。华为的薪酬使用的是宽带薪酬体系：对于每一级别，从最低到最高都有长长的带宽，每一个部门的管理者，可以对自己的员工，根据绩效在这个带宽里面进行工资调整。在同一级别里面，可以依据员工的绩效表现，在每年的公司例行薪酬审视中，或者当员工做得特别优秀时提出调薪申请。由于不同级别之间的薪酬区间存在重叠，员工即使不升级，只要持续贡献，绩效足够好，工资也可以有提升空间，甚至超过上一级别的工资下限，这样有利于引导员工在一个岗位上做实做深做久，有助于岗位稳定性。所以以级定薪，就是对于每一个级别在公司能拿多少工资进行了一个界定。每一个主管可以根据以岗定级来确定员工的职级，然后对应在级别上，确定员工的工资范围。

每个企业都可以设置自己的职位薪酬管理模式，相对于职位薪点管理或者窄带薪酬管理模式，这种宽带薪酬的方式，对于管理者的管理能力，对于员工的把握，调薪的把握，要求比较高。

3）人岗匹配，人与岗位责任的匹配评估

所谓人岗匹配，指的就是员工与岗位所要求的责任之间的匹配，以确定员工的个人职级及符合度。人岗匹配最核心的是看他的绩效是不是达到岗位的要求、行为是不是符合岗位职责的要求，另外，还包括一些基本条件，比如知识、技能、素质、经验等。

如果出现岗位调动，一般来说，人岗匹配是按照新的岗位要求来做认证的。认证往往都在新岗位工作三个月或半年以后才进行，而不是调动之后立即进行。等到人岗匹配完成后，根据新岗位要求的适应情况确定员工的个人职级及符合度，再决定相应的薪酬调整。

4）易岗易薪，关注职级和绩效

如何在人岗匹配之后确定薪酬的调整，就是易岗易薪要解决的问题了。

易岗易薪是针对岗位变化了的情况，一种是晋升，另外一种是降级。晋升的情况，如果员工的工资已经达到或超过了新职级工资区间的最低值，他的工资可以不变，也可以提升，主要看他的绩效表现；如果尚未达到新职级工资区间的下限，一般至少可以调整到新职级的工资区间的下限，也可以进入到区间里面，具体数额也取决于员工的绩效表现。降级的情况，也是根据员工的绩效情况，在新职级对应的工资区间内确定调整后的工资，如果降级前工资高于降级后的职级工资上限，需要马上降到降级后对应的职级工资上限或者以下。

——资料来源：精品学习网，华为的宽带薪酬案例分析

http：//www.51edu.com/guanli/glsj/416296.html

薪酬结构是指组织中各种工作或岗位之间薪酬水平的比例关系，包括不同层次工作之间报酬差异的相对比值和不同层次工作之间报酬差异的绝对水平。薪酬结构设计必须做到对内公平、对外公平和个人公平，还需满足员工岗位调整、能力晋升、业绩认可等对薪酬调整的要求。本章重点介绍常用的以职位为基础的薪酬结构构成内容及其设计，以及新的宽带薪酬模式特点及应用。

8.1　薪酬结构原理及其设计方法

8.1.1　薪酬结构的内涵、构成与影响因素

1. 内涵

薪酬结构是对同一组织内部的不同职位或者是技能之间的薪酬水平的排列形式，是依据公司的经营战略、经济能力、人力资源配置战略和市场薪酬水平等为公司内价值不同的岗位制订的不同工资水平，并且提供确认员工个人贡献的办法，其必须满足公司经营对薪酬的基本要求，即公平性和可操作性。它所揭示的是一个组织的薪酬水平与外部劳动力市场上的其他雇主所支付的薪酬水平之间的可比性程度。

薪酬结构反映了组织内部员工间的各种薪酬的比例及其构成，是在内部公平性与外部公平性这两种薪酬设计标准间权衡的结果。内部一致性指的是组织内部不同职位（或者技能）之间的相对价值比较问题。这种相对价值的比较可以是横向的，也可以是纵向的，可以是同一个职位族内部的比较，也可以是同一个部门内部的比较。

2. 构成

薪酬结构笼统地说就是为不同的职位等级和技能等级拟定不同薪酬水平的过程，反映了组织内部工作的相对价值。主要包含以下内容：一是根据工作分析和职位评价而确定的薪酬的等级数量；二是同一薪酬等级内部的薪酬变动范围；三是相邻薪酬等级之间的重叠区域。具体如图 8.1 所示。

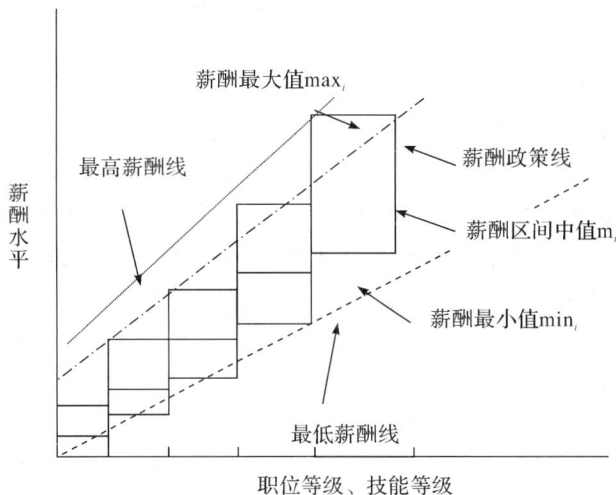

图 8.1　薪酬结构图

3. 影响因素

企业的薪酬结构受企业组织结构、职位体系以及薪酬支付基础或标准的影响，可以划分为不同的类型。

1）组织结构

企业组织结构依据组织等级数量差异分为等级式、平等式和网络式三种。由此，也可

以依据组织结构类型将与之匹配的薪酬结构划分为等级式结构、平等式结构和网络式组织结构三种形式，各自特征如表 8.1 所示。

表 8.1　组织结构与薪酬结构

薪酬结构类型	等级式	平等式	网络式
特征	薪酬等级数量多，重叠幅度大。每个等级薪酬变动范围一般为 35%～50%	薪酬等级数量少，以市场薪酬水平为主要依据确定薪酬水平，参考个人技术与竞争潜力因素。薪酬变动范围为 200%，叠幅小	薪酬水平由市场决定。以个人能力、贡献与业绩作为重要参考

等级式结构薪酬等级数目多，等级薪酬变动范围小，等级间薪酬重叠度大。通常员工需要获得职位晋升才能获得薪酬等级提高。这种薪酬结构强调个人职位晋升与薪酬紧密联系，不利于团队工作形式。

平等式结构薪酬数量减少，较大的薪酬变动范围使薪酬等级间的薪酬重叠幅度较小。较大的薪酬变动范围增加了员工的薪酬变动空间，有利于提高员工薪酬满意度；由于薪酬等级数量少，薪酬变动范围大，员工在企业内较难提升薪酬等级，有利于减少员工内部竞争意识，促进团队合作。

网络式薪酬结构则不强调企业内部纵向职位薪酬等级，而以市场变动为依据设定员工薪酬水平，同时关注跨组织之间的人员和能力组合。

2）职位体系

一般来说，企业规模越大，员工构成越复杂，企业也将放弃单一薪酬结构策略，而采用多个薪酬结构相结合的策略，构成大的薪酬结构体系。企业薪酬结构的选择依据有：

（1）员工的豁免程度。依据劳动法和工会组织对员工的保护程度不同，可以将员工分为豁免员工和非豁免员工。豁免员工市场流动性大，受法律和工会组织保护较弱，包括管理职、行政职、专业职等。非豁免员工受加班工资法律条款和工会组织保护强，主要包括生产作业人员、技术人员、研究助理、临时工等。企业可以为不同豁免程度员工设计不同的薪酬结构。

（2）职类、职种划分。企业职位可以划分为不同的职类和职种。不同的职位和职种受不同劳动力市场影响，对企业价值贡献方式和大小均有不同。企业需要对不同职类和职种设计不同的薪酬结构。如管理类、市场类、技术类某些职种可以采用等级数量少、变动范围大的薪酬结构，而专业类、作业类职种可以采用等级数量多、变动范围较小的薪酬结构。

（3）地理区域之间的差异。如企业不同分公司或部门办公地点分散，则不同区域的劳动力市场、税收政策、生活水平等因素会对薪酬结构的选择产生较大影响。薪酬结构需适应当地的市场和社会环境。

（4）分支机构的协调。由于经营业务的差异，企业不同的分公司、事业部可以依据自身职位特征选择各自的薪酬结构。

3）薪酬支付基础

企业的基本薪酬支付基础大体可分为两类：以职位价值为基础和以技能深度和广度为基础。结合企业类型、发展阶段、员工特征等具体因素影响，不同的薪酬支付标准下企业采用的薪酬结构存在较大差异,详见表8.2。

表 8.2　不同薪酬支付标准下的薪酬结构设计

特　征	以职位价值为基础	以技能深度为基础
薪酬水平的决定因素	考核工作绩效的市场标准	考核技术的市场标准
基本薪酬的决定因素	职位的不同薪酬要素价值	员工的知识或技术
基本薪酬的增加依据	工作目标或工作资历	员工获得的知识或技术
基本薪酬的升级依据	工作绩效标准	员工过去的工作技术或熟练度
对雇员的主要好处	完成相应工作就可以得到工资	工作的多样性与丰富性
对雇主的主要好处	管理简便	工作安排的灵活性

——资料来源:[美]约瑟夫·J.马尔托奇奥;《战略薪酬:人力资源管理方法》。

8.1.2　薪酬结构设计的原则、方法与步骤

1. 薪酬结构设计的原则

(1)内部一致性原则。薪酬结构设计应该与组织层次、职位设计之间形成对等、协调的关系。职位薪酬等级结构的设计要与职位价值相一致,技能薪酬等级结构的设计则要与员工技能价值相一致。

(2)外部竞争性原则。薪酬结构设计不仅要贯彻内部公平性原则,还需兼顾外部竞争性原则。通过薪酬调查,了解市场工资的变化,并及时调整自身薪酬水平,以保持企业劳动力和产品市场竞争力。

(3)动态调整原则。薪酬结构反映了企业特定时期薪酬水平与企业内部职位价值、技能价值的对应关系。这种关系随着企业内部职位等级结构与技能等级结构的调整,以及企业组织结构、职位体系等因素的变化而发生变化。因此,企业薪酬结构需要定期诊断和调整。

(4)与组织目标相符合原则。薪酬结构的设计要有助于员工清楚了解员工的工作与组织目标之间的关系,促使员工的行为与组织目标相一致,从而有助于提高组织目标的实现度。

2. 薪酬结构设计的方法

薪酬结构设计最为重要的就是确定薪酬等级以及薪酬水平。基于薪酬支付的基础可以将薪酬等级结构以下两种方式确立:通过职位评价获得职位等级结构或是通过技能评价建立技能等级结构。薪酬水平的确定则可以凭借自身内部职位价值或技能价值为基础内部自行拟定,也可以依靠市场薪酬调查结果加以确定。故薪酬结构设计方法可以按照两个维度的两个不同方面分为四种类型,详见表8.3。

表 8.3　职位评价方法

		薪酬等级的确定	
		职位评价方法	非职位评价方法
薪酬水平确定	市场薪酬调查	基准职位定价法	直接定价法
	非市场薪酬调查	设定工资调整法	当前工资调整法

（1）基准职位定价法。通过市场薪酬调查获得基准职位市场薪酬水平，通过职位评价获得基准职位价值评价分数，将两者回归拟合可获得薪酬政策线。企业依据薪酬政策线确定薪酬结构。这种方法能很好兼顾内部公平性和外部竞争性，适用于较规范和市场密切相关的企业薪酬结构设计。

（2）直接定价法。企业直接依据外部市场各职位的薪酬水平建立企业内部的薪酬结构。外部市场导向型的薪酬结构设计法能更好强调薪酬外部竞争性，忽略了内部公平性，较适用于市场驱动型企业。

（3）设定工资调整法。企业仍然依据基准职位的薪酬标准与职位评价结果设定薪酬结构。不同于基准职位定价法中通过市场薪酬调查获得基准职位薪酬标准做法，设定工资调整法中基准职位的薪酬标准是企业根据经营状况执行设定。通常做法是：企业先设定最高和最低两端的薪酬水平，以此为标杆，设定其他职位的薪酬水平。这是完全内部导向型薪酬结构，忽略了外币竞争性，较适合与劳动力市场接轨程度较低的组织。

（4）当前工资调整法。在当前的工资标准的基础上对企业现行的薪酬结构进行调整或再设计。

3. 薪酬结构设计的基本步骤

薪酬结构包含薪酬等级数量、每个薪酬等级变动范围以及相邻薪酬等级薪酬重合度等内容。企业需要对这些内容进行一一设定，最终确定薪酬结构。

（1）薪酬政策线的制订。薪酬政策线是指薪酬结构中各薪酬等级薪酬区间中值点所形成的趋势线，主要用于确定企业薪酬的总体趋势。薪酬区间中值是确定薪酬变动范围和薪酬叠幅的关键要素。因此，薪酬结构设计首先需要做的是绘制薪酬政策线。

（2）薪酬等级数量确定。企业通过薪酬结构将企业薪酬分为不同的等级，从而为员工规划出薪酬增长蓝图。具体的薪酬等级数量的确定直接影响到薪酬结构的激励性。

（3）薪酬变动范围的确定。给每个薪酬等级确定薪酬变动比率，依照每个薪酬等级的区间中值确定该等级的薪酬最大值、最小值以及相邻薪酬等级的重叠程度。

（4）薪酬等级结构的调整。根据企业管理的其他特殊要求对薪酬结构进行局部或定期的调整。

8.2 薪酬政策线的制订

薪酬政策线是由每个薪酬等级的中值连成的一条曲线。在特定情况下，薪酬政策线也可以看做公司认可的市场基准水平线。大多数企业常用的薪酬结构设计方法为基准职位定价法。该方法通过将每个职位评价分数或点数与该职位的市场薪酬水平画在一幅坐标图上，通过分析来平衡它们之间的差异，从而绘制出薪酬政策线。薪酬政策线的制订步骤在下文详细介绍。

8.2.1 确定基准职位市场薪酬水平

企业首先选出基准职位，然后分别通过市场薪酬调查获取基准职位的市场薪酬水平，通过职位评价方法获得基准职位的职位评价结果，最后，将每个基准职位的市场薪酬水平与职位评价结果相对应。以市场薪酬水平为纵轴，职位评价点数为横轴，可以画出散点图。

某公司市场薪酬如表 8.4 所示。

表 8.4　某公司市场薪酬调查与职位评价结果对照表

职位名称	职位评价点数	市场薪酬值/元
司机	118	2756
出纳	123	3213
设备采购专员	136	3566
供应主管	176	3657
薪酬专员	187	4289
公共关系专员	216	4543
秘书	234	4765
人事专员	269	5267
初级法律顾问	287	5878
市场专员	344	6352
系统分析员	356	7567
物流管理专员	418	8278
会计主管	422	8856
项目经理	439	9812
总经办主任	533	10 533
人事经理	588	11 895
财务经理	619	12 987
市场经理	685	13 866

8.2.2　绘制薪酬政策线

绘制薪酬政策线可以采用徒手绘制或采用最小二乘法绘制。

1. 徒手绘制薪酬政策线

徒手绘制法适用于规模小的企业,具有简便、对薪酬数据要求不高、符合设定工资调整法需要等特点。运用徒手绘制法画出的薪酬政策线可以分为三个类型:线形徒手线、代数线形徒手线和设定值徒手线。

1) 线形徒手线

凭借视觉直接在市场薪酬和职位评价点数的散点图中绘制一条直线的做法称为线形徒手线。所绘制的直线需要较好地反映和对照薪酬散点图中各个点,直线与各点垂直距离平方和最小。

2) 代数线形徒手线

与线性徒手线相比,代数线性徒手线不再凭借直觉划线,而是选取两个典型的基准职位,以两个职位薪酬水平为因变量,职位评价点数为自变量建立一次线性方程,拟合出一条直线,并以该直线作为薪酬政策线。

具体做法举例说明:

(1)从表 8.4 中,选出典型职位市场专员和财务经理。建立二者的薪酬水平和职位评价的一次线性方程。

$$Y = a + bX$$

其中,Y 代表市场薪酬水平,X 代表职位评价点数。设市场专员市场薪酬水平为 Y_1,财务经理市场薪酬水平为 Y_2,设市场专员职位评价点数为 X_1,财务经理职位评价点数为 X_2,

(2)依照表 8.4 数据,将 $X_1 = 344$,$X_2 = 619$,$Y_1 = 6352$,$Y_2 = 12987$ 带入方程,可计算得出:$a = -1947.613$,$b = 24.127$,连接这两个点所得到的直线即为薪酬政策线。

$$Y = -1947.613 + 24.127X$$

3)设定值徒手线

设定值徒手线是指绘制薪酬政策线,所采用的薪酬水平数据不采用市场调查的数据,而是通过企业高层领导设定最高和最低薪酬值。这比较适用于薪酬水平确定采用自行设定的企业。

2. 最小二乘法绘制薪酬政策线

最小二乘法是最常用的薪酬政策线绘制方法,通过该方法绘制的政策线与各点值的离散度最小,拟合优度较高。同样建立市场薪酬水平 Y 与职位评价点数 X 的线性方程。$Y = a + bX$,借助于最小二乘法计算得出表 8.4 中薪酬水平与职位评价点数的线性关系为:$Y = 411.176 + 19.623X$,如图 8.2 所示,估计结果 F 检验和变量系数 t 检验均通过,表明职位评价点数和薪酬水平之间存在显著的线性关系,职位评价点数每增加 1 分,平均薪酬水平增加 411.176 元;模型的解释度 $R^2 = 0.988185$,说明薪酬水平 98.8% 的变化可由职位评价点数的变化来进行解释。

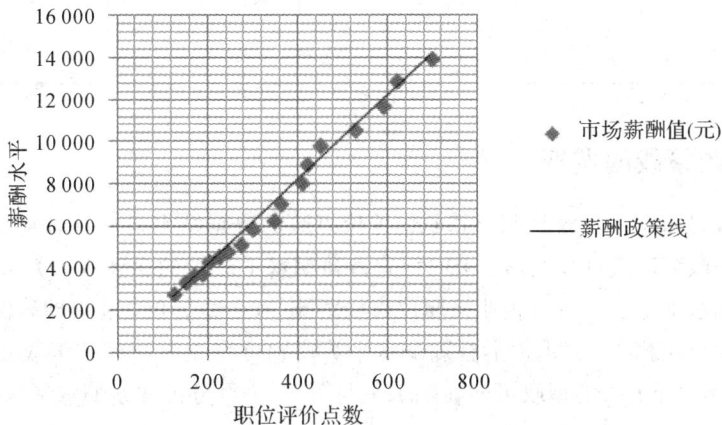

图 8.2　薪酬政策线

将每个基准职位的职位评价点数代入该方程,可以计算得出每个基准职位的回归薪酬水平。如表 8.5 所示,企业回归薪酬水平与市场平均薪酬水平存在一定差异。这主要源于同一职位在不同企业中价值差异较大,因而应给予的薪酬水平也存在差异。企业不能直接采用市场薪酬水平确定自身薪酬,回归薪酬水平很好地兼顾了外部竞争性和内部公平性。

表 8.5　某公司市场薪酬调查、职位评价分数、回归薪酬水平比较

职位名称	职位评价点数	市场薪酬值/元	回归薪酬水平
司机	118	2756	2727
出纳	123	3213	2825
设备采购专员	136	3566	3080
供应主管	176	3657	3865
薪酬专员	187	4289	4081
公共关系专员	216	4543	4650
秘书	234	4765	5003
人事专员	269	5267	5690
初级法律顾问	287	5878	6043
市场专员	344	6352	7161
系统分析员	356	7567	7397
物流管理专员	418	8278	8613
会计主管	422	8856	8692
项目经理	439	9812	9025
总经办主任	533	10 533	10 870
人事经理	588	11 895	11 949
财务经理	619	12 987	12 558
市场经理	685	13 866	13 853

8.2.3　薪酬政策线的调整

薪酬政策线是依据市场薪酬调查和职位评价点数的数据结果科学计算得出的。企业还需要结合薪酬水平政策对其进行调整。采取领先型薪酬水平政策的企业在确定薪酬政策线时要将相应职位薪酬水平定位在所有企业该职位市场薪酬 50 个百分位之上，即确保企业薪酬水平超出一半以上的企业薪酬；采取滞后性薪酬水平策略则可将相应薪酬政策线薪酬水平定位在第 50 个百分位至之下；跟随型政策的薪酬水平与第 50 个百分位的薪酬水平保持一致。

8.3　职位薪酬等级结构设计

职位薪酬等级结构主要指以职位价值为基础构建的职位等级结构作为薪酬结构的基础所构建的薪酬结构。职位薪酬等级结构设计包括序列设计和区间设计两部分内容。序列设计主要是指对每个职位的薪酬等级的中值所形成的序列关系进行设计，具体内容包括薪酬

结构的薪酬等级数量、薪酬结构中最高薪酬和最低薪酬差异比率、职位薪酬等级级差以及职位薪酬等级薪酬中值。区间设计则是确定每个薪酬等级薪酬区间变动范围以及相邻薪酬等级薪酬区间的重叠程度。

8.3.1　职位薪酬等级结构的序列设计

1. 确定薪酬等级数量

员工薪酬分等是体现员工职位价值、能力、绩效等各方面差异性的重要举措，员工薪酬适度分等可以体现薪酬内部公平性。薪酬等级数量的确定非常重要，薪等过多，会将员工间薪酬差距拉得太大，薪等过少，不能很好地体现员工职位价值、能力、绩效等各方面差异性。此外，等级越多，薪酬管理制度和规范要求越明确，但容易导致机械化；等级越少，相应的灵活性也越高，但容易使薪酬管理失去控制。一般来说，企业主要根据工作的劳动复杂程度和责任大小，将员工薪酬进行等级划分，不同的等级可以体现出工作要求的差异。薪酬等级数量的确定受企业规模、性质以及组织结构等因素、工作复杂度、薪酬级差等因素影响。规模越大、性质复杂、纵向型组织结构的企业，薪酬等级数量越多。同一职位族内或不同职位间工作复杂程度高、差别大，则需要设置更多的薪酬等级体现此差别。薪酬级差越大，薪酬等级数量越少。

2. 确定最高薪酬与最低薪酬差异比率

薪酬结构中每个薪等都有一个薪酬变动范围。因此，最高与最低薪等的薪酬差异通常使用最高薪等与最低薪等中值的比率来体现。二者的比率 r_{h-l} 的计算公式为

$$r_{h-l} = \frac{最高薪酬中值}{最低薪酬中值} \qquad (8-1)$$

最高薪酬与最低薪酬的薪酬差异受众多因素的影响。需要重点考察最高与最低等级的职位工作复杂程度及其对企业价值贡献差异程度，还需关注政府规定的最低工资率、市场可比的薪酬率以及企业自身经营状况决定的薪酬支付能力等因素。尤其是企业最低职位薪酬，通常是根据外部劳动力市场、相关劳动立法尤其是最低工资标准及其变动来决定的。

3. 设计职位薪酬等级级差

1）内涵

薪酬等级级差是指薪酬结构中相邻两个薪等薪酬中值的差异程度，可以用绝对额、级差百分比或薪酬等级系数等指标来表示。薪酬等级级差反映了不同等级薪酬等级中的职位在价值贡献、工作复杂程度、所需技能或能力大小等因素的差异程度。薪等越高，薪酬等级级差越大。

2）作用

在最高与最低薪酬等级差异比率特定情形下，薪酬等级级差越大，则薪等数量越少，需要给每个薪等更大的薪酬变动范围；薪酬等级级差越大，企业薪酬结构种类越多，以适应不同职位群体的要求；薪酬级差越大，为员工提供了更明确地不同职位与薪酬对应关系，从而有利于员工做出合理的职业路径选择。最后，薪酬等级级差越大，员工由低薪等提升到高薪等能获取到的薪酬增长空间越大，则对员工激励性更强。

3）设计要点

薪酬等级级差常用级差百分比表示。

$$级差百分比 = \frac{高薪等薪酬中值 - 低薪等薪酬中值}{低薪等薪酬中值} \tag{8-2}$$

在具体薪酬结构设计中，薪酬等级级差具有薪等越高，薪酬等级级差越大的特征。一般来说，级差百分比可设计为按四种方式递增：

（1）等比级差，即各薪酬等级之间以相同的级差百分比逐级递增。公式为

$$D = \sqrt[n-1]{A-1}$$

其中 D 代表等比级差，n 代表薪酬等级数目，A 表示薪酬等级表的倍数。

设定等比级差，薪酬数额以相同的百分比递增，虽然每个薪酬等级级差随绝对额逐级扩大，但等级之间的差异不悬殊；而且等比级差还可以便于进行人工成本预算和企业薪酬计划的制订。

（2）累进级差。随着薪等数提高，薪酬等级级差也逐渐增大，如表 8.6 所示。

表 8.6　累进级差

薪酬等级	1	2	3	4	5	6	7	8
级差百分比%	—	10	11.5	13.5	16	18	21	24

累进级差将造成各薪酬等级之间绝对额悬殊明显，员工收入差距大。这样的设计对员工有极大的激励作用，适用于突出个人能力的工作。

（3）累退级差。随着薪等越高，级差百分比逐渐缩小（见表 8.7）。这种方式设计是为了缩小企业最高与最低薪酬差距，减少薪酬差距拉大带来的薪酬不满。

表 8.7　累退级差

薪酬等级	1	2	3	4	5	6	7	8
级差百分比%	—	10	11.5	13.5	16	18	21	24

（4）不规则级差。在整体薪酬结构中不再采取单一的级差变动规律，而采用分段式确定级差百分比的变化。例如，企业可以在薪酬结构中采取"两头小，中间大"的方式，以加强对企业中层职位的管理与激励，还有的企业采用"两头大，中间小"的方式，既增加了基层员工的生活保障，又能提高高层职位的员工工作积极性。不规则级差设计更为灵活且符合薪酬分布规律，故在企业实践中应用较为广泛。

4. 确定职位薪酬等级薪酬中值

职位薪酬等级中值也称为薪酬等级范围中值或薪酬等级区间中值，通常代表该职位在外部劳动力市场上的平均薪酬水平。企业薪酬水平不能简单沿用外部平均薪酬水平，薪酬中值需要兼顾内外部竞争性和内部公平性，因此，薪酬中值的确定需要通过综合内部职位评价和外部市场调查提供的数据计算得出。具体步骤（仍以表 8.4 示例分析）如下：

1）对职位进行排序

利用要素计点法将职位评价点数由低到高的排序梳理，可以从整体上观察各评价职位的点数状况，判断是否有明显出入的点值（见表 8.8）。重点关注职位排序的结构是否反映了不同职位的功能差异以及点数之间的差异是否能反映职位之间所存在的价值差异程度，将不合理的点数进行相应调整。

表 8.8　职位评价点数排序

职位名称	职位评价点数
司机	118
出纳	123
设备采购专员	136
供应主管	176
薪酬专员	187
公共关系专员	216
秘书	234
人事专员	269
初级法律顾问	287
市场专员	344
系统分析员	356
物流管理专员	418
会计主管	422
项目经理	439
总经办主任	533
人事经理	588
财务经理	619
市场经理	685

2）对职位进行初步分组

利用自然数断点法将评价点数较为接近的职位初步划分为一组，从而大概判断出可以划分的职位等级。以 100 点为界线，表 8.9 中的职位可以划分为六组。

表 8.9　职位评价点数排序

职位等级	职位名称	职位评价点数
1	司机	118
	出纳	123
	设备采购专员	136
	供应主管	176
2	薪酬专员	187
	公共关系专员	216
	秘书	234
	人事专员	269
	初级法律顾问	287

职位等级	职位名称	职位评价点数
3	市场专员	344
	系统分析员	356
4	物流管理专员	418
	会计主管	422
	项目经理	439
5	总经办主任	533
	人事经理	588
6	财务经理	619
	市场经理	685

3）对职位进行最终分组

在对职位初步分组并了解分组数量后，企业可以根据职位评价点数具体确定职位等级的数量以及每个等级点数变动范围，对职位进行最终分组，具体可以按以下步骤操作：

（1）确定职位等级数。企业中还存在较多非典型职位，企业不能全部对其进行职位评价。因此，在划分职位等级数时，还需要考虑其他未被评价的非典型职位的情况。职位等级分组数量可以参考第2）步骤进行，以企业中职位数量以及职位之间的价值差异大小作为主要依据，综合考虑企业的薪酬哲学以及管理理念最终确定。表8.9中，在分析了现有6个等级职位点数之后发现，第1等和第2等职位点值差距过大，综合考虑，可以将所有职位划分为8个等级。

（2）确定每个职位等级点数范围。具体的确定方法有四种：

① 恒定级差法：确定不同等级最大值恒定级差，用最高等级最大值点数减去级差，得出次低级最大值点数，并依次求出其他等级点数。

② 变动级差法：给出不同等级最大值的变动级差。

③ 恒定级差比率法：给定不同等级最大值恒定级差比率。

④ 变动级差比率法：确定等级之间最大值的变动级差，根据级差与最高等级最大值求出次低一级最大值。等级越高，级差比率越大。

以恒定级差为例，表8.9中，首先计算恒定级差，由

$$恒定级差 = \frac{职位评价点数最大值 - 职位评价点数最小值}{职位等级数量} \quad (8-3)$$

计算得出

$$恒定级差 = \frac{685 - 118}{8} = 70.875 \approx 71$$

表8.10中，第8薪等的最大点数值为职位评价点数最大值685，用评价点数中最大值685减去恒定级差71，得出第8等的职位评价范围下限值为614，由614减去1，得出7薪等最大点数值613，以此类推，计算出所有薪等最大点数范围，最终结果如表8.10所示。

表 8.10　职位等级评价点数范围

职位等级	职位点数范围		职位及点数	
	最小值	最大值	职位名称	职位点数
1	110	181	司机 出纳 设备采购专员 供应主管	118 123 136 176
2	182	253	薪酬专员 公共关系专员 秘书	187 216 234
3	254	325	人事专员	269
4	326	397	初级法律顾问 市场专员 系统分析员 物流管理专员	287 344 356 418
5	398	469	会计主管 项目经理	422 439
6	470	541	总经办主任	533
7	542	613	人事经理 财务经理	588 619
8	614	685	市场经理	685

4）计算职位等级薪酬中值

（1）画出薪酬政策线。

将每个职位等级职位点数和市场薪酬水平数据相结合，采用最小二乘法，计算出每个薪等的薪酬中值。

以市场薪酬水平为因变量 Y，职位评价点数为自变量 X，建立线性方程为

$$Y = a + bX$$

以表 8.4 中数据，模拟出线性方程为

$$Y = 411.176 + 19.623X。$$

（2）将每个职位等级职位评价点数中值带入薪酬政策线方程，计算得出每个职位等级薪酬中值。

在职位数量大于两个的职位等级中，用位于该等级中所有职位的最大点数与最小点数的平均值计算得出该职位等级职位点数的中值。将该职位点数中值带入薪酬政策线方程，计算出的薪酬水平为该职位等级薪酬中值。具体结果如表 8.11 所示。

表 8.11　薪酬中值计算表

职位等级	职位及点数		职位点数中值	薪酬水平	薪酬中值
	职位名称	职位点数			
1	司机	118	147	2756	3296
	出纳	123		3213	
	设备采购专员	136		3566	
	供应主管	176		3657	
2	薪酬专员	187	211	4289	4552
	公共关系专员	216		4543	
	秘书	234		4765	
3	人事专员	269	278	5267	5866
4	初级法律顾问	287	350	5878	7279
	市场专员	344		6352	
	系统分析员	356		7567	
	物流管理专员	418		8278	
5	会计主管	422	429	8856	8829
	项目经理	439		9812	
6	总经办主任	533	533	10 533	10 870
7	人事经理	588	604	11 895	12 263
	财务经理	619		12 987	
8	市场经理	685	685	13 866	13 853

5）对薪酬区间中值进行检验，确定最终的薪酬区间中值

合理的薪酬结构应该既体现所评价职位之间的关系，又能推导出职位所对应的薪酬区间中值与外部市场薪酬之间的关系。用计算出的薪酬区间中值与外部市场薪酬数据进行比较分析，从中发现可能存在问题的特定职位等级的薪酬定位。一般依据薪酬区间中值与市场薪酬水平间的比较比率来进行判断。比较比率减去 100% 之后结果应控制在 10% 以内，表明该薪酬结构对内部一致性和外部竞争性兼顾良好。当结果超出 10% 时，企业应进行相应的调整。对那些薪酬区间中值明显偏高或偏低于市场薪酬水平的企业，要相应地调低或调高相对应职位的评价点数，以获得良好的薪酬内外部协调性。

$$比较比率 = \frac{薪酬区间中值}{市场薪酬水平} \qquad (8-4)$$

8.3.2　职位薪酬结构等级的区间设计

薪酬结构设计过程中，确定了薪酬区间中值这一关键要素之后，就该确定每个薪酬等级的薪酬变动范围。薪酬变动范围又可称为薪酬区间，确定薪酬区间的具体操作就是确定每个薪酬区间的最大值和最小值，同时需要考虑相邻薪酬等级之间薪酬重叠程度。

1. 薪酬变动范围与薪酬变动比率

1）相关概念

薪酬变动范围又称为薪酬区间，是指薪酬标准中同一薪酬等级上下限（最高薪酬与最低薪酬）之间的跨度，是衡量薪酬体系是否具有足够弹性和延展性的重要标志之一。

设薪酬区间绝对值为 z，该区间最高薪酬为 max，最低薪酬为 min，则

$$z = \max - \min \tag{8-5}$$

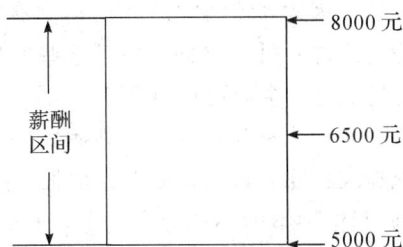

图 8.3　薪酬区间示例

如图 8.3 的示例中，薪酬变动范围为 3000 元。

薪酬区间除了可以用绝对值表示，也可用相对值进行衡量。相对值可称为薪酬变动比率。

薪酬变动比率指同一薪酬等级内部的最高值与最低值之差与最低值之间的比率。薪酬变动比率的大小取决于特定职位所需的技能与能力等因素。薪酬等级较低时，变动比率也比较小。随着薪酬等级的增加，变动比率也会趋于增大。

$$r = \frac{\max - \min}{\min} \times 100\% \tag{8-6}$$

也可以采用薪酬中值计算薪酬变动比率，还可以将薪酬等级依据薪酬中值分为上、下两部分，分别计算其薪酬变动比率 $r_\text{上}$、$r_\text{下}$。设薪酬区间中值为 m，具体计算公式如下：

$$r = \frac{\max - \min}{m} \times 100\%$$

$$r_\text{上} = \frac{\max - m}{m} \times 100\% \tag{8-7}$$

$$r_\text{下} = \frac{m - \min}{m} \times 100\%$$

如图 8.3 示例中，r 为 46%，$r_\text{上}$、$r_\text{下}$ 分别为 23%。

2）薪酬变动比率及薪酬区间计算

通常情况下，薪酬区间绝对值的确定需要根据市场薪酬的调查和组织职位评价的结果，确定某一组织的薪酬中值。确定中值后，根据同一薪酬等级的薪酬变动比率来确定薪酬等级内部的最高值与最低值。因此，薪酬区间的最终确定首先需要企业先确定每个薪酬区间的变动比率。

（1）薪酬变动比率拟定。

薪酬变动比率的大小取决于特定职位所需的技能水平等综合因素，所需的技能水平较低的职位所在的薪酬等级变动比率要小一些，而所需的技能水平高的职位所在的薪酬等级的变动比率要大一些。其原因在于，较低的职位所承担的责任以及对企业的贡献是有限的，它所要求的技能员工也很快就能学会，所以如果在这些薪酬等级上确定比较大的薪酬变动比率一方面不利于企业控制成本，另一方面也不符合这些职位对企业的实际贡献以及外部劳动力市场上的平均薪酬水平状况。然而，由于从事这些职位工作的员工通常在组织中还会有较大的晋升空间，因此，如果员工希望获得超过这些薪酬等级上限的薪酬水平，他们可以通过谋求获得晋升或者是技能的提高来进入更高一层的薪酬等级。相反，对于已经达到较高职位等级的员工来说，一方面这些职位所承担的责任以及对企业的贡献比较大，所要求的技能也难以掌握，需要花费的时间较长，并且在这些职位上工作的员工的努力程度对于企业的经营结果影响会很大，因此，较大的薪酬变动率有利于对绩效不同的员工支付不同的薪酬，从而鼓励他们努力工作；另一方面，担任这些职位的员工的晋升空间已经比较小了，在晋升可能性不大的情况下，企业可以利用薪酬的不断增长来对这些员工实施激励和留住资深的优秀员工。薪酬变动比率显示的是企业薪酬弹性，比率越大，则弹性越大，弹性越大，员工薪酬变动范围越大，员工薪酬有更大的增长空间，对员工激励性更大。

如表 8.12 所示，可以根据职位类型的不同分别确定它们的薪酬变动比率。

表 8.12　不同职位类型及其薪酬变动比率

职位类型	薪酬变动比率
生产、维修、服务等职位	15% ～ 30%
技术工人、办公室文员、专家助理	25% ～ 40%
中层管理人员、专家	40% ～60%
高层管理人员、高级专家	50% 以上

（2）薪酬区间计算。

在通过职位评价结果和薪酬调查数据结果画出企业薪酬政策线并经过调整后，企业获得每个薪酬等级的薪酬中值，然后通过职位技能需求等各项因素分析拟定每个职位薪酬变动比率之后，企业可以依据薪酬中值 m 和变动比率的计算公式，推算出薪酬区间用薪酬中值和变动比率表示的最大值和最小值，以及薪酬变动范围 z 的计算公式如下：

$$m = \frac{\max + \min}{2} \tag{8-8}$$

$$r = \frac{\max - \min}{\min} \tag{8-9}$$

$$\min = \frac{2m}{2+r} \tag{8-10}$$

$$\max = \frac{2m + 2mr}{2+r} \tag{8-11}$$

$$z = \frac{2mr}{2+r} \tag{8-12}$$

2. 薪酬区间内部结构的设计

1) 薪酬区间内部结构类型

按照薪酬区间内部结构特征不同,可以将薪酬区间分为开放式薪酬区间和阶梯式薪酬区间两种。

(1) 开放式薪酬区间。开放式薪酬区间是指企业仅设定了薪酬区间薪酬最大值、最小值和中值,员工的薪酬水平可以处在区间范围内任何位置的一种薪酬区间类型。开放式薪酬区间设置可以用于对员工过去绩效成就的奖励,也可用于对员工未来更大绩效的激励。此外,新的宽带式薪酬结构也可采用该方式。

(2) 阶梯式薪酬区间。这是最常用的薪酬区间设计方式。根据一定的数值或比率将薪酬区间分为若干薪级的薪酬区间类型,称为阶梯式薪酬区间。相邻薪级的薪酬水平差异称为级差,同一薪酬等级内部,级差可以相同,也可以不同。一般遵循这样的变动规律:同一薪酬区间内部,中值以下的薪酬级差小,中值以下薪酬级差大;同一薪酬结构不同薪酬等级中,薪酬等级越高,级差越大,如图 8.4 所示。

Step7 8000 元(max)
Step6 7500 元
Step5 7000 元
Step4 6500 元(m)
Step3 6000 元
Step2 5500 元
Step1 5000 元(min)

图 8.4 阶梯式薪酬区间

2) 薪级的升级标准设计

在职位薪酬结构中,员工依据所从事职位价值确定其在薪酬结构中所处的薪酬等级,员工的薪酬水平将首先在同一薪酬等级内部由低薪级向高薪级提升,薪级提升的速度和幅度主要取决于员工业绩的提升,员工的技能提升和资历提高也可能作为薪酬升级的参考因素。当员工薪酬由低向高逐渐到达该薪酬等级最高水平时,员工将暂时失去薪酬晋升空间。这时,员工只有获得职位晋升,实现薪酬等级跨越之后,才会重新获得薪酬提升空间。

3. 薪酬区间的比较比率与渗透度

薪酬区间确定之后,员工在某薪酬结构中能获得的薪酬水平已经确定。员工对于组织外部和薪酬等级内部员工的薪酬地位可以用薪酬区间比较比率和薪酬区间渗透度进行衡量。通过对薪酬比较比率和薪酬区间渗透度的考察,我们可以分析出某一特定员工的长期薪酬变化趋势。

1) 薪酬区间比较比率

当企业薪酬中值确定之后,企业相对于外部劳动力市场上平均薪酬水平的自身薪酬水平已经确定。企业薪酬水平与外部市场薪酬水平相比,所处的地位如何可以用薪酬比较比率进行衡量。薪酬比较比率概念既可以用于衡量组织的薪酬地位,也同样适用于员工。

组织薪酬区间的比较比率,指某一薪酬等级的中值与市场平均薪酬的比值。它反映了员工群体或组织的薪酬在劳动力市场上的状况。一般情况下，企业会力图将企业的比较比率控制在100%左右。

员工薪酬区间的比较比率，指某位员工实际获得的薪酬与相应的薪酬等级的中值的比值，它反映了该员工在相应的薪酬区间的地位，当比较比率等于100%时，说明该员工的薪酬为相应的薪酬等级的中值。员工个人薪酬比较比率往往取决于员工的资历、先前的工作经验和实际的工作绩效。通常任职时间比较长、绩效比较好的员工的薪酬比较比率(通常会超过100%)会比新进员工的薪酬比较比率(通常会低于100%)要高。

比较比率大于1的薪酬比较比率，是一种很好的薪酬成本管理工具。在进行员工薪酬构成设计时，企业可以将大多数员工的基本薪酬都定在薪酬的区间中值上，薪酬区间中值以上的薪酬则作为一次性奖励发放给高绩效的员工。在这种薪酬安排下，公司只需要对薪酬比较比率低于100%的员工给予基本薪酬加薪奖励，对位于薪酬中值以上的员工则给予一次性奖金奖励。这样的设计既可以使本企业的基本薪酬水平和市场水平保持一致，也可以在保持对高绩效员工薪酬激励性情况下维持薪酬结构的稳定性。

设薪酬比较比率为 r'，组织薪酬比较比率为 $r'_{组}$，员工薪酬比较比率为 $r'_{员}$，则：

$$r'_{组} = \frac{薪酬区间中值}{市场薪酬水平} \times 100\%$$

$$'_{员} = \frac{员工实际薪酬水平}{薪酬区间中值} \times 100\%$$

$(8-13)$

如图8.5所示，假设某企业该薪酬等级所对应的外部市场平均薪酬水平为7000元，该薪酬等级中有员工A和B两人，分别位于薪酬区间下部分和上部分，则通过计算可以得出：

企业该薪酬等级薪酬比较比率为 $\frac{6500}{7000} = 92.9\%$；

员工A的薪酬比较比率为 $\frac{5500}{6500} = 84.65\%$；

员工B的薪酬比较比率为 $\frac{7800}{6500} = 120\%$。

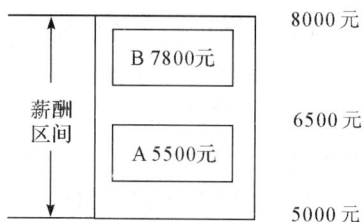

图8.5 员工薪酬比较比率计算示例

分析计算结果可以得出以下信息，92.9%的组织薪酬比较比率说明企业该薪酬等级采取了市场滞后型薪酬水平策略，企业员工的薪酬水平低于市场平均水平；员工A的薪酬比较比率为84.65%，该员工在该薪酬等级中薪酬水平地位相对较低，位于中值之下，拥有很大的薪酬晋升空间，员工可以不断提高绩效获得加薪机会；员工B的薪酬水平为120%，已经大于1，说明员工薪酬地位较高，且员工薪酬实际水平7800元已经接近于该薪酬等级最大值，说明该员工在薪酬等级内部已经没有多少薪酬晋升空间，员工只有通过提升技能，获取职位晋升机会才能突破该薪酬等级，获取新的薪酬晋升空间。

2）薪酬区间渗透度

另一个衡量员工薪酬地位的概念是薪酬区间渗透度。薪酬区间渗透度反映的是员工的实际薪酬与薪酬区间的关系。薪酬区间渗透度是考察员工薪酬水平的一个很有用的工具，因为它反映了一位特定的员工在其所在薪酬区间中的相对地位。如果将某一薪酬等级的整个薪酬区间比作一个大水池，那么薪酬区间渗透度所反映的就是特定员工薪酬水平的一种相对水位。薪酬区间渗透度可以用公式来计算：

$$薪酬区间渗透度 = \frac{员工实际薪酬 - 薪酬区间最小值}{薪酬区间最大值 - 薪酬区间最小值} \times 100\% \qquad (8-14)$$

设薪酬区间渗透度为 I，员工的实际薪酬为 c，薪酬变动范围为 z，该区间最高薪酬为 max，最低薪酬为 min，薪酬变动比率为 r。薪酬区间渗透度的计算式可以用薪酬中值和薪酬变动比率表示为

$$I = \frac{c - \min}{z} \qquad (8-15)$$

将 $z = \max - \min$ 代入式(8-11)，得

$$I = \frac{c}{z} - \frac{\min}{\max - \min}$$

将 $r = \dfrac{\max - \min}{\min}$ 代入得

$$I = \frac{c}{z} - \frac{1}{r}$$

因为 $z = \dfrac{2mr}{2+r}$，所以

$$I = \frac{c(2+r)}{2mr} - \frac{1}{r}$$

对该式进行推导，可得

$$I = \frac{c}{2m} - \frac{1 - \dfrac{c}{m}}{r} \qquad (8-16)$$

由式(8-16)可得，薪酬区间渗透度与薪酬区间中值和薪酬变动比率相关，随着薪酬中值的增加而减小，随着薪酬变动比率的增加而增加。薪酬变动比率与薪酬区间中值成反比，中值越大，比较比率越小，与薪酬区间变动比率成正相关。

4. 薪酬区间的重叠度设计

1）薪酬区间重叠度概念及其原因

在同一薪酬结构中，相邻薪酬等级的薪酬区间可以设计成为有交叉重叠和无交叉重叠两种。无交叉重叠的设计又可以分为衔接式和非衔接式两类，前者高薪酬等级的薪酬区间下限与低薪酬等级薪酬区间的上限持平，后者高薪酬等级的薪酬区间下限要高于低薪酬等级薪酬区间的上限。

$$薪酬区间重叠度 = \frac{低薪酬等级薪酬区间最大值 - 高薪酬等级薪酬区间最小值}{低薪酬等级薪酬区间最大值 - 低薪酬等级薪酬区间最小值} \times 100\%$$

$$(8-17)$$

大多数情况下，企业倾向于将薪酬结构设计成有交叉重叠的，尤其是对于中层以下的

职位。相邻薪酬等级薪酬区间的重叠程度，称为叠幅。相邻薪酬等级的区间存在适当交叉和重叠的做法具有以下几方面作用：

（1）重叠程度适当缩小了晋升者与未晋升者薪酬差距，进而避免了由此带来的薪酬不满。由于晋升机会过少，可能造成员工间由于绩效或能力较小差距，有的员工因晋升实现薪酬等级由低向高跨越，有的却不能实现晋升。如果相邻薪等薪酬区间不重叠，则由此带来薪酬差距过大，将引起未晋升者极大的不满。因为，重叠式的薪酬区间设计使低薪等的员工因为技能更强、绩效更好而有可能拿到比处于高薪等员工更高的薪酬。

（2）为被晋升者提供了更大的薪酬增长空间，具有较强的激励性。相邻薪酬等级间只是部分的薪酬区间重叠，高薪酬等级中，还有较大部分额外薪酬增加空间，能很好地激励员工努力实现晋升与绩效提高。

（3）薪酬区间交叉与重叠也可以实现企业薪酬成本的降低。在薪酬等级既定的前提下，薪酬区间的重叠，可以降低最高薪酬等级的最大薪酬水平，从而达到缩减薪酬成本的目的。

2）薪酬区间重叠度的设计

薪酬等级之间的薪酬区间交叉与重叠程度（简称薪酬区间的叠幅）取决于两个要素，一是薪酬等级内部的区间变动比率，二是薪酬等级的区间中值之间的级差。薪酬区间重叠度与薪酬区间变动比率和中值级差之间的关系如表 8.13 所示。

表 8.13　薪酬区间重叠度与薪酬区间变动比率和中值级差之间的关系

薪酬等级区间中值级差	变动比率	重叠区域
大	小	小
小	大	大

薪酬等级的区间中值级差越大，同一薪酬区间的变动比率越小，则薪酬区间的重叠区域就越小。相反，薪酬等级的区间中值级差越小，同一薪酬区间的变动比率越大，则薪酬区间的重叠区域就越大。

8.4　宽带薪酬

8.4.1　宽带薪酬内涵

宽带薪酬始于 20 世纪 90 年代，是作为一种与企业组织扁平化、流程再造等新的管理战略与理念相配套的新型薪酬结构而出现的。宽带（broadbanding）薪酬是对传统薪酬结构的改进或替代。美国全面报酬学会将宽带薪酬结构定义为对多个薪酬等级以及薪酬变动范围进行重新组合，从而变成只有少数的薪酬等级以及相应较宽的薪酬变动范围的一种薪酬结构。企业将原来相对比较多的薪酬级别，合并压缩为几个级别，同时拉大每一个薪酬级别内部薪酬浮动的范围，由此，薪酬等级数目少了，等级内部的差异拉大了。比如，IBM 公司在 20 世纪 90 年代以前的薪酬等级一共有 24 个，后来被合并为 10 个范围更大的等级。传统薪酬结构每个薪级的区间变动比率一般都是在 20%～50% 之间，如图 8.6 所示，而宽带薪酬每个薪级的区间变动比率一般都是 100%，甚至可能达到 200%～300%（见图 8.7）。

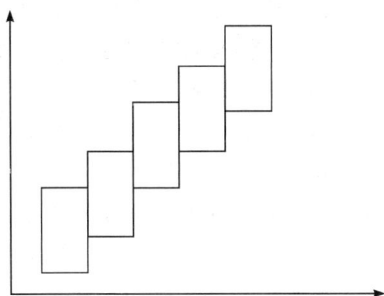

图 8.6　传统薪酬结构　　　　　　　　　图 8.7　宽带薪酬结构

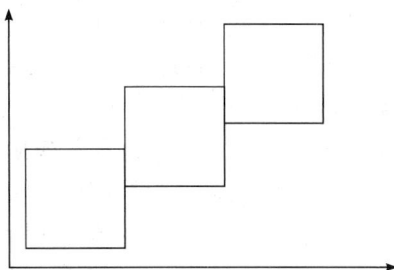

在宽带薪酬体系中，在自己职业生涯的大部分或者所有时间里可能都只是处于同一个薪酬宽带之中。员工薪酬增长路径并非是垂直往上走的，而是横向流动的。随着能力的提高，他们将承担新的责任，只要在原有的岗位上不断改善自己的绩效，就能获得更高的薪酬。在宽带薪酬结构中，员工即使被安排到低层次的岗位上工作，也一样有机会获得较高的报酬。

8.4.2　宽带薪酬作用

与传统薪酬结构相比，宽带薪酬结构能发挥其特有的作用。

1. 支持扁平型组织结构

与垂直型组织结构相对应的传统薪酬结构等级数量多，员工要不断追求职位晋升以达到薪酬增加的目的，所以传统薪酬结构的管理成本高，员工目标短期化。扁平型组织缩减组织层级，克服了官僚层级型组织结构臃肿、反应慢等缺陷，这也要求薪酬结构要做出相应的调整。宽带薪酬结构契合了扁平型组织结构的灵敏、迅捷、参与性特征，有利于企业提高效率以及创造参与型和学习型的企业文化，同时对于企业保持自身组织结构的灵活性以及迎接外部竞争都有着积极的意义。

2. 鼓励员工技能开发

传统的薪酬结构引导员工孜孜不倦地追求职位的晋升，而忽略了长期职位生涯发展所需的技能提高。宽带薪酬结构中一个薪酬等级区间变动范围相当于好几个传统薪酬结构等级的薪酬变动范围。员工可能终其职业生涯大部分时间都待在一个薪酬宽带之中。因此，宽带薪酬结构下，员工的精力不再集中于职位的晋升，而是发展并提升企业所需要的技术和能力，从而提高自身绩效和对公司的贡献，获取宽带内薪酬水平的不断提升。

3. 强调职位轮换

扁平式组织结构缩减了企业组织层级，与之相对应的是宽带薪酬结构对薪酬结构等级数量的压缩，从而使传统薪酬结构中位于不同薪酬等级的职位被纳入到同一薪酬宽带中。同一职种的不同职层的职位纳入同一职位的情况也十分常见。所以，传统薪酬结构中所出现的员工强调职位的纵向晋升而反对职位轮换的现象在宽带薪酬结构中将大量减少。宽带薪酬结构鼓励员工通过职位轮换获得丰富和提升工作技能的机会，从而获得薪酬增加。

4. 密切配合劳动力市场上的供求变化

传统薪酬结构以职位等级结构为框架，员工更加注重内部公平性，关注所在职位对企业的价值贡献。宽带薪酬结构以市场为导向，员工则更加注重个人职业生涯发展能力，关注其在外部劳动力市场上的价值。传统薪酬结构中薪酬水平由企业结合市场平均薪酬水平和职位价值数据决定,宽带薪酬结构薪酬水平是以市场薪酬调查的数据以及企业的薪酬定位为基础确定的。薪酬水平需要定期审查与调整,确保企业能及时依据劳动力市场供求的变化,对企业员工薪酬水平做出调整。宽带薪酬中大的薪酬变动范围确保企业能及时配合劳动力市场变动情况,不会影响整个企业的薪酬级别和结构。

5. 有利于管理人员以及人力资源专业人员的角色转变

员工的薪酬变动大多在宽带内部,而不会在宽带间跨越,使宽带薪酬结构具有较高的稳定性,人力资源专业管理者的薪酬管理成本较低。宽带内薪酬水平提升主要伴随员工工作技能的增强和工作业绩的提高,部门经理对此更加熟悉和关注,所以,员工的薪酬水平变动中可以强调部门经理参与,为人力资源专业人员分担部分事务性的薪酬管理工作,使人力资源专业人员可以更多地关注对企业更有价值的其他一些高级管理活动以及充分扮演好直线部门的战略伙伴和咨询顾问的角色。

6. 有利于推动良好的工作绩效

宽带型薪酬结构通过将薪酬与员工的能力和绩效表现紧密结合来更为灵活地对员工进行激励。宽带薪酬结构鼓励员工开发技能、职位轮换等方式提升能力,进而提升员工绩效。宽带薪酬结构下部门经理增添的员工薪酬决策的参与使员工薪酬激励更加有效和及时。宽带薪酬结构强调员工间的合作与共享,培育积极的团队绩效文化,有助于提升企业整体业绩。

综上,传统薪酬结构和宽带薪酬结构的比较如表 8.14 所示。

表 8.14　传统薪酬结构和宽带薪酬结构的比较

名称 项目	传统薪酬结构	宽带薪酬结构
典型的特征	薪酬等级多、垂直分布	薪酬等级少、薪酬浮动范围大
对应的组织结构	金字塔形、官僚式、腐化	扁平化、灵活
相应的企业文化	命令式、控制、强调个人贡献	学习、参与、协作
考核标准	职位高低	技能、职责
薪酬决策	人力资源部门制订的薪酬决策	部门经理很大的决策权
加薪条件	职位晋升	高绩效、新技能的掌握
员工职位	较长时间停留在一个岗位	有利于横向职位轮换
员工表现	不遗余力寻求晋升	重视个人技能、能力的培养

8.4.3　宽带薪酬设计

1. 确定薪酬宽带的数量

与传统薪酬结构中薪酬等级数量相对应的是宽带薪酬结构中薪酬宽带的数量。企业应设计多少宽带的数量并没有统一标准。大多数企业的宽带数量为 4~8 个,有的多至 10~15 个,有的少到 2 个,分别用于管理人员和技术人员。虽然没有统一的标准,但却有较为确定的判断依据,即为组织中能够带来附加价值的不同员工的贡献差异度。如果员工贡献差异较大,则需多设置几个宽带来呈现。薪酬宽带之间的分界线一般在工作或技能、能力要求存在较大差异的地方。

2. 确定薪酬宽带定价

薪酬宽带定价是在宽带数量以及将各职位在宽带中归属确定之后，对宽带给定薪酬水平的过程。由于宽带数量较少，可能会存在名称相同，但所要求的技能或能力层次存在较大差异的各类工作同时存在的现象，如财务、采购、软件开发、市场营销等各类。同一宽带内部也会包括不同职类、职种的工作，它们之间由于对技能或能力要求不同进而薪酬水平也会存在差异。所以，宽带薪酬定价工作不仅需要为同一宽带内不同职类、职种设置薪酬变动范围，还需为不同宽带中相同职类、职种设置薪酬变动区间。

企业可以参照市场薪酬水平，在结合企业具体情况之下，为同一宽带中不同职能或职位的薪酬分别制订其薪酬变动比率，确定薪酬变动最大值和最小值。根据薪酬调查的数据及职位评价结果来确定每一个宽带的浮动范围以及级差，同时在每一个工资带中每个职能部门，根据市场薪酬情况和职位评价结果不同确定不同的薪酬等级和水平，如图 8.8 所示。

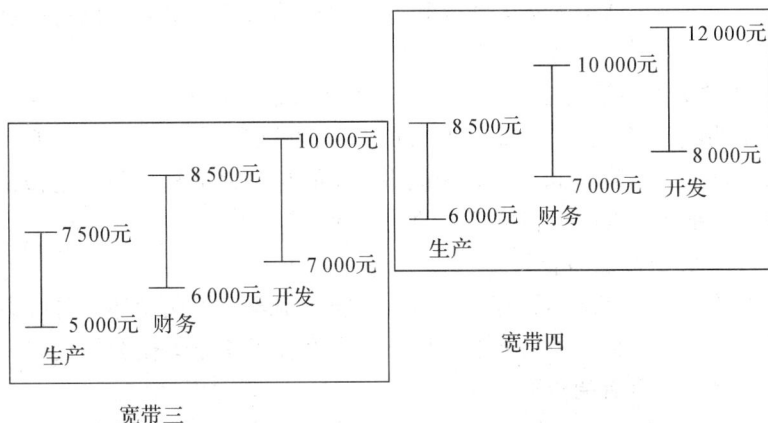

图 8.8　不同宽带薪酬定价

3. 确定员工薪酬位置

传统的薪酬结构以员工所在岗位价值判定员工在薪酬结构中所处位置。宽带薪酬结构不以职位，而以人或能力为薪酬结构构建框架，所以判定员工薪酬位置的方法有所不同。通常企业可以采用三种方法来进行判定。第一种是绩效法，根据员工个人的绩效来判定薪酬位置，适用于强调绩效的组织；第二种是技能法，这种方法依据员工新技能获取情况来进行决策，适合于强调新技能获取的组织；第三种是能力法，这种方法将薪酬水平以市场薪酬水平为界分为两部分，对低于市场薪酬水平的部分，采用根据员工工作知识和绩效定位的方式，对于高于市场薪酬水平的部分则依据员工关键能力开发情况来确定其具体薪酬位置。

4. 确定员工薪酬调整标准

实施宽带薪酬结构的企业内部员工大多数时候薪酬变动仅限于在宽带内部，但也存在少数在宽带之间流动的情况。在宽带内部的员工薪酬调整方法与传统薪酬结构中在相同薪酬区间的薪酬变动原理相同，可以依据员工的绩效或能力提升给予员工薪酬升级。薪酬宽带之间的变动关键在于确定其薪酬变动标准。由于宽带薪酬结构最为强调员工个人能力增强和业绩提升，因此，企业员工要实现薪酬在宽带之间的跨越，需要员工个人能力大幅度提升，突破某种分水岭的限制。企业为了鼓励员工实现宽带间跨越，应做好任职资格及薪酬评级工作，鼓励不同职能部门的员工跨部门流动以增强组织的适应性，提高多角度思考问题的能力。企业应设计完善的评价体系,包括技能评价体系、能力评价体系、绩效评价体系,以科学的评价结果作为员工薪酬调整依据。

8.4.4 宽带薪酬实施要点

1. 宽带薪酬的引入

在具体采用实施宽带薪酬之前,企业需要详细分析自身情况,科学判断企业是否适合采用宽带薪酬结构。企业要检查公司自己的文化、价值观、战略,看是否与宽带薪酬设计理念相一致。一般来说,技术型、创新型、服务型的企业比较适合实施宽带薪酬,而组织层级较多,传统劳动密集型企业则不适合采用。IBM公司由计算机服务器提供商转为信息服务提供商之后,将原有的24级的传统薪酬结构转型为10级左右的宽带式薪酬结构,效果十分显著。

企业在引入宽带薪酬结构时,应处理好一系列的问题,其中包括宽带薪酬与企业发展战略之间的关系,与组织结构、公司发展和员工发展的有机协调,与公司制度和治理结构的关系,等等。

2. 注重加强非人力资源经理人员的人力资源管理能力培养

宽带薪酬结构赋予了非人力资源专业人员更大的薪酬决策权和管理空间。这要求直线经理人员具备较高的人力资源和薪酬管理能力,才能与人力资源部门一起做出对员工的行为、态度以及工作业绩可能产生直接影响的关键性决策。

3. 加强沟通,鼓励员工的参与

宽带薪酬结构与传统薪酬结构存在显著的差异。企业要想成功地由传统薪酬结构过渡到宽带薪酬结构,需要与管理层和员工进行及时和全面的沟通,让全体员工理解实施宽带薪酬结构对企业和员工具有的重要意义。

在实施宽带薪酬结构中,要加强与各方面的沟通工作。一是与部门经理和主管员工沟通引入宽带薪酬结构的背景、目的、作用和各方面需考虑的要素及其作用和产生的影响;二是与其他一般员工沟通宽带薪酬结构内容,消除其对宽带薪酬结构的抵触心理;三是对人力资源专业人士和部门经理进行相关培训,提高其在宽带薪酬结构实施中的执行力。

4. 构建配套的技能和能力培训开发体系

宽带式薪酬结构是以人或能力为框架构建的薪酬结构,确定员工在薪酬宽带中薪酬位置的主要依据就是员工的技能、能力和绩效。决定员工薪酬在薪酬宽带内部和宽带之间流动的依据仍是员工的技能、能力和绩效。所以,宽带式薪酬结构鼓励员工不断开发和提升技能。企业应围绕自身发展需要,制订配套的技能和能力培训开发体系,为员工技能、能力提升和薪酬变动提供相应路径。

思 考 题

1. 薪酬结构主要由哪些要素构成?
2. 什么是薪酬变动比率?薪酬变动比率怎么确定?
3. 员工薪酬地位怎么衡量?员工所处薪酬地位对企业薪酬决策有何影响?
4. 薪酬区间中值如何计算?
5. 什么是叠幅?薪酬结构设计中为什么要设计叠幅存在?叠幅主要受哪些因素影响?

6. 宽带薪酬结构与传统薪酬结构相比，有何优势？

7. 企业设计宽带薪酬结构应注意哪些事项？

案　例

LD公司中层管理人员薪酬结构变革

一、LD公司现状

LD公司是中国广东核电集团旗下的一个分公司，LD公司自1995成立以来，不断地吸引和招聘人才，公司现有人员218人，其中技术、管理、营销人员53人，生产工人165人，其中研究生1人，占总人数不到10%，本科生12名，占总人数的5.5%，专科生26人，占总人数的11.9%。剩下的大部分为初中生，而高中生为数不多，这部分人共占到了总人数75.7%。该公司以前在薪酬管理上主要沿袭了传统的岗位工资制和级别工资制，公司虽然在吸引人才、留住人才方面采取了诸多办法和措施，但由于公司内部机制建设跟不上企业的快速发展，没有及时进行与企业发展相适应的内部配套管理制度的改革和创新特别是薪酬设计进行改革和创新，收效并不明显。

二、LD公司中层管理人员薪酬结构现状

LD公司沿用传统的薪酬方案，由五部分组成：基本工资、奖金、福利、额外津贴、额外奖赏，且所有薪酬标准与员工在公司中职务的高低和职级直接挂钩，达到14个薪酬等级，相邻点的级差工资小，相邻工间的重叠度为零。公司采用的一岗一薪制，薪酬设计的基本理念是：以岗定薪，岗变薪变，同岗同薪，如果员工没有变换岗位，那么员工的工资始终如一，表8.15所示为LD公司中层管理人员薪酬结构现状。

表8.15　LD公司中层管理人员薪酬结构现状

部门	岗位	职级	基本工资/元
总经理工作部	总经理	14级	3500
	常务副总经理	13级	3200
	副总经理	12级	3000
	部门经理	11级	2500
电厂	厂长	10级	2200
	总工程师	9级	2000
资产管理部	经理	10级	2200
技术开发部	经理	9级	2000
厂长办公室	主任	8级	1900
技术开发部	经理	7级	1800
后勤管理部	经理	6级	1200
生产营销部	经理	5级	1100
生产运行部	主任	6级	1200
	副主任	5级	1100

部门	岗位	职级	基本工资/元
生产策划部	主任	6级	1200
	副主任	5级	1100
发展规划部	主管	5级	1100
人力资源管理部	主管	5级	1100
电力维修管理	主管	4级	1000
生产安全管理	主管	4级	1000

三、LD公司中层管理人员宽带薪酬结构改革

LD公司对中层管理职位进行职位评价，据职位评估分值总体趋势图中所显示的拐点和自然断点，并结合LD公司的实际情况，将岗位分值分为5个等级，依次对应5个薪级，如表8.16所示。

表 8.16　LD公司管理人员代表性岗位薪级归类表

部门	岗位	得分	分值区间	薪级	职层
总经理工作部	总经理	95	90＜A≤100	5级	高层
	常务副总经理	91			
	副总经理	90			
电厂	总工程师	90	80＜A≤90	4级	
	厂长	89			
总经理工作部	部门经理	85			
资产管理部	经理	85			
厂长办公室	主任	80	58＜A≤80	3级	中层
技术开发部	经理	78			
生产运行部	主任	71			
	副主任	69			
生产策划部	主任	70			
	副主任	68			
后勤管理部	经理	66			
生产营销部	经理	67			
发展规划部	主管	65			
人力资源管理部	主管	63			
电力维修管理	主管	59			
生产安全管理	主管	56	37＜A≤58	2级	基层

续表

总经理工作部薪酬	层级	资产管理部薪酬	层级	电厂办公室主任薪酬	层级	生产营销部经理薪酬	层级	人力资源主管薪酬	层级
								2000	A₄
								2300	A₃
						2500	B₃	2600	A₂
						2800	B₂	2800	A₁
				3000	C₄	3100	B1		
						3300	B		
				3300	C₃				
		3500	D₄	3600	C₂				
		3800	D₃	3800	C₁				
4000	E₄	4000	D₂						
4300	E₃	4300	D₁						
4600	E₂								
5000	E₁								
宽带Ⅱ				宽带Ⅰ					

图 8.9 为 LD 公司宽带薪酬结构部分举例。

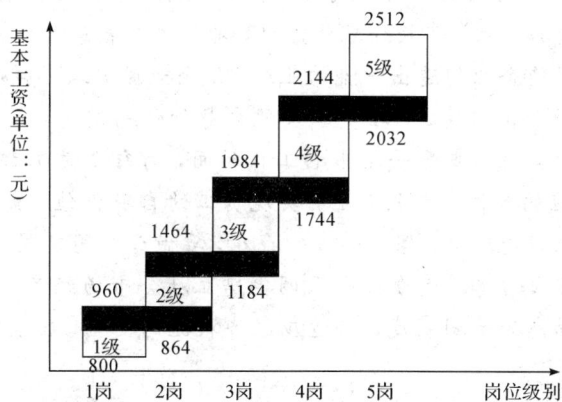

图 8.9　LD 公司中层管理人员宽带薪酬结构部分举例

——资料改编于：李育英.LD公司中层管理人员宽带薪酬结构模型构建与应用研究[D].

西安理工大学 2009.3.

问题讨论：

1. LD 公司原来的中层管理人员实行的是什么薪酬结构？有何特点？有何弊端？

2. 新的 LD 公司中层管理人员薪酬结构在哪些方面进行了变革？有何优点？

第9章 绩效薪酬

本章要点

◇ 绩效加薪

◇ 一次性奖金

◇ 计件工资制

◇ 计时工资制

◇ 增益分享计划

◇ 利润分享计划

◇ 成功分享计划

◇ 长期现金激励计划

◇ 长期股权激励计划

▶ **阅读资料**

德国大众的动态薪酬体系

德国大众是当今世界排名第五的跨国大型汽车工业公司,在美国《财富 Fortune》杂志按营业额评选的世界 500 强中排名前 30 位,总部设在德国沃尔夫斯堡,在我国的一汽大众和上海大众分别占有 49% 的股份。

大众的人力资源管理的核心即两个成功。第一个成功是指使每个员工获得成功,人尽其才,个人才能充分发挥;让员工提合理化建议,增强主人翁意识,参与企业管理。第二个成功是指企业的成功,使企业创造出一流的业绩,使企业像雪球一样越滚越大。

两个成功互为前提,相辅相成,在员工实现自身价值的同时,最大限度地保证企业成功。他们认识到员工应当自由支配一生中的工作时间,对每个员工都应有灵活的安排,通过使员工与其所能适应的工作位置相匹配,实现员工的自身价值,最大限度地激发员工的积极性和创造力;防止辞退现象,保证位置的存在,要做到公司不景气时不发生辞退现象,不能遇到困难就辞退职工了事。大众公司强调要建立社会市场经济,企业要承担应有的社会责任。企业要建立动态的薪酬制度,以适应经济状况的变动,使企业成为在市场经济海洋中"有呼吸的企业"。

构建动态薪酬体系,所谓动态薪酬体系,一是根据公司生产经营和发展情况,以及其他有关因素变动情况,对薪酬制度及时更新、调整和完善;二是根据调动各方面员工积极性的需要,如调动管理人员、科研开发人员和关键岗位员工积极性的需要,随时调整各种报酬在报酬总额中的比重,适时调整激励对象和激励重点,以增强激励的针对性和效果。这其中包括基本报酬、参与性退休金、奖金、时间有价证券、员工持股计划、企业补充养老保险等六项。

基本报酬:保持相对稳定,体现劳动力的基本价值,保证员工家庭基本生活。

员工参与性退休金：1996 年建立，员工自费缴纳费用，相当于基本报酬的 2％，滞后纳税，交由基金机构运作，确保增值，属于员工自我补充保险。

奖金：1997 年建立，一是平均奖金，每个员工都能得到，起保底奖励作用；二是绩效奖金，起进一步增强激励力度作用，使员工能分享公司的新增效益和发展成果。

时间有价证券：1998 年建立。

员工持股计划：1999 年建立，体现员工的股东价值。

企业补充养老保险：2001 年建立，设立养老基金。企业补充养老保险相当于基本报酬的 5％。

实行以岗位工资为主的工资制度，动态薪酬体系中的基本报酬部分，采取了岗位工资制度形式。

实行岗位工资制度，首先要建立职位分析和岗位评价制度。其次，建立以职位分析和岗位评价制度为基础的岗位(职位)职务等级工资制，共分 22 级，其中，蓝领工人基本报酬是 1 至 14 级，白领是 1 至 22 级。第三，根据员工业绩和企业效益建立奖金制度。按照劳资协定，蓝领工人绩效奖金约占工资总额(基本报酬＋奖金)的 10％；白领约占 30％～40％；高级管理人员约占 40％～50％。第四，提高工资水平，理顺报酬关系。2000 年大众公司总部全体员工年工资平均水平为 4.72 万马克，最高工资是最低工资的 6.25 倍。

职位消费：大众公司有一套严格的职位消费管理办法，根据职位高低，管理层人员有金额不等的职位消费权力，既有激励力度，又有约束力度。监事会对董事会成员的职位消费做出决定；董事会对高级管理人员的职位消费做出决定。公司中央人事部对职位消费制订具体实施办法。享有职位消费权力的人员包括高级管理人员 120 人，中层经理 1700 人，基层经理 1180 人。职位消费包括签单权、车旅费报销等。如国外子公司副总经理拥有专机，基层科长有两部车，高层管理人员的签单权有分级标准。其中，二级经理的签单权为一年 5 万马克等。

——资料来源：HR 人力资源案例网，德国大众的动态薪酬体系
http：//www.hrsee.com/？id＝88

企业基于员工绩效行为表现提供薪酬，目的主要在于保障和激励。基本工资主要发挥保障功能，而绩效薪酬主要扮演激励角色。绩效薪酬是与员工绩效挂钩的薪酬。不同种类的绩效薪酬将对员工不同群体的不同绩效行为和结果产生激励作用。本章将重点围绕绩效薪酬的分类，分别介绍个人、群体的短期和长期激励计划。

9.1　绩效薪酬概述

9.1.1　绩效薪酬的内涵及其分类

绩效薪酬，名称众多，可称为"基于绩效的薪酬""与绩效相关的薪酬""绩效薪酬方案等"。绩效薪酬是与绩效相关的薪酬，由一系列与绩效相关的报酬形式组成。

绩效薪酬形式多种多样，种类繁多。按照与薪酬相挂钩的绩效类别的不同，可将绩效薪酬分为个人特征薪酬、成就薪酬、激励薪酬、特殊绩效薪酬等，具体见表 9.1。国际期权市场协会(IOMA)2003 年对企业所采取的各种绩效薪酬形式进行相关调查，调查结果显示：在被调查企业中使用频率最高的绩效薪酬形式依次为年度奖金、个人激励薪酬、月度或季度奖金、能力薪酬、成就工资、长期激励薪酬和利润分享计划。其中，长期激励薪酬、技能与知识薪酬、股票期权计划、奖金和利润分享计划最为有效。

表 9.1   绩效薪酬分类

绩效薪酬形式	薪酬支付依据	薪酬种类
个人特征薪酬	潜在绩效	技能与知识薪酬 能力薪酬 职能薪酬
成就薪酬	过去绩效	成就工资 奖金
激励薪酬	未来绩效	个人薪酬激励计划 群体薪酬激励计划 公司薪酬激励计划
特殊绩效薪酬	周边绩效	特殊绩效认可计划

1. 个人特征薪酬

个人特征薪酬是指将员工薪酬与其个人特征相挂钩的薪酬形式，员工个人特征主要指员工的素质、个性、技能、知识和能力等要素，这些要素形式决定了员工能为企业创造的价值潜能。虽然高技能和高能力不一定有高绩效回报，但是如果员工不具有高能力和高技能，则一定不能带来高绩效。故将薪酬与员工个人技能和能力、知识等潜在绩效特征相挂钩，有助于促进员工不断提升个人技能和能力，为企业创造更多的价值。企业一般以个人特征作为员工基本薪酬决定依据，现实中存在有技能薪酬、能力薪酬以及职能薪酬等薪酬形式。

2. 成就薪酬

成就薪酬是指与员工过去所做出的绩效成就相挂钩的薪酬形式。成就薪酬一般有两种形式：一是将绩效与基本薪酬相关，通过基本薪酬增加的方式来体现企业对员工绩效的回报，称为成就工资；二是将绩效与奖金的支付相关联，依据员工绩效的不同支付月度奖、季度奖和年终奖等奖金形式。

3. 激励薪酬

激励薪酬是企业为了激励出员工未来的更好的工作行为和工作绩效结果所采用的一种薪酬形式。绩效存在个人、群体和组织三个不同主体层次之分，所以，激励薪酬也可以分为个人薪酬激励计划、群体薪酬激励计划和组织薪酬激励计划。个人薪酬激励计划仅以员工个人绩效作为薪酬奖励依据，群体薪酬激励计划则是为了鼓励员工提高对团队、部门绩效的关注与贡献，组织薪酬激励计划将员工薪酬与组织整体绩效挂钩，主要形式有利润分享、股票期权等。

4. 特殊绩效薪酬

特殊绩效薪酬一般又称为特殊绩效认可计划，是对员工所做出的超出正常绩效标准却无法在一般的激励薪酬中得到反映的卓越绩效而采取的一种货币或非货币的奖励形式。

9.1.2　绩效薪酬的优点与缺点

将员工薪酬与个人及其所在部门或团队、组织的绩效相挂钩，对于改善员工以及企业绩效具有重要意义。

1. 绩效薪酬的优点

（1）绩效薪酬有助于提高员工生产率。绩效薪酬将员工基本薪酬或奖金直接与员工绩效挂钩，员工为了获得更多的绩效回报，将更有积极性地努力工作，从而提高生产效率。

（2）绩效薪酬有助于加强团队建设。将员工薪酬与其所在团队绩效相挂钩，可以鼓励员工在追求个人绩效提高的同时，兼顾团队利益，鼓励团队成员相互分享与合作，避免成员间的恶性竞争。

（3）有助于保持薪酬的灵活性，降低薪酬成本。薪酬与绩效相挂钩，而员工绩效具有不稳定性，故薪酬与绩效相挂钩可以保持薪酬的灵活性，使薪酬随绩效的变化具有"可增可减、可有可无"的特点，因此绩效薪酬较之于固定薪酬更有利于企业降低薪酬成本。

（4）有助于提高企业利润。绩效薪酬实施下，员工有更高的工作积极性和参与度，一方面提高员工个人工作效率和工作成果，另一方面，员工的参与性增加，对改进员工个人工作方式、优化工作流程、缩减成本等方面也会主动提出建议，进而提升企业整体绩效和利润。

2. 绩效薪酬的缺点

（1）绩效薪酬的有效性建立在绩效评价有效性前提下。绩效薪酬与员工的绩效评价结果直接相关。员工的绩效结果是通过构建绩效评价体系评价得出，如果企业绩效评价存在问题，将直接导致与之相关的绩效薪酬失效。

（2）个人绩效薪酬有可能促进个人主义的滋生和生长，不利于团队合作精神的构建。如果绩效薪酬与员工个人绩效挂钩过度，将会造成员工过分关注个人绩效，而忽略团队、部门和组织利益，则可能做出串货、争抢客户等不利于团队和谐的行为。

（3）绩效薪酬会出现高绩效员工激励难的问题。绩效薪酬会刺激高绩效员工与实际收入相背离，很难确定提高绩效所需要的薪酬水平。

（4）绩效薪酬需要组织的人力资源及其他管理职能紧密支持。绩效薪酬直接与员工的绩效相挂钩，这其中不仅仅是单纯地给予绩效相应的薪酬水平的工作，需要构建科学的员工绩效提升和评价系统。员工绩效的提升系统包括甄选与培训高绩效的员工。如果缺乏科学的人员选拔、培训、绩效管理等其他人力资源管理工作相配套，绩效薪酬优点将得不到有效发挥。

9.1.3　绩效薪酬的实施前提与要点

1. 绩效薪酬的实施前提

好的绩效薪酬计划需要良好的配套实施条件，包括薪酬管理、人力资源管理和企业管理三个方面。

（1）薪酬管理配套。绩效薪酬计划是总薪酬计划中的一部分，需要与其他薪酬形式紧密配合，相辅相成，才能达到良好的员工薪酬激励效果。绩效薪酬与薪酬的其他组成部分如基本薪酬、福利薪酬等各自承担不同的功能，其中，基本薪酬以其稳定性为员工提供了薪酬安全和保障性，福利薪酬则突出员工作为企业成员的身份特征，能增强员工的企业归属感和忠诚度。绩效薪酬则更突出激励功能，其作用的发挥需要建立其他薪酬形式有效的前提下。

（2）人力资源管理配套。绩效薪酬是人力资源管理中薪酬管理职能工作，其实施目标在于鼓励员工提高工作技能和能力、增加工作积极性、提高生产效率，最终提高员工绩效以达到提高企业整体绩效的目的。绩效薪酬的成功离不开良好的人力资源选拔系统、开发系统和良好的绩效管理制度。科学的人力资源选拔系统为企业带来高绩效的员工；人力资源开发系统则能通过开发培训员工技能，为企业提供能持续产生高绩效的员工；良好的绩效管理系统则能通过设计科学的绩效评价系统，采用有效的绩效评价方法对员工绩效做出有效的评价，为绩效薪酬计划的实施提供科学的实施前提。

（3）企业管理配套。从企业层面来说，绩效薪酬计划必须与企业战略目标相一致。绩效薪酬中引导的员工绩效行为和结果需要与企业战略目标的实现相一致。此外，企业还需营造出绩效导向企业文化，引导员工关心绩效、提高绩效的各种积极行为产生。

2. 绩效薪酬的实施要点

（1）绩效薪酬适用性判断。绩效薪酬并非适合所有的组织和员工。不同规模、不同发展阶段、不同类型的员工对绩效薪酬及其形式的适用有所不同。如中小企业与处于成熟阶段的大型企业的销售员的绩效薪酬形式就应存在较大差异。在选用和设计绩效薪酬时，需要充分考虑企业特征、企业发展战略要求等因素的影响。

（2）绩效薪酬实施需要注意绩效评价方法的选择。在企业中，不同的工作有着不同绩效表现形式，需要采用各自适合的绩效评价方法进行评价。对流水生产线上的工作，应包含较多可量化的指标，主要采用比较法、排序法、图尺度量表法、等级择一法等结果性指标评价方法；高级经理岗位主要采用非结构化法如关键事件法进行评价；市场销售工作可采用行为锚定评定量表法、综合评定量表法与图尺度量表法等行为和结果双重评价方法相结合。

（3）绩效薪酬实施中应注意绩效发生的时间性。员工的绩效是有时间性的，短期绩效、长期绩效、月绩效、季度绩效或年绩效等。绩效薪酬中薪酬的时间性要与绩效的时间性相对，以保证薪酬激励的准确性和及时性。年功薪酬是与员工各种业绩相对应，计件工资则是与员工单位时间完成的工作数量相关。短期激励计划对员工长期绩效的产生效果不佳，而长期激励方案对员工短期具体目标的实现推动作用不强。

（4）绩效薪酬实施中应注意绩效的层次性。员工的绩效可以分为个人绩效、团队绩效和组织绩效三个不同的层次类型。不同层次的绩效对于员工的技能和能力要求以及员工的绩效行为和绩效结果有着不同的要求。因此，绩效薪酬实施中需要充分考虑绩效的层次性差异，对不同层次的绩效激励需要采用不同绩效薪酬奖励计划。一般来说，高层管理人员绩效薪酬中反映公司组织绩效部分较多，基层工作人员的绩效薪酬则更强调其个人绩效。

9.2 成就薪酬的设计

成就薪酬是与员工过去所做出的绩效相挂钩的一种薪酬形式。成就薪酬主要包括成就工资和奖金两种形式。

9.2.1　成就工资

1. 成就工资内涵、特征及其作用

成就工资(merit pay)，又可称为功劳工资或业绩工资，是依据员工的工作绩效对其基本薪酬做出提升。成就一般是值得称赞或奖励的品质、价值、长处或优点，它并不局限于结果绩效，还可包括能产生绩效结果的个人品质、特征(潜在绩效)和个人行为表现(行为绩效)。成就工资发展较早，在美国和日本的企业较为常用。美国的成就工资侧重于通过个人成就来增加基本薪酬，而日本的成就工资主要体现为年功薪酬，员工为企业服务年限越长，其对企业贡献越大，基本薪酬增加得越多。国内的传统国有企业也曾使用过类似于日本企业的成就工资。目前，成就工资在国内大学和科研部门应用较为广泛。

成就工资具有两大特征：一是成就工资主要是奖励那些已经为企业带来了长期利益的员工绩效特征、行为和结果。因此，成就工资具有"过去式"特征，是对员工已经做出的成就或业绩的"追认"，是对员工综合绩效评价结果的反映；二是成就工资的主要给予方式是增加基本薪酬，由于基本薪酬具有的固定和永久性，因此，成就工资具有累加性，一旦获得过成就工资，则以后的基本薪酬变动都需要在此基础上进行。

成就工资是绩效工资的早期形式。成就工资实现了基本薪酬的激励性，具有对员工较长时期绩效的激励作用，不会给员工和企业带来风险；成就工资能给予优秀员工及时地、有效地薪酬确认，能起到稳定优秀员工，提高员工忠诚度的作用；成就工资只给予绩效优异和良好的员工，累积下来之后，绩效优异员工与绩效不佳的员工基本工资差距将逐渐拉大，从而增加绩效不佳员工对薪酬现状的不满，进而萌生出离职倾向，因此，成就工资对绩效不佳员工具有一定的"自我筛选"作用。

2. 成就工资实施要点

组织在选用成就工资这种薪酬激励形式时，需要注意以下事项：

(1) 在确定调薪比例时需考虑员工实际购买能力。成就工资是以基本薪酬的一定比例增加的形式展现的。基本工资的增加比例除了主要以员工的绩效优异程度作为依据，还需要考虑实时通货膨胀对基本工资的消减作用，以确保成就工资能实现员工实际购买力的提高。

(2) 兼顾激励性原则和经济性原则。成就工资是对员工所做出的成就或所具有的良好品质特征，高的技能和能力水平以及表现出的好的绩效行为的肯定和激励。因此，成就工资主要目的是激励，对基本薪酬的加薪比例要达到一定程度才能起到激励作用。此外，成就工资是对基本工资的增加，不仅直接增加薪酬成本，还具有累加性，所以，考虑加薪比例时还需要考虑经济性，尽量降低企业薪酬成本。"最低限度的有意义加薪"就是能兼顾激励性和经济性原则的加薪水平，其中"有意义"，能确保加薪比例对员工的激励性，"最低限度"能将加薪比例控制在成本最低的水平。低于该水平则成就工资失去了激励意义，高于该水平则企业薪酬成本将大量增加。不同员工的"最低限度的有意义加薪"水平存在差异，但都取决于员工的生活状况与个人期望，其中，对薪酬水平偏低的员工，其最低限度的有意义加薪水平取决于其生活成本，而将薪酬当做实现个人价值手段的高薪酬水平员工，最低限度的有意义加薪额度则主要决定于他们个人对加薪的期望。

确保企业有充足的资金来源，成就工资是对员工基本工资的提升，成就工资的发放将产生较大的资金需求。因此，实施成就工资激励方案的组织，需要有充足的资金预算。一般

来说，企业是以员工基本薪酬为基础，计提一定比例作为成就工资加薪预算，加薪预算越高，反映企业经营业绩越高，薪酬支付能力越强。

（3）选择恰当的加薪时机。成就工资的加薪时机需要进行选择，企业不能随机地、任意地选择加薪时间。一般来说，加薪时机都选择在员工为企业做出一段时间贡献后，但不能推迟太长时间，加薪需要及时。加薪不以短期绩效为基础。企业需对员工业绩进行客观评价，消除影响短期绩效浮动的因素，对员工一段绩效期内的绩效表现给予肯定。很多企业都设有固定加薪日或例行的加薪周期。

3. 成就工资的主要形式及其运作

成就工资主要应用方式是绩效加薪。

1）绩效加薪内涵

绩效加薪是以员工绩效评价结果为基础决定其基本薪酬的加薪幅度，通常是在年度绩效评价结束时，企业根据员工绩效评价结果以及事先确定下来的绩效加薪准则，决定员工在第二年可以得到的基本薪酬，提高后的基本薪酬将一直延续到下一次绩效评价，并且下一次的提薪以员工提高后的基本薪酬为基础。

绩效加薪应该解决三个重要问题：

第一，界定绩效的含义并进行绩效评价，确定员工的绩效等级，这是绩效加薪的前提。

第二，确定加薪频率，通常分两种：对所有员工的绩效评估和薪酬调整集中在同一个时间段（一般为财年年末）进行，或者分散在各员工的入职周年纪念日进行，在实际工作中，大多数公司都采用前者。

第三，确定不同绩效水平的加薪幅度，一般以绩效加薪表的形式体现。

2）绩效加薪的形式

（1）仅以绩效为基础设计加薪幅度。这是一种依据员工绩效等级来确定绩效加薪幅度的方法（如表9.2所示）。该方法的操作步骤如下：第一，员工绩效评价，确定不同员工的绩效等级。第二，依据不同的绩效等级，拟定相应的加薪幅度。遵循的规律为绩效越优秀，加薪幅度越大。

表 9.2　以绩效水平为基础的绩效加薪表

	优秀	良好	合格	有待改进	差
绩效评价等级	A	B	C	D	E
绩效加薪幅度（%）	7	5	3	1	0

这种绩效加薪方法的唯一依据就是员工绩效评价等级的高低，等级越高，加薪的幅度越大。其优点是企业容易控制和掌握加薪的成本预算，便于管理和与员工沟通等。但也具有会使基本薪酬高的员工薪酬增长过快，增加企业薪酬成本，导致企业内部薪酬差距过大，影响员工团结与合作等的缺点。

（2）以绩效和相对薪酬水平为基础设计加薪幅度。相对薪酬水平可以分为两种，相对于内部和相对于外部。外部相对薪酬水平，指员工当前薪酬水平和市场平均薪酬水平的差距。内部相对薪酬水平，指员工个人薪酬在企业的薪酬等级体系，反映了员工在企业薪酬结构所处薪酬地位，通常用四分位数的级别来表示。四分位数越高，表明员工薪酬地位越高。

以绩效和员工外部相对薪酬水平作为加薪幅度拟定依据，从激励角度出发，在相同的薪酬水平下，员工绩效越优秀，所获得加薪幅度应越大；从提高员工生活保障和控制薪酬成本目的来看，在相同的绩效等级下，员工薪酬水平低于市场平均薪酬水平越多，加薪幅度越大，相反，员工薪酬水平高出市场平均薪酬水平越多，加薪幅度越小。具体可参见表9.3。

表 9.3　以绩效和外部相对薪酬水平为基础的绩效加薪表(％)

与市场平均薪酬水平的差距	绩 效 等 级				
	A	B	C	D	E
超过 16％左右	6	4	3	1	0
超过 8％左右	8	6	4	2	0
基本持平	10	8	5	4	0
低 8％左右	14	10	8	5	0
低 16％左右	18	15	10	8	0

以绩效和员工内部相对薪酬水平作为加薪幅度拟定依据，当员工处于相同的薪酬地位时，员工绩效越优秀，所获得加薪幅度应越大；在相同的绩效等级下，员工薪酬地位越低，加薪幅度越大，相反，员工薪酬地位越高，加薪幅度越小。具体可参见表9.4。

表 9.4　以绩效和内部相对薪酬水平为基础的绩效加薪表(％)

薪酬水平	绩 效 等 级				
	A	B	C	D	E
第四四分位数	5	4	1	0	0
第三四分位数	7	5	3	0	0
第二四分位数	9	7	6	2	0
第一四分位数	12	10	8	4	0

（3）以绩效和相对薪酬水平为基础同时引入时间变量设计绩效加薪。这种方法对于加薪确定依据不变，依然是员工绩效和相对薪酬水平，但在加薪要素决策中引入了加薪频率要素。企业认为不仅加薪幅度对员工激励有影响，加薪频率也是员工比较在意的要素。在相同的加薪幅度下，加薪频率越快，员工薪酬增加越多。加薪频率一般用加薪间隔周期来表示，加薪周期越短，加薪频率越快，即员工在越短的时期内可获得再次加薪，则员工基本薪酬增加更快。

具体的设计原则为：当员工处于相同的薪酬地位时，员工所处绩效等级越高，所获的加薪幅度越大，加薪间隔周期越短；在相同的绩效等级下，员工薪酬地位越低，加薪幅度越大，加薪周期越短，相反，员工薪酬地位越高，加薪幅度越小，加薪间隔周期越长。具体可参见表9.5。

表 9.5 以绩效和相对薪酬水平为基础同时引入时间变量的绩效加薪表(%)

薪酬水平	绩 效 等 级				
	A	B	C	D	E
第四四分位数	5 12~15 个月	3 15~18 个月	1 18~21 个月	0	0
第三四分位数	7 10~12 个月	5 12~15 个月	3 15~18 个月	0	0
第二四分位数	9 8~10 个月	7 10~12 个月	6 12~15 个月	2 15~18 个月	0
第一四分位数	12 6~8 个月	10 8~10 个月	8 10~12 个月	4 12~15 个月	0

加薪频率的引入,丰富了企业可以采用的绩效加薪管理手段。能够为绩效优异的员工提供大量的、频繁的加薪,强化了绩效与加薪之间的联系,激励员工达成更为优秀的绩效;在企业经营状况下滑的时候,适当降低加薪频率的做法,要比在正常加薪频率下提供低于市场水平的加薪幅度的效果更好一些。

4. 成就工资制度的缺陷与转化

1)成就工资制度的缺陷

成就工资将基本薪酬与绩效挂钩,使员工基本薪酬具有激励性,但该制度在实施中具有明显的缺陷,具体体现为以下几方面:

第一,成就工资制度实施效果受绩效评价结果有效性制约。成就工资主要以员工绩效评价结果为依据,而员工绩效评价结果是由企业采用一定的绩效评价方法对员工的绩效进行考评的结果,绩效考评结果受考评系统设计的科学规范性、考核过程实施的公开公平性、考核过程中沟通有效性、考评者主观性等因素的影响,与员工真实绩效可能存在一定的偏差,成就工资有效性也将因此而存在隐患。

第二,成就工资增长比例的确定不合理将导致成就工资激励效果不理想。在员工绩效考评结果科学有效的前提下,成就工资有效性主要取决于绩效加薪比例的确定。企业在经济性原则指引下,拟定绩效加薪总预算,针对员工不同绩效等级和薪酬地位给出最低限度的有意义的加薪比例。如果加薪比例对于员工来说达不到最低有意义的水平,成就工资推行的加薪将失去其存在意义。

第三,成就工资的变动周期较长,一般为1~2年,这将导致成就工资的落实与员工绩效实际产生时间间隔过长,使成就工资的激励效益随时间的延长出现递减趋势。

第四,成就工资具有的累加性,将给企业带来较大的薪酬成本逐年递增的压力。

第五,成就工资一般指向个人的绩效水平,故容易引导出员工间的竞争性行为,而不是合作行为。因此,对需要员工合作的岗位来说,需要将合作绩效与个人绩效共同纳入成就工资的决定依据。

2)成就工资制度的转化

随着企业管理和人力资源管理制度的不断发展,以及成就工资所具有的一系列弊端,20世纪80年代开始,一些企业开始探寻成就工资的变革之路,主要有两条路径:一条是将成就工资转变为奖金。将永久性工资收入用短期化奖金替代；另一条则是推行激励工资制度，某种程度上改变了基本薪酬的基础依据和形式。

9.2.2 奖金的设计与管理

1. 奖金的内涵与特征

奖金(merit bonus)又称为一次性奖金(one-time bonus)，是依据员工绩效评价结果发放给员工一定数量的一次货币薪酬。广义上来说，奖金属于绩效加薪范畴，但却不是针对基本薪酬的累加。奖金具有月奖、季奖、年终奖等多种形式。

奖金也是对员工个人特征与绩效行为和结果的一种确认，但与成就工资不同，奖金具有其独有特征：第一，奖金具有灵活性。奖金在发放和管理上弹性更大，可以随着绩效产生时间和结果而灵活确定奖金支付时间和支付额度。第二，奖金具有及时性。与绩效加薪1~2年的变动周期相比，奖金可以根据企业实际情况和绩效产生时间及时予以支付，对员工薪酬激励效果更强。

2. 奖金的作用

(1) 奖金能有效低降低企业薪酬成本。成就工资针对的是基本薪酬的变动，具有累加性，将给企业造成逐渐增加的薪酬成本压力。奖金是短期化的，与员工的绩效相关的一次性奖励，随着绩效的变动具有"可增可减、可有可无"的灵活性特点。在相同的增长比例下，长期来说，奖金的支付方式将比成就工资支付方式所产生薪酬成本低很多。

(2) 奖金有助于企业维持薪酬结构的神圣性，解决高薪酬地位员工的薪酬激励问题。

对于某些高绩效员工，其薪酬水平位于所处薪酬等级的上端，薪酬比较比率远大于1。对于这类型的员工，如果仍采用绩效加薪的方式，增加其基本薪酬，则极有可能导致该部分员工基本薪酬超出该薪酬等级上限，导致企业薪酬结构的不稳定。为了使员工基本薪酬不超出薪酬等级最大上限，不给予这类员工绩效加薪或加薪比例太低，则达不到持续激励的目的。而奖金则能很好地弥补绩效加薪的缺陷，既能给予这类员工及时有效的激励，还能维持薪酬结构的稳定性。

(3) 淡漠员工持续加薪的意识，维持绩效加薪的制度的激励效果。随着成就工资制度长时间推行，绩效加薪成为了员工预料之中、理所应当的事，成就工资制度所带来的激励效果将逐渐降低。奖金真正实现了与员工绩效直接挂钩，奖金替代绩效加薪能够在一定程度上消除员工的这种认知，保持绩效加薪的激励效度。

3. 奖金的计算与支付

1) 奖金的计算方法

一般情况，奖金的计算方法包括计分法和系数法两种。计分法主要根据绩效评价得分计算出来，系数法则依据岗位系数计算出来。

计分法是根据个人绩效得分以及单位绩效得分奖金值来计算员工应发的奖金额。该方法首先需要对员工绩效进行评价。对有绩效定额的员工按照超额完成情况给予评分，无定额员工按员工任务实际完成情况予以评分；然后依据企业奖金总额计算出每个员工应发的奖金额，其计算公式如下：

$$个人奖金总额 = \frac{企业奖金总额}{\sum 个人考核得分} \times 个人考核得分 \qquad (9-1)$$

系数法是依据职位评价结果确定职位等级，给不同职位等级确定相应的计奖系数，然后依据个人绩效状况，计算应分配的奖金数额。

$$个人奖金总额 = \frac{企业奖金总额}{\sum(每个岗位等级员工人数 \times 岗位系数)} \times 个人岗位计奖系数$$

$$(9-2)$$

在确定职位等级计奖系数时，可以将处于中间的职位等级计奖系数作为基准奖金系数1，中间以上的职位等级系数逐渐递增，中间以下的职位等级计奖系数逐渐递减。具体参考表 9.6。

表 9.6　职位等级计奖系数

职位等级	人数	计奖系数	单位奖金额/元	岗位奖金总额
1	1	0.6	920.2	920
2	3	0.8	1227.0	3681
3	5	1	1533.8	7669
4	8	1.2	1840.5	14724
5	10	1.5	2300.7	23007
企业奖金总额：50 000				50 001

依据公式，可以计算得出每个职位等级的单位奖金额为 1533.8 元，再根据单位奖金额以及每个职位等级人数，计算得出每个职位等级应发的奖金总额，将所有职位等级奖金总额加总，得出奖金总额为 50 001 元，超出企业奖金总额预算 1 元，稍加调整，就可以按照该方案予以发放。

两种方法相比较来说，计分法更适用于业务人员和生产操作人员的奖金发放；系数法则更适用于管理人员。企业也可以将两种方法相结合对同一类别员工计发奖金，如月奖金采取系数法计奖，季度奖和年度奖金则采用计分法。

2）奖金的支付

奖金的支付涉及奖金支付时机和支付形式的选择。奖金支付时机往往根据企业绩效周期设定，通常选择在绩效考核期后或财务结算日，以一年或半年为周期。为了及时确认员工的成就，企业也经常采用月度和季度作为奖金支付周期。

奖金一般采用现金方式支付，除此之外，还可以采用福利形式进行支付。比如，有的企业给员工发放 2 万元现金奖金，有的企业给员工购买同等价值的保险，还可以为员工提供相同价值旅游套餐等，这样既可以降低薪酬成本，也可以丰富激励方式，保持奖金对员工的激励效度。由于市场中各类现金替代形式以及支付方式的出现，奖金还可以交通卡、手机充值卡、商场购物卡、美容健身卡、俱乐部充值卡等各种消费卡的形式支付，可能会起到比现金形式更好的激励效果。智联招聘发布《2017 白领年终奖调查报告》显示企业年终奖的发放形式花样百出，除了常见的现金形式，不少白领还收到了比如猪肉、鸡蛋、袜子等一些意想不到的"奇葩"年终奖。

4. 奖金的种类

企业一般发放的奖金种类有年终奖和月度/季度奖金。

1）年终奖

年终奖是指以企业和员工全年的绩效表现为依据而在年底的时候为员工计发的奖金形式。企业年终奖总额是在当年企业创造利润基础上计提一定比例。员工所得年终奖数额取决于员工个人绩效表现和企业当年总体经营业绩，当然，还受企业薪酬策略的影响。智联招聘曾发布《2017 白领年终奖调查报告》，调查显示，没有年终奖的白领成为少数，参与调查的白领中 66% 的白领表示能拿到年终奖，没有年终奖的只有 24%。从年终奖金额上看，上海、宁波、北京年终奖过万，成为 2017 年白领年终奖均值最高的城市。能源/矿产/环保行业白领的年终奖均值最高，为 9865 元，其次是 IT/通讯/电子/互联网的 8801 元。

从年终奖的发放额度来看，大多企业会选择一次性全额发放，仍有部分企业选择延迟发放和分期发放。众达普信 2017 年企业年终奖调查报告显示约有四分之三的企业选择一次性发放年终奖。

年终奖的发放一般选在年底或第二年年初。众达普信 2017 年企业年终奖调查报告显示，约有 57.5% 的企业选择第二年 2 月发放年终奖，21% 的企业选择在第二年 1 月发放，还有 6.9% 的企业选择在第二年 3 月以后发放。延迟发放年终奖的激励效果不如年前发放，但很多企业处于节后留人、计算充足、风险可控、现金流等因素而选择节后发放年终奖。

2）月/季度奖金

月度/季度奖金是指按月或季度发放的奖金种类。月/季度奖金与基本薪酬联系紧密。有的企业按照基本薪酬标准比如岗位等级、技能等级等来支付。月/季度奖金主要适用于那些业绩受季节影响的企业。按照月份或季节来计发奖金可以使奖金发放更及时，又有助于企业合理控制成本，并且奖金按月或季度发放，减少了一次性奖金发放数额，有利于企业实现合理避税。具体的季度奖金实施办法可以参见下面的示例：

（1）部门间季度奖金平均单价的计算：

$$部门间季度奖金平均单价 = \frac{公司季度奖金基准额}{\sum(部门季度奖金基准额 \times 部门季度绩效评价系数)}$$

$$(9-3)$$

（2）各部门应得季度奖金总额的计算：

$$部门应得季度奖金 = 部门季度绩效奖金基准额 \times 本部门季度绩效评价系数 \times 部门间季度奖金平均单价总额$$

$$(9-4)$$

（3）部门内季度奖金平均单价计算：

$$部门内季度奖金平均单价 = \frac{本部门应得季度奖金总额}{\sum(员工个人季度奖金基准额 \times 员工个人季度绩效评价系数)}$$

$$(9-5)$$

（4）员工实际应得季度奖金的计算：

$$\begin{array}{c}员工实际应得\\季度奖金总额\end{array} = \begin{array}{c}员工季度绩效\\奖金基准额\end{array} \times \begin{array}{c}个人季度\\绩效评价系数\end{array} \times \begin{array}{c}部门内季度\\奖金平均单价\end{array}$$

$$(9-6)$$

9.3 激励薪酬的设计

激励薪酬是依据员工的工作结果或预先设定的工作目标而给予员工的奖励。与成就工资相比,激励薪酬主要与员工未来的绩效相关,始于泰罗所提出的差别计件工资制。激励薪酬是现今的企业获取竞争优势主要手段之一,能发挥有效地激发员工行为、控制人控成本以及反映企业经营管理中存在的问题等重要作用。

企业能采用的激励薪酬形式多样,按照激励对象的多寡和时间长短两个维度可以将激励薪酬大体分为个人短期、个人长期、群体短期和群体长期激励薪酬四种类别(具体参见表9.7)。由表中可见,无论个人还是群体的长期激励计划,所涉及的激励形式基本相同,因此,下文中将其纳入一体同一分析,下面就围绕个人短期激励、群体短期激励和长期激励计划展开分析。

表 9.7 激励薪酬分类

	个 人	群 体
短期	个人短期激励计件工资、计时工资等	群体短期激励增益分享、利润分享、成功分享计划等
长期	个人长期激励员工持股计划、长期现金激励	群体长期激励全员股票计划、长期现金计划、长期利润计划、长期成功分享等

9.3.1 个人短期激励

个人短期激励计划是激励员工个人工作绩效的一种主要方式,具有事前激励、以工作效率为基准和与员工绩效高度相关等特征。个人激励计划主要源于19世纪初泰罗等人所提出的科学管理理论,通过对员工设定工作定额,然后依据员工完成定额的工作数量不同给予员工有差别的工资制度。

个人短期激励薪酬主要是以效率为奖励基准。效率是指员工工作的投入—产出比。一般情况下,效率可以用两个标准来衡量,一是时间,即单位产量所消耗的劳动时间长短,消耗时间越长,说明效率越低;二是产量,即单位时间所生产的产量多少,生产产量越多,表明效率越高。按照效率衡量标准的不同,个人短期激励薪酬可以分为计时工资和计件工资两类。

在选定奖励标准之后,需要考虑的是激励强度。企业一般选用薪酬增长率来实现对激励强度的调节。薪酬增长率可以设置为随产量的变化而不变、递增和递减三种变化方式来达到企业控制产量增、减的目的。由此可以将个人短期激励分为以产量为标准的泰罗差别计件工资、梅里克多重计件工资和以时间为标准的哈尔西计划、罗恩计划以及甘特计划,详请可见表9.8。

表 9.8 个人短期激励薪酬分类

		效 率 标 准	
		产量标准	时间标准
激励强度	增长率不随产量变化	直接计件工资	标准小时工资
	增长率随产量变化	差别计件工资 梅里克多重计件工资	哈尔西计划、罗恩计划、甘特计划

1. 计件工资

这种奖励一般是将员工的生产率作为标准，按产量标准的完成情况支付奖金。计件工资比较适合具有以下特点的工作：第一，产品的数量和质量直接与员工的技能、劳动熟练程度以及努力程度紧密相关；第二，产品的数量、质量等员工劳动成果的反映能单独衡量；第三，工作过程持续、稳定，劳动产量规模较大；第四，管理完善、操作规范。具有上述特点的工作绩效与工作效率直接正相关，而有些工作的绩效与其工作效率和工作结果呈负相关关系，因此不适合采用该激励办法，如质检工作的产品合格率、交通警察的罚款、医生的病人入院率等。依据薪酬增长率的激励强度或变动弹性，可以将计件工资分为直接计件工资、泰罗差别计件工资和梅里克多重计件工资。

1）直接计件工资制

直接计件工资是指员工报酬随员工单位时间内产出数量成比例增加的一种工资形式。它以单位时间内的产量为支付依据，对超额产量支付奖金。其计算公式为

$$P = （实际产量 - 标准产量）\times 激励工资率 + 保底工资 \qquad (9-7)$$

具体的操作步骤：首先确定计件工资标准，即单位时间内的标准产量，然后设定保底工资，保底工资一般对应标准产量设定。最后，设定激励工资率，即员工超额完成标准产量的奖励额度。直接计件工资中的激励工资率是固定的，不随员工超额完成的产量变动而变动。

现实企业中，有的企业采用不设定保底工资，提高激励工资率的直接计件工资形式，加强员工绩效与薪酬的挂钩程度，使计件工资激励效果更强，但这种没有保底工资的薪酬支付办法也可能会因为员工绩效变动而导致薪酬不稳定，员工薪酬安全感低。此外，直接计件工资的激励工资率固定，对员工超额完成的激励度不够。

2）泰罗差别计件工资制与梅里克多重计件工资

这两种计件工资制与直接计件工资一样，都以单位时间的产量标准为依据支付奖金。不同点在于它们的计件工资率是有层次的，是对直接计件工资率中激励工资率固定的修正。泰罗差别计件工资使用两个不同层次的工资率水平，梅里克使用的计件工资层次更为细致，有三个档次（具体见表9.9）。激励工资率层次越多，说明薪酬激励制度越有弹性，越能对员工超额产量进行细分激励，从而有助于挖掘员工中所存在的高绩效潜能。

表 9.9 泰罗差别计件工资和梅里克多重计件工资对比表

计件产量标准：10 单元/小时					
单位产品标准工资率：5 元/单位					
工资率层次标准					
产量	单位产量的泰罗计件工资率	泰罗计件工资		单位产量的梅里克多重计件工资	梅里克计件工资	
7 单元/小时	5 元/单位	第一层次	35 元/小时	5 元/单位	第一层次	35 元/小时
8 单元/小时	5 元/单位		40 元/小时	5 元/单位		40 元/小时
9 单元/小时	5 元/单位		45 元/小时	6 元/单位	第二层次	54 元/小时
10 单元/小时	5 元/单位		50 元/小时	6 元/单位		60 元/小时
11 单元/小时	7 元/单位	第二层次	77 元/小时	7 元/单位	第三层次	77 元/小时
12 单元/小时	7 元/单位		84 元/小时	7 元/单位		84 元/小时

2. 计时工资

对计时工资的理解，存在广义和狭义之分。广义的计时工资是依据员工工作时间向员工支付基本薪酬，并不具有激励作用。狭义的计时工资是指以员工单位产量所消耗的时间来计发薪酬，将时间和单位产量相结合，可以发挥激励员工节省劳动时间、增强对员工努力程度和低绩效行为的奖罚及提高员工工作质量等作用。

计时工资适用于工作周期较长、技术复杂的工作，也可作为不适合单独采用计件工资的工作的薪酬辅助。依据激励强度的差异，计时工资可以分为标准计时工资、哈尔西计划、罗恩计划和甘特计划。

1）标准小时工资

标准小时工资制是指以完成单位产量所消耗的时间为绩效标准来支付激励工资的形式。具体的计算公式为

$$P = （标准时间－实际时间）\times 激励工资率＋保底工资 \tag{9-8}$$

标准小时工资计划的执行，需要先确定时间标准，即完成单位产量所需的标准时间，再确定与时间标准相对应的保底工资，最后确定缩短工时的激励工资率。与直接计件工资相同的是，标准小时工资的激励工资率也是固定的，由于节约单位长时间比节约短时间所付出的努力和辛苦程度更多，但所获得的奖励回报相同，因此，固定不变的激励工资率对于员工更高的绩效水平缺乏强的激励效果。

2）哈尔西计划

哈尔西计划是标准小时工资的变种，通过使员工和雇主共同平摊成本节省的余额来激励员工更有效率地工作，故又可称为哈尔西 50－50 计划。

具体步骤为：首先研究完成一项工作任务的时间限额，作为标准时间 T 小时；再确定标准工资率，P 元／小时；然后计算标准工时人工成本 $P\times T$ 元，计算工人节约成本，实际工作时间 $t < T$，节约成本为：$P\times(T-t)$；最后，由企业和员工分享节约成本，$50\%\times P\times(T-t)$ 可由员工获得。

实际运用中，哈尔西计划并不局限于劳动成本的节约，也可运用到企业销售人员的销售费用、研发人员的研发成本、高校和科研院所等科研人员的科研经费等预算成本的节约方面。哈尔西计划将员工节约的成本与员工分享的方式有助于激励员工提高工作效率，节约劳动时间，但是，其分享比率与节约的额度不相关，从而对员工的高效率工作绩效也缺乏更大的激励作用。

3）罗恩计划

罗恩计划是哈尔西计划的变形，是对哈尔西计划分享比率固定缺乏高效率激励性的拓展。罗恩计划也提倡在雇主和雇员之间分享由于工作时间缩减而带来的成本节省。但是其与哈尔西计划不同点在于分享比例上，不是简单的对半开，而是根据员工节约时间的长短确定不同的分配比例，员工节约时间越长，则可分享比例越大。因此，罗恩计划对于员工高绩效水平具有更强的激励作用。

4）甘特计划

甘特计划是哈尔西计划与罗恩计划相结合的产物。与哈尔西和罗恩计划不同点在于完成工作的时间标准设置方面。甘特计划将时间标准设置为需要员工非常努力才能达到的水平，而不是大多数员工都能达到的水平。这种计时工资计划，标准不以平均工时而以高于

平均水平绩效为要求，规定不能在这个高标准下完成任务的员工只能得到预先订立好的保障工资；而在高标准下超过此标准的，可以获得快于产出增长的报酬。甘特计划还规定，如果某位主管的下属所有员工都获得了超额计时工资，则主管也获得较高比例的奖金奖励。

9.3.2　群体激励计划

1. 群体激励计划概述

1）内涵

群体激励计划（Group Incentive Plan）是致力于激励和提高员工所在团队或部门、组织等绩效而不是个人绩效的薪酬形式。群体激励计划的激励对象由个人转向为相互协同合作的员工群体，非常适合于群体成员紧密合作、个人绩效衡量困难的群体性工作。有研究表明，群体激励计划的激励作用较之个人激励计划，作用更为明显。

2）分类

第一，按照基本标准进行分类。

群体激励计划是为了提高群体生产效率。因此，群体激励计划的设计标准应当从群体生产率的构成入手。个人激励计划以生产量、销售量等作为基准进行设计，但是以个体为单位生产的产品不足以转化成利润实现形式，因此，在群体激励计划中，一般以经济附加价值（Economic Value Added，EVA）作为基准来设计。经济附加价值是指从税后净营业利润中扣除包括股权和债务的全部投入资本成本后的所得。

附加价值 = 销售额 - 外部购入价值（原材料、服务费等）= 销售额 × 附加价值率

也可以将附加价值看成是企业的纯收益，从分配过程看，企业所创造的收益一方面用于支付给员工薪酬，另一方面则作为利润支付给公司所有者。

附加价值 = 薪酬 + 利润

依据附加价值原理，群体激励计划可以建立在三个基本标准基础上：附加价值、利润和人工成本（见表 9.10）。

表 9.10　群体激励计划基本形式

	基本形式	分配办法
群体激励计划	附加价值分配	① 以整体附加价值的一定比例分配 ② 对扣除一定项目的附加价值进行分配 ③ 按照附加价值增长情况进行分配
	人工成本分配	① 按照人工成本一定比例分配 ② 扣除了支付部分的决算人工成本限额分配
	利润分配	① 以利润四分法或三分法分配 ② 利润扣除一定项目后分配 ③ 按利润增长率分配
	综合绩效分配	① 平衡计分卡分配 ② 其他综合指标分配

依据三个基本标准，群体激励计划可以分为附加价值分配、人工成本分配、利润分配、综合绩效分配四种基本形式。前三种方式均可以以整体、扣除部分项目后按照一定比例进

行分配，也可以按照各自增长率进行分配，综合绩效分配则可以采用平衡计分卡综合计算群体绩效，对其按照一定比例进行分配。附加价值分配与人工成本分配比较适合于规模不大的群体，并具有增益分享的特征；利润分配则适合更大规模的群体，具有利润分享的特征；综合绩效分配的应用范围广泛，可适用于小规模群体，也可适用于整个企业。

第二，按照群体规模进行分类。

一般来说，可以将群体激励计划的激励群体按照规模分为小规模、适中规模和较大规模群体三类。群体激励计划也可以相对应地分为小规模群体激励即团队激励计划（team-based incentive）、适中规模团队激励（主要指增益分享计划（gain sharing plan））、较大规模群体激励（即企业群体激励，主要包括利润分享计划（profit sharing plan）和成功分享计划等）。

3）群体激励计划的缺陷

群体激励计划激励作用较强，但如果设计不当或实施不利，则会导致员工出现各种减少工作投入的行为。第一，偷懒行为。群体激励计划实施中，由于缺乏管理人员的持续监督和考核，员工可能偷懒，降低自己的努力程度。第二，搭便车行为。在群体激励计划中，员工的回报与群体绩效而非个人绩效挂钩，有的员工也会产生偷懒或怠工行为，在个人绩效较差而群体绩效良好的情况下获得较高回报。第三，社会惰性。很多研究表明，员工单独完成工作任务比多人一起工作时更加积极努力。员工与他人一起工作时，由于个人产出无法单独显示，工作积极性下降。第四，活塞效应。如果高绩效员工认为有别人分享自己的成果，群体中存在搭便车的行为，则高绩效员工可能出于让别人少占便宜的心理而自动减少自身的投入和产出。

2. 团队激励计划

1）团队激励计划的内容

团队激励计划是基于较小规模团队绩效而设计的激励薪酬项目。该计划规定团队成员只有在团队成员实现团队目标之后，才能获得规定的奖励。该计划适用于小规模团队、团队成员间工作具有高度依赖性的环境。如某咨询公司为某企业提供工作优化流程项目，公司可能为该项目成立一个项目小组来完成该公司项目，项目组中有的人负责了解客户流程优化需求，提供公司可行建议，促进客户产生项目购买需求；有的人负责签订合约成员，有的人负责设计流程优化方案；有的人负责帮助客户实施方案；还有的人负责方案实施后续问题。这些成员间的工作联系紧密，高度依赖，只有整个项目小组齐心协力，才能出色地完成该项目，并可依据项目结果获得公司提供的报酬和奖金。

2）团队激励计划的设计步骤

团队激励计划的设计分为三个步骤进行：

首先，确定标准生产率，即对团队绩效标准做出规定。标准生产率可以是生产量、销售量、产品上市时间等数量指标，也可以是客户满意度、安全记录等定性指标。

其次，确定激励等级。依据实际生产率和标准生产率的对比来确定激励比例，以确定支付给团队整体的总奖励额度。这里的激励比率可以是固定比例，也可以是依据团队绩效等级不同而设置的具有等级差异的变动比例。

最后，将团队奖励总额按照一定办法分配给每个团队成员。具体的分配方法可以有三种：第一，平均分配。这种方法适合于成员个人绩效差异不大，需要加强团队成员间团队合作的情况下。第二，按贡献分配。按贡献分配时，并不能将全部奖励按贡献分配，一般的做法是奖励分成两部分，一部分平均分配，一部分成员按贡献分配。第三，按基本工资分配。这种方法较为常见，主要以成员基本工资的百分比进行分配。

3）不同类型团队的激励计划

根据组织形式和任务目标，可以将团队分为平行团队、流程团队和项目团队三种类型。不同类型的团队激励方式存在差异。

平行团队通常是为解决某一特殊问题或承担某项特定的任务而组建。团队既可以暂时存在，也可以长期存在，但团队成员都是兼职的。因此，平行团队激励一般不采用标准的、长期激励薪酬形式，而实行一次性的货币或非货币激励。

流程团队是通过成员共同合作来承担某项工作或工作流程，具有全职性和长期性特点。一般来说，流程团队成员需要经过正规训练，工作能力相当，且技能互补。所以企业需要向流程团队成员支付基本工资，工资等级数量要少，工资差别不能过大，还可以通过加薪和其他绩效奖励计划进行激励。

项目团队是为了提供某项服务、开发某个产品等工作任务而组成的工作团队。团队成员来自于其他不同的团队或部门，技能和能力差别较大，各有专长。在项目期内，团队成员专职工作。项目结束，团队成员或回到原有部门，或与别的成员组成新的项目小组。基于这些特点，项目小组成员也许支付基本薪酬，但成员的基本薪酬可以依据任务、职责和能力差异而在薪酬等级和加薪幅度上体现差别。对于项目成员的激励薪酬部分，可以参照基本薪酬等级按比例支付，以强化合作意识，也可以为了促进成员竞争，而按照成员个人的贡献大小予以支付。

3. 增益分享计划

增益分享计划，又称为收益分享计划，是企业与员工群体分享生产率收益的一种奖励计划。实施增益分享计划的企业，与员工群体事先设定有关附加价值或人工成本等方面的目标，在员工群体实现了该目标之后，企业将与员工分享目标实现后带来的全部或部分收益。增益分享计划是指在团体激励计划中，员工能得到的对企业收益进行分享的权力。它被看作因成本的降低、生产销售方面的改进、顾客满意度的提高和更良好的安全记录而带来的收益在企业与员工之间进行分配的一项计划，常用于员工成本节约或提出具有建设性意见而带来收益的情况。

增益分享计划有助于增强员工的团队意识，还可以在一定程度上抑制成员间的恶性竞争。适合采用增益分享计划的企业，一般具有规模小、财务状况良好、全年生产平稳、季节性波动不强，不强调加班，管理人员能力强，员工工龄较长、技术水平较高、参与意识强等特征。增益分享计划还需要得到高层管理人员的支持，要求组织建立高度信任的组织氛围，管理者与员工间能进行有效的沟通。

典型的增益分享计划包括：斯坎伦计划、拉克计划和提高分享计划、利润分享计划和成功分享计划等。

1）斯坎伦计划

斯坎伦计划又称斯坎隆计划，它是由约瑟夫·斯坎伦于 1935 年首先提出的一项劳资协作计划。其核心特点在于强调员工的参与及合作，其宗旨则是降低公司的劳动成本同时不影响公司员工的积极性。该计划指出，如果雇主能够将因大萧条而倒闭的工厂重新开张，工会就同工厂一同努力降低成本。20 世纪 40 年代中期，斯坎伦又提出了一种以工资总额与销售总额的比例数来衡量工资绩效的办法。从提出至今，斯坎伦计划不断得到补充和完善，成为人力资源开发管理的一种经典模式。

（1）斯坎伦计划的构成。

斯坎伦计划由员工参与制度和确定奖金支付基准两部分组成。

员工参与制度主要是采用两个运作委员会对员工征询和评估员工建议。其中，部门委员会（生产委员会），由管理人员和员工代表构成，负责鼓励和帮助员工提出成本节约建议，并对建议进行收集和初步分析鉴定后，提交到行政委员会。行政委员会（审查委员会）负责决定是否采纳建议，并负责促进管理者和员工间的沟通，监督公司的绩效等。

斯坎伦计划以斯坎伦比率为奖金支付基本。斯坎伦比率是该计划的核心要素。其计算公式如下：

$$斯坎伦比率 = \frac{劳动力成本}{产品销售价值（销售收益和存货价值）} \times 100\%$$

其中，产品销售价值（Sales Value of Production，SVOP）是销售收入和存货价值之和。销售收入指净销售额，需要在销售收入中扣减掉销售退回、补贴、折扣等项目。由公式可知，斯坎伦比率越小，说明单位产品销售价值中所耗费的劳动力成本越低，劳动力成本节省的越多，由之所带来的收益就可作为奖金分配给员工。节约的劳动力成本并非一定要完全发给员工，可留部分作为公司储备金，供公司经营状况不佳时使用，年末时储备金如有余额，可发给员工。

（2）斯坎伦计划的实施步骤。

斯坎伦计划一般按照以下六大步骤实施，具体参见表9.11。

第一，确定增益项目来源。增益可以来源于生产率提高带来的人工成本降低，也可以来源于产品质量提升，产生的次品率降低，进而促成生产成本的节约等。

第二，计算增益总额。增益项目很多，在进行增益分享时，需要将全部增益加总，作为与员工分享的增益总额。

第三，增益留存。增益并非全部直接用于与员工分享，还需弥补上期亏空，如没有亏空，提留部分准备金以备赤字月份所需。一般提留比例约为增益的1/4。

第四，确定员工增益分享比例。确定员工分享比例，以计算员工分享总额。

第五，确定员工个人增益分享比例。员工个人增益分享比例又称为增益分享系数，用员工分配的增益总额占当期工资总额的比例进行计算。

第六，计算员工个人分享增益。用员工个人增益分享系数，乘以每个员工的月工资额，计算员工个人应分享的增益数额。

表9.11　员工增益分享计算　　　　　　　　　　　　　单位：美元

1	销售额	2 000 000
2	减：销售退回、补贴、折扣	500 000
3	净销售额	1 500 000
4	加：库存增加（以成本价或销售价核算）	500 000
5	产品销售价值	2 000 000
6	上期斯凯伦比率	20%

续表

7	允许的人工成本	400 000
8	实际人工成本	350 000
9	奖金总额	50 000
10	公司应分享份额(50%)	25 000
11	为赤字月份留存额(25%)	6 250
12	全体员工应得	18 750
13	增益分享系数	5.36%
14	A员工当月工资	12 000
15	A员工当月应的增益分享额	643.2

斯坎伦计划具有激励员工由"正确地做事情"向"做正确的事情"逐渐转变，引导员工不再被动生产与工作，而开始主动关注并思考如何让企业更成功。

斯凯伦计划为企业提供了很好的群体激励计划的思路，即从人工成本中计提群体激励奖金，企业在实际运用中还可以在该计划的基础上演变发展出其他的增益分享形式。有的采用人工成本占附加价值的比率限额法。将斯坎伦比率中产品销售价值用附加价值进行替代，但这种方法因为受附加价值核算难度，操作性不强；还有的企业采用实际与预算人工成本差异法。企业在年初的时候在制订企业目标时对企业当年人工成本做出预算，年底时用实际人工人成本与预算人工成本相比较，节约的人工成本可用于与员工分享。某种程度上来说，斯坎伦计划也属于该方法，不同的是斯坎伦计划中年初允许的人工成本并不是在往年工资成本占销售收入比率基础上估算得出的，而是依据上期斯坎伦比率计算得出的。

2) 拉克计划

拉克计划由艾伦·拉克于1933年提出。拉克计划与斯坎伦计划非常类似，都是通过雇员提供合理化建议来削减生产成本，并与雇员共同分享由此产生的财务收益。二者均强调员工的参与，并提供货币性的奖励给予鼓励。二者的区别主要体现在两个方面：一是节约目标的差异。拉克计划除关注人工成本之外，还关注其他方面的成本节省；斯坎伦计划只关注人工成本节省。二是用以衡量生产效率的公式不同。拉克计划采用拉克比率衡量生产效率。拉克比率越大，说明公司绩效水平越好，斯坎伦比率越小，说明公司人工成本得到了节约，对公司越有力。表9.12为拉克计划下增益分享计算示例。

拉克比率的计算公式如下：

$$拉克比率 = \frac{增加值}{计划参与人的雇佣总成本(薪金、工资、工资税和边缘薪酬)} \times 100\%$$

$$增加值 = 净销售额 - 原料成本、购买供给和服务的成本$$

拉克比率反映总工资中每美元生产的价值。

表 9.12　拉克计划下增益分享计算　　　　　　　单位：美元

2017 年某公司的拉克比率
净销售额＝2 000 000
购买原材料成本＝800 000
购买各种供给成本＝120 000
购买服务成本＝95 000
增加值＝2 000 000－800 000－120 000－95 000＝985 000
雇佣成本＝450 000
拉克比率＝$\frac{985\ 000}{45\ 000}$＝2.19

2018 年拉克奖金发放期数据
增加值＝1 200 000
雇佣成本＝500 000
以上年度拉克比率计算的增加值为：
雇佣成本×拉克比率＝500 000×2.19＝1 095 000
实际增加值－预期增加值 ＝1 200 000－1 095 000＝105 000 作为与员工分享部分
劳动分配率＝$\frac{人工成本}{增加值}$＝0.42
员工增益分享额＝105 000×0.42＝44 100
企业留存＝44 100×0.25＝11 025
员工实际发放＝33 075
企业可以留存 25％的增益作为紧急资金，用于不景气月份，但到了年末，留存部分余额需要全部分给员工。
拉克比率＝$\frac{1\ 200\ 000}{500\ 000}$＝2.4

　　随着拉克计划的不断运用，拉克计划也得到了不同形式的拓展。有的直接用增加值的一定比例作为增益分享份额，比例是企业事前给定的，一般小于拉克计划中劳动分配率。有的采用净增加值（增加值扣除掉其他费用）计算增益分享总额，还有的以超出一定增长比例的增加值作为分享总额。

　　3）提高分享计划

　　提高分享计划（improshare/improved productivity through sharing）又可称为分享生产率计划，由米歇尔·费恩于 1973 年提出。该计划根据劳动时间来衡量生产力水平。计划的目的是要激励员工用尽可能少的时间生产出尽可能多的产品，故它更适用于激励生产性的员工团队。

　　提高分享计划的操作步骤如下：

　　第一步，开发一种标准用于鉴别生产一个可接受水平的产出所必要的预期时间。一般由生产单位产品的标准小时数表示。

　　第二步，计算劳动时间比率，将其作为支付奖金的基准。

$$劳动时间比率 = \frac{实际劳动时间}{标准工时数}$$

第三步，任何劳动时间比率小于 1，即实际劳动时间少于标准工资时数的部分将由工人和公司分享。

提高分享计划具有"有回购规定"特点，即规定了该计划下奖金发放的最高限额，一旦生产力提高所导致的奖金量超出了该限额，则超出部分由公司储存起来，如储存积累得多了，表明生产力水平获得普遍提高，公司此时可考虑调整绩效标准了。

如表 9.13 所示为斯坎伦计划、拉克计划与提高收益分享计划的比较。

表 9.13 斯坎伦计划、拉克计划与提高收益分享计划比较

特征	斯坎伦计划	拉克计划	提高收益分享计划
目标	提高生产力	提高生产力	提高生产力
节约关注	劳动力成本	劳动力成本 原材料、服务成本	实际生产时间
计划内涵	提倡合作与参与	提倡合作与参与	提倡高效率、迅捷
员工参与方式	部门和审查委员会	部门和审查委员会	无
奖金支付周期	按月	按月	按周

4. 利润分享计划

1）内涵、发展及作用

利润分享计划即当公司达到利润目标时，将一部分利润作为奖金分配给员工。利润分享并不与员工劳动数量和质量直接挂钩，而是与企业经营状况相关，因此，利润分享不具有劳动报酬性质，但也是员工收入的一个组成部分。

18 世纪末，美国出现了最早的利润分享计划。随后，法国和英国开始采用了该计划。但由于政府不重视，没有给予实施利润分享计划的企业予以相关补贴和优惠，利润分享给企业带来了较大的成本负担，因此，该计划在整个 19 世纪发展并不迅速。直到 20 世纪初，美国国会财经委员会开始支持利润分享计划，美国通过法案，对采用利润分享的企业给予税收减免政策，该计划才获得迅速推广，到 20 世纪中叶之后，已经得到了企业和员工的普遍认同。

利润分享计划具有以下几方面的作用：

第一，可以直接提高员工收入，进而提高员工收入满意度。

第二，利润分享计划在提高员工收入的同时，保障了企业对薪酬成本的控制性。利润分享不属于劳动报酬性质，不计入基本工资和固定人工成本，与企业经营绩效直接相关，经营状况良好时，员工可与企业分享成功，经营状况不好时，企业可以因为分享利润的低刚性而避免陷入财务危机。

第三，密切了员工报酬与企业收入之间的关系。利润分享将员工报酬与企业经营绩效相挂钩，将更加促进员工与企业目标的一致性，有利于提高员工忠诚度，有助于促进企业雇佣关系的和谐。

第四，有利于增强企业外部竞争力。利润分享计划将部分利润分给员工，使企业的人工成本与产品价格相挂钩，从而形成了企业降低产品和服务成本的价格的内生机制，有利于增强其外部市场竞争力。

2）利润分享的形式

企业将利润分享给员工的形式主要有两种，一是现金支付制，一是延期支付制。

（1）现金支付制。

现金支付制是指每隔一定时间，把一定比例的利润（如10％）作为利润分享额以现金的方式直接分配给员工的方式。其短期激励性较强，长期激励性较弱。

采用现金支付的方式向员工分享利润，主要需要两个操作步骤：

第一步，确定利润分享总额，即以一定的方式从公司总利润中提取部分利润，以分配给员工。具体有三个计提办法：

① 固定比例法是指将企业实际目标达成情况与预先设定目标情况进行对比，进而确定相对固定利润分享总额提取比例（如利润提取比例为当年净利润总额的5％）的一种方式。这种方法的特点主要是，只要企业取得利润，便可提取相对固定比例的利润作为员工利润分享的基数，操作方便简单，但难以制订合理的比例。

② 分段比例法是指将企业实际目标达成情况与预先设定目标进行对比，并根据对比情况选择相应利润总额提取比例（如300万元以内的利润，3％用于利润分享；超过300万的利润，6％用于利润分享）的一种方式。这种方式通常采取分段提取利润的方式，且完成目标值越大，提取比例越高，因此能有效激励员工为超额完成利润目标而努力，但为此企业需要付出较高的人工成本。

③ 获利界限法是指预先规定企业目标完成最低标准，然后将企业实际目标完成情况与其进行对比，只有在公司利润超过事先定好的最低标准并且低于最高标准的时候才进行一定比例的利润分享。这种方式能够有效保证公司对股东的回报，合理控制企业人工成本，但需要有娴熟的理论及实操经验，操作程序较为复杂。

第二步，确定员工应得利润额度。将应分配利润总额，按照某种方式分到员工头上。具体方法有三种：

① 岗位贡献法是一种系统地测定参与利润分享的岗位在企业整体组织结构中价值的方法。通过岗位价值测评，我们可以比较清晰地了解到利润分享岗位在企业的价值所在，进而判断出岗位对企业的贡献并决定其利润分享额度。市场上有很多关于岗位价值评价的方法，譬如：太和的六因素法，美世IPE系统四因素法，翰威特的六因素法等可供我们借鉴。

② 个人贡献法是一种系统地测定参与利润分享的个人对企业的历史贡献、未来潜在贡献等的方法。通过个人贡献测评，我们可以比较清晰地了解到参与利润分享的个人在企业的价值所在，进而决定其利润分享额度。关于个人贡献评价的方法，目前市场上尚没有明确的、公认的方法可供企业进行借鉴。企业操作时可通过建立个人贡献评估模型来进行。个人贡献评估模型一般因企业性质、企业文化等不同亦有所区分。

③ 综合法是将岗位贡献法与个人贡献法相结合并根据企业现实情况而赋予不同权重综合来决定员工利润分享额度的一种方法。

（2）延期支付制。

延期利润分享是指企业委托管理机构，将员工实得利润分配额按预定比例将一部分利润存入员工个人账户，并在一定时期后支付给员工的一种方式。这种方式因企业所有制性质、企业文化等延期期限亦有所不同。通常来讲，国企性质的企业可能采取延期到退休一次性补偿给员工的方式，而民企或三资企业则多采取较短的期限且每年返还比例相同或不同的方式。与现金分享相反，它有一定的长期激励作用，但短期激励性较弱。这种方法具有长期留住员工的作用，在规定时间内如果员工离开企业，则会失去应得的延期分享利润。与现金支付相比，延期支付管理成本较高，需要员工对该制度和企业具有充分的信任度才能发挥功效。

　　3）利润分享计划的缺陷

　　利润分享计划是一种非常行之有效的激励方式，但怎样将其在企业落地生根却鲜有学者或企业实战人员提及，该课程将利润分享计划涉及的各种方式、方法进行分析总结，并结合自身企业利润分享计划设计经验提出利润分享计划设计模型，并给出了企业生命周期与利润分享计划策略的选择建议，以为企业人力资源经理、人力资源总监设计企业利润分享计划提供重要参考。

　　利润分享计划实施建议：

　　建议一：建立科学合理的利润分享资格制度。为配合利润分享制度的实施，建议企业建立利润分享资格制度，详细规定利润分享参与人的准入、退出等条件。

　　建议二：建立合理的考核制度。

　　利润分配总额度是以企业的目标完成情况为分配依据的，因而对企业目标完成情况的考核是否公正合理，直接影响利润分享计划的总额度，进而影响利润分享计划的实施。因此，企业需制订一套科学合理的考核制度，对企业目标完成情况的指标、数据来源、考核方式、对应利润提取比例进行严格界定。

　　建议三：将企业的实际经营状况传递给员工。

　　为配合和促进利润分享计划，建议在不引起公司机密泄漏的前提下，可让员工了解企业的实际经营状况，如果可能的话，让他们一起来参与计算利润分享额度，使员工真正了解感受到企业真实经营状况，从而增强自身对企业的责任感，最终提升自己、部门乃至整个企业的经营业绩。

　　5. 成功分享计划

　　1）内涵与特征

　　成功分享计划是指将企业综合绩效作为经营目标，在目标达成情况下对企业全体员工所进行的奖励计划。与增益分享计划和利润分享计划不同，成功分享计划主要绩效的综合性，注意协调企业各利润要素之间的关系。

　　成功分享计划中企业与员工分享的成功具有以下特征：

　　第一，综合性。成功分享计划中所追求的成功不仅仅局限于附加值增加或是单纯利润的短期提升，而是综合概念。典型的综合性绩效衡量工具是平衡计分卡，衡量企业在财务、客户、内部流程和学习与成长等方面的全面绩效。

　　第二，相对性。分享计划中的成功通常用经营目标的实现程度来评价。这个程度没有客观标准，一般是依据与上一期综合指标的变化来计算分享额。

　　第三，独立性。企业总经营目标由若干层面的不同绩效目标组成。在成功分享计划中，并不是就总经营目标实现来确定分享奖金，而是对每一个绩效指标相互独立计算。每个绩效指标完成超越了绩效目标，都会单独给予员工一份奖励，而员工群体所获得的总奖励额度由每一项奖励之和组成。

2）成功分享计划的设计

企业施行成功分享计划，需要从资金来源、分享形式和分享对象三个方面予以考虑。

第一，资金来源。成功分享计划分享的是该计划施行所创造的价值，并不会额外增加企业的成本。由于该计划所创造的价值显现具有延期性，企业可以将估算未来收益的净现值作为资金来源。企业还可以每年存部分利润进入成功分享基金，依据综合绩效指标与上一年度对比结果计算出分享比例。

第二，分享形式。成功分享可以分为作用于基本薪酬和奖金两种形式。前者企业主要考虑自身薪酬的市场定位，通过调整企业薪酬政策线来实现。当企业综合绩效提高时，企业可以上移薪酬政策线，从而达到提高员工基本薪酬目的。后者则是依据员工成果绩效，通过奖金形式发放给员工。

第三，分享对象。由于综合绩效是企业全体员工共同努力的结果，因此，成功分享计划是针对全体员工的，尤其适用于那些绩效结果不明确，不能有效测量的管理人员，特别是职能管理人员。

9.3.3　长期激励计划

1. 长期激励计划内涵、作用及其分类

长期激励计划是指以绩效周期超过一年以上既定经营目标的实现程度为基础而提供的奖励计划。长期激励计划一般与3～5年的战略目标的实现紧密相关。

长期激励计划对企业经营发展具有重要作用：第一，该计划有助于增强对高绩效人才的吸引、保留以及激励效果。第二，该计划有助于保持长期项目经营的稳定性。长期激励可以为那些持续周期长的投资、研发等项目参与人员提供持续激励，以避免这些人员因持续激励不够而采取短期化行为，从而损害企业长期利益。第三，该计划可以作为短期薪酬的补偿薪酬存在，使得企业在初创、成长阶段不能支付高薪酬水平而仍具有一定的人员吸引力和保留率。

长期激励计划主要采用现金激励和股权激励两种形式，现金激励计划包括项目现金计划、时间相关计划以及绩效重叠计划，股权激励计划主要包括股票期权、限制性股票、绩效股票、股票增值权、虚拟股权和绩效单位等形式。

2. 长期现金计划

1）概念及作用

长期现金计划是指以超过一年以上的员工业绩为基础给予员工现金奖励的激励计划。现金奖励计划主要适用不能通过上市募集资金发放普通股的非营利性组织以及企业、股票价格大幅下跌导致不能使用更多股票期权的上市公司、想通过长期变动薪酬实现公司价值观转变的私人企业等。

相对于股权激励，长期现金激励对员工完成长期项目或取得长期绩效具有更及时的、更具有现实意义的激励作用；长期现金奖励将引导员工更加注重更受员工行为影响的企业真实经营绩效而不是关注受多方面因素浮动的股市表现；在公司股票价格不稳定情况下，股权激励将受到员工不同程度的质疑，此时，现金计划将能对股权计划发挥较好的补充作用。

2）主要类型

常见的长期现金计划包括三种类型：项目现金计划、事件相关计划、绩效重叠计划。

项目现金计划是指为长期项目的最终完成而设立的现金奖励计划。长期项目是指绩效周期超过一年以上的项目，一般为产品研发、新工厂建立、新市场开拓、分公司的建立、公司重组与合并等等。由于项目目标最终完成需要时间较长，因此而设定的项目现金奖励对员工在项目开展过程中缺乏持续的激励性，这就需要短期团队激励计划予以配合，在项目取得阶段性成果或攻克重大难关等时机给予适时的短期奖励，在项目最终完成时兑现最终奖励，从而有助于留住项目所需优秀人才并且维持项目稳定。

事件相关计划是指对持续一年以上特定事件的解决、应对，或对已经完成一部分经营项目的员工实施的现金奖励。事件是指有一定社会意义或影响的大事情，事件发生时间有的很短，有的也可以持续很长时间。作为长期激励计划存在的事件相关计划主要是针对持续时间超过一年以上事件的处理和应对，有的企业会就此成立专项。此时，事件相关计划等同于项目现金计划。

绩效重叠计划通常指为期 2～3 年的员工持续激励计划。一个为期 3 年的绩效重叠奖励计划，第 1 个绩效目标在第 1 年设定，3 年结束后为依据该目标实现程度给予现金奖励，第 2 个目标的绩效周期为第 2～4 年，则第 4 年结束后，兑现奖励；第 3 个绩效周期为第 3～5 年，以此类推。绩效重叠计划的特征在于绩效周期的重叠，即在特定时期，员工可能同时涉及多个长期项目，这需要员工兼顾的事情很多，付出的辛苦和努力程度更大，因此，越是后期的绩效重叠计划中奖励度要更大。

3. 长期股权激励计划

员工持股计划（ESOP，Employee Stock Ownership Plans）是由企业内部员工出资认购本公司部分或全部股权，委托员工持股会（或其他金融机构）作为社团法人托管运作，从而达到企业员工参与企业管理、分享红利目的的一种新型股权形式。

员工持股计划按照激励对象不同可以分为全员持股、技术人员持股和管理人员持股三类。全员持股是最常见的持股形式，激励对象涉及在企业中连续工作年限符合本企业规定的全部员工，持股数量一般由员工资历、技能、职级、绩效等因素共同影响。技术人员持股主要针对企业核心技术人员，通过授予其一定的认股权来达到激励和约束的目的。管理人员持股是对管理人员实行的"金手铐"的重要组成部分，认股数量与管理者的工作绩效紧密相关。管理人员认购股票相当于向企业提交了未来绩效的抵押，将管理人员的利益与公司绩效紧密相连。

典型的股权激励计划主要包括股票期权、限制性股票、绩效股票、股票增值权、虚拟股权和绩效单位等形式，其对比详情参见表 9.14 所示。

（1）股票期权。股票期权指买方在交付了期权费后即取得在合约规定的到期日或到期日以前按协议价买入或卖出一定数量相关股票的权利。股票期权制也可称为股票选择权。它的基本含义是，用事先议定的某一时期的股票价格，购买未来某一时期的该种股票。举例而言，如某公司在对研发高级工程师制订激励措施时规定，该员工有权用当年的公司股票价格（55 美元）购买或不购买 3 年后公司的若干股股票。如 3 年后公司股票超过 55 美元，则该员工可以从行使权利中获得溢价收益。在美国，股票期权制包括激励性股票期权和非法定股票期权两种。前者是针对普通员工，用于激励员工努力工作，分享公司成长带来的成果。税法规定最高限额为 10 万股，税收方面有优惠。后者是针对公司高层管理人员和技术骨干，用于调动经营人员的积极性，在税收方面没有优惠。

（2）限制性股票。限制性股票（restricted stock）指上市公司按照预先确定的条件授予激励对象一定数量的本公司股票，激励对象只有在工作年限或业绩目标符合股权激励计划规定条件的，才可出售限制性股票并从中获益。限制性股票方案的设计从国外的实践来看，限制主要体现在两个方面：一是获得条件。国外大多数公司是将一定的股份数量无偿或者收取象征性费用后授予激励对象，而在中国《上市公司股权激励管理办法》（试行）中，明确规定了限制性股票要规定激励对象获授股票的业绩条件，这就意味着在设计方案时对获得条件的设计只能是局限于该上市公司的相关财务数据及指标。二是出售条件。国外的方案依拟实施激励公司的不同要求和不同背景，设定可售出股票市价条件、年限条件、业绩条件等，很少有独特的条款。而我国明确规定了限制性股票应当设置禁售期限（规定很具体的禁售年限，但应该可以根据上市公司要求设定其他的复合出售条件）。

（3）绩效股票。绩效股票是股权激励的一种典型模式，指在年初确定一个较为合理的业绩目标，如果激励对象到年末时达到预定的目标，则公司授予其一定数量的股票或提取一定的奖励基金购买公司股票。绩效股票的流通变现通常有时间和数量限制。激励对象在以后的若干年内经业绩考核通过后可以获准兑现规定比例的绩效股票，如果未能通过业绩考核或出现有损公司的行为、非正常离任等情况，则其未兑现部分的业绩股票将被取消。

（4）股票增值权。股票增值权是指公司授予激励对象在一定的时期和条件下，获得规定数量的股票价格上升所带来的收益的权利。股票增值权的激励对象不拥有真实的股票，不拥有股票的所有权、投票权和配股权，股票增值权不能转让和用于担保、偿还债务。每一份股票增值权与一股股票挂钩。每一份股票增值权的收益＝股票市价－授予价格。其中，股票市价一般为股票增值权持有者签署行权申请书当日的前一个有效交易日的股票收市价。作为股权激励两大重要工具，股票增值权与股票期权具有很多的相似处，也有较多不同，具体体现在表 9.14。

表 9.14　股票增值权和股票期权的相同与区别

		股票增值权	股票期权
相同	本质	都是期权金融工具在企业激励中的应用	
	获利原理	都是二级市场股价和企业授予激励对象期权时约定的行权价格之间的差价	
	激励目标	都具有很好的长期性、激励性，约束性较弱	
区别	激励标的物	二级市场股价和激励对象行权价格之间的差价	企业股票
	收益	二级市场股价和激励对象行权价格之间的差价的升值收益	获得完整的股东权益
	收益来源	企业	市场

（5）虚拟股票。虚拟股票（Phantom Stocks），又称"发起人股"或"递延股"或"红利股"，指无代价获取的股份，是公司授予激励对象一种虚拟的股票，激励对象可以据此享受一定数量的分红权和股价升值收益，但没有所有权，没有表决权，不能转让和出售，在离开企业

时自动失效。虚拟股与实际股有着一定的区别和相似之处。与实际股相同的是，虚拟股票授予激励对象股票（虚拟的），激励对象可以获取由此获得的分红权和股价升值收益。不同之处在于：第一，虚拟股票模式没有所有权和表决权，不能转让和出售，也无需工商登记；第二，虚拟股注重激励效果，强调动态机制。因此，虚拟股票激励具有以下特点：第一，股权形式的虚拟化。激励对象并不获得真实股票，而是获得相应股票权利；第二，股东权益的不完整性。由于激励对象并不获得真实股票，故也不能获得股票所对应的股票投票权和分配权，而只有相应的获益权；第三，虚拟股票不需要员工出资。虚拟股权由公司无偿赠送或以奖励的方式发放给特定员工。

如表 9.15 所示为典型长期股票激励模式对比。

表 9.15   典型长期股票激励模式对比

特点 ＼ 类型	股票期权	限制性股票	绩效股票	股票增值权	虚拟股权
实股与否	是	是	是	否	否
股东权益稀释	有	有	有	无	无
激励收益	增值权	分红权 增值权 投票权	分红权 增值权 投票权	增值权	分红权 增值权
员工风险	无	有/无	无	无	无
员工现金支出	有	有/无	无	无	无
公司现金支出	无	无	有/无	有	有
评估定价	需要	需要	需要	需要	需要
主要适用公司类型	初始资本投入较少，资本增值较快，人力资本增值效果明显	成长及业绩比较稳定，股价稳定，现金流充足，有分红偏好	业绩稳定，绩效管理体系较成熟	现金流充裕，有较大成长空间	增长较快，现金流量充裕的非上市公司和上市公司

9.3.4 特殊绩效薪酬

1. 内涵、特征及其作用

特殊绩效薪酬是指为做出超额或特殊贡献的员工提供额外的货币或非货币奖励的激励制度，是对员工超额绩效或周边绩效的奖励，又可称为特殊绩效认可计划。

特殊绩效薪酬具有以下三个特点：第一，运作独立。特殊绩效薪酬在激励目标和行为以及功能等方面有别于基本薪酬、成就工资和奖金、激励薪酬等，因此，特殊绩效薪酬可以单独设计与运营。第二，形式多样。依据激励对象的需求等因素，特殊绩效薪酬可以采用货币或非货币的、直接或间接的、有形与无形的多种多样的形式。第三，针对性强。特殊绩效薪酬可以依据员工需要和企业文化特质等，对员工的绩效薪酬形式进行个别定制，针对性较强。

特殊绩效薪酬克服了传统薪酬不能反映对员工超额绩效给予认可和奖励以及不能激励

员工的组织公民行为等缺陷，其设计目的主要在于兼顾员工的任务绩效和周边绩效的综合评价，承认和鼓励员工一切有利于企业的行为。特殊绩效薪酬可以发挥以下作用：第一，保障激励机制的完整性。特殊绩效薪酬弥补了传统薪酬不能覆盖超额绩效和周边绩效的缺陷，使激励机制更全面和完整。第二，提高员工的自主性。特殊绩效薪酬可以激发员工主动做出超出绩效标准以及岗位职责要求的有利于企业业绩提升的工作行为，从而有助于保持企业动态竞争优势。第三，体现人本管理思想。特殊绩效薪酬增加了员工参与机会与积极性，提供的薪酬形式也更符合员工的主观意愿与需求，更加体现了人本主义思想。第四，能更灵活控制成本。特殊绩效薪酬并不一定采取货币形式，故能使企业在薪酬成本控制上更具有灵活性。第五，激励更有针对性。特殊绩效薪酬设计的定制化和个性化，使其对激励更有针对性，激励效果更好。

2. 特殊绩效薪酬的设计

1）奖励对象

特殊绩效薪酬奖励的是员工做出的特殊绩效，主要包括超额绩效和周边绩效。

超额绩效是指员工做出的远远超出工作绩效标准的绩效结果，如：生产量与销售量的显著增加、新技术创新突破等。超额绩效一般不属于员工绩效常态。

周边绩效是与任务绩效相区别的一种绩效类别。Motowidlo 和 Borman(1993)将绩效划分为两个方面，一是任务绩效，另一个为周边绩效。任务绩效是与具体职务的工作内容密切相关的，同时也和个体的能力、完成任务的熟练程度和工作知识密切相关的绩效。周边绩效是与绩效的组织特征密切相关的。周边绩效的内涵是相当广泛的，包括人际因素和意志动机因素，如保持良好的工作关系、坦然面对逆境、主动加班工作等。Motowidlo 确定了五类有关的周边绩效行为：① 主动地执行不属于本职工作的任务；② 在工作时表现出超常的工作热情；③ 工作时帮助别人并与别人合作工作；④ 坚持严格执行组织的规章制度；⑤ 履行、支持和维护组织目标。由此可以将周边绩效概括为三项内容：第一，员工采取的有利于组织中其他个体员工的行为，如乐于助人、团结合作、组织参与等；第二，员工采取的有利于组织的行为，如遵守规章制度、认同组织价值观、维护企业形象等；第三，员工做出的有利于工作或任务的行为，如员工饱满工作热情、额外工作时间投入、自觉执行非正式工作任务等。

2）奖励形式

特殊绩效薪酬的奖励可以采用货币与非货币的多种形式，具体可以分为：

（1）货币奖励，包括现金或间接转化为现金（股票期权、股票转让）等。如，企业设立"荐才奖"对向企业推荐优秀人才的内部员工予以货币奖励。

（2）口头与书面奖励。具体可以包括领导对个人单独表扬或公开口头表扬、颁发奖状、新闻报道、树立榜样等精神奖励。

（3）与工作相关的奖励。如工作晋升、工作转换、工作地点转换、培训机会、带薪休假等。

（4）社交活动奖励。如为员工提供与高层管理者接触机会：打球、旅游、进餐等；为员工提供参加行业内沙龙、研讨会等机会。

（5）其他物质性奖励。如赠送电影、音乐会、画展等门票，礼券，与家人一起旅行等。

特殊绩效奖励形式的选择主要取决于员工做出的特殊绩效形式和贡献大小，还要受企业管理风格、文化和被奖励员工需求特点的影响。

特殊绩效奖励也需要体现及时性和强激励性特征，奖励时机可以选择三种方式：一是选择在年末或新年期间的固定时间发放，二是选择创造特殊绩效之后及时发放；三是在特定时间发放，如重大项目完成之际或对企业有重大意义或影响的时刻。

3. 特殊绩效薪酬的种类

企业中常见的特殊绩效薪酬有以下几类：

（1）出勤奖。出勤奖是为鼓励员工连续出勤所设立的奖项。员工缺勤直接影响到企业可用劳动力数量，进而影响到企业运营的连续性。提高出勤率是提高企业人力资源供给的主要对策之一。企业设立出勤奖，对于出勤好的员工给予一定数额的现金奖励，有利于提高员工出勤积极性。

（2）工作年限奖。工作年限奖是对长期为企业服务的员工所做出的奖励。企业可以通过设立工作年限奖，达到提高员工组织忠诚度，留住核心员工等目的。

（3）荐才奖。又称为伯乐奖，是对那些为企业推荐优秀人才的内部员工的奖励，也可衍生为为企业培养优秀员工的管理者的奖励。内部员工推荐人才是企业招聘的主要手段之一，可以提高企业招聘质量，降低招聘成本。据中国人才热线最近调查：在企业 HR 招聘中，熟人推荐是 HR 目前最乐于使用的方式。调查显示，45.3％的企业高层管理者、53.4％的中层管理者及 67.8％的一般员工均由熟人或员工推荐。中人网近日发布的《中国企业招聘现状调查》显示，无论是通过新兴的网络招聘，还是使用传统的报纸招聘、人才交流会，都比不上熟人推荐的效果明显，超过半数的企业最认可的招聘方式是通过员工或熟人推荐人才。2014 年，华为发动全体员工网罗有用之才，动员全体员工内部推荐，开出"伯乐奖"，每挖一人奖励 500 元。西门子公司则在宣传栏打出广告，每"挖"一人奖励 3000 元。

（4）员工建议奖。该奖项主要奖励那些提出了降低成本、提高效益等合理化建议的员工。湖北三鑫公司注重发挥广大员工的聪明才智，鼓励员工在生产、安全、管理、技改等方面出点子、想办法深入挖掘企业潜力。2015 年，公司共收到 200 多条员工合理化建议，包括生产、技术、成本、管理等内容。2016 年，三鑫公司信息中心员工田力宇，因"井筒无线通信设备制造、安装、使用""主井塔安装对讲机中继站"两项建议被公司采纳，获得了合理化建议奖励 1.2 万元。员工建议奖有助于增强员工的参与度和组织归属感，并有助于提高企业生产效率、降低成本。员工建议奖的实行需要一系列的配套措施：第一，需要得到企业高层的支持；第二，还需企业成立建议评审委员会，对员工所提建议进行评审，对已应用于生产实践，并取得实效的项目进行奖励；第三，完善合理化建议工作制度，明确建议的提出、初审、评审立项、组织实施、推广应用、效益评价认定、公示、考核奖励等工作流程；第四，将合理化建议工作纳入各单位、部门的年度绩效考核之中，并作为员工年终考核、职位晋升、薪酬增加等决策的重要参考依据。

思 考 题

1. 绩效薪酬主要分为哪些类别？
2. 什么是绩效加薪？绩效加薪主要影响因素有哪些？怎样操作？
3. 什么是年终奖？年终奖的额度、发放形式、发放时间应如何确定？

4. 哈尔西计划、罗恩计划、甘特计划有何区别与联系？

5. 拉克计划与斯坎伦计划有何区别与联系？

6. 长期股权激励计划有哪些类型？

案　例

如何处理此类加薪人员

假如你是某公司管理部经理，某天你收到下属一封信，信件内容如下：

尊敬的公司领导：

感谢公司这一年多对我的关心和支持。公司在成长，本人也在成长，面对公司管理层提出的副经理绩效考核问题，作来管理部副经理，本人结合自身工作，郑重向公司提出加薪的申请，理由如下，望给予批准为谢！

2007 年 1 月 15 日入职以来，我从负责人事几个模块，管理 3～4 个人的工作，到逐步的接手总务和信息，管理 47 人的工作；除了在原有基础上维持了管理部的正常运作外，还将过去一些被划分出去的职能块交接了过来，例如从稽核中心接手的绩效考核工作，还接手了其他部门划分出来的工作，例如从 PMC 接手的快递工作，从财务接手的工资核算工作，固定资产管理工作，在 2007 年 8 月，管理部架构增加了车队，即原来资材的物流组，管理部的人员也从原来 47 人增加到 58 人，在本人负责管理部工作以来，带领部门全体同事脚踏实地，努力进取，现在管理部人员稳定，思想活跃，职能完整。

现在人才市场上人力资源主管的工资一般在 4000～7000 元，人力资源经理的工资在 6000～12 000 元，而公司内部副经理级的平均工资数据 5000 元，在我来之前已有一名管理部顾问在职，他的薪资为 7000 元，当离职后的一年时间里，我身兼两职，工资仅为 4000 元，比某些部门的课长工资还略低。综上所述，为了贯彻绩效考核的公平公正原则，本人恳请加薪！

说明：该申请人员入职至今 1 年零 6 个月，入职时职务为“课长”薪资 2500 元，3 个月后部门原有的经理（顾问）离职，由课长代理部门工作，并调整薪资为 3000 元，6 个月后，为了培养和鼓励该员工也为了给这位课长一个发展的机会，该名课长提升为部门的副经理，全面整合管理部及人力资源部的全盘工作，其间为他配备了 3 名课长，人员从原有的 47 人增加到 58 人，薪资也调整到了 4000 元。

问题讨论：

1. 你作为该员工的直接领导，你会同意给该副经理加薪吗？请结合加薪的目的和影响因素分析。

2. 如果你同意加薪，请问该如何实施？如果你不同意加薪，你将如何应对该副经理的加薪要求呢？

第 10 章 特殊人员绩效与薪酬

本章要点
◇ 销售人员绩效考核及薪酬设计
◇ 研发人员绩效考核及薪酬设计
◇ 企业经营者绩效考核及薪酬设计
◇ 团队绩效考核及薪酬设计

▶**阅读资料**

西门子公司销售人员复合激励方案

德国西门子公司为了能保证销售员工较高的绩效，有针对性的分析各种激励手段对于员工的作用，从而建立合理的员工激励方案以激发员工的工作热情和积极性。西门子公司针对通信、电子行业中的销售部门的普通员工开展了一次问卷调查，列举了与工作有关的因素和描述，让员工首先对之进行评价，找出员工满意和不满意的地方。

通过对调查结果的分析，公司发现销售人员比较看重的因素主要包括：成长的机会、个人素质的培训、员工在团队中的重要性、工作挑战性、工作的反馈程度、良好的人际关系、提升的机会、薪酬分配制度、权力需要满足程度等等。在满意和不满意方面，销售员工对于公司满意的因素主要集中在薪酬福利、保险、工作环境、企业文化、吸引力（发展前途，工作中能学到许多知识，工作关系融洽）等，不满意的因素集中在奖励措施、住房补贴，而且与其他部门员工相比，销售人员对个人素质的培训，良好的人际关系，员工参与和决策，薪酬分配制度，权力需要等的方面的满意程度要低。

通过上述调查统计和阐述，明晰了问题所在，西门子公司就能进一步设计出针对销售员工的激励方案。整个方案主要包括以下十个方面：

一、富有挑战性的工作。企业为员工提供富有挑战性的工作机会，一方面可以保持本公司的技术领先性，另一方面员工也得到了锻炼，公司的凝聚力也得到了增强。

二、与业绩挂钩并随市场调整的薪酬。最好的业绩、最突出的员工应得到最好的报酬，如果企业不能提供有竞争力的薪酬，可以选择其他的激励方式。例如，企业可以向员工提供更多的晋升机会或更多的培训。

三、可信赖的领导。可信赖的领导应是具备技术背景又超脱于技术之外的管理者，他应当拥有敏锐的商业嗅觉，在企业内部倡导冒险和创新的氛围。

四、灵活性和信任感。企业员工希望灵活地安排自己的工作时间和地点，只要他们能完成公司的任务，企业应充分信任员工能很好地平衡个人生活和工作，授予员工自治权，尊重他们和认可他们的工作成绩等。

五、培训和职业发展机会。培训能使企业在行业中获得竞争优势，并能促进企业在销售额和利润上的提高，企业可为员工提供学习新知识、新技能的机会，诸如部门岗位轮换、灵活的工作任务等。

六、沟通。管理者认为他们了解员工的需要，但员工往往不这么想，企业员工希望不断地与经理交流沟通，他们也希望自己的贡献能被认可，更乐于与公司内的其他员工打交道。

七、愉快的工作环境。企业员工希望有愉快的工作环境，如便装、优良的办公设备、舒适的就餐和体育锻炼空间等，企业也可选择向他们提供免费饮料和午餐。

八、灵活的福利计划。自助餐形式的福利计划使员工可以从一系列的福利中选择最佳方式，公司可以为每位员工提供同样的基本福利计划，如医疗保险和休假等，但允许销售人员从附加的福利中进行选择，如每年他们可自主选择参加一次专业会议，费用由公司承担，或者更多的休假时间及向他们发放周末旅游的优惠券。

九、让业绩好的员工有出头的机会。当发现员工表现卓越时，立刻奖赏他们，方式有晋升、给予激励、额外报酬、红利、更高头衔等。

十、实现开放沟通。与表现优良的员工做正式的、一对一的沟通，这样的讨论方式会让公司员工有参与感，并受到激励。

通过以上激励方案的执行，西门子公司发现销售员工的工作热情比以往更加高涨，更为关键的是，他们的绩效在不断地持续提高。

——案例来源：HR 案例网. http://www.hrsee.com/? id＝653，2016－02－20

本书前几章中描述了企业一般职位的绩效考核操作方法与流程以及薪酬制度设计，但却不一定适用于企业中某些特殊群体。企业中总是存在一些特殊群体，他们处于矛盾冲突（由于不同派系对群体成员的不同要求所指）交界位置，且冲突的解决方式对企业的成功起着至关重要的作用，因此，企业面对这些特殊群体也将采用特殊的激励和约束措施，这些特殊群体包括企业销售人员、研发人员、团队、一线管理者、经营者、临时工等。本章将重点阐述销售人员、研发人员、团队以及企业经营者的绩效考核与薪酬设计制度。

10.1 销售人员绩效与薪酬

10.1.1 销售人员特点、分类

1. 工作特点

销售工作具有以下特点：

第一，销售工作业绩直接关系企业的生存和发展。这是销售工作最为重要的特征之一，销售工作业绩直接决定了企业销售收入多少，进而影响到企业获得的利润大小，因此，有效的绩效考核和薪酬激励对销售人员的激励具有重要作用，直接影响到企业的利益。

第二，工作时间自由、工作场所不固定。销售工作不同于生产、管理、研发类等其他工作，其工作时间没有明确限定，工作场所也随销售任务具体变化。销售人员在正常的上班时间出现在公司并不一定是在工作，而整天在公司不见人的销售人员也并非毫无作为，因此，对销售人员不能在打卡出勤方面提过高要求。

第三，工作过程无法实施有效的监督和控制。无论是与客户正式洽谈业务还是与客户沟通、交流、吃饭、打球等维系客户关系，都是销售的工作内容，很难进行监督；此外，销售人员工作地点大多是在公司外部，也增添了对其工作过程进行监控、控制的难度，因此，销售人员的绩效考核对销售过程绩效方面侧重偏少。

第四，工作结果可衡量。销售工作主要结果是取得的销售量、销售额，以及维系了多少老客户，开发了多少新客户，这些结果都具有可衡量性。销售人员之间的工作绩效差异大多体现在这些方面，因此，销售人员的绩效考核多采用结果导向型。

第五，工作业绩不稳定。销售工作业绩受销售人员销售意愿、能力等内因作用，受企业销售预算、产品创新与更新换代、组织战略调整等企业因素影响，还要受来自政治、法律、技术、经济、市场需求等外部因素的制约，因此，销售人员工作业绩具有不稳定性，因此，销售人员绩效考核标准要能动态调整，销售人员薪酬需要与绩效结果密切挂钩，具有高度灵活性。

2. 分类

美国盖洛普管理顾问集团将销售人员分为四个不同的类型，分别为竞争型、成就型、自我欣赏型和关系型。

竞争型销售人员具有极强的好胜心，喜欢刺激，工作最大动力在于击败同事，以此实现自我价值。这类销售人员对开发新客户、新市场，攻克难缠的客户等有挑战且能显示自己更强的工作更有兴趣且能够胜任，但这类人员团队合作能力不强。

成就型销售人员工作动力来自于对获得成功的向往和追求，这类人员严格高标准的要求自己，不断取得新的成就，并不在意同事也取得很好的业绩，更注重团队绩效。

自我欣赏型销售人员工作缺乏冲劲，他们认为自己是很好的，也希望这一点得到同事和上级的认同，因此，对这类人员最大的激励不是奖金和奖品，而是尊重。

关系型销售人员销售工作重心不同于竞争型销售人员喜欢开拓新市场，他们更倾向于维系和保持老顾客，这类人员不追求名利，不愿做冒险的工作，默默无闻，但在自己选择的工作方面兢兢业业。

10.1.2 销售人员绩效考核

1. 影响因素

由于销售工作具有时间、地点不固定，工作过程难以监督和控制以及销售人员在工作人格上的巨大差异，对于销售人员绩效考核具有较强的复杂性。制订销售人员绩效考核目标，需要考虑以下若干因素的影响：

（1）人员工作组成形式。主要是指销售人员是以个人为主还是组成团队形式开展工作，以个人为主的销售主要取决于个人与客户的良好沟通，在拟定绩效考核目标时，需要考虑的影响绩效差异的个人因素，如员工资历（新员工或老员工）、销售过程与结果一致等；以团队为主的销售主要依赖销售团队与客户的沟通交流，在订立考核目标时，除了重视团队业绩结果，如销售收入、市场份额、客户数量等，还需关注类似人均销售额、单品利润率、人员流动率、团队合作度等团队素质指标。

（2）产品因素。产品实体性质、功能、技术复杂程度等性质对销售周期、销售过程和销售结果都具有较大影响。对于简单的、实体性存在的产品，如成衣、玩具等，销售周期短，销售过程简单，销售工作成果更多体现为销售业绩方面，制订考核目标和指标时要做到考核周期短（可以每天、每周考核），考核目标结果导向等方面。如过时成套设备、系统或系统咨询方案等复杂的产品，销售周期相对较长，对销售人员销售过程控制要求增强，除了考核销售业绩最终成果之外，还需要增加对客户需求响应速度、客户首选率、客户回头率、客户满意度等销售过程的反馈了解。

（3）企业生命周期因素。处于不同生命周期的企业资源条件、发展策略、发展目标存在较大差异。创业阶段的企业资源有限，以快速开拓、扩大市场份额为目标，故而销售人员的考核更加注重人均销售量、铺货率、回款速度、销售成本等指标；处于成熟阶段的企业组织结构完整，制度健全，资源丰富，产品组合多样化，不再以发展速度为追求目标，更多强调当前收益以及未来发展潜力，对销售人员也要求重视团队销量、产品组合销售目标、主打产品利润率等。

（4）产品周期。产品从研发到进入市场后，需要经历引入、成长、成熟、衰退等阶段。企业针对不同发展阶段的产品会制订不同的产品发展策略，对销售工作有不同的要求。如对处于引入期的产品重点强调产品渠道铺设和市场份额；对于成长阶段的产品则强调增长速度，如渠道销售量、销量增长率、客户增长率等；对成熟的产品则对产品利润率有更高要求；对衰退阶段的产品则更为关注产品收益与成本，如单位产品利润率等。

2. 原则

销售人员的绩效考核需要遵循以下原则：

（1）结果与过程并重原则。由于销售工作绩效结果明确，绩效过程难以监督和控制，所以销售人员考核大多为结果导向，但并不表示销售过程就不重要，或者不需要考核。销售过程中销售人员的态度和行为表现直接决定了销售人员绩效，还会影响到销售人员所在部门绩效，甚至对企业利益产生长期影响。因此，销售人员的绩效考核应该结果与过程并重。销售经理会通过实体会议、电话会议、发电子邮件等方式开展销售周会，对销售人员的销售过程进行控制；还需让销售人员填写销售日志、工作周报等管理表格，按月或季度上交销售述职报告，从而既能了解和把控销售过程，还能为绩效考核提供数据支持；管理者还可以采用定期巡视的方式，了解和监督销售过程。

（2）定量与定性指标兼顾原则。定量指标能够清晰明确展现不同销售人员的销售绩效差异，常见的量化指标包括衡量销售结果的指标，如销售额、销售量、回款率、利润额、市场份额、老客户数量、新客户占比；还有衡量销售过程的指标，如平均每天拜访客户人数、每次访问所用时间、访问成功率、每天销售访问的平均收入等；销售绩效虽然大多以量化形式展现，但也不能完全忽视某些定性方面，如客户满意度、企业声誉度、销售态度，等等。

（3）系统性原则。绩效考核是对员工管理激励的方式之一，其作用仅仅是通过考核了解和区分员工绩效。企业不能孤立地看待绩效考核，需要将绩效考核放回到绩效管理系统中，绩效考核才能不停留在形式，为考核而考核。因此，企业在绩效考核之前要做好绩效计划，让员工明确绩效目标，做好绩效实施，对员工绩效过程进行很好的指导和控制，考核之后还要及时做好绩效反馈，帮助销售人员接受考核结果，正确认识自身优缺点，并采取措施做好绩效改进工作。销售人员绩效考核还离不开培训、薪酬管理、职位晋升等其他人力资源管理职能的配合与支持，做好绩效考核结果的有效运用。

（4）注重个人发展原则。销售人员的绩效考核不能仅考核绩效，为员工奖惩提供依据，还应注重销售人员职业生涯发展，推动销售人员与企业共同成长。销售人员大多具有很高的流动率，而销售人员掌握了大量企业客户关系，高频率的销售人员流动不仅影响到企业销售收入的稳定性，还可能对企业长期发展带来不可估量的损失。因此，对销售人员考核与其他激励注重个人发展，对延长销售人员在企业服务期限，深挖销售人员对企业价值贡献具有重要意义。注重个人发展，需要依据员工职业生涯发展路径在考核中加入相关能力要求考核项目，从而敦促销售人员提升适应企业发展的能力水平，以达到更宽更高的企业内部发展平台。

3. 考核指标

对销售人员的考核需要首先明确考核对象，销售经理和销售人员的绩效存在较大不同，因此考核指标也有很大差异。下面着重介绍对销售人员的绩效考核。

1）销售人员绩效目标设计

合理分配销售指标是整个销售管理及绩效考核中非常关键的一个环节，分配得好，不仅能最大限度地完成销售指标、创造效益，更能激发员工工作的积极性和上进心；反之，则容易造成销售人员的怠慢或者抱怨，最终影响企业的发展。销售人员绩效考核大多采用目标管理方式，具体操作为绩效期前将公司制订的年度销售目标进行分解。销售人员目标必须和公司总目标和价值观保持一致。企业分配销售任务目标通常有以下几种方法：

第一，据时间分配，是指将总销售额按季度或者按月来进行分配的方法。主要适用于产品季节性比较强的企业，如服装、水果等。

第二，根据团队单位分配，是指将销售总额按比例分配给团队的方法，这种方式比较适合下设分公司或者部门的大中型企业，这种分配方法既能增强团队的团结，还能提高团队管理者的积极性，具体实施时需要做到公平。

第三，根据地区分配，是按销售地区的大小、经济状况与消费购买力分配销售任务目标的方法。对于经济发达，人民收入水平高的地区，如北京、上海、深圳等城市可多分配些目标，而相对较低的中西部地区则可以占较少配额。

第四，根据产品分配，是指企业按照品牌和产品特性来分配销售目标的方法。这种方法适用于实施产品多元化战略，同时拥有多个品牌或多条产品生产线的企业。

第五，根据客户资源分配，是指按销售人员面对的客户数量和特性分配，这种分配方式主要适用于那种以中间商渠道为主的销售企业，可以方便销售人员对中间商客户进行针对性销售管理。

第六，根据销售人员分配，是指依据销售人员个人能力进行任务分配，这种方式比较适合中小企业，使用该方法需要注意公平性。

2）销售人员绩效考核指标设计

销售人员绩效考核指标设计需要遵循过程与结果并重、定量与定性兼顾、系统化和注重个人发展等原则。因此，从绩效考核指标体系框架构成来说，绩效考核指标可以由业绩指标和能力指标两大类构成，其中，业绩指标所占权重更大。

业绩指标主要包括销售目标完成指标、市场份额指标、客户管理、产品利润和员工培训类指标等，其中，销售任务目标完成指标有计划达成率、销售收入增长率、销售回款率、毛利率、销售量（额）、坏账率等；市场份额指标主要用市场占有率表示；客户管理类的衡量指标包括新客户开发达成率、新客户开发数量、客户保有率、客户投诉处理率等；产品利润衡量指标有新产品利润率、核心产品利润率；培训计划完成率指标主要用来衡量员工培训管理绩效。

能力指标主要是对销售人员工作态度和工作能力的测量，工作态度主要从销售人员报表提交、工作热情、团队合作、出勤、责任感、服从安排、服务意识、日常行为规范等方面进行衡量；工作能力则主要反映在专业知识、分析判断能力、沟通能力和灵活应变能力等方面。

4. 考核数据来源

对以绩效结果为主的销售人员绩效考核需要详细、准确的数据资料作为支撑，没有数据来源，对很多指标都无法进行客观评价。每周一次或每月一次的销售工作计划报告、销售日报、月度总结和书面报告等可以帮助销售主管了解和比较销售人员的计划目标的完成情况；对客户和消费者的调查报告可以帮助了解销售人员工作态度和能力等过程绩效指标，尤其是日常客户的投诉十分有用。常见的重要的销售数据来源主要有以下几张表格。

（1）销售人员日报表。销售人员日报表是对每日的销售情况全面记录的报表形式，由销售人员填写，上交管理人员批阅，该报表是对销售绩效进行有效考核的重要的第一手资料。销售人员日报表在设计时需要注意以下几点：第一，销售人员日报表要包含恰当的项目，如访问对象信息、销售额信息、折扣、费用等；第二，日报表要采用统一格式，便于管理；第三，日报表力求简单，易操作。为节省销售人员时间，报表力求简洁明了；第四，销售日报表设计有助于销售人员能力提高与经验积累。

（2）销售人员月报表。销售人员月报表是由主管人员对日报表主要内容进行摘录、统计计算后形成的报表形式，销售人员月报表主要反映的是销售人员月销售绩效，月报表的内容和格式设计依据企业需求和销售绩效内涵进行。

（3）销售人员效率计算表。销售人员效率计算表是利用销售人员月报表中的统计数据计算绩效考核指标体系中比例指标的表格形式。比例指标避免了数值型指标的单位不统一等问题的局限，更能准确衡量销售人员绩效水平。实践中，一般销售人员绩效需要量值指标和比例指标相结合使用。

5. 考核标准的确定

合理的考核标准是实施有效的绩效评估的前提，从经济性和操作便利性要求出发，企业不适合对所有销售人员订立统一的绩效考核标准。在拟定绩效考核标准时需要清楚整个市场的潜力和每一个销售人员的工作能力，还需要与销售额、利润和企业的目标相一致。

一般来说，销售人员绩效考核标准的建立有两种思路：

第一，为每种工作因素制订特别的标准，如销售毛利、访问次数、每次访问的成本等方面，依据企业特征进行特别定制。

第二，以平均销售人员绩效作为标准，具体考核时将每位销售人员绩效表现与平均销售人员的绩效相互比较，衡量销售人员绩效状况。

具体标准构建方法有两种，一是通过对销售人员时间分配进行详细研究，进而制订相关标准，这种方法十分费时和消耗成本。另一种是利用管理人员以往的经验为判断标准，这种方法易操作，结果容易满足企业要求。在具体运用时要保持标准的灵活变动性，依据特定因素变动对标准进行调整。

10.1.3 销售人员薪酬

销售人员工作时间自由，单独行动多，对工作的安全性需求不大，流动性大，销售工作时间、地点不固定，工作构成不容易监督和控制，销售工作绩效不稳定，因此，对销售人员需要采用松散管理方式，给予销售人员更多的工作自主性。销售人员的薪酬设计也需同别的工作群体有所不同。

1. 销售人员薪酬影响因素

（1）销售人员付出的劳动。无论国别、地区和行业存在何种差异，员工的薪酬水平都要受其提供的劳动量的影响。薪酬与绩效是企业与员工间的对等承诺，员工只有为企业劳动才能得到回报，员工多大程度提供劳动量，就能得到相应程度的收入回报。销售人员薪酬受销售人员拜访客户、与客户洽谈业务、签订订单、回访客户等努力程度影响。

（2）销售人员的职位。职位薪酬体系中，销售人员所处职位应承担的责任大小，对员工技能和能力要求高低决定了销售职位价值高低，进而决定了销售人员能够获得基本工资水平的高低。

（3）销售人员的受教育程度。销售人员与客户直接接触，是企业与客户的纽带，一言一行直接代表企业形象。销售人员素质越高，能力越强，越能维护企业形象；此外，受教育程度影响到能力水平，进而影响到销售人员绩效结果，最终影响销售人员收入。

（4）销售人员的经验。销售人员经验越丰富，基本工资越高，这有利于促使员工不断学习产品知识，不断接受培训，以提高销售能力和工作效率。

（5）对企业服务的年限。一般来说，员工基本工资与员工对企业服务年限成正向关系，企业为减少人员流动，增强员工忠诚度，会将员工基本工资与其服务年限相挂钩。在流动率本身很高的销售行业，销售人员对企业的服务年限更能体现其对企业的忠诚程度。

（6）企业经营状况。任何薪酬均是薪酬成本一部分，都将受到企业经营状况的制约。在竞争较小，投资利润率高的企业，有能力支付高水平薪酬，如金融领域的销售人员薪酬水平就高于家电行业。

（7）地区差异。地区经济发展水平影响到当地物价，进而决定了消费者收入购买力，因此，销售人员薪酬水平支付还需考虑地区差异。

（8）行业差异。不同的行业，所处生命周期不同，竞争程度不同，从而盈利能力不同，能为行业内企业带来的收入也不同，对员工支付薪酬的能力不同。

（9）劳动力市场的供求状况。劳动力市场供大于求，则劳动力价格下降，反之，则劳动力价格上涨。不同层次销售人员劳动力供给状况不同，由于销售行业进入门槛低，因而，低层次销售人员劳动力供给充足，薪酬水平不高；而类似高级销售经理、区域销售经理等高级销售人才，供给较少，薪酬水平相对较高。

2. 销售人员薪酬模式

销售行业进入壁垒低，销售队伍日益庞大，使得销售人员之间竞争激烈。销售工作过程不易监督和控制，但销售结果易测量，所以销售人员的绩效更多以销售结果展现，销售人员的薪酬大部分与销售结果挂钩。

在实践中，主要的销售薪酬类型一般有任务方案和红利方案两种，销售人员的薪酬可以是"工资＋任务"提成，或"工资＋红利"两种模式。任务方案是指事先制订一个销售任务定额或目标，如销售数量或销售额，在员工完成了定额或目标之后，为其提供了一个与总销售收入、产品单位的销售数量或总利润收入相联系的百分比分成或收入量；红利方案是指为完成目标任务而支付的相当于基本工资一定百分比的薪酬或事先定好的薪酬量。任务方案是业务提成模式，红利方案则是奖金模式。综合以上两种方案模式，销售人员的薪酬模式可以划分为以下几种模式。

1）纯基本工资制

纯基本工资制是指对销售人员的薪酬收入完全由基本工资构成，基本工资由销售岗位价值决定，销售人员从事相同的销售岗位，获取相同的基本工资收入，销售部门岗位一般可分为销售业务员、业务经理、企业销售经理等。

纯基本工资制具有以下优点：第一，它能较好地体现企业内部的公平性。纯基本工资制度下基本工资以岗位价值为基础，同岗同薪，职位层级越高，所负责任越大，贡献越大的岗位价值越大，所获得基本工资越高，能很好体现内部公平性；第二，直观，对员工职位晋升激励性强。薪酬结构和职位结构相对应，直观呈现职位与薪酬之间的关系，使员工清晰明确要获取更高收入所需要实现的职位晋升方向；第三，为那些销售能力不能迅速提高的员工提供收入保障，增强其工作稳定性。

纯基本工资制缺点也较为明显：第一，销售人员的工作受制于销售职位工作说明书，销售人员工作受工作说明书对工作责任、任务、工作方法等内容的描写，缺乏创新性；第二，薪酬制订的合理性受岗位评价的合理性、公正性和准确性的制约；第三，销售人员薪酬增加与职位晋升相联系，晋升耗费时间很长或晋升无望的员工，工作积极性将受到较大影响；第四，纯基本工资制鼓励员工晋升，对销售人员提高销售业绩缺乏激励性。

2）基本工资＋奖金

这种方式是指销售人员的薪酬收入由按期支付的基本工资和与既定销售目标的实现程度挂钩的奖金构成。基本工资，又可称为底薪，用以保证销售人员基本生活开销，无生活后顾之忧，一般按时定量发放，与销售人员绩效没有太大关联性。奖金则与销售人员绩效直接紧密相关，是在销售人员完成既定销售目标之后才予以发放，销售目标一般是对销售额或销售利润的规定。除销售额或销售利润目标之外，奖金的发放对新市场开拓、回款率、销售费用率、销售量增长率等因素进行综合考虑。此模式下，企业对员工总薪酬可以设置上限，也可以不设，从而激发销售人员的最大潜能。

"底薪＋奖金"中的底薪，能为销售人员提供薪酬的安全稳定性，解决了销售人员后顾之忧，从而可以安心投入销售工作中。对那些新入职销售人员保障作用尤为明显，这些人员缺乏业务经验，不了解市场，没有客户资源积累，销售目标有可能无法完成，底薪为其提供了基本生活保障。"底薪＋奖金"中的奖金对销售人员有一定的激励作用，奖金是与销售额或销售利润目标实现挂钩，因此，能一定程度上激发销售人员工作积极性，提高销售绩效。但奖金的激励作用是有限的，主要原因在于企业为降低销售人员流动率，为员工提供较高水平的基本工资，而奖金的份额占员工总收入的比重偏低。将造成员工尽管不努力，未能获得奖金，按期得到的基本工资已经能保障其自身及家庭的基本生活，进而滋生出部分销售人员偷懒习性，该模式另一缺陷在于奖金的设置标准和销售奖金的资格认定缺乏统一规定。

3）基本工资＋业务提成

"基本工资＋业务提成"这种薪酬模式是指销售人员的薪酬收入由按期定量发放的基本工资和以销售业绩为基础的一定比例的业务提成构成，业务提成通常是按销售人员完成销售额的一定比例提取的，而提成比例取决于产品价格、销售量以及产品销售难易程度等因素。产品价格越高，销售量越大，销售额越多，则提成比例较低；产品销售难度越大，则提成比例越高。"基本工资＋奖金"与"基本工资＋业务提成"两种模式中最大不同在于基本工资在销售人员总薪酬收入中所占比重。前者基本工资占总收入绝大部分，而后者基本工资仅占一小部分，约为 15%～25%。因此，二者薪酬作用也存在很大差异。前者强调薪酬的稳定保障作用，后者则突出薪酬的激励作用。

"基本工资＋业务提成"薪酬模式主要有三个优点：第一，体现公平性。该薪酬模式中销售人员总薪酬水平更多由自身能力和努力的程度决定，因此更能体现薪酬公平性；第二，兼顾对销售人员激励和约束功能。业务提成既对能力强，积极肯干的销售人员起到较强的激励作用，也能对能力弱，消极不努力工作的销售人员发挥约束作用；第三，有针对性激励，节约薪酬成本。对于销售绩效很好的销售人员，设置较高的业务提成比例，增强对其激励力度，对于业绩一般甚至较差的员工则不予以提成，从而将奖励资源集中针对绩效优良的员工，既使激励目标明确，激励力度更强，还可以节约人工成本。

"基本工资＋业务提成"薪酬模式也存在一定的缺陷：首先，该模式对新入职的销售人员较为不利。新入职销售人员因缺乏工作经验和客户积累，可能完不成销售任务，进而拿不到业务提成；其次，该模式不利于团队合作。业务提成与个人销售业绩相关，从而激发员工间激烈竞争，甚至是恶性竞争，不利于团队团结；最后，销售业绩不完全由销售人员个人因素决定。非个人的外力因素，如企业产品研发、市场需求、经济环境等因素都会影响销售人员业绩，因此，该薪酬模式需要在具体应用时注意平衡外界环境因素的影响。

4）基本工资＋业务提成＋奖金

这种薪酬模式下销售人员薪酬由按期固定发放的基本工资和与销售业绩关联的业务提成和奖金三部分构成，业务提成和奖金都是用来激励销售人员工作积极性的，但二者的激励目的却不同，业务提成用来鼓励销售人员实现更高的销售额，主要与销售业绩的总量挂钩，而奖金用来奖励那些完成销售额带来了更高利润或回报率更高的销售人员，主要与销售业绩的质量要素相关。

这种薪酬模式在"基本工资＋业务提成"基础上，加入了奖金，扩展了薪酬激励内容和层面，将激励内容从销售业绩量的方面扩展到质的方面，从面上层次深入到具体如利润、回款率等细微层次；此外，加入奖金更加密切了销售人员同企业之间的关系，增强了其企业归属感；再次，奖金大多是年底发放，且奖金的多少存在比较大差距，一方面直接延长了销售人员工作周期，使销售人员不能仅追求一两个月的短期绩效，而是注重一年内整体的高绩效水平，另一方面对降低销售人员流动率能起到较好作用；最后，如果结合 360 度绩效考评方法，引入同事作为绩效考核主体，这种薪酬模式能很好促进销售人员团队合作。

该薪酬模式有效性受奖金考评客观性的制约。实践中，奖金的发放依据存在较多的定性指标，为考评过程和结果增添了很多主观因素，进而影响到奖金支付依据的客观和有效性。

5）纯业务提成

纯业务提成模式是指销售人员没有底薪，总薪酬完全由业务提成构成，由于没有底薪，所以业务提成比例要比有底薪的其他模式相对要高。

这种薪酬模式下，销售人员承担了所有风险，仅适用于以下情形销售工作：第一，销售人员对销售业绩有很大的影响，也就是说，销售业绩绝大部分受销售人员个体因素的影响，因而，个人业绩不佳，主要原因是销售人员自身的因素，因此造成的提成的薪酬减少也是理所应当；第二，对销售人员所获得培训和专业知识要求不高，一般来说，通过培训和专业教育获得专业知识的人力资本投资过程需要得到人力资本投资相应的收益，所以，人力资本投资需要有稳定的工资收益作为回报；第三，销售周期比较短，只有销售周期短，销售业绩才能快速显现，销售人员才能及时在相对短期内获得与业绩挂钩的业务提成收入，以确保生活所需。

纯业务提成模式最主要的优点就是激励力度较大，但其缺陷也很突出：首先，缺乏底薪的薪酬模式无法给予员工薪酬稳定性；其次，这种薪酬模式将销售人员收入与销售业绩（主要是销售额）挂钩，将不断诱导销售人员只关注销售业绩，产生短期化行为，而对市场调查、客户服务质量、竞争对手信息收集与分析等关系企业长远发展的方面将得不到销售人员的重视。最后，员工收入与销售业绩的挂钩，使员工收入在短期内受企业影响，对留住销售人员，提升其归属感缺乏作用。因此，这种薪酬模式较多运用在兼职销售人员群体中，对正式员工较少使用。

以上几种销售人员的薪酬模式各有优缺点，具体见表 10.1。基本工资占比例较多的模式，薪酬稳定性大，给员工安全性更高，但激励性不强；业务提成所占比例过高，收益高，风险也大，具体选择与运用则需要管理者依据企业产品负责度与销售难度具体决定。

表 10.1　销售人员薪酬模式比较

模　式	薪酬构成	优　点	缺　点
纯基本工资	基本工资占全部	很强的薪酬稳定性	完全没有激励性
基本工资＋奖金	基本工资占大部分，奖金占小部分	较强的薪酬稳定性，还具有一定的激励性	激励性不强
基本工资＋业务提成	基本工资占小部分，奖金占大部分	收入较为稳定，激励性较强	有一定激励性
基本工资＋业务提成＋奖金	基本工资占小部分，业务提成所占比重大于奖金比重	收入较为稳定，激励性强，员工归属感强	有一定激励性
纯业务提成	业务提成占全部	激励性非常强	收入无保障

10.2　研发人员绩效与薪酬

10.2.1　研发人员绩效考核

研发人员是企业持续竞争力的重要源泉，研发人员激励对增强研发人员创新积极性，对提高研发人员企业忠诚度发挥重要作用。绩效考核能区分研发人员间存在的绩效差异，识别每个研发人员对企业做出的独特贡献，提升员工个人价值实现满足程度，对研发人员起到较强的激励作用。

实践中，研发人员的考核却存在较多障碍，使得研发人员绩效考核作用大打折扣。首先，研发工作本身独特性以及工作成果不易测量造成的研发工作绩效考核指标提取困难；其次，研发人员尤其是预研人员的工作内容难以界定；再次，研发人员工作成果难以衡量，造成研发人员考核中定性内容较多，可能会影响考核结果客观性；最后，由于其他障碍的存在导致研发人员考核方式很难选择。因此，设计研发人员绩效考核体系对研发人员激励意义重大。

1. 研发人员绩效考核体系要点

研发人员绩效考核必须紧密结合企业战略，战略决定考核重点，企业在对研发人员绩效考核时，需要将研发部门和研发团队绩效纳入进来，从而促成研发个人、团队和部门利益的一致性。研发岗位绩效周期较长，研发过程监督困难，研发成果难以测量，因此，在考核时需要平衡长期和短期指标，绩效结果和行为过程指标间的关系。具体的，科学有效的研发人员绩效考核体系设计需要注意以下四个要点。

1）准确判定考核内容

研发人员多以团队或项目组的形式进行工作，工作群体性特征决定了研发人员工作贡献具有独有特征，对研发人员绩效考核内容的选定有特殊要求。① 研发人员贡献不仅体现为本职工作输出成果等任务绩效方面，还包括研发人员做出的周边绩效，如个人对其他成员绩效、团队总体绩效以及团队合作、共享氛围和企业文化形成等方面贡献，因此，研发人员绩效考核既要设定反映研发成果的绩效指标，还要反映研发人员对其他团队成员和团队总体利益的贡献指标。② 研发周期较长，短期内很难产生具体的研发成果，因此，研发绩效需要用研发过程中行为和能力表现来反映。③ 研发成果技术和市场风险很高，不一定能真实反映研发人员个人绩效。这里再次强调，研发人员绩效不能单纯用研发结果来完全展现，需要选用研发过程行为和研究能力指标来加以补充。因此，研发人员绩效考核指标要兼顾长期和短期指标、个体和群体绩效指标、结果与行为、能力特征驱动性指标，以保证研发人员绩效考核的准确性。

2）合理设置考评主体

研发人员团队和项目组的工作形式决定了研发人员绩效考评主体不能采取上级主管作为单一的绩效考核主体，而应设置"多源化"甚至全方位绩效考评主体。

除了传统的上级主管外，企业还可以将研发团队或项目组成员纳入进来，使研发人员间进行相互考评，以更好获得研发人员在个人研发行为和对成员帮助贡献等绩效信息；企业还可以引入研发成果的内、外部客户对研发人员的成果绩效和行为过程要求进行反馈评价，进而有助于研发人员研究行为过程的调整；还可以让研发人员进行自我考评，以应对研发过程的难以监督性。

在选定考评主体之后，为了保证多维主体考评的科学性，发挥不同考评主体选择的各自作用，需要根据各考评主体对被考评者绩效信息的掌握度以及所担当角色与行为特征来确定其参与考评的绩效内容以及各自打分权重，确保绩效考核的兼顾民主性、科学性和客观性。

3）选择合适的绩效考核方法

研发人员绩效考核方法应摒弃单一化、难以量化或过分追求量化特征的传统绩效考核方法，选择综合运用多种方法，将定性与定量的考核方法相结合。要依据考评对象、考评内容、考核成本等因素选择适合的绩效考核方法，如针对研发人员研发成果考核，可以采用目标管理法；对研发人员行为和能力考评可以采用行为锚定等级评定法、量表法等。平衡计分卡法可以实现兼顾长期与短期、行为与结果、定性与定量等多方面绩效的综合测量。

4）将绩效沟通贯穿考评全过程

有效的沟通有利于消除员工对绩效沟通误解，增加员工对绩效考评的配合与支持，促进绩效考评的有效实施，并有助于绩效考评最终目的的实现。企业管理者在绩效考核前需要向员工说明绩效评价目的、所带来的好处、介绍绩效考评系统，让员工理解企业绩效考核用意，支持和积极配合绩效考核过程；绩效考核后及时进行有效的绩效反馈，与员工就绩效考核最终结果达成共识，可以提高员工评价结果的认同度，帮助员工认识自身存在的优缺点，帮助员工制订新的绩效目标和绩效改进措施。

2. 研发人员绩效考核指标设计

研发人员绩效考核指标设置，应按被考核对象确定不同的考核重点。功能较全的研究院/所，需要分研发部门、项目团队和研发人员三个层次设计绩效考核指标。研发团队也存在原理研究、实用研究、产品开发、产品测试等工作内容细分，具体考核指标也应有所侧重，如原理研究的团队成员绩效应考核对一个领域的方向性把握程度，搞实用研究的侧重考核新技术应用、新功能开发、技术难题攻关等。

研发人员绩效考核指标要做到长期与短期、定性与定量、行为与结果等指标的平衡。实践中，通常的做法是采用模块法，将研发人员绩效细分为工作业绩、工作能力和工作态度三大模块，并分别对其进行考核，其中工作业绩指标最为重要，应占大部分比重。

1）工作业绩指标

工作业绩指标主要用来衡量研发人员工作阶段或最终研发成果，可以具体细分为新产品开发、项目研发、专利情况、技术管理几大维度，其中，新产品开发管理指标是用来衡量新产品开发成果的指标，可用指标有：新产品开发数量、新产品试制一次成功率、中试一次成功率、新产品投资利润率、新产品合格率、新产品开发周期、产品稳定性等；项目研发是对从事项目研究工作的研发人员绩效结果进行考核，主要衡量指标有：阶段成果产出率、项目完成准时率、开发预算使用率、申请项目通过率、开发成果验收合格率、科研成果转化率、项目计划完成率、项目成本降低率、完成项目数量等；专利情况主要是衡量研发人员获得专利成果，可以用专利获得数量、专利申报通过率来衡量；技术管理则是对研发风险的控制，可以用事故发生次数指标来测量。

2）工作能力指标

工作能力指标的考核，可以帮助企业达到提升研发人员能力，进而提高公司整体的研发能力的目的，研发人员工作能力考核可以建立在研发人员胜任力素质模型基础上。企业针对研发人员的关键职位序列，提取关键胜任素质，如研发知识、新产品设计能力、创新能力、项目管理能力、成就导向、思维能力、分析能力、判断能力、计划能力、学习能力、应变能力、合作能力、理解能力、交际能力，等等。

3）工作态度指标

工作态度指标用来衡量研发人员工作行为绩效，具体可以用工作责任心、工作积极性、合作意识、共享意识、学习意识、服从意识等指标来测量。

除采用工作业绩、工作态度和工作能力三大模块的设计思路外，还可以将研发人员绩效考核指标界定为效率和效益两个维度。效益指标是指研发成果在市场中产生的价值反映，如产品销售额、市场占有率、客户满意度、产品故障率等指标。由于此类指标绩效显现周期长，且并非研发人员个人行为结果，因此，相比起研发人员个人，效益指标更适合研发团队和部门绩效考核。效率指标是指公司内部的研发效率和阶段成果完成情况，包括路径指标和行为指标两方面。路径指标是衡量研发过程是否符合总体研发规划的过程检测指标，如产品开发周期、研发费用使用率、产品规划符合度、阶段成果产出率、项目准时完成率等等；行为指标是对案发过程中员工行为的评价指标，用以确保研发人员在正确的工作路径上采用正确的工作行为方式。具体指标有：工作文档完整率、项目报告完整性、数据差错分析、技术档案管理等。

3. 研发人员绩效考核方式选择

由于研发成果大多是团队成员共同努力的结果，每个成员基本只负责最终成果的某个功能、模块或环节。有的企业为了技术保密，将最终成果拆分成很多模块，分配给不同研发人员完成，每个研发人员仅知道自己负责的这部分是做什么的，全部整合到一起是做什么的就不清楚了。对于这样的研发人员绩效考核一般侧重于行为指标和路径指标，可以采用PBC 评价方式进行评价。

个人业绩承诺计划（PBC，personal business commitment），是 IBM 创立的基于战略的绩效管理系统，是保障战略执行落地的工具，IBM 的所有员工都要围绕"力争取胜、快速执行、团队精神"的价值观设定各自的"个人业务承诺"。

第一，承诺必胜（win），赢得市场地位，高效率运作，快速做出反应，准确无误的执行，发挥团队优势，取得有利形势。

第二，承诺执行（execute），执行是一个过程，它全方位地反映了员工的素质，业务流程的改进和执行能力的加强，需要无止境的挑战自我潜能，在管理上效力于修炼和创新。

第三，承诺团队精神（team），即各个不同单位和部门在同一个业绩目标下相互沟通，共同合作。

个人业务承诺的制订是一个互动的过程，是在员工个人与直属主管和经理不断的沟通的过程中制订的，不是简单的任务分解和对上级命令的执行。这种做法可以使员工个人的业务目标与整个部门的业绩目标相融合，进而与公司业务目标紧密结合，提高员工个人的参与感，落实每个岗位的责任并调动员工工作的主动性，同时可以保证其目标得到切实的执行。

个人业务承诺计划需要经过建立 PBC 目标、过程辅导以及最终的考核评价三个阶段。

1）建立 PBC 目标

PBC 目标一般包括三类：业务目标、员工管理目标和个人发展目标。

业务目标是指符合企业战略发展目标要求的，所在部门业务策略要求的经营业务目标，具体包括关键绩效指标 KPI 和关键任务衡量指标，通过公司、部门指标的分解，结合职责和重点任务制订，突出业务重点。一般要求指标总数控制在 7～10 个，关键绩效指标主要包括财务、客户等层面质保，员工可以通过综合以下信息来拟定业务目标：第一，公司战略发展思路。关注今年公司总体业务目标；第二，公司的价值观。关注公司提倡的和规避的方面。第三，部门职责与部门绩效指标。考虑员工所在部门的职责、年度考核的指标以及需要员工具体承担的工作任务与职责。第四，岗位职责。了解员工所在岗位工作任务以及对部门所能做出的贡献。第五，部门阶段性重点工作。了解今年部门需要做的重要工作内容。第六，来自上级、同事和客户的信息。了解工作所涉及的利益相关群体对本岗位工作的期望。

员工管理目标反映管理人员有效领导员工，并创造出让人才脱颖而出的管理氛围的目标，这类目标一般只针对管理人员设置，引导管理人员关注团队建设，下属培育，旨在培养管理人员的领导能力，指标数量为 2～4 个。管理人员可以综合以下四个因素，设定员工管理目标：第一业务目标对组织建设、员工管理的要求；第二，年度工作计划中的人员管理；第三，领导力素质模型；第四，经理岗位对层级、角色和经验等方面的要求。综合考虑以上四个要素，形成本年度本部门组织管理的重点和难点，最终设定本部门人员管理部门及其衡量标准。

个人发展目标是为增强实现业务目标和管理目标的能力，同时实现个人发展计划或其他发展要求的目标。每一个员工在管理人员协助下设置自己的个人发展目标，引导员工不断提升自身能力，从而推动个人和组织绩效的提高，指标总数为 2～4 个。员工可以围绕以下几方面目的设置个人发展目标：第一，扩展知识面，深入研究某领域的知识；第二，获取新的专业技术；第三，巩固和提升某一领域或岗位所需的能力和素质；第四，增加经验值。

在业务目标、员工管理目标和个人发展目标设置完毕后，可以通过设计 PBC 目标设定检查表（如表 10.2 所示），对所设置目标进行检查，并及时对设置不合理的目标予以调整。

表 10.2　PBC 目标设定检查表

检 查 项 目	好	差
目标对需要完成的重要结果的反映程度		
目标难度		
目标与员工级别的一致性		
目标对组织价值的反映程度		
目标对客户期望的满足度		
目标对创新的促进度		
目标对建立信任和尊重的上、下级关系的贡献度		
目标明确程度		
目标的可测量性		
目标与组织战略目标和部门目标的一致性程度		
目标完成的时间阶段明确性		
员工和经理对目标一致认同度		
全员目标加总对部门目标实现的保障度		

2）过程辅导

在绩效初期拟定好各项目标之后，员工开始进入绩效实施阶段。绩效考核的目的并不是作为秋后算账的依据，在员工绩效工作执行过程中，需要依据绩效目标，主管及时判断绩效目标实施进度，评估绩效目标最终实现可能性，关心和询问员工在工作执行中遇到的问题和困难，并及时提出改进建议，提供相应资源支持，以确保员工绩效行为过程顺利展开。

3）考核评价

最终，进入绩效期末，员工完成了所有工作任务，需要对其绩效结果进行最终评价，衡量期初所拟定的各项目标是否实现。一般以期初拟定的目标和员工实际完成的程度进行对比，以目标实现程度作为绩效考评依据，对员工绩效考核结果及其等级进行评定，并作为对员工奖、惩、开发等依据。

如表 10.3 所示为个人业务承诺计划示例。

表 10.3　个人业务承诺计划示例

<table>
<tr>
<td rowspan="3">结果目标承诺</td>
<td>季度目标承诺</td>
<td>1. 中基层员工绩效考核制度的签发跟踪：10 月底完成
2. 理顺考核关系：11 月 30 日前组织各干部部完成对各职位考核关系的理顺，界定考核责任者、相关评价者和考核审核者
3. 考核电子流功能需求确定和改造工作：11 月 20 日前完成功能需求确认，11 月下旬启动电子流改造工作，12 月底完成改造任务
4. 跨部门考核培训及宣传：11 月初启动，12 月底完成
5. 组织制订制度具体操作细则：12 月 20 日前完成
6. 年度综合评定实施：本季度完成或配合完成标准的修订及阻止工作</td>
</tr>
<tr>
<td>服务承诺</td>
<td>1. 考核投诉处理：从接到申诉书开始到处理投诉，不超过 10 天
2. 考核成绩上报：下季度初 25 日完成三季度考核工作
3. 考核结果导入 SAP 系统：下季度次月 10 日前
4. 考核结果更改不超过 2 天
5. 各部门上报数据与 SAP 系统数据吻合度 99％，挑战目标 11％</td>
</tr>
<tr>
<td>改进承诺</td>
<td>加强与部门主管汇报、沟通工作，及时得到相关指导</td>
</tr>
<tr>
<td>执行措施承诺</td>
<td colspan="2">1. 理论各职位考核关系：
10.22—11.25，在考核工作例会上达成一致，协助各干部部讨论，确定各职位考核关系；
11.10—12.31，各部门进行公布、宣传，界定四季度考核和年度评定的相关评定者、考核责任者。
2. 制度培训
(1) 确定培训范围和对象：10 月 16 日前
(2) 确定培训责任主体：10 月 17 日—11 月 15 日
人力资源部：
◇ 完成对 IPD、ISC 项目组、试点 PDT－2、30％项目推行项目组核组成员的培训；
◇ 完成对推行组 HR 体系成员、各干部部考核责任人的培训；
◇ 组织推行组 HR 体系成员、各干部部考核责任人进行培训、宣传工作。
各干部部/IPD－HR 推行组成员：
◇ 完成对本系统各级主管的培训；
◇ 完成对本系统所有员工的考核宣传。
(3) 培训启动：11 月 10—12 月 30 日前
◇ 推行组 HR 体系责任人；
◇ 该系统考核责任人；
◇ PDT－2 的核心组成员；
◇ 30％推行项目核心组成员。
(4) 组织各部门培训：11 月 22 日—12 月 30 日前</td>
</tr>
<tr>
<td>团队承诺</td>
<td colspan="2">1. 协助培训中心完成跨部门培训教案的开发；
2. 协助任职资格部进行相关考评工作的研发、交流工作</td>
</tr>
</table>

——资料来源：https://www.hrloo.com/lrz/14039760.html

4）持续绩效沟通

研发人员的考核周期相对较长，但最长不超过一年，对研发人员不能简单地以绩效考评，而需要与研发人员进行沟通，了解他们的心理动态，这对企业生存与发展具有重大意义。管理者需要与研发人员保持持续的绩效沟通，将沟通贯穿绩效考核全过程。在绩效目标设定过程中，要确保员工明确了部门目标，并帮助其制订自己的业务目标和个人发展目标；在绩效考核指标确定时，也需要与研发部主管和研发人员共同讨论，获取他们对考评指标的支持和认同；在考评结束后，主管要与研发人员进行绩效面谈，将考核结果反馈给研发人员，并共同讨论研发人员未来发展方向和目标。

5）绩效改进指导

绩效考核始终只是绩效管理的一个环节，企业需要在绩效结果反馈之后，与员工制订绩效改进计划和目标，对员工提出绩效改进建议，指导员工绩效改进和提高。通过分析员工的优势与劣势，找出没有实现的业务目标与个人发展目标，详细分析其原因，并提出针对性的改进措施，以提升个人业务能力和综合能力。

10.2.2 研发人员薪酬

研发人员具有教育水平高，能力强，需求个性化和多元化等个性特征，并以团队形式进行工作，工作自主性强，具有很独立的价值观，流动率高等工作特征。

1. 研发人员薪酬模式

研发人员薪酬模式不同于其他岗位人员，一般适用于技能导向薪酬激励和价值导向薪酬激励两种模式。

1）技能导向薪酬模式

技能导向的薪酬激励是指依研发人员的专业技术职务设计薪酬，专业技术职务的晋升需要不断提升专业技能，这种薪酬激励模式一方面把员工薪资与员工专业技能提升结合起来，使员工在提升自己专业技能的同时，也能提升薪资待遇，有力地调动了员工学习和提升技能的积极性；另一方面，将薪资提升与员工职业生涯发展相结合，拓宽了员工职业晋升渠道，有利于员工职业发展。

技能导向薪酬模式也存在较大缺陷：首先，过于强调技能提升本身，而高技能未必能带来高收益，技能导向薪酬模式没有建立薪酬提升与企业经济效益之间的有机联系。如果员工技能大量增加，进而引起薪酬成本剧增，但企业业绩却没有获得相应提升，则会使增加薪酬投入变得毫无作用；其次，技能导向薪酬模式需要完善的职业管理体系为基础，企业需要根据不同专业技术职务的技能要求和本企业员工技能成长特点建立、健全专业技术职务任职资格体系，为专业技术人员技能提升与鉴定提供条件，这些工作操作复杂，难度较大，成本较高。

2）价值导向薪酬模式

价值导向薪酬模式是企业将体现专业技术人员的技能和业绩因素价值化，员工依据自身拥有的技能和做出的业绩水平获取相应的薪酬待遇组合，这是改革后常用的专业技术人员薪酬体系。

实施价值导向薪酬模式的企业，将员工技能和绩效结果作为报酬要素，并建立起了技能、绩效水平与员工薪资的直接对应关系，增加了薪酬的透明度，为员工指出了明确的薪酬提升道路：提高技能等级和提升绩效水平。此外，价值导向薪酬模式将员工业绩、专业技术能力与员工薪酬紧密相连，克服了技能取向只重视技能，而忽视业绩的不足之处，有利于提高企业经济效益。

实施价值导向薪酬模式需要以科学合理的技能评价体系和绩效评价体系为前提，几项重要的工作需要强调：首先，选定适合的技能要素和业绩指标，由于技能与业绩直接与薪酬挂钩，薪酬激励的根本目的是提升企业业绩，所以，企业需要根据当前和长期发展需要选定技能要素和相关业绩指标，以更好地通过薪酬为中介，建立员工技能、业绩与企业发展之间的关系纽带；其次，确定技能要素与业绩指标之间的权重分配，各项技能要素对专业技术岗位贡献大小不同，不同业绩指标对专业技术岗位价值体现程度也不同，需要对各自的权重进行细致分配；最后，为技能要素和业绩指标等报酬要素定价，建立各技能等级、业绩水平与薪酬对应关系，一般需要聘请专家，在专家的指导下进行。此外，在实施价值导向薪酬模式时，还需考虑企业薪酬水平的外部竞争性，企业过去的薪资水平和企业薪酬内部一致性等问题。

2．研发员工的激励组合

企业根据自身技术特点，经营状况、产权安排和外部劳动力市场供求和薪酬状况，结合研发人员与需求特征，选择对研发人员合适的激励组合。

1）薪酬激励

无论员工处于何种职位种类，何种职位层次，薪酬都是员工激励的核心要素，研发人员的薪酬与研发人员技能提升、业绩改善相挂钩，从而发挥薪酬激励研发人员不断提升专业技术技能，提升研发业绩的功效。薪酬激励不仅关注员工个人绩效，还将研发团队、研发小组或研发部门的绩效纳入其中，采用上级、同事、专家等多维评价主体来对研发人员绩效进行科学考核评价，从而建立薪酬与员工真实绩效的关联机制。

有的企业向员工支付效益工资，将研发人员收入与研发人员个人绩效或企业经营绩效相挂钩来激励研发人员，其中，确定效益工资水平是实施该制度的关键和难点所在。实践中，高技术企业确定效益工资水平的做法有三种：第一，通过技术开发项目承包制、产品提成等方法来确定；第二，根据研发人员所在岗位来确定；第三，通过与研发小组及其成员采用谈判方式确定效益责任系数，进而确定效益工资水平。第三种方式是先确定研发部门效益工资水平，再将其分配给部门员工个人的方式，具体来说，首先确定部门系数，依据部门系数和企业经营业绩，确定部门工资水平。部门系数主要依据部门在产品开发、人才培养、技术支持等方面对企业贡献来定；然后依据研发人员个人知识、经验、所承担的责任、风险与实际作用与贡献等，由研发人员与团队或部门主管协商确定个人效益系数，然后依据个人效益系数将部门效益工资发放给员工个人。效益工资制度建立了一条研发人员和企业利益共享、风险共担的机制，有助于降低管理成本，提升研发人员工作积极性。

2）股权分享

股权分享是持续激励研发人员的重要举措。股权分享既体现了组织对研发人员拥有的异质性知识的承认与重视，使研发人员的长期利益及其知识的市场价值与企业的长期发展紧密相连。股权分享还是研发人员人力资本投资得到回报的有效方式，员工以人力资本作为投资，真正实现了参与企业剩余价值的分配。股权分享对一般员工股权转让时间具有一定限定，有助于延长员工在企业服务年限，进而留住有价值的员工。最后，由于研发工作技术含量较高，研发过程监督困难，需要对研发人员构建有效的内生激励机制。股权分享具有良好的自我激励效果，有利于研发人员自我提升、自我约束。

3）技术承包制

技术承包制是通过在企业公开招标的方法，由正式研发小组或研发人员自愿组合形成的研发团队与企业签订技术合同，按某条件承包完成企业的技术研发工作的制度。技术合同中，企业明确研发小组的工作任务、所承担的责任、能够获得支持与奖励，还通过向研发小组及其骨干人员转让部门剩余控制权来达到研发人员的部分自我激励。这种方法有助于提高研发人员研究积极性，攻克研发难关，促进企业实现内部创新。

4）机会激励

知识已经成为知识经济中一种重要资本。研发人员作为知识型员工，非常关注自身所掌握知识的保值和增值，对发挥个人知识专长，获得知识更新甚至获取新知识的机会十分重视，所以，机会激励也是对研发人员有长期激励效果的有效激励措施。机会激励中的机会，可以是各种学习、指导、培训等有助于知识更新或获取新知识的机会，也可以是由不喜欢、不擅长的岗位转为有挑战性工作岗位，或获得岗位晋升等可以发挥自身知识价值的机会。运用机会激励，需要做到公平，使每位员工都有平等的机会参加培训并获得具有挑战性的工作，避免不公平激励带来的反作用。

5）情感激励

研发人员教育程度较高，对企业贡献较大，非常渴望自身能力和贡献得到别人认同和尊重。管理人员需要多与之交流，增加研发人员工作自主性和参与性，让研发人员在工作过程中拥有较高的自主权，在企业发展等经营决策上增加其参与权，从而增强研发人员被认同感和企业的归属感。

6）环境激励

研发环境很大程度上影响到研发人员工作投入程度和最终研发业绩，研发环境包括软件环境和硬件环境两类。硬件环境主要指研发实验室、实验设备先进程度，研发资金的充裕度、研发资料配备详尽度等，软件环境则主要指研发团队成员知识结构互补性、研发团队合作共享氛围、技术创新氛围等。良好的硬件支持，有助于提高研发人员工作效率，而营造很好的创新氛围，打造一支知识互补、合作紧密、共享充足的创新团队将对提升研发能力和研发业绩，留住研发人才发挥至关重要的作用。

7）多重研发生涯通道

传统的研发人员激励方式是将研发人员升值晋升为管理人员，这种方式对于那些热衷于研究工作的研发人员来说，不仅起不到激励作用，反而断送了他们的研发职业生涯。研发人员从事管理工作，一方面可能因为缺乏兴趣和管理能力，导致管理决策失误，另一方面，也使多年培育提升的研发技能遭到浪费。

多重专业生涯通常是发达国家企业中激励和留住专业技术人员的一种较为常用的方法。多重研发生涯通道是指企业为研发人员提供一条不同于管理生涯路径的升迁机会，研发人员可以不是沿着管理通道往上晋升，而通过企业专门增添的研发生涯路径实现晋升。研发人员在企业可以从研发人员、研发工程师、研发代表、研发专家、高级研发专家，最终晋升到研发科学家；研发路径与管理路径层级结构平等，地位和报酬相等，从而给予研发人员充分的自主权进行选择，他们能充分发挥自己专业特长，保证了对研发人员的激励。

8）其他激励

研发人员激励方式很多，除了以上所述，还可以采用弹性工作制，用以满足研发工作高自主性需求。采用研发成果署名制度，可以让做出特殊贡献的研发人员得到社会认可，提高其社会声誉，还可以对其他员工产生激励和鞭策作用，有利于提升其他员工工作积极性，利润分红、科技奖励、科研津贴是对研发人员常用的物质激励方式。

10.3　团队绩效与薪酬

10.3.1　团队类型

Susanne G. Scott 和 O. Einstein(2001)将团队分为工作/服务团队、项目团队和虚拟团队三种类型（如图 10.1 所示），并按照工作复杂程度以及团队成员构成两个维度对三种团队类型进行了区分。

图 10.1　团队分类

从工作复杂程度视角来说，任务可以介于常规和非常规之间。常规的任务是指不需要进行太大的变动、任务周期短且确定、任务结果易估算的任务。非常规任务则相反，任务一般偶然出现、完成方法和结果都无法提前预期，任务持续周期较长。虚拟团队一般从事的是工作复杂度较高的任务，而工作/服务团队则较多从事常规性的任务。

成员构成是指团队预期存在的时间、成员的稳定性、成员工作时间的分配等方面。成员构成的变化可以从静态转变到动态。静态团队一般指那些全职的团队，团队成员基本保持不变，全程参与团队一切事务，如工作/服务团队。动态团队的成员经常依据任务需要发生变动，且成员一般同时参与好几个团队事务，虚拟团队的动态特征较为明显。

10.3.2　团队绩效考核

1. 团队绩效考核体系几大重要决策

1）明确考核对象

在进行团队绩效考核时，需要做出的第一个重要决策就是，确定考核对象。团队绩效考核需要正确处理考核团队与考核个人之间的关系，过多考核团队，容易造成成员懒散搭便车等行为，过于重视个人绩效考核，则会加剧团队成员内部竞争，不利于团队合作与协同。因此，团队绩效考核的最终目的是促使团队成员意识到团队内部存在问题以及共同开发团队的能力，提高团队成员自豪感、认同感和归属感。因此，团队绩效考核决不能仅考核团队绩效，而是在对个人绩效考核的基础上，增加个人团队行为和团队结果等方面的考核，很少考核团队能力。

2）确定考核内容

在确定了团队绩效考核对象之后，需要进一步思考应该对考核对象考核哪些具体内容的问题。绩效考核内容主要历经考核结果、考核行为和考核能力三大历程。在组织目标清晰明确时，考核结果最为有效。行为绩效考核是过去企业实践中应用最普遍的。考核能力一般指的是胜任力，是完成某项工作所需具备的知识和能力。

团队绩效考核需要对团队成员个人任务绩效、周边绩效和团队结果绩效进行考核。成员个人任务绩效，主要是指个人职责履行结果；成员周边绩效主要包括成员对团队和对组织做出的非本职工作以外的额外贡献；团队结果绩效是指团队成员最终成果，团队目标达成等。为了发挥绩效考核具有的战略导向作用，团队绩效考核既需要考核绩效结果，还需要注重团队成员行为和能力的考核，强调个人绩效和团队绩效的统一。

3）选择绩效考核主体

传统的绩效考核采用的是单一主体，即上级考核，具有强主观性缺陷。团队绩效考核成员构成以及工作过程复杂性特征决定了上级对团队成员绩效的了解不全面性，因此，单一绩效考核主体不太适用。360度绩效考核方法中全方位绩效考核主体，可以获得来自团队上级、客户、同事之间以及团队成员自身的绩效反馈信息，有助于绩效信息的全面性和真实性。但是，在实践运用全方位考核主体时，需要注意针对不同考核对象调整选择主体，全方位考核主体并不要求一定是360度，可以是270度，也可以是180度，这需要根据考核目的以及被考核对象进行合理选择。在选择考核主体之后，还需要为各考核主体赋予相应的权重，代表各自反馈的被考核者绩效信息对最终结果的不同影响程度。

2. 团队绩效考核维度确定方法

国际最新研究成果表明，团队绩效考核可以遵循一个共同的流程，首先，将团队绩效分为个体和团队两个层面，分别确定个体和团队绩效的考核维度；其次，确定个体和团队绩效所占权重；再次，分解每个考核维度关键要素，拟定出具体的考核指标。其中，考核维度的拟定是关键所在。常用的团队绩效考核维度拟定方法有以下四种。

1）利用客户关系图确定考核维度

客户关系图，顾名思义是用来展示和说明团队与客户之间关系的图表，重点表征所提供的服务的内外客户类型以及客户需要从团队获取的产品或服务种类。当团队的存在主要是为了满足客户需求时，采用客户关系图法设计考核维度最为合适。利用客户关系图时，明确客户对团队的需求，并以此作为团队绩效考核维度的主要来源。而客户既可以是组织外部的客户，也可以是来自组织内部的同事。

2）利用组织绩效目标确定考核维度

组织目标通常体现在降低生产成本、增加销售收入和利润、提高客户忠诚度、压缩运转周期等方面。利用组织绩效目标确定考核维度需要经过以下步骤：第一，界定团队工作可以影响到的组织绩效目标具体方面。分析团队任务类型和最终成果，确定团队成果可以影响到的几项组织目标。第二，确定相关组织目标实现对团队业绩的具体要求。在确定了团队绩效关联组织目标之后，需要判断团队业绩需要作出哪些方面成绩以及何种程度的业绩才能确保相关组织目标实现。第三，依据上述需求的团队业绩来拟定团队绩效考核维度。

3）利用业绩金字塔确定考核维度

1990 年，凯文·克罗斯(Kelvin Cross)和理查德·林奇(Richard Lynch)提出了一个把企业总体战略与财务和非财务信息结合起来的业绩评价系统——业绩金字塔模型，如图10.2 所示。

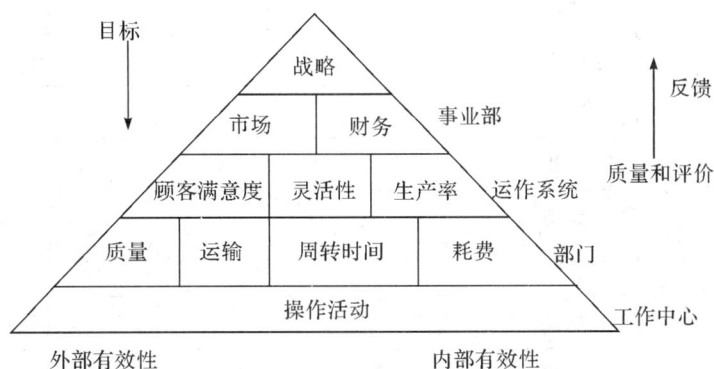

图 10.2　业绩金字塔模型

业绩金字塔从上至下倒推式建立：第一，制订公司总体的战略目标，置于金字塔最顶端；第二，将战略目标传递给事业部，产生了市场满意度和财务业绩指标；第三，继续向下将战略目标传递给运作系统，产生顾客满意度、灵活性、生产率等指标。前两者共同构成企业组织的市场目标，生产率则构成财务目标；第四，将战略目标传递到部门，分别由质量、运输、周转时间和耗费构成。质量和运输是具体反映顾客满意度情况，运输和周转时间是对灵活性的具体测量，周转时间和耗费共同体现生产效率的高低。

由此可见，战略目标的传递呈多级瀑布式向企业组织逐级传递，直到最基层的作业中心。制订了科学的战略目标，作业中心就可以开始建立合理的经营业绩指标，以满足战略目标的要求，然后，这些指标再反馈给企业高层管理人员，作为企业制订未来战略目标的基础。

企业可以通过分析团队工作对金字塔中所界定的实现组织目标所要求达到的具体顾客满意度、灵活性和生产率等运作系统的绩效要求所能做出的贡献，来拟定团队绩效考核维度。

4）利用工作流程图确定考核维度

工作流程图是描述工作流程，展示团队向客户提供产品或服务的一系列步骤的示意图。利用工作流程图拟定考核维度，不仅能密切联系质量与流程改造计划和绩效管理三者之间关系，还对工作流程的有效性的评估和改进极为有利。工作流程图包含了三个重要信息：向客户提供的最终产品、团队应负责的重要的工作移交、团队应负责的重要的工作步骤。可以借助于这三个重要信息拟定团队绩效考核的维度。

结合团队不同的类型特征，依据上述所总结的团队绩效考核维度确定思路，可以对三种不同类型团队的考评主体、考核内容以及考评结果应用做出具体界定，如表10.4所示。

表 10.4 不同类型团队战略性绩效考核重点

团队类型	考核对象	考核主体	结果	行为	能力	开发	评估	自我调整
工作/服务团队	团队成员	经理	√	√	√	√	√	
		团队同事		√	√	√		
		顾客		√		√		
		自我	√	√	√	√		√
	团队整体	经理	√	√	√	√	√	
		团队同事		√		√		
		顾客	√	√		√		
		自我	√	√	√	√		√
项目团队	团队成员	经理	√		√	√		
		项目经理		√	√	√		
		团队同事		√	√	√		
		顾客		√				
		自我	√	√	√	√		√
	团队整体	顾客	√	√			√	
		自我	√	√	√	√		√
虚拟团队	团队成员	经理		√	√	√	√	
		团队领导		√	√	√		
		合作者		√	√	√		
		团队同事		√	√	√		
		顾客		√	√	√		
		自我	√	√	√	√		√
	团队整体	顾客	√				√	

3. 团队绩效考核指标类型

团队绩效考核指标应从多角度设定，一般主要包括以下类别：

（1）团队的效益型指标。效益型指标用以衡量团队的最直接的产出成果的价值，是团队向利益相关者提供的产品或服务满足利益相关者心理期望的程度。典型的效益型指标有销售收入、团队成员的奖金等收入、技能增长等。

（2）团队的效率型指标。效率型指标是指团队为获得相关效益所付出的代价。典型的效率指标有利润率、小时工资额、投资收益率、人均产值等。

（3）团队的递延型指标。递延型指标主要是用来衡量团队成员行为过程或结果对利益相关者未来收益的影响程度。衡量团队绩效的长期收益。典型递延型指标有团队成员能力提高程度、新工艺、新工序、新技术的先进程度、企业形象提升程度、品牌知名度的提升程度等。

（4）风险型指标。风险型指标是用以判断团队运行过程及绩效结果所可能存在的风险类别、程度及其不良影响。典型的风险型指标如应收账款、客户满意度、产品质量、团队成员流失率等。

10.3.3　与团队表现相关的薪酬

团队薪酬依据不同的维度，可以进行不同的划分，首先依据团队薪酬激励维度不同可以将其分为外在激励和内在激励。其次，依据团队薪酬支付基础不同，可以分为按团队表现付酬以及按团队技能付酬或按团队知识付酬。

1. 外在激励和内在激励

团队成员报酬激励可以分为外在激励和内外激励两类。

1）外在激励

外在激励是指对团队成员实行经济性报酬，包括基于胜任力的工资、群体和个人奖金计划、收益分配与利润共享等具体类别。

团队成员的工资实行的是基于胜任力的工资决定体系。胜任力是个体所拥有的完成某项工作所需的知识和能力。工资基于胜任力可以激励员工不断实现个人发展，促进团队成员自我发展和持续学习，以适应不断变化的团队工作以及组织变革。

团队奖金计划是依据团队绩效发放奖金的奖励制度。由群体奖金计划和个人奖金计划构成。群体奖金计划是指依据群体绩效结果而对工作团队整体发放奖金的方式，用以鼓励团队成员更好地在一起工作。群体奖金可以与团队绩效评估结果挂钩，也可以与特定关键绩效目标的实现相关联。个人奖金计划则主要奖励个人绩效结果以及团队合作的有效性，用以强化个人的团队合作行为。团队领导者的奖金更多取决于团队整体绩效而非个人绩效。

收益分享和利润共享计划可以让团队成员分享团队收益，团队收益越大，个人分享收益越高。通过收益分享和利润共享，可以强化员工团队意识，注重团队利益。收益分享和利润共享计划的施行，需要事前与团队成员进行有效地沟通，主要用作某种问题的解决方法，而非普通的奖金计划。

2）内在激励

内在激励是指非经济性报酬，包括认可战略和扁平的等级结构。认可战略主要是通过对团队成员所取得成就以及努力取得成就的行为过程给予表扬和奖励，来强化团队成员令人满意的绩效行为表现。适时的表扬和认可，可以满足员工较高层次的个人价值实现需求，对员工行为发挥有效的强化作用。认可战略风险、成本较低，当员工工资增长受限时，认可战略将是维持员工激励持续性的有效手段。

2. 按团队表现付酬和按团队技能付酬

团队薪酬的支付依据有两种，一是团队绩效行为与结果，二是团队技能或团队知识，其中，按团队绩效行为与结果最为普遍。

依据团队表现付酬，首先需要对团队工作行为过程以及结果表现进行客观测定，依据其结果差异向团队成员支付不同的报酬。一般团队行为和结果体现为：成本节约、生产产品数量、目标达成按时率、产品报复数量、新产品设计成功率、获取专利数，等等。其次，对团队绩效测量结果进行等级划分；再次，针对不同的绩效等级，拟定相应的薪酬标准，建立绩效－薪酬等级对应关系。最后，依据团队绩效客观评价结果，支付相应的薪酬。团队薪酬可以以现金、公司股票或其他非现金项目或物品构成。团队成员薪酬支付办法有两种，一种为无差别的薪酬支付，一种为有差异地支付方式。无差别的薪酬支付是指在团队成员中平均分配薪酬的方式。有差异地分配则主要按照个人对团队目标的贡献大小进行分配，将竞争因素引入团队，团队薪酬逐渐发展成为一种按绩效付酬的薪酬方案。

依据团队技能付酬的制度具体又可分为两种方式，一是以团队成员个人技能提升为基础支付报酬，一是以团队合作技能提升支付报酬。

第一种方式是将薪酬支付与团队成员自身技能提升相挂钩，当团队成员因接受交叉培训后获得新技能并能胜任新的工作任务时，就能获得薪酬的提高。虽然团队成员是以团队形式完成工作，但每个成员却是通过提高个人技能而实现薪酬增加的。按技能付酬是个人导向型而非团队导向型薪酬方案，强化了对个人成就的重视。第二种是以团队成员提高团队工作能力作为薪酬增加的依据。团队成员卓有成效地在一起工作、解决所面临的共同问题和承担的共同工作任务，都将是薪酬支付的重要标准。

当每一个团队成员都获得新技能时，按团队技能付酬方法可做整体团队奖励。而对个人技能提升的个人奖励则可以激励团队成员不断提升自身能力，以弥补其他能力欠佳成员的行为表现，还可以激励团队成员在相对开放、诚实的环境中评估并认同彼此的工作表现，进而接受彼此间薪酬的差异性，避免了薪酬差异引起的团队成员薪酬不满情绪造成的负面影响。

10.4　经营者绩效与薪酬

10.4.1　经营者绩效评价

1. 经营者绩效评价

1）内涵

《中国企业管理百科全书》将企业经营者界定为以企业获得生存和发展为己任，担负企业整体经营领导职务并对企业经营成果负有最终责任，具有专门知识技能，为企业制造出较高绩效的经营管理人才。

经营者绩效主要是指经营者的个体绩效，它是经营者依据其自身知识、能力、经验、关系等素质，合理调配企业内外部资源，对企业的生存、发展所形成的总体影响，包括正向贡献和负面作用两个方面。

企业经营者绩效评估主要是评价他所经营管理整个企业在一定时期内运营状况和经营业绩，主要包括经营业绩和管理效率两个方面，前者是指企业经营者在经营管理企业过程中所取得的经济成果；后者是指获得相应经济成果过程中所表现出来的盈利能力和经营管理能力。

2）经营者绩效评价的意义

经营者绩效在企业发展中占据着举足轻重的地位，它影响着企业的正常有效运转，关系到企业的长远发展。对经营者绩效进行客观、公正、全面的考核不仅关系到对经营者业绩与报酬的评定，关系到能否有效地激励经营者的人力资本贡献最大化，而且关系到企业的持续成长和永续经营。首先，基于企业绩效来考核经营者绩效，能有效衡量经营者工作业绩及其向股东提供的投资回报，使经营者的报酬与其真实的业绩挂钩，实现有效激励，以控制经营者的道德风险与逆向选择。其次，有效的经营者绩效考核结果能为经营者的选拔、晋升、解雇等管理决策提供合理的依据，完善企业的用人机制，有利于经营者自身的绩效改进和企业的监督体系完善，以免企业潜伏的危机明朗化造成的损害。

3）经营者绩效评价方法

常用的经营者绩效评价方法可以分为以财务指标为基础的评价方法和综合绩效评价方法两类：

第一，以财务指标为基础的绩效评价方法。

常用的以财务指标为基础的绩效评价系统有杜邦财务分析法与经济增加值评价法。

（1）杜邦财务分析法。

杜邦财务分析系统是传统财务评价法的主要分析方法，这一系统主要从传统财务指标（如投资报酬率 ROI）出发，建立一个企业绩效评价系统。杜邦财务分析法首先在美国的杜邦公司得以使用，这种方法将"权益净利率"（净资产收益率）选为评价企业最具综合性和代表性的指标，将偿债能力、资产运营能力、盈利能力有机结合起来，并层层分解至企业最基本的生产要素，进而满足评价者通过财务分析进行绩效评价的要求。杜邦体系各主要指标之间的关系如下：

$$净资产收益率＝主营业务净利率×总资产周转率×权益乘数 \qquad (10-1)$$

其中：

$$主营业务净利率＝\frac{净利润}{主营业务收入净额} \qquad (10-2)$$

$$总资产周转率＝\frac{主营业务收入净额}{平均资产总额} \qquad (10-3)$$

$$权益乘数＝\frac{资产总额}{所有者权益总额}＝\frac{1}{1-资产负债率} \qquad (10-4)$$

杜邦财务分析法能够全面、直观地反映企业的财务状况，但是存在自身的缺陷：如不能反映上市公司的特色，也不能反映企业的现金流分析的方法存在着局限性。

（2）经济增加值评价法。

经济增加值（EVA，Economic Value Added）是指从税后净营业利润中扣除包括股权和债务的全部投入资本成本后的所得，最早由 Stern Steward 于 1994 年提出。经济增加值评价法是基于杜邦财务分析法忽视了权益资本的成本，因而未能反映出企业真实的经济现实与未来价值的基础上使用的另外一种财务分析的绩效评价方法，它所使用的评价指标主要是经过调整的财务指标或是根据未来现金流量得到的贴现类指标。从原理上来看，经济增加值评价法是评价股东财富创造的准确方法，他们评价企业绩效的最终目的是判断自身的财富是否得到了增长，股东的财富是否增加，可用市场价值增加值（MVA）来表示，其计算公式为

$$MVA＝公司市值－累计资本投入 \qquad (10-5)$$

EVA 是公司经过调整的营业净利润（NOPAT）减去该公司现有资产经济价值的机会成本后的余额，其公式为

$$EVA＝NOPAT－WACC×NA \qquad (10-6)$$

其中，WACC 是企业的加权平均资本成本；NA 是公司资产期初的经济价值，是对公司会计账面价值进行调整的结果；NOPAT 是根据报告期损益表中的净利润经过一系列调整得到的。

可见，EVA 能够一针见血地反映出企业内经济价值的增量，EVA 不鼓励企业削减产品研发、市场开拓费用等以牺牲长期业绩而换取短期效果的行为，而是鼓励企业多从事能产生长期效益的投资，如新产品研发、人才培养、开拓新市场等，能够有效地避免经营者的短期行为。但是他的指标主要还是通过对财务数据的调整计算出来的财务数据，没有考虑其他的指标，过于片面性。

第二，综合绩效评价方法。

财务指标具有结果性，传统的以财务指标为主的绩效评价方法只能反映组织绩效结果，对具体的绩效行为不具有引导作用，且财务指标具有滞后性，只能反映组织过去绩效结果，不能凸显组织未来可能获取的潜在绩效，因此，引入其他综合绩效考核方法，确保考核结果全面性和行为引导作用。

（1）关键绩效指标（KPI）。

关键绩效指标是基于企业经营管理绩效的系统考核体系。关键绩效指标体系是用于考核和管理被考核对象绩效的可量化的或可行为化的标准体系，体现的是对组织战略目标有增值作用的绩效指标，是连接个体绩效和组织战略目标的桥梁。关键绩效指标是进行绩效沟通的基石，是组织中关于绩效沟通的共同的语言。企业关键绩效指标体系的建立有利于企业创建以责任成果为导向的企业管理体系，落实企业战略目标与管理重点，不断强化与提升企业整体核心竞争力。建立企业关键绩效指标体系可以传递市场压力，使工作聚焦，责任到位，成果明确。

企业关键绩效指标的建立，通常需要关键绩效指标专家的指导，企业使设置关键绩效指标的专家充分了解本企业的战略发展目标及企业的组织结构和运作状况后，由本企业高级管理人员和关键绩效指标专家一起，利用头脑风暴法和鱼骨分析法等，找出企业的评价重点，这些评价的重点就是企业在经营过程中的关键结果领域。确定了企业的关键绩效指标后，在专家的指导下，各部门的主管对相应部门的关键绩效指标进行分解，分解出各个部门的关键绩效指标。

(2) 平衡记分卡(BSC)。

平衡记分卡的核心思想就是通过财务、客户、内部经营过程、学习与成长四个方面的指标之间的相互驱动的因果关系来评价团队的绩效。平衡计分卡通过在组织的财务结果和战略目标之间建立联系来支持业务目标的实现,它将组织战略位于被关注的中心,通过建立平衡计分卡,使得企业的高层主管能快速全面地考察企业。不仅通过财务指标保持对组织短期绩效的关注,也可以通过员工学习、信息技术运用于产品、服务创新来提高客户的满意度,从而共同驱动组织未来的财务绩效,展示组织的战略发展。平衡记分卡受到了广泛的应用,其关键点在于它能满足企业多方面的需要。它具有战略管理的功能,借助它不仅可以进行有效的战略思考和资源的优先配置,而且可以把企业的战略或使命转化成具体的目标和评估指标,也可以有效地推动组织的变革。借助它不仅可以有效地处理组织内外部各种变量在变革中的相互关系,而且可以保证整个组织系统变革过程中的均衡性。再则,它也是一套完整的组织评估系统,不仅克服了企业传统的绩效评价体系的片面性、主观性,而且强化了从目标制订、行为引导到绩效提升整个绩效改善系统的管理。它不仅把企业财务性指标控制与非财务性指标控制联系起来,而且把企业短期目标和长期目标、组织目标和个人目标有效地进行了连接。

(3) 目标管理法。

"目标管理"的概念是管理学专家德鲁克 1954 年在其名著《管理实践》中最先提出来的,其后他又提出"目标管理和自我控制"的主张。德鲁克认为,并不是有了工作才有目标,而是相反,有了目标才能确定每个人的工作。目标管理法是国内外企业进行绩效考核的最常见的方法之一,这种做法是与人们的价值观和处事方法相一致的。目标管理使得各级部门及员工都知道他们需要完成的目标是什么,从而可以把时间和精力投入到能最大限度实现这些目标的行为中去,对组织内易于度量和分解的目标会带来良好的绩效。对于那些在技术上具有可分性的工作,由于责任、任务明确,目标管理常常会起到立竿见影的效果,有助于调动员工的积极性和创造性。

但是目标管理也存在着自己的不足。例如,首先目标难以制订,组织内的许多目标是难以定量化和具体化的;其次,目标管理倾向于短期目标,这样的行为可能对企业的长期发展不利;最后,目标管理可能会带来管理成本的增加,目标的确定需要上下沟通、统一思想,这不仅浪费时间,可能还不能很好地被使用者所接纳。

(4) 360 度反馈评价法。

360 度绩效评估是指由员工自己、上司、直接部属、同仁同事甚至顾客等全方位的各个角度来了解个人的绩效(沟通技巧、人际关系、领导能力、行政能力),通过这种理想的绩效评估,被评估者不仅可以从自己、上司、部属、同事甚至顾客处获得多种角度的反馈,也可从这些不同的反馈清楚地知道自己的不足、长处与发展需求,使以后的职业发展更为顺畅。这种全方位的考核方法打破了上级考核下属的传统考核制度,可以避免传统考核制度中极易发生的"光环效应"、"居中效应"等主观性误差。360 度反馈评价法可反映出不同考核者对同一考核者不同的看法,此外,还可以较为全面地反馈信息,有助于被考核者多方面能力的提升。360 度绩效评估涉及组织中各个层面的人,甚至还包括组织外部的人员。因此,实施360度绩效评估需要得到高层领导的全力支持，从而使开展过程中出现的问题也能及时地得以解决，实施该方法组织也要具有一定的稳定性，在实施过程中，通过操作细节和整个实施过程中的不断沟通，使员工建立起对上级的信任和对反馈中组织所承诺的程序公平的信任，从而对反馈保持开放接受的态度，克服对该技术的抵触情绪。组织还需要建立长期的人员能力发展计划，避免360度绩效评估沦为简单的一种评估反馈的方法。

（5）模糊综合评价法。

模糊综合评价法是模糊数学中最基本的数学方法之一，该方法是以隶属度来描述模糊界限的。由于评价因素的复杂性、评价对象的层次性、评价标准中存在的模糊性以及评价影响因素的模糊性或不确定性、定性指标难以定量化等一系列问题，使得人们难以用绝对的"非此即彼"来准确地描述客观现实，经常存在着"亦此亦彼"的模糊现象，其描述也多用自然语言来表达，而自然语言最大的特点是它的模糊性。而这种模糊性很难用经典数学模型加以统一量度。因此，建立在模糊集合基础上的模糊综合评判方法，从多个指标对被评价事物隶属等级状况进行综合性评判，它对被评判事物的变化区间做出划分，一方面可以顾及对象的层次性，使得评价标准、影响因素的模糊性得以体现；另一方面在评价中又可以充分发挥人的经验，使评价结果更客观，符合实际情况。模糊综合评判可以做到定性和定量因素相结合，扩大信息量，使评价速度得以提高，评价结论可信。

（6）HU理论。

胡祖光教授（2002）在长期研究实用委托代理制度的基础上，形成了一种对代理人的有效的绩效考核方法——联合利润基数确定法，采用胡祖光教授的姓氏，命名为HU理论。HU理论旨在解决在信息不对称情况下，委托人不了解代理人具体经营能力，代理人压低利润目标，导致代理人实际完成利润数大量超出目标利润，公司必须付给代理人大笔奖金的现实问题。

HU理论又名联合利润基数确定法，主要是指企业委托人（股东、董事会）与代理人（经营者）共同确定利润基数的办法。具体操作步骤为：

① 确定委托人利润底数 D。委托人依据自己掌握的有关代理人能力的信息，提出要求完成的利润底数 D。

② 确定代理人利润自报数 S。代理人依据自身能力情况以及激励约束制度下自身利益的权衡，提出利润自报数 S，一般情况下，$S \geqslant D$。

③ 确定代理人与委托人就目标利润的谈判系数 W。设 W 为委托人和代理人共同确定利润基数下代理人的谈判系数，相对的，委托人的谈判系数为 $1-W$。

④ 确定合同利润基数 C。$C = W \times S + (1-W) \times D$。

⑤ 确定基础奖励系数 $P_0 (0 \leqslant P_0 < 1)$，并计算代理人能获得的奖励 M。只要代理人期末完成合同利润基数，则可获得相当于基数利润 P_0 比例的奖励。$M_0 = P_0 \times C$。

⑥ 确定超额奖励系数 P_1。P_1 是激励代理人在完成合同利润基数后继续努力工作，追求利润最大化的奖励系数。代理人超额完成利润获得奖励 $M_1 = (A-C) \times P_1$。

⑦ 确定少报惩罚系数 $P_2 (0 \leqslant P_2 < 1)$。为了对代理人自报利润数进行约束，使自报利润数趋近代理人实际能力，设置了少报惩罚系数。这一机制的设定，是 HU 理论解决信息

不对称问题,促使代理人自报数与实际完成数 A 相近的关键所在。如果代理人实际完成利润 A 大于自报数 S,则代理人必须获得一定比例的少报利润数的惩罚 P, $P = (A - S) \times P_2$。

⑧ 计算代理人期末收益 I。$I = M_0 + M_1 - P = P_0 \times C + (A - C) \times P_1 - (A - S) \times P_2$。代理人追求自身收益最大化,当且仅当 $A = S$,且 $P_1 > P_2 > WP_1$ 条件成立时,即代理人自报利润数与其实际完成利润数相符,即代理人没有少报利润,且超额奖励系数 > 少报惩罚系数 > 代理人谈判系数 × 超额奖励系数时。

HU 理论有一种称为"打八折定基数"的简单操作方法,如表 10.5 所示,委托人以代理人自报数的 80% 确定合同利润基数,代理人超额完成的利润全部奖励给代理人,如果代理人少报利润,则将受到 90% 少报利润的惩罚。如表 10.5 所示,在代理人自报数为零,如实报、少报和多报 3 种情况下,代理人获得期末净收益将存在较大差异。从表中可见,四种情况下,只有代理人自报数与其实际利润完成数相等时,代理人才能最大化自身收益。实际操作中,并不一定非用"打八折"的方法,打九折、九二折、八八折、九五折等也可以。与此同时,少报受罚的比例也会相应改变。但是它们必须满足不等式:超额奖励比例>少报受罚比例>打折数×超额奖励比例。

表 10.5　打八折定基数操作表

代理人自报数的四种情况(单位:万元)	一	二	三	四
(1) 年初代理人自报实现利润数	0	50	60	70
(2) 合同利润数(自报数打八折)	0	40	48	56
(3) 年终代理人实际完成利润能力	60	60	60	60
(4) 超合同利润数 =(3)-(2)	60	20	12	4
(5) 年初数与年终数差距 =(1)-(3)	-60	-10	0	多报
(6) 少报罚金 =(5)×90%	-54	-9	0	0
(7) 净奖励=超额奖励(4)+少报罚金(6)	6	11	12	4

采取 HU 理论从根本上解决了对代理人的长期激励问题。它不但适用于利润基数的确定,同样也适用于销售额基数、货款回收额等基数的确定。对绝对数指标与相对指标,正向指标与逆向指标也具有较好的适用性,而且,参数不等式的要求是一样的。

2. 当前经营者绩效评价现状

1)当前经营者绩效评价指标主要类型

西方发达国家企业经营者绩效考核主要历经了三个阶段。第一个阶段为成本业绩评价时期,该时期从 19 世纪初到 20 世纪初,该时期主要以经营成本占总收入比例作为主要的经营者绩效评价指标;第二个阶段为财务业绩评价时期,由 20 世纪初到 20 世纪 90 年代,历经近百年时间,该时期主要由销售利润率、投资报酬率等财务指标作为经营者绩效评价指标;第三阶段是 20 世纪 90 年代至今所经历的经营业绩评价时期,该时期中企业对以财务业绩评价经营者绩效的方法进行创新和改进,由经营业绩替代财务业绩,评价指标除了原有的财务指标外,还将一些反应企业经营和持续发展的指标纳入经营者绩效考评体系。

结合国内外经营者绩效考核理论和实践,对经营者绩效进行评价的方法可以概括为以下 4 种。

第一，用基本会计利润的财务指标评价经营者绩效。该方法中所使用指标主要包括净利润以及在利润基础上计算的资产报酬率、净资产收益率等。国内很多企业仍然采用利润总额、净资产收益率、资本保值增值率、销售总额增长率等指标来考核主要经营者的绩效。该方法中所使用指标以财务报表为主要信息来源，指标数据易获取，可测量，绩效评价操作性强。这类型财务指标可以反映企业资金的安全和已实现的收益，某种程度上可反映经营者绩效好坏。但是，基本会计利润指标是投资者对经营者经营管理的基本要求，具有明显的短期性和滞后性，容易造成经营者的短期行为和操作利润行为。

第二，基于经济利润的财务指标评价经营者绩效。1991 年，美国 stemtSeward 财务管理咨询公司首创了经济增加值（EVA）管理评价概念，指出企业只有在它的营业收益超过所利用的资本成本时才为其所有者创造了价值。传统的经营者考核指标多以财务会计指标为基础，注重短期已获取绩效，无法激励经营者根据企业长远发展利益进行投资决策，甚至导致经营者忽视技术创新、人才引进等利于企业长远发展却可能不利于企业短期财务绩效的工作。经济增加值指标则有效综合企业获取未来利润的能力，强调企业长期发展的重要价值，有利于鼓励经营者重视研发、培训等有利于企业长远发展的工作，从而激励经营者根据企业长远发展进行相关经营管理决策。基于 EVA 的经营者报酬计划可以避免经理的利润操纵，使资本预算、业绩评价和薪酬计划有机结合，并促使经营者决策与企业目标的一致化。

第三，以企业经营绩效评价指标评价企业经营者绩效。大多数情况，主要经营者绩效考核用企业经营绩效来替代。企业经营绩效是指一定经营期间的企业经营效益和经营者业绩。企业经营效益水平主要表现在企业的盈利能力、资产运营水平、偿债能力和后续发展能力等方面。经营者业绩主要通过经营者在经营管理企业的过程中对企业经营、成长、发展所取得的成果和所做出的贡献来体现。企业经营绩效评价包括了对企业经营效益和经营者业绩两个方面的评判。所以，经营者绩效是企业经营绩效中的一个组成部分，由于其自身难以直接考察，且经营者绩效嵌套在企业经营绩效之中，故而大多企业直接用经营绩效反映经营者绩效。但是，经营者绩效仅是经营绩效组成部分之一，企业经营绩效中有相当部分是经营者无法控制的内容，用经营绩效反映经营者绩效有夸大经营者绩效的可能性存在。因此，如果采用经营绩效反映经营者绩效，则需从中剥离开经营者不可控制的部分绩效要素，从而客观、科学地评价经营者绩效。

第四，以反映企业未来发展潜力的非财务指标评价经营者绩效。传统财务指标具有短期性和滞后性特征，不仅容易造成经营者短期化行为，还不能反映经营者对企业发展所做出的贡献。与之相对的是，非财务指标在评价企业文化、创新、运营过程等企业核心竞争力方面更具优势。因此出现了非财务指标与财务指标相结合的评价体系。有的企业在传统财务指标评价体系中，引入了充分考虑企业经营战略、行业特征和企业生命周期等方面因素的非财务指标，如市场占有率、市场需求情况、顾客满意度、产品和服务的质量、战略目标、企业形象提升力、企业文化力、新产品在销售额中所占比重、开发下一代新产品的时间、产品质量及设备利用度等；还有的企业认识到人力资本的重要性，将人力资本存量、人力资本流量及人力资源管理状况引入评价经营者绩效的重要的非财务指标中，如员工满意度、员工培训与发展计划和员工流动状况、员工技能、员工意见采纳百分比、企业内部信息沟通能力、员工精神与期望及报酬制度，等等。

2）当前经营者绩效评价主要存在以下问题

第一，将经营者绩效等同于经营绩效。企业经营绩效是指一定经营期间的企业经营效益和经营者业绩，它是外部社会、政治、经济、技术、文化等环境因素与企业经营者、员工共同努力作用下的结果。经营绩效既涵盖了经营者绩效，还有其他内、外部因素作用结果。因此，经营者绩效无论是内涵或是外延均要广于经营者绩效。将经营者绩效等同于经营绩效，一方面夸大了经营者对企业生存和发展所做出的贡献，另一方面也放大了经营者对企业绩效的责任，将不受经营者控制的其他因素造成的经营问题也加之于经营者身上，造成了经营者绩效评价不科学，进而失去了考核结果对经营者激励和约束手段的基础作用的有效性。

第二，注重短期绩效忽略长期绩效。当前经营者绩效多采用反映经营效益的财务指标，而财务指标具有的短期性和滞后性特征将引导经营者绩效行为的短期性，致使经营者在经营决策时更偏向短期见效快的决策方案，而忽视影响企业长远发展的战略性计划，这对企业可持续性发展十分不利。2018 年 6 月，东风汽车集团有限公司董事长、党委书记竺延风获选央视"改革开放 40 年致敬中国汽车人物"，他在提到中国汽车业发展时曾说过一句话："耐住寂寞二十年"，充分说明了企业经营者绩效显现的长期性。企业经营者绩效由短期、中期和长期绩效三个组成部分构成，更多企业忽视长期绩效，仅注重短期绩效考核，将不利于企业的长远发展。

第三，注重有形绩效轻视无形绩效。当前对经营者绩效考核多集中在财务、生产及业务等可量化的、易于考察的层面，如生产量、生产效率、营业额、获利率、新产品开发等指标，对诸如顾客满意、组织创新、学习成长等等无形价值的提升的核心竞争力要素却较少考虑。经营者绩效考核对于无形绩效的轻视，将使企业忽略对企业最为重要的无形价值的体现，以此为标准考核经营者绩效，必然形成以偏概全的考核结果。

第四，注重集体绩效轻视个体绩效。受固有的集体意识和文化传统的影响，许多企业经营者绩效综合为一个集体概念，认无论是正向贡献，还是负向影响，都归为经营者团队集体努力的结果。这种以集体绩效替代经营者绩效的做法，放大了经营者绩效的外延，稀释了对经营者绩效内涵中重要内容的侧重，不能凸显经营者在经营过程中的特殊贡献和影响，不仅造成经营者绩效考核结果效度不高，还将造成对经营者的激励缺乏准确依据。

第五，注重结果绩效轻视行为绩效。常见的经营者绩效考核都存在普遍的过于注重结果而忽视过程的问题。无论是财务指标（营业额、成本、盈利等指标），生产指标（产品合格率、退货率、加班时数、安全卫生生产等指标），还是反映诸如客户满意度等无形价值的指标，均是以结果指标的形式呈现。结果指标具有易衡量、信息易获取等特征，使得结果导向的绩效考核体系更加具有操作性，但同时也存在缺乏对经营者行为过程的驱动和控制功能。

3. 经营者绩效评价指标体系优化

近年来，许多学者以及企业实践都尝试对经营者绩效评价指标进行改进和优化，并逐渐发展出平衡计分卡和经济增加值评价法相结合的经营者绩效评价指标体系。

1）原因

之所以选择这两种方法相组合，主要源于平衡计分卡法与经济增加值法分别体现了对传统的业绩评价方法改进和发展的两种趋势。

第一，将经济增加值替代平衡计分卡中原有财务指标，使平衡计分卡财务指标更加合理。这一指标不仅克服了传统利润指标忽略公司资产价值随时间变化而发生变化，以及所有者权益的机会成本等问题，考虑了全部资本的成本，将股东利益与管理层的利益更好的一致起来，经济增加值指标则有效综合企业获取未来利润的能力，强调企业长期发展的重要价值，有利于鼓励经营者重视研发、培训等有利于企业长远发展的工作，从而激励经营者根据企业长远发展进行相关经营管理决策。

第二，平衡计分卡则考虑了非财务因素的重要作用，全面地考量了企业价值创造的驱动因素，弥补了单纯财务角度指标的滞后性缺陷，并从战略的高度层层细分，促使企业战略的成功实施。此外，平衡计分卡是完整的绩效管理工具，本质上还是战略管理工具，除了在评价指标上，凸显其经营者绩效评价指标平衡性和全面性之外，平衡计分卡通过战略地图绘制，可以清晰地将经营者绩效考核与公司战略计划的执行、战略目标的实现紧密相连，从而将经营者绩效、经营者利益与公司利益相一致。

第三，平衡计分卡与 EVA 相结合，也能克服单纯采用 EVA 方法评价经营者绩效带来的经营者规避风险较高的长期新产品开发、与客户建立良好关系等计划，而采用风险较低的短期项目。平衡计分卡能兼顾企业长期与短期利益，既重视短期产品或服务质量提高，又注重培养企业长期需要人才，提升企业组织能力和凝聚能力，从而提升组织持续发展潜力。

2）评价指标体系内容

经营者绩效评价选取平衡计分卡与经济增加值法相结合，实质上是以平衡计分卡为框架基础，引入经济增加值法改良平衡计分卡中财务维度相关指标。因此，优化后经营者绩效评价指标仍然表现为财务、市场、内部运营和学习与成长四个维度，具体内容如下：

第一，财务维度。财务维度指标主要反映经营者经营管理最终成果。平衡计分卡中原来财务维度基于利润指标，未能考虑资本成本，因此，采用经济增加值法，可以反映资本运营净收益和增加值的指标。

$$经济附加值 = 税后净营业利润 - 资本成本 \tag{10-7}$$

$$经济附加值 = 税后净营业利润 - 资本总额 \times 资本成本率 \tag{10-8}$$

$$
\begin{aligned}
税后净营业利润 =\ & 税后利润总额 + 贷款呆账准备的本年变化数 \\
& + 坏账准备的本年变化数 + 其他资产减值准备的本年变化数 \\
& + 营业外支出 - 营业外收入 - 税率 \times 营业外支出 \\
& + 税率 \times 营业外收入
\end{aligned} \tag{10-9}
$$

$$
\begin{aligned}
资本 =\ & 股东权益 + 年末的贷款呆账准备金 + 年末的坏账准备 \\
& + 年末的其他资产减值准备 + 累计税后的营业外支出 \\
& - 累计税后的营业外收入
\end{aligned} \tag{10-10}
$$

从 EVA 的计算公式来看，提升 EVA 的方法主要有四种：一是在不增加资金的条件下，降低成本，提高税后净利润；二是加快资金周转，提高资产报酬率；三是调整资本结构，降低资本成本；四是调整投资结构，减少 EVA 为负数的投资项目。这四条路径分别体现为对经营者运用资本获利能力、经营效率、偿债能力，以及发展潜力四个方面的要求。因此，采用以经济增加值为主要财务目标的经营者绩效评价指标在财务维度方面主要表现为对经营者资本获利能力、偿债能力、经营效率和发展潜力四个方面。获利能力可具体用总资产报酬率、成本费用利润率来表示；偿债能力可具体细分为流动比率、资产负债率两个指标；经营效率则可以用应收账款周转率、产销平衡率来衡量；发展潜力用销售增长率、资本保值增值率来衡量。

第二，市场维度。市场维度指标是用来满足顾客需求，企业要满足股东追求经济价值最大化目标，则需要先让顾客满意。主要表现为顾客满意度、顾客保留率、新客户增长率、退货率、客户投诉率、市场占有率、顾客忠诚度等反应企业所提供的产品和服务对顾客需求满足程度的指标。

第三，内部运营维度。内部运营过程是企业产品或服务的创新、创造过程，是企业开发客户、保留客户、提升客户价值的过程。内部运营效率和效果的好坏，直接决定企业所提供的产品或服务对顾客的满意度，影响到企业股东追求经济增加值最大化目标的实现。经营者在具体内部流程中的绩效可以用各产品或地区利润与市场占有率、新产品收入占比；各种营销渠道收入占比、新客户收入占比等、产品合格率、设备利用率、原材料使用率、工时利用率、研发费用占比等指标来测量。

第四，学习、创新与成长维度。学习、创新与成长主要反映经营者对企业长期发展潜力的贡献作用。如反映员工方面的员工满意度、培训率、合格率、员工离职率等，反映创新与新技术采用的策略性资讯提供率、新技术使用率等，反映企业文化建设的企业文化建设费用率、企业凝聚力等。

平衡计分卡与经济增加值法相结合的经营者绩效评价体系为企业经营者绩效评价提供了一个新的框架，具体的评价维度与指标选择则需要依据企业性质、所处行业、内外部环境、经营战略的因素具体调整。

10.4.2 经营者薪酬

1.企业经营者薪酬构成
企业经营者的薪酬一般由以下几个部分构成：

1）基本薪酬

基本薪酬是经营者基本的、固定的货币收入，为经营者提供较为稳定的收入，以维持经营者基本的、较为体面的个人和家庭生活。由于企业经营者的薪酬与一般员工的薪酬设计与管理在薪酬设计原理和支付基础以及管理的目标和机制方面都存在较大差异，且企业经营者的工作岗位也有别于其他岗位，具有成果无形、人力资本投资投入高、效益滞后、效益间接等特性，对其进行职位价值评价比较困难，所以，企业经营者的薪酬一般并不纳入企业薪酬结构之中。

企业经营者的基本薪酬一般由董事会下属的薪酬委员会在了解市场薪酬信息之后，依据企业自身情况确定。基本薪酬占总体薪酬比例较小。

2）年度红利

年度红利主要用作奖励为公司持续发展、公司重要战略目标、财务目标和经营目标做出了重大贡献的主管人员。依据发放依据和发放方式不同，年度红利具体可以分为以下四种类型：

（1）一次性红利，是企业基于公司利润、公司财政状况、商业状况以及未来前景四个方面状况良好的情况下给予主管人员发放的一次性奖励。

（2）绩效红利，主管人员实现了事先规定的增长利润、扩大市场份额、改善公司财务状况等绩效目标，而获得的特殊嘉奖。

（3）预先配给红利，是按照固定公式分配的红利，提前给定，与企业绩效变动并无关联。

（4）目标计划红利，是与企业目标绩效相关的红利。企业与主管人员实现设定公司经营目标（利润、市场份额等）范围，经营目标超出上限，经营者可获得该计划所设定的奖励，低于所设定的范围下限，则无法获得奖励。

3）长期激励计划

企业经营者的长期激励计划主要包括股票、股票期权以及长期激励性福利。长期激励计划主要用于将经营者的个人利益与企业利益长期绑定在一起，对经营者的经营行为既可以起到激励作用，也有一定的约束作用。

4）福利与津贴

企业经营者的福利和津贴除了包括一般员工所享有的如医疗保险、带薪休假等待遇之外，还包括其特殊的福利，如"经理优待"、离职补偿等。财富500强企业之一，著名的建筑材料制造商和分销商优时吉博罗集团，为集团高管提供家庭保障福利、退休保障（储蓄计划）、配车和带薪假期等福利待遇。

企业为经营者提供这些福利项目主要有三个目的：第一，保证企业高管在舒适、安全的个人和家庭环境下生活，从而更有精力从事经营管理工作；第二，起到更好地激励高管个人行为和绩效；第三，对高管偷懒、内部人员控制等行为起到自我约束作用。良好的福利，尤其是非现金福利让高管们适应了公司慷慨赠与的生活方式，他们必须继续努力以继续获得公司的赠与。

2. 企业经营者年薪制的设计与实施

1）内涵、原则

（1）内涵。

年薪制是最具有代表性的企业经营者薪酬，其内涵和性质随企业经营实践和管理理论发展不断变化。一般来说，企业经营者年薪制是指企业以一个生产经营周期（年度）为单位，确定经营者的报酬，并依据其经营成果发放风险收入的报酬制度。

年薪制下企业经营者的薪酬主要由基本薪酬和风险薪酬两部分组成。基本薪酬与经营者当期业绩不挂钩，而主要依据企业经营水平、规模、经营者市场薪酬水平等因素确定；风险薪酬是与企业经营效益完成情况相关联的薪酬部分。风险薪酬可以年终一次性发放，也可以每月预发一定比例，年终最终结算后再全部发放。

年薪制中，前有基本薪酬发挥保障作用，后有风险薪酬充当激励手段，实现了经营者自身利益与企业利益共存，是制度规范、功能完善、效果良好的企业经营者薪酬制度。因此，尽管在企业经营战略不断变化，薪酬管理理论不断涌现，年薪制依然是企业主要采用的经营者薪酬制度。但其内涵发生了较大的改变，尤其是风险薪酬部分，很多企业采取了股票期权等长期薪酬方式取代现金奖励。

如表10.6所示为2016年年薪超过千万的A股上市公司高管。

表 10.6　2016 年年薪超过千万的 A 股上市公司高管(前十)

姓　名	A 股上市公司	职　务	年　薪(万元)
林涵	海通证券	总经理助理	1549.40
赵晓夏	泛海控股	副总裁	1472.69
张博	泛海控股	董事	1420.32
郑高明	中国高科	原董事、原总裁	1412.00
余政	泛海控股	执行董事	1374.23
陈德贤	中国平安	原首席投资官	1286.57
徐亚林	浙江龙盛	董事兼副总经理	1286.26
陈基建	泛海控股	副总裁	1221.14
王洪飞	金科通讯	副总裁	1089.81
闫奎兴	方大化工	董事长	1055.92

——资料来源：Wind

（2）原则。

年薪制在设计时，需要遵循以下原则：

第一，效率激励原则。年薪收入的确定必须与企业经营业绩挂钩，从而促使经营者努力提高企业运转效率和经营业绩。

第二，科学评价原则。年薪制中风险收入部分直接与经营者业绩挂钩，因此，需要对经营者业绩进行科学、公正评价。经营者业绩内容直接决定了经营者的工作方向和重心，因此，应注意企业长期和短期利益的平衡。

第三，激励约束对称原则。年薪制是能同时发挥激励和约束作用的双向机制，应注重两项作用的平衡与对称。

第四，适度兼顾公平原则。在效率原则下，经营者的收入一般要比普通员工高出很多。但考虑员工收入差距所引起的负面倾向，经营者收入应该适度兼顾公平性。

2）年薪制的结构设计

（1）构成方法。

年薪制一般由多种薪酬要素组合而成，常见的组合方法有：

两分法。经营者薪酬由基本薪酬和风险薪酬两部分组成。基本薪酬是经营者基本收入，风险薪酬则是激励收入和福利。

三分法。经营者年薪由基本薪酬、风险薪酬和经营者福利三个部分构成。

四分法。经营者年薪包括核心薪酬、递延薪酬、保障性薪酬和特殊福利四个部分。

（2）基本薪酬的设计。

经营者的基本薪酬是按月支付的固定现金收入，占总年薪的比重一般都在 50% 以下。更有甚者，很多公司的老板只象征性地拿 1 美元基本薪酬，如亚马逊 CEO 贝索斯，阿里巴巴的马云，腾讯的马化腾，京东的刘强东，Facebook 的扎克伯格，Google 的拉里·佩奇，Snapchat 的埃文·斯皮格等。经营者一般出于三种原因选择 1 元基本薪酬：其一，同公司共患难。乐视董事长贾跃亭在公司境况不太理想的 2016 年，果断降薪，永远只领 1 元年薪，而且还拿自己的钱免息借给公司渡过难关。其二，股权收益高。马云持有阿里巴巴近 8％的股权，王健林父子持有大连万达集团 88％的股份，这都是巨额财富。第三，巧妙地避税。根据我国现行个人所得税税率计算，一位企业高管如果拿 100 万元工资、薪金，将缴纳 40 多万元个税。而如果这位高管拿一元年薪以及 100 万价值的股票期权，这适用 20％的税率，只需要缴纳 20 万元个税，这样一来，可以避税 20 多万元。

经营者基本薪酬的设计形式有很多，简便的方法是按照本企业员工的基本薪酬比例来设计，这样的设计方法缩小高管与员工薪酬差距，一般维持企业内部薪酬公平性的企业和国有企业使用较多。具体计算方法为：

$$基本薪酬＝本企业员工基本工资×调整系数$$

调整系数一般可以依据企业规模、行业平均工资、地区平均工资以及经营者个人等因素进行确定。

（3）风险薪酬的设计。

风险薪酬又可称为效益薪酬，一般以基本薪酬为基数，根据企业的超额利润进行计算。计算方法按照国际惯例有两种：

方法一：风险薪酬 = 基本薪酬 × 倍数 × 考核指标完成系数

方法二：风险薪酬 = 超额利润 × 比例系数 × 考核指标完成系数

第二种方法更侧重于依据经营者绩效评价结果来确定经营者的风险收入，使风险薪酬更具有激励性。

风险薪酬在设计的过程中，需要具体考虑以下问题：

第一，风险薪酬占年薪总额的比重应高于基本薪酬比重，这样才能确保年薪具有较强激励作用。风险薪酬与经营者的经营业绩挂钩，上不封顶，下不保底。

第二，经营者的风险薪酬要能体现不同年度经营业绩的变化。在经营业绩不断提高的年度，应提高倍数或比例系数，从而对经营者提供更大的奖励。但当经营业绩上升很快时，倍数或比例系数可以适当调低，以维持经营者收入具有一定的稳定性。当经营业绩下滑时，可以适当调低倍数或比例系数。

第三，风险薪酬要体现对经营者绩效提升的困难程度差异。一般经营业绩好的公司要提升业绩困难要远超出绩效差的企业，故而其经营者相较于绩劣的公司，将获取更少的风险薪酬。如：绩效评价与年薪制研究课题组 2003 年在《中国工业经济》上发表一篇题为《企业绩效评价与经营者年薪挂钩研究》的论文，提出了经营者风险薪酬的计算公式，如下：

$$效益薪酬＝当期效益薪酬＋改善效益薪酬 \qquad (10-11)$$

$$当期效益薪酬 = 基本薪酬×当期绩效系数×1.1 \qquad (10-12)$$

$$当期绩效系数 = \frac{当期绩效评价系数}{100} \qquad (10-13)$$

$$改善效益薪酬 = 基本薪酬×绩效变动系数×0.4 \qquad (10-14)$$

$$绩效变动系数 = \frac{当期绩效评价分数－上年绩效评价分数}{10}×难度系数 \qquad (10-15)$$

$$绩效上升难度系数 = \frac{100}{100－上年度评价分数} \qquad (10-16)$$

$$绩效下滑难度系数 = \frac{100}{上年度评价分数} \qquad (10-17)$$

3）年薪制的实施

经营者年薪制的实施需要一系列配套条件的支持：

第一，科学的经营者绩效评价体系。企业经营者绩效评价的严格、科学、公正和有效性将直接关系到经营者年薪制的有效运行。经营者的绩效一般是指经营者在一定时期内完成的工作数量、质量、效益以及对企业长期发展的贡献。经营者绩效评价体系应该包括评价主体、评价客体、评价指标和评价标准四个方面。首先，经营者绩效评价主体要引入股东和董事会参与，也可以委托第三方如会计师事务所等中介机构进行评价。其次，经营者的绩效评价对象一般为经营者个体绩效以及企业本身绩效两类。再次，经营者绩效评价指标要体现企业关键成功因素，一般包括体现短期绩效目标的实现度的指标以及对企业长期发展贡献指标。经营者绩效评价指标包括财务指标(净利润、每股收益、投资回报率、市场价值等)和市场指标(市场占有率、销售增长率、顾客满意度等)。一般采用平衡计分卡方法进行评价。最后，评价指标还需要拟定评价基准用以评判每个指标完成的好坏。评价标准方法可以选择同业比较法、标杆管理法或参照企业历史数据的序列分析法等。

第二，健全的现代企业制度。完善的现代企业制度能确保经营者年薪制的顺利实施。完善的现代企业制度包括公司法人治理机制、企业激励与绩效评估机制、企业经营者选拔机制。法人治理机制确保两权分离，经营者的绩效结果更多由自身经营决策决定。企业激励和绩效评估机制是实施年薪制的基础，使得企业员工充满活力，年薪制所激励出的良好管理决策能得到有效贯彻和实施。完善的经营者选拔机制确保各级管理人员能很好地领会企业高层战略决策，并很好地对分配任务予以实行。

第三，明确的实施对象。经营者的年薪制有别于企业年薪制，只是企业年薪制的组成部分。企业年薪制的实施对象包括高级专业技术人员、高层管理人员等。经营者年薪制仅限于对企业经营者实施，企业经营者是指那些具有重大决策权并对企业长期发展起重要作用的高层主管。发放对象明确，才能明确地建立经营者薪酬、经营者业绩与企业业绩间的关系纽带。

第四，组织的接受与认可。年薪制需要得到不同利益相关者的接受和认可。经营者年薪多少，直接影响到股东利益，因此，需要得到股东大会的认可。经营者年薪还影响到老经理人市场运作、社会薪酬文化的改变，因此，政府也较为关注。

第五，良好的经济环境和市场条件。经营者年薪制实行核心在于建立经营者薪酬、经营者业绩与企业业绩之间的关系纽带，通过风险薪酬的设计将企业业绩与经营者业绩相关联，实现对经营者的有效激励。这建立在经济环境平稳，市场条件良好，经营者的业绩结果更多受自我经营管理行为影响的前提之下。

3. 企业经营者的长期激励与福利计划

1）企业经营者的长期激励

企业经营者的长期激励是指用来激励经营者将自身利益与企业长期发展相结合的一系列手段和措施。长期激励计划能协调经营者与股东利益一致，促使经营者与企业长期风险共担、收益共享，使经营者对企业归属感提升，更多自主地关注和重视企业绩效，较好地解决委托代理所产生的内部人控制问题；长期激励计划为经营者提供了较高水平的薪酬，有助于吸引和留住绩效优异的经营者；长期激励计划能引导经营者更多关注企业长期发展，而减少短期行为倾向，最后，长期激励计划还可以使企业获得税收上的优惠。财税【2016】101 号《关于完善股权和技术入股有关所得税政策的通知》规定，对符合条件的非上市公司股票期权、股权期权、限制性股票和股权奖励实行递延纳税政策;对上市公司股票期权、限制性股票和股权奖励适当延长纳税期限;对技术成果投资入股实施选择性税收优惠政策。因此,长期激励计划已经成为企业经营者激励的主要手段。据德勤发布的《2016—2017 中国 A 股上市公司高管薪酬与激励调研报告》指出,2016 年内共有 219 家 A 股上市公司披露股权激励计划公告,较 2015 年新增 13 家,自 2009 年以来持续增长,年均复合增长率高达 41.8%。创业板公司股权激励相对活跃,2016 年有 94 家披露股权激励计划,占比超过 40%。

典型的经营者长期股权激励计划包括股票期权、限制性股票、绩效股票、股票增值权、虚拟股权和绩效单位等形式。

股票期权指买方在交付了期权费后即取得在合约规定的到期日或到期日以前按协议价买入或卖出一定数量相关股票的权利。

限制性股票指上市公司按照预先确定的条件授予激励对象一定数量的本公司股票,激励对象只有在工作年限或业绩目标符合股权激励计划规定条件时,才可出售限制性股票并从中获益。

绩效股票是指在年初确定一个较为合理的业绩目标,如果激励对象到年末时达到预定的目标,则公司授予其一定数量的股票或提取一定的奖励基金购买公司股票。

股票增值权是指公司授予激励对象在一定的时期和条件下,获得规定数量的股票价格上升所带来的收益的权利。

虚拟股票是公司授予激励对象一种虚拟的股票,激励对象可以据此享受一定数量的分红权和股价升值收益,但没有所有权,没有表决权,不能转让和出售,在离开企业时自动失效。

德勤《2016—2017 中国 A 股上市公司高管薪酬与激励调研报告》指出,限制性股票是70% 以上的公司首选股权激励工具。在宣告股权激励方案的 219 家企业中,有 160 家企业选择限制性股票作为长期激励工具,57 家公司采用股票期权激励,仅 3 家公司采用股票增值权激励,还有 17 家公司采用"限制性股票+期权、增值权"的复合激励方案。德勤发布《TMT 行业高管薪酬和长期激励研究报告》指出,股权激励工具已成为调研企业主要高管薪酬支付手段,11 家调研企业股权支付比例达到 80% 及以上。值得强调的是,采用多种激励工具的组合式激励方案进一步普及,其中业绩股票单位的流行度持续攀升(18 家企业采用),业绩导向的理念在调研企业中进一步被强化。

2) 企业经营者的福利计划

企业经营者的福利主要包括补充人寿保险、额外补贴、离职补偿等。

第一,补充人寿保险。

经营者的保险计划在金额方面以及保险项目方面都与一般员工保险计划存在较大差异,因此称为补充人寿保险(supplemental life insurance)。为经营者提供补充人寿保险一是为了增加经营者去世后为指定受益人留下遗产的价值,二是给经营者带来税收优惠。

美国企业为其高级经理人提供的补充人寿保险计划主要有:

福利分担计划。经营者的福利可以分给所在企业及其保险受益人。保险费或完全由企业支付,或由企业与经营者分担。企业支付的保险费不能免税,但当经营者去世后,雇主可以从死亡福利中拿回所支付的保险费,并可免税。

单独受益福利计划,是指在经营者去世后,仅向其指定的受益人支付赔偿金,赔偿金可免征联邦的死亡福利财产税。2012 年 8 月谷歌发布了公司的死亡福利计划,如果公司有员工在合同期内过世，未来的 10 年里，他的爱人每年都会获得一张金额相当于该过世员工年薪 50% 的支票。员工死亡后他们的股票马上归属于他们自己，另外死亡员工的孩子每人每月将收到 1000 美元，直到 19 岁为止，对于专职学生则是 23 岁。而且，这一福利没有员工任职年限要求。2016 年腾讯公司也公布了类似的计划，在腾讯，过世员工的家属同样可以领半薪十年。不一样的是，如果该员工有孩子，每多一个孩子额度会有额外增加，每个孩子增加 12 个月薪。在具体发放上，一部分是一次支付，因为发生不幸时，家人会需要用钱；另一部分，腾讯会通过信托公司处理。

集体期间人寿保险计划，是指仅在经营者工作期间为受益人提供保障。高级经理人员的保险金额要大于其他雇员的保险金额。

第二，额外补贴。

额外补贴是企业为经营者提供的额外津贴或优待，用以满足经营者作为高阶层的特殊需求。这些优待主要包括企业内部优待和外部优待两类。

企业内部优待是指企业为经营者提供的在企业内部享受的额外优待，如豪华办公室、专用餐厅、专用停车位、公务机使用等。自 1992 年底开始，美国证监会强制要求上市公司必须披露高管的"额外津贴和其他个人福利"。数据显示，公机私用是 CEO 最大的"额外津贴"，其次是公司为 CEO 提供的个人财务咨询服务（包括税务准备、遗产规划等）。CEO 个人使用飞机的年成本平均为 6.5 万美元。年长的 CEO 比年轻的 CEO 更可能公机私用，受教育程度最低（没有大学学历）的 CEO 公机私用最多，而拥有博士学历的使用最少。拥有工商管理硕士或其他硕士学位的 CEO 处于两者之间。新闻集团前总裁和首席运营官彼得·切宁在劳动合同中明确要求在他和公司的合同 2009 年到期之后，只要他继续为公司制作节目，他每年仍可使用公司飞机 50 个小时。2017 年 11 月，美国体育频道 ESPN 报道美国橄榄球联盟（NFL）总裁罗杰·古德尔在和 NFL 谈判新合同时，其中一条就是要能终身使用 NFL 提供的私人飞机。

超链接：

种类繁多的福利

企业外部优待是指企业为经营者提供的在企业外部商务活动中所享受的福利待遇，如企业支付的俱乐部/协会会员费、住宿费、旅游费、机票费用及用车费。石油和天然气行业的许多公司为 CEO 们的乡村俱乐部会员资格支付费用，目的是希望他们能缔结出商业关系和交易。阿纳达科石油公司（Anadarko Petroleum Corp.）去年为其 CEO 沃克（R. A. Walker）支付了 3.2035 万美元的会费，而 Noble 能源公司（Noble Energy Inc.）为戴维·斯托沃（David Stover）支付了 9512 美元。旅游社区网站 Expedia 及其所属企业 IAC 为公司董事长迪勒在公司账上报销了 243 000 美元的差旅费用。

Footnoted.com 网站的米歇尔·里德（Michelle Leder）及其团队搜集整理出许多公司所提供的离谱高管福利。公司提供的高管福利五花八门，耗费巨资，多以非现金的形式存在。

（1）公务机使用。旅游社区网站 Expedia 及其所属企业 IAC（即 InterActiveCorp）制订了特殊的公务机使用政策，表明出于安全原因，公司董事长迪勒被要求使用公务机。"允许他中途不停顿且无耽搁的旅行"以及"根据公司业务需要迅速变更出行计划"。亿万富豪巴里·迪勒（Barry Diller）称为"公务机之王"，因私人事务使用这两家公司共同拥有的公务机的总费用高达 128 万美元，这还不算已经在公司账上报销的 243 000 美元的差旅费用。加拿大糖果公司

Tootsie-Roll Industries 的夫妻档梅尔文·戈登(Melvin Gordon)和艾伦·戈登(Ellen Gordon)，为了用飞机把 92 岁的梅尔文和 80 岁的艾伦从家运到芝加哥的公司总部，Tootsie-Roll 公司去年花费了 120 万美元，公司还在芝加哥为他们安排了一栋年租金 12 万美元的公寓。

（2）公用车辆使用。纽约的格林地产公司(S. L. Green Realty)为董事长史蒂芬·格林(Stephen Green)的个人用车支付了 51 882 美元，再加上司机的薪酬 119 050 美元。经过 Footnoted 的计算，这相当于每天花费 468 美元，足够一辆纽约出租车全年 365 天行驶、每天行驶 233 英里。这个项目上的亚军是国际联合电脑公司(CA Inc.)，其披露的信息显示该公司花费了 113 057 美元用于 CEO 威廉·麦克克拉肯(William McCracken)的"私人用车"。

（3）安保服务。拉斯维加斯金沙集团(Las Vegas Sands)为董事长谢尔登·阿德尔森(Sheldon Adelson)一家的安保花掉了 260 万美元，而亚马逊(Amazon)用于保护杰夫·贝索斯(Jeff Bezos)的花销是 160 万美元。高盛(Goldman Sachs)为 CEO 洛伊德·布兰克费恩(Lloyd Blankfein)的安保费用为 258 701 美元。

（4）慈善捐赠。高盛出资设立了一个名为"GS Gives"的捐赠者指定基金(donor-advised fund)，捐赠资金来源于对高管薪水的缩减。GS Gives 去年捐款 2.2 亿美元，其中 5 百万美元由布兰克费恩选定捐赠对象。跨国有线电视运营商自由媒体全球公司(Liberty Global)捐款 223 736 美元，捐赠对象由董事长迈克尔·弗莱斯(Michael Fries)选定，其中包括给一个叫"为弗莱斯先生颁奖"的组织的 1 万美元。WebMD 公司向玫瑰基金会(Rose Foundation)捐款 160 万美元，公司董事长马丁·怀戈德(Martin Wygod)是该基金会理事之一。

（5）人寿保险。温德姆集团(Wyndham Worldwide)给每名董事的福利有点恐怖：为每人购买一份 110 万美元的人寿保险，其中 100 万美元的受益慈善机构由各董事自己选定。

（6）住房补贴。铂金承保人控股公司(Platinum Underwriters Holdings)为其百慕大子公司的主管罗伯特·波特(Robert S. Porter)提供了 432 000 美元的住房补贴。阿克西斯控股资本有限公司(Axis Capital Holdings)许诺为其 CEO 每月提供 25 000 美元的住房补贴。在这个项目上获得荣誉奖的是戴尔(Dell)服务部门主管斯蒂芬·舒肯布洛克(Stephen F. Schuckenbrock)，为了让他从德克萨斯州的奥斯丁市搬到 200 英里外的普拉诺市，该公司花费了 190 万美元。

——资料来源：网易财经新闻，2012.6.29. http://money.163.com/12/0629/
17/856DM5GV00253B0H. html，转载于：福布斯中文网(上海)

第三，离职补偿。

离职补偿是指企业因为公司并购等其他原因，导致经营者非自愿离职而为其提供的补偿。最常见的离职补偿形式为降落伞计划，依据补偿对象以及补偿力度不同，可以分为金降落伞计划、灰降落伞计划和锡降落伞计划等。其中，金降落伞计划和灰降落伞计划主要针对中高层管理人员，锡降落伞计划则主要面向普通员工。

金降落伞计划是指公司控制权变动时，对非自愿离职的管理人员进行补偿的约定。该计划能使管理层易于接受公司控制权变动，减少管理层与股东之间由此产生的利益冲突。该计划常见的补偿形式有：一次性现金补偿、将持有的股权加速行权或归属、增加额外的股权奖励。金降落伞计划最早出现在 1961 年，曾经的美国环球航空公司为其前主席小查尔斯·蒂林哈斯特所提供。金降落伞计划出现后受到美国大公司经营者的普遍欢迎。在 20 世纪 80 年代，"金降落伞计划"增长很快。据悉，美 500 家大公司中有一半以上的董事会通过了金降落伞议案。1985 年 6 月，瑞福龙公司在受潘帝布莱德公司收购威胁时就为其管理人员提供"金降落伞"。1985 年 Allied Co.（亚莱德公司）与 Signal Co.（西格纳公司）合并成亚莱德·西格纳公司时，前者须向其 126 位高级干部支付慰劳金（金伞）计 2280 万美元，西格纳须向其 25 名高干支付慰劳金 2800～3000 万美元。后因被诉而削减了一些数额。当年美国著名的克朗·塞勒巴克公司就通过了一项金降落伞计划："16 名高级负责人离开公司之际，有权领取三年工资和全部的退休保证金。"1986 年戈德·史密斯收购了克朗公司后不得不支付该等款项。该项金额合计共达 9200 万美元，其中董事长克勒松一人就领取了 2300 万美元。贝梯克思公司被艾伦德公司接管时，其总裁威廉·艾格得到了高达 250 万英镑的额外津贴。1984 年始，据美国税收法案，"金降落伞"的直接收益者需纳 20% 的国内消费税。

金降落伞计划也存在一定的负面影响，其一是远大于正常的年收入的补偿金额，可能会增强经营者出售公司的动机；其二是由于离职补偿数额太大，被收购公司会因此价值降低，使得一些公司放弃收购。因此，金降落伞计划成为公司反并购的主要策略之一。

灰降落伞主要是向下面几级的管理人员提供较为逊色的同类保证。根据工龄长短领取数周至数月的工资。"灰降"曾经一度在石油行业十分流行，皮根斯在收购接管美孚石油公司后不得不支付了高达 2000～3000 万美元的灰降费用。

锡降落伞是指目标公司的员工若在公司被收购后两年内被解雇的话，则可领取员工遣散费。

我国企业山东阿胶集团，也有金、银、锡三种降落伞计划，针对高级管理者的计划为金降落伞，中层管理者为银降落伞，一般员工为锡降落伞。将部分参与创业但已不能适应企业发展要求的高层领导人进行了妥善的安排，达到了企业和个人的双赢。

思　考　题

1. 销售工作有何特点？销售人员绩效考核指标如何设计？
2. 销售人员薪酬模式有哪几种？各自特点如何？有何优点和不足？
3. 研发人员绩效考核应重点关注哪些事项？
4. 什么是 PBC？PBC 目标应如何制订？
5. 研发人员应如何激励？
6. 团队绩效考核维度确定方法有哪些？如何进行选择？
7. 团队薪酬有哪些种类？如何进行设计？
8. 传统企业经营者绩效考核方法有哪些？新的经营者绩效考核方法有何优势？
9. 经营者年薪制有几种类型？各有何优、缺点？
10. 经营者长期激励种类有哪些？福利种类有哪些？

案　例

LY 公司经营者绩效考评方案研究

LY 总公司下属有独立核算的经营性子公司、各职能处室及产品设计所和个工艺研究所，其组织结构形式为典型的直线职能型。LY公司纳入经营者绩效考评体系进行考评的人总共35人，包括总公司总经理1人、主管副总经理7人、子公司总经理9人、子公司副总经理18人。他们对企业的经营管理工作负有全面、直接责任，习惯上称这35人为企业经营班子成员，并且按照所在企业不同分为总公司经营班子和子公司经营班子两大类别。LY公司的经营者表现出明显的年轻化、高学历特征，其中，具有大专以上文化程度的占到了97%的高比例，并且有65%的经营者的年龄集中在34～45岁年龄段，居其次的是25～35岁年龄段，占到经营系人员的18%。他们是企业经营与发展中宝贵的人力资本财富，应充分地运用科学合理的绩效考评体系及激励机制调动保护这些人的工作积极性，使他们的人力资本价值在企业的发展过程中予以充分体现。

一、公司经营者绩效考核方案

LY公司针对经营者的绩效考评工作由每年临时成立的考评工作组组织实施。由综合管理部牵头成立考评工作组，由公司董事长担任组长，并设执行组长1人，由综合管理部部长担任。工作组成员包括总公司副总经理级以上高层管理者5人，下属子公司总经理9人、综合管理部人力资源专员3人、职工代表3人，共计22人。考评工作每年进行一次，时间定在月份。现有经营者绩效考评的内容及标准叙述如下：

1）考评内容。

按照干部四化方针及德才兼备的原则，近几年的考评内容仍然以"德、能、勤、绩"四项为主。

德，是指政治立场，道德品质、原则性与廉洁性；为保证有一个品德高尚、勤劳苦干、廉洁高效的干部队伍，对领导干部德行的考评实行一票否决制。即在任职期间，只要发现其在政治立场、道德品质、原则性与廉洁性方面有问题，不管其是否影响工作，一律予以免职。

能，是指工作能力，包括组织能力、业务知识、分析能力、创新能力等；

勤，是指工作态度，敬业精神、协作精神、纪律性；

绩，是指个人完成工作的数量、质量。

2）考评标准。

"德、能、勤、绩"四项考评指标及评分办法如下所示：

（1）德。

表一 "德"要素的考核指标及其标准

考核要素	考核指标	考核标准	具体分值
德（25分）	政治立场和政策水平（5分）	思想上、行动上、政治上与中央保持一致	2
		模范地遵纪守法	1
		及时正确传达公司有关文件政策精神	1
		自觉执行厂规厂纪	1
	原则性与廉洁性（5分）	坚持原则，给职工做表率	2
		廉洁自律，无损公肥私、贪污受贿、多吃多占、公款消费、侵害职工利益问题	1
		账物清楚，内部分配合理	1
		及时向职工公开有关事务	1

考核要素	考核指标	考核标准	具体分值
德(25分)	道德品质(5分)	思想、工作、生活作风正派，严于律己	2
		不推诿扯皮，勇于承担责任	1
		敢于讲真话、办实事，求实效	2
	作风民主团结共事(5分)	班子团结	2
		能虚心听取不同意见	1
		群众观念强，善于听取群众呼声	1
		能配合其他单位搞好工作	1
	学习情况	自学学习政治理论及业务知识	2
		按时参加有关学习培训	1
		学以致用，解决实际问题	2

（2）能。

表二　"能"要素的考核指标及其标准

考核要素	考核指标	考核标准	具体分值
能(20分)	业务能力(5分)	能正确分解企业生产经营方针目标，拟定本单位切实可行的计划、措施方案	2
		能正确把握工作节奏，正确认识当前形势	1
		懂管理，管理思想清晰，具备相应的文化专业知识	2
	组织领导能力(5分)	适时组织动员职工完成任务	2
		工作能不断创新	1
		较好地协调内外关系	2
	处理问题能力(5分)	有预见性，能敏锐发现问题	1
		能客观、公正地研究分析问题	2
		能果断、妥善地解决处理各种问题	2
	表达能力(5分)	讲话简练易懂	2
		主题和思路清晰	2
		讲究领导语言艺术	1

（3）勤。

表三　"勤"要素的考核指标及其标准

考核要素	考核指标	考核标准	具体分值
勤（15分）	责任心与责任感（5分）	以公司发展和增加职工的收入为己任	2
		平时工作勤勤恳恳，尽职尽责	2
		有开拓精神	1
		能用人所长	1
	创造良好氛围（5分）	坚持大胆使用、培养人才	2
		能以身作则带动职工	1
		单位内部工作环境宽松，职工心情舒畅	1
		无违反工厂规章制度现象	5
	纪律和出勤（5分）		

（4）绩。

表四　"绩"要素的考核指标及其标准

考核要素	考核指标	考核标准	具体分值
绩（40分）	业绩（30分）	生产任务完成情况	10
		生产工作安排组织得当，措施有力	5
		工作敢抓敢管	3
		对职工适时进行思想作风、业务教育	5
		职工收入有所提高	7
	质量（10分）	严格按照质量程序文件标准组织生产工作	2
		坚持对职工进行质量意识教育	2
		有质量保障措施	2
		没有出过质量事故或较大差错	4

　　同时，LY公司加强了对领导干部创新能力的考核，要求领导干部树立创新意识，积极改进工作方法和管理能力，各领导干部每季度应至少提出一项工作创新并付诸实施。其创新能力的考评每季度考评一次，年终统计。创新成果作为衡量创新能力的重要考核指标，按创新的内容和实际结果分为四个等级，其考核标准具体如表五所示。

表五　创新能力评价标准

评价等级	评价标准	分值
A	创新成果在全集团公司推广，成效显著	31～50
B	创新成果在专业系统采用，成效一般	21～30
C	创新成果在本单位采用	11～20
D	创新成果在本单位个别科室、班组采用	1～10

二、公司经营者薪酬制度

LY 公司的薪酬制度是按照 1993 年 6 月 22 日劳动部、国家经贸委、国家体改委发布的《全民所有制企业工资总额管理暂行规定》进行设计并执行的，其经营者与一般职工适用的是同样的薪酬制度，薪酬类型属于岗位技能结构工资制，薪酬的基本构成为经营者薪酬＝基本工资＋辅助工资。其中，基本工资包括职务工资、技能工资等，辅助工资包括年功工资、补贴和奖金等。

——案例改编于：王稳民.《LY 公司经营者绩效考评方案研究》
[D]西安理工大学，2005

问题讨论：

1. LY 公司对经营者创新能力考核与其他能力考核有何不同？为什么会存在这样的差异？

2. LY 公司的经营者绩效考核体系存在什么问题？应如何进行调整？

3. LY 公司的经营者薪酬制度存在什么问题？应如何进行调整？

参 考 文 献

[1]　方振邦，罗海元. 战略性绩效管理. 北京：中国人民大学出版社，2010.

[2]　林新奇. 绩效管理技术与应用. 北京：中国人民大学出版社，2012.

[3]　林筠. 绩效管理. 西安：西安交通大学出版社，2006.

[4]　饶征，孙波. 以 KPI 为核心的绩效管理. 北京：中国人民大学出版社，2004.

[5]　饶征，欧阳晖. 职能工资设计. 北京：中国人民大学出版社，2003.

[6]　赫尔曼. 阿吉斯. 绩效管理. 北京：中国人民大学出版社，2012.

[7]　付亚和，许玉林. 绩效管理. 上海：复旦大学出版社，2003.

[8]　葛玉辉，荣鹏飞. 绩效管理. 北京：清华大学出版社，2014.

[9]　顾琴轩. 绩效管理. 上海：上海交通大学出版社，2015.

[10]　王丽娟，何妍. 绩效管理北京：清华大学出版社，2009.

[11]　李文静. 绩效管理. 大连：东北财大出版社，2008.

[12]　王林雪. 新编人力资源管理概论. 西安：西安电子科技大学出版社，2016.

[13]　王林雪. 科技人力资源共享研究. 西安：西安电子科技大学出版社，2013.

[14]　李剑，叶向峰. 员工考核与薪酬管理. 北京：企业管理出版社，2002.

[15]　朱飞. 绩效管理与薪酬激励全程实务操作. 北京：企业管理出版社，2007.

[16]　余泽忠. 绩效考核与薪酬管理. 武汉：武汉大学出版社，2006.

[17]　本书编写组. 最新绩效考核与薪酬管理案例及操作要点分析. 北京：企业管理出版社，2005.

[18]　卡普兰，诺顿. 平衡计分卡：化战略为行动. 广州：广东经济出版社，2013.

[19]　卡普兰，诺顿. 战略中心组织. 广州：广东经济出版社，2000.

[20]　卡普兰，诺顿. 战略地图：化无形资产为有形成果. 北京：中国人民大学出版社，2004.

[21]　刘昕. 薪酬管理. 北京：中国人民大学出版社，2002.

[22]　乔治·米尔科维奇，杰里·纽曼，巴里·格哈特. 薪酬管理. 成得礼，译. 北京：中国人民大学出版社，2002.

[23]　曾湘泉. 薪酬管理. 北京：中国人民大学出版社，2010.

[24]　李新建，孟繁强，苏磊. 企业薪酬管理概论. 北京：中国人民大学出版社，2012.

[25]　王凌峰. 薪酬设计与管理策略. 北京：中国时代经济出版社，2005.

[26]　理查德·I·亨德森. 薪酬管理. 北京：北京师范大学出版社，2013.

[27]　朱琪，王忠. 薪酬管理. 北京：科学出版社，2015.

[28]　刘洪. 薪酬管理. 北京：北京师范大学出版社，2007.

[29]　张雪飞. 薪酬管理. 北京：机械工业出版社，2014.

[30]　文跃然. 薪酬管理原理. 上海：复旦大学出版社，2013.

[31]　卢福财，罗瑞荣. 基于企业绩效价值的经营者绩效考核体系初探. 首都经济贸易大学学报，2003(6)：29-34.

[32] 谢代明. HU 绩效法应用及创新研究. 中国人力资源开发，2006 (10)：62 - 64.

[33] 李红浪，李星，邓金锁. 经营者绩效考核的有效工具：企业绩效. 企业经济，2005 (6)：65 - 66.

[34] 钟磊，王鲁捷. 企业经营者绩效考核指标探究. 经济学动态，2003(2)：39 - 41.

[35] 陈小军. 基于长期激励的企业主要经营者绩效考核探讨. 科技与管理，2006 (1)：141 - 142.

[36] 鲜静林，张晨. 谈完善企业经营者绩效考核指标体系. 发展，2005(2)：60 - 61.

[37] 罗瑞荣. 经营者绩效中的五个问题. 人才资源开发，2005(7)：27.

[38] 朱火弟，蒲勇健. 企业经营者绩效评估体系研究. 管理世界，2003(11)：148 - 149.

后　记

　　本书是西安电子科技大学立项的人力资源管理系列教材之一。西安电子科技大学经济与管理学院王林雪教授任总主编，杜跃平教授任顾问。两位教授对本书的大纲拟定给予了总体性指导。初稿完成后，王林雪教授还负责本书的审查、修改和定稿，杜跃平教授也对本书内容提出了许多宝贵意见，在此表示诚挚的谢意。

　　本书内容主要是编者长期教学与研究的成果，本书由张霞编写，武欢参编第 1 章和第 3 章。感谢本科学生阎婧怡、贾佳婧、王喆、王姣玥、梁莹、翟静蕾、何爽、陈美玲、廉文中、杨丹、申文静在课件整理、资料收集与整理等方面的辛勤付出。

　　本书在编写过程中，参考和借鉴了一些国内外相关文献资料和最新的人力资源领域研究成果，在此特别感谢这些文献资料和研究成果的作者。

编者

2018.11